愛情的險岸

四位傳奇女子
為愛冒險的東方旅程

The Wilder
Shores of Love

萊斯蕾・布蘭琪——著
Lesley Blanch

推薦文

在布蘭琪筆下，她們的旅行都包含了一場「愛情的追尋」，也就是說，「愛情」是她們冒生命危險旅行奇特目的地的理由。這四位女性旅行家都是十九世紀末的人物，她們狂烈追尋愛情的旅行都是她們之前的世代不可想像的（也是她們身處的保守社會不能想像的），她們更像是二十世紀女性個性解放的前驅，她們為愛情奔走怪奇的異鄉，既看見地理世界的新景觀，而她們的行為本身，借用地理探險的概念，也就是愛情世界裡「更蠻荒的海岸」了……。

這樣慧眼獨具的題材前所未見，四位旅行家傳主的故事也曲折動人，加上布蘭琪的優美文筆以及詮釋洞見，這本六十年前出版的處女作震撼了文壇，也為英語創造了一個全新語彙。

——詹宏志（PChome Online網路家庭董事長）

即使到今天，所謂探險家，在父權社會的刻板框架中，相當程度還是與男性形象（而且是充滿雄性氣概的）捆綁一塊。更遑論在十九世紀末，也就是本書回溯的歷史舞台，女性連爭取投票權都仍違法的壓抑年代。然而正是這樣的故事，才確切體現了一種突破疆界的決然意志。這本書因此不只訴求女性，男性更該一讀。讀了便會發現：所有疆界劃定——身體的、性別的、文化的、體制的……都可以在起身、啟程的勇氣瞬間，浮現解放的契機、自由的空氣。

——李明璁（社會學者、作家）

投入神秘異世界的召喚

書寫有個核心：生命窒息時，要逃脫束縛，要去尋愛，要成為有故事的人。因此這四名女子潛入愛情的危險深海，愛情讓她們氮醉迷離，愛情讓她們注定要踏上苦路，這是一條自古以來的險徑，稍不慎足以吞滅生命，但反之也會化為個人的史詩篇章。這讓這本書即使過了半世紀之久，都依然為當代裹足不前的女性提供一面巨大的鏡子，給予將自己推離束縛海岸迎向汪洋大海的力量。

故事充滿奇花異草似的愛情迷宮氣味，一場又一場錯亂迷情的氛圍，發芽著世間女子的情愛種子。我閱讀時總是想著為何她們可以逃過原有的束縛而奔向愛情的一場場歷練？是命運使然，或是對自由的嚮往力量？這讓我想起維吉尼亞．吳爾芙曾說過的，真正的創作力量不是來自於憤怒或者悲傷，而是來自於自由的思想。

讀這本書，我經常淹沒在無邊的故事所散發的自由與冒險訊息，同時我也警醒著自己要勇於挺進魔鬼的盛宴，但更別忘了：「魔鬼可不是省油的燈。」

相較於男性的探險、自我、深入……（早已內化成文化論述），女性在旅行與追尋愛情這件事上，更容易掉入陷阱，且不容易忘我、不夠硬派，雖說到那裡都可以活下去，卻又常心裡哀嘆哪裡都不是家，容易孤影自憐、牽牽絆絆、疑問連連。這是當代女性的最大困境，想逃脫卻又不知逃向何方？或者甘於命運的擺布而不試圖為自己的生命尋找新的力量。因而我非常佩服書中的精采女性們，她們對生命有渴望，渴望改變形成了醫治的效果，她們大刀一揮切斷過去，迎向未來的各種可能。開放式的生命，迎來感情的風暴，穿出風暴迎向新我。跳出窠臼，投入神秘異世界的召喚，將自己的生命歸零成空白的畫布，再之歷驗種種，重新描摹、工筆勾勒。

逃脫的本身就是嚮往，逃脫的本身蘊含意外，逃脫的本身需要勇氣，逃脫的本身形成故事。

——鍾文音（作家）

Love and Love always read from the same book, but not always from the same page.

愛情啊愛情，總是在同一本書裡讀到，但不見得在同一頁。

目次

前言 11

1\. 伊莎貝兒・柏頓 Isabel Burton
比翼連枝 19

2\. 可敬的梅茲拉布族的珍・狄格比 Jane Digby El Mezrab
婚姻主旋律及其變奏曲 177

3\. 艾梅・杜布克・德希薇莉 Aimée Dubucq De Rivery
一縷幽魂捎來的訊息 261

4\. 伊莎貝爾・埃柏哈德 Isabelle Eberhardt
一則傳奇 349

附錄：星盤 395

前言

構成本書主題的四位女性，好比匆匆掠過南方地景的幾抹北方身影。每一個都屬於西方、屬於灰雲快速密布的十九世紀歐洲，那裡，二十世紀女性概念的瓦解已出現了先兆。我著墨的四個女人，儘管本性、背景和出身大相逕庭，卻有一個共通點，那就是每人都在東方發現了光輝的地平線、在情感和膽量上找到新視野，而這些視野在現今西方已逐漸消逝，被簡單地以「職業」來取代。她們每一個都以自己的方式，在那光芒四射的邊際，用愛情做為表述自我的工具、做為解放和實現的工具。

歷來有很多女性著迷於東方傳奇，尤其是英國女性；她們跟隨東方之星的招引，不管那星辰將她們帶往何處。踏上宏偉旅程或小旅行，當個旅人或遊客，成為宛如海斯特・史坦霍普夫人（Lady Hester Stanhope）[1]這般的異數；或諸如葛楚德・貝爾（Gertrude Bell）[2]或芙芮雅・

1 譯註：Lady Hester Stanhope，一七七六—一八三九，英國貴族、冒險家、旅行家。足跡遍及近東和遠東，自稱沙漠皇后。

2 譯註：Gertrude Bell，一八六八—一九二六，英國探險家、考古學家，深深影響英國對阿拉伯地區的外交政策，推動伊拉克在一九三二年建國。

絲塔克（Freya Stark）[3]這類東方學者。不過，我挑選的女性比較不是智識分子；她們的成就純屬感情層面，儘管有過人的膽量，卻全然是從個人或主觀的觀點來看待東方。

✤

艾梅．杜布克．德希薇莉這位溫文青澀的修道院女孩，和伊莎貝爾．埃柏哈德這位神祕又縱情酒色的狂亂斯拉夫人成強烈對比；珍．狄格比這位富有又放蕩的離婚女子，縱橫情場卻始終保有一種古怪的純真、一種浪漫的理想主義；伊莎貝兒．阿隆黛爾這位維多利亞時代的窮姑娘，愛得專一狂烈，在透不過氣來的傳統生活裡等待良機。她們個個回應了相同的一股內在欲望，並在東方獲得滿足。

這些女人都是愛情的現實主義者，她們掙脫時代的夢想，堅定地實現愛情。在那個年代，浪漫愛情都是從悲情與犧牲的角度來詮釋。茶花女（La Dame aux Camelias）[4]摀著蕾絲手絹咳得肺都快咳出來。李斯特彈奏的蕭邦旋律飄過科摩（Como）霧氣氤氳的湖畔花園[5]，交織著被遺忘的某修道院鐘聲。夏洛特．斯提格里茲（Charlotte Stieglitz）[6]不惜輕生，藉此刺激她文采平庸的丈夫再度創作。這樣的人生何等黯淡，而隨著維多利亞假斯文和假道學之風逐年興盛，生活—愛情—令人發悶，女性的內在渴望本身成了可恥的祕密。夾在咳個不停的詩人與社會禁忌之間，要追求東方仍舊應允的潛在豐饒，需要無比的膽量。

那是個西方突然察覺到東方浪漫面向的年代。浪漫東方成了十八世紀的美妙背景：是莫札特《後宮誘逃》（L'Enlevement du Serail）[7]的舞台場景，裡頭充斥著高聳的纏頭巾與這齣劇首次贏得滿堂采的凡爾賽宮華美沙龍，或霍夫堡宮殿（Hofburg）內同樣會有的輕率可恥勾當。不過，到了十九世紀開端，即便這類的清脆回聲也已消散，但拜倫的詩句卻令貪慕大眾如癡如醉。此時，另一個更妖嬈撩人的東方進入視野，儘管都出自同樣的主觀臆斷。假仿的英雄氣概由野蠻的氣魄取代。普克勒・穆斯考親王（Prince Puckler Muskau）[8]之流的旅人帶回了具騎士風範的阿拉伯故事，和東方式的殷勤與豪氣。在跨越俄羅斯大草原的遠方，普希金（Pushkin）[9]縱情於克里米亞的異國風情，其後繼者萊蒙托夫（Lermontov）[10]將描寫高加

3 譯註：Freya Stark，一八九三—一九九三，英國旅行家，生於巴黎，生前出版了三十多本有關中東的旅行遊記。

4 譯註：法國作家小仲馬的代表作，描寫一名患有肺病的巴黎交際花為愛人犧牲的淒婉故事。

5 譯註：李斯特和瑪麗達古伯爵夫人相戀私奔，一八三七年落腳在美麗的科摩湖畔。

6 譯註：Charlotte Stieglitz，一八〇六—一八三四，丈夫是當時的詩人Heinrich Stieglitz，有躁鬱傾向。

7 譯註：莫札特創作的德語歌劇，故事講述英雄貝爾蒙特在僕人佩德利奧的幫助下，前往土耳其塞利姆後宮，營救被海盜擄走的愛人康斯坦斯。

8 譯註：Prince Puckler Muskau，一七八五—一八七一，德國貴族，傑出的地景園林設計師，並出版多本北非遊記。

9 譯註：Aleksandr Sergeyevich Pushkin，一七九九—一八三七，俄國詩人、劇作家、小說家，十九世紀俄國浪漫主義文學代表，被譽為「俄國文學之父」。

10 譯註：Mikhail Yuryevich Lermontov，一八一四—一八四一，俄國的浪漫詩人與小說家。

索戰士。不久，就連最普通的鄉下房子也裝飾著鑲珠寶的阿拉伯短彎刀，每台鋼琴上都擺著「馬木留克華爾滋」（Mameluke's Valse）樂譜。但安格爾（Ingres）[11]和德拉克洛瓦（Eugene Delacroix）[12]正以驕奢淫逸的場景覆蓋上巨大畫布，在壯闊的異國情調和地方色彩底下，那血肉之軀最令人不安的現實顯而易見。有些女人肯定意識到這一點，譬如書中的四位主角，縱使是在潛意識裡，她們肯定已感知到所處時代的偏狹視野，看見理性的冷光像一道灰白閃電劈向藍天，將要布滿整片天空。然而愛情的蜃影仍可以化為現實、仍可以在他方實現出來。她們深信不疑地轉往東方。

話說回來，必須承認的是，她們在轉往東方之際，仍預想著東方婦女感到陌生的某種程度的自由，卻也保有了自由。閨房帷幕、面紗……這些東西，她們一概不理會。伊莎貝爾．埃柏哈德藉著打扮成男人避開該問題。艾倫博羅夫人因保有財務獨立，丈夫的族人相應地更是無異議接納她。艾梅．杜布克．德希薇莉雖多年來不得不全然按東方規矩生活，但最後也獲得了自身的自由。這四名女子當中，也許是伊莎貝兒．阿隆黛爾這個活潑、幹練的盎格魯薩克遜女子，循著最近似於東方女性唯夫是從的傳統模式生活。但這四名女子，似乎比她們的西方姊妹們，更能從順從當中察覺到做為女人表現自我的更大機會。

也許正是這種順從，提供了逐漸從西方消失的某個東西，某個在潛意識裡吸引她們的東西。昏倦、沉思、迷離恍惚（kif）[13]、虛無的東方氛圍，融入感官與肉體靜止的典型狀態，這對西方來說是全然陌生。就連休閒也正在消失。遠方的一股強大旋風正呼嘯趨近：那是無數個機械發明來勢洶洶的喧囂轟鳴，其精巧與效能將掀起巨大騷動：為速度而速度，為作用而作用。這波的猛攻是要錘鍊西方人類，直到只剩膽量、不留感知。

迷離恍惚、沉思、包金箔的鴉片丸及感官饜足的睏倦平靜……這些是東方仍能提供的東西，而且我相信，我下筆的對象即使不是全部也有幾個覺察到這一點。在東方仍有「夠大世界、夠多時間」（world enough and time）[14] 當**女人**。

✤

即便我們考量其中最不自由的一個，艾梅．杜布克．德希薇莉這個被北非海盜擄走、並送進土耳其後宮的修道院姑娘。我們看見，就算在後宮又身為奴隸，基本上她做為一個女人，也比現今被捲入經濟文明複雜機制的許多女人，擁有更可觀的自由。

---

11 譯註：Jean-Auguste-Dominique Ingres，一七八〇—一八六七，法國歷史畫、人像畫及風俗畫家，反對浪漫主義，被視為新古典主義的先鋒。代表作有「大宮女」、「土耳其浴」、「宮女與奴僕」等。

12 譯註：Eugene Delacroix，一七九八—一八三六，法國浪漫主義運動的大師，一八三二年的北非之旅，為他揭開了一個嶄新的視野，從阿拉伯人和猶太人的生活、拜倫詩句裡的意象，到土希戰爭的典故，都成為德拉克洛瓦創作巨幅作品的題材。

13 譯註：指吸食麻藥的陶醉狀態。

14 譯註：馬維爾（Andrew Marvell）〈致羞怯的情人〉（To His Coy Mistress）一詩的首句：had we but world enough, and time（假使我們的世界夠大、時間夠多）。

有人會問我，在描寫轉往東方的浪漫女子時，為何沒把海斯特．史坦霍普女士這位典型人物或這類女人的元老納進來。對我來說，她資格不符，因為與其說她是做為一個女人在追求自我實現，不如說她追求的是逃離本性；她渴望權力，遠甚於愛情。在我看來，她始終是個傀儡，浮誇跋扈，永遠在她執意視為背景布幕的異鄉風景前擺弄姿態。

我著墨的對象，身段柔軟多了。

就以艾倫博羅夫人珍．狄格比為例，縱使她出身豪門世家，國色天香，風情萬種，依舊在四十多歲時為情傷痛，以為愛情已走到窮途末路。也正是在愛情幻滅的當下，她轉向東方。為了盡情去愛，以十足的放縱（但始終格調高雅），打破時代的所有禁忌。她的行徑在最好的情況下是異乎尋常、在最糟的情況下是損及名譽，但她完全不理會規則、理性，也不聽從警告，卻過得幸福無比。

我挑選伊莎貝兒．柏頓，則因她是為愛而活的女人中的最佳典範。其人生故事也是最棒的冒險故事，因為她深愛阿拉伯的柏頓，是那年代最偉大的探險家之一。她是個維多利亞時代女人，也是激進的天主教徒，具有這兩種狀態所隱含的偏見與盲從因襲；但她卻嫁了一個異端者，一個最叛經離道、藐視社會的不法之徒。造就他驚奇人生中那些出生入死的探險，她沒能伴隨前往，但是愛的力量讓她神遊其中。透過對他的愛，她進入麥加、探索非洲、深入哈勒爾（Harar）[15]……她因此達到更大程度的自由，也更懂得何謂成就、何謂東方，說不定也比她那時代的任何女人更貼近冒險的精髓。

最後我選擇伊莎貝爾．埃柏哈德做為時代變遷的化身，體現女人從愛情尋求自我實現，過渡到藉由工作、目標和手段的平等追求實現的年代。她是個令人難忘的人物，這名俄羅斯出身的女孩，做男性打扮，理光頭髮，深入沙漠，與阿拉伯人共同生活。她的緩慢崩解及幻滅，像則預言似的在世紀之交顯得突出，可說是隨後那個焦慮年代會出現的女性頭一人。

伊莎貝爾．埃柏哈德所犯的錯，也是後來追隨她的許多女人犯的錯，以為是她扮成男人在男人的世界裡闖蕩，才得以活得更充分。但她永遠只是反串。這樣的假扮僅流於表面。骨子裡的她依然是順從、溫和、慷慨，而男人則殘酷地剝削她。她是當代小說裡許多人物的先驅，那種虛無的、神經質的、又對人生感到幻滅的流離失所者。

她也是瓦解中西方的頭一個象徵。這點倒是把我帶回初衷，這四名女性，每一個都在東方的險岸找到了她身為**女人**，若非全部也有一定程度的自我實現。

15 譯註：衣索比亞東部城市。

1.

伊莎貝兒・柏頓

Isabel Burton

比翼連枝

自始她就知道自己要什麼，憑著一股可比蒸氣引擎的動力，一心一意朝目標前進。從無片刻懷疑與懊悔。她嚮往東方；打從她的目光落在理查．柏頓（Richard Burton）身上那刻起，看見他那黝黑的阿拉伯臉龐、他「獵豹般的雙眸」，對她來說，他就是指向東方的星辰、她一切渴望的化身。人與地都指出來了。他是舉世最偉大的旅行家、無可匹敵的東方學者，纏著成為哈吉（Hadji）[1]才有資格戴的綠頭巾，除了布克哈特（Buckhardt）[2]，他是當時以朝聖者身分深入麥加的唯一歐洲人，而且進到內殿，看見少數得以活著離開的異教徒敘述之種種。他能說二十八種語言（其中之一是色情，有人刻薄地這麼說），以及很多冷僻的東方方言，但他總是堅稱阿拉伯語是他的母語。他深入東方探險，在英國掀起轟動，想必很不習慣日後庫克先生（Mr. Cook）[3]開啟的廉價輕鬆旅行。伊莎貝兒從年輕起便經常閱讀他的著作。她一步步跟著他的傳奇歷險神遊，因此當他們終於相遇，他成了理想——另一半球——的化身。

「**我今生**朝朝暮暮都要與他廝守。」在給母親的家書中她這麼寫道，她渴盼了十年屢屢受挫，她的雙親仍不承認她的婚姻。「我希望自己是男人，」她繼續寫道，「如果我是男人，我要當理查．柏頓；但我只是個女人，所以我要當理查．柏頓的妻子。」伊莎貝兒．阿隆黛兒語氣強烈，帶有強迫意味。她必須擁有他，不論生或死。

不管從哪個年代來看，他們都是很奇特的一對，在其年代更是異數。但多數人都會同意，他們極度依賴彼此，雖然柏頓總是故作冷淡。他們好比正負相吸，「一縷靈魂在兩具軀體內」，生死相依，如同吉普賽人夏甲的預言。柏頓書寫東方的前佛洛伊德派口吻，震撼維多利亞時期的英國，其聰穎譏諷的腦袋雜混著冷硬事實與蓬亂玄想，從心理面來說，他始終是落單的一半，而她是那缺失的另一半。縱觀他們的一生，他們的結合似乎是一連串說來古怪的命定安排或因緣巧合使然。在清醒或夢寐中出現的影像、心靈感應和預感，以及奇妙的偶遇，恰好讓伊莎貝兒用來編織她樂於編造的命定論和禱告詞。她是熱切的天主教徒，但也相當迷信，晚年熱中於靈異研究，如同她相信動物有靈，以致招來教會的橫眉冷眼。他高調自稱是個不可知論者，但本質上的迷信和密契主義，使得他一下是蘇菲教徒（他是蘇菲教大師）、一下又是某種誠意不足的天主教徒。他真正的信仰（也許是他對伊莎貝兒的愛）是唯一會讓他謙虛的事。他樂於嘲謔教會的偽善、不分貴賤；他厭惡宗教的表現形式，就像他厭惡道貌岸然的說教，在多數人眼裡，他就是個趾高氣揚的偶像破壞者，但他也非常情緒化，在他罕見的幾次望彌撒，也曾激動落淚，伊莎貝兒在日記裡這麼寫。她的兄長過世時，柏頓給她五英鎊舉辦追思彌撒。這個舉動，就像伊莎貝兒的無數說法一樣，可以有兩面解讀。她宣教的熱情之激切，很可能讓柏頓花錢為自己買清靜。不過這是好譏諷者的觀點，我倒不這麼看。

我對這對古怪夫妻愈有研究，愈發覺他們是一樁大悲劇。他是困在籠裡的沙漠之鷹，之所

1　譯註：Hadji，對前往麥加完成朝覲的朝聖者的一種尊稱。

2　譯註：Jacob Christoph Burckhardt，一八一八—一八九七，瑞士探險家，歐洲文化史研究專家，發現佩特拉（Petra）古城遺址，主要著作有《君士坦丁大帝時代》、《義大利文藝復興時期的文化》和《希臘文化史》。

3　譯註：湯姆斯・庫克（Thomas Cook）於一八四一年成立旅遊公司帶團旅遊，一開始僅是乘火車遊英倫諸島，後來迅速發展，業務擴張至歐洲，甚至世界各地。

以受困籠中，大抵是行事作風不夠圓融——在言行上堅守他當成座右銘的「只求**榮譽**，**不求虛名**」原則，令高登將軍（General Gordon）[4]印象深刻，在他寫給柏頓的信裡，每每一開頭便引述這句話。在公職上，柏頓做得幾乎都是對的事，只不過用錯了方法，和「用對的方法做錯的事」的滑頭老練背道而馳，也因此招來禍患。

至於伊莎貝兒，她「為人處事從不氣度狹小」，雖然通常也令人惱火。從她自相矛盾的回憶錄、信件和日記等一堆糾結不清的記述看來，無疑是個了不起的女性，叫人難以招架；不過也是個深情、忠實、勇敢和慷慨的人，具有幽默感（但不會在理查面前表現，她稱他是她「塵世的神與王」）。兩人既是悲劇人物，也是喜劇人物。他們合力找到許多快樂，但他們共同的生活免不了帶有希臘悲劇色彩。她無盡包容、永無饜足的愛摧毀了他，而他被她的深情所困、被她的情愛馴服，結果也摧毀了自己。從他們這段奇特的戀情，我們看到西方征服東方。伊莎貝兒對待柏頓的方式，確實和當時的英國對待東方如出一轍。她將他據為己用。之於柏頓的東方，她成了施加統治的西方，加以開化、改進、提升、庇護和壓制……她將他的日記焚毀，是征服的極致表現，對於柏頓在死後的任何獨立進行最後的鎮壓。這是她稱霸她的帝國的最終宣告。在維多利亞女皇政權的邊緣，她成就了一次更私密但輝煌程度毫不遜色的征服。

在伊莎貝兒．柏頓這部傳略裡，如果有人認為她丈夫所占的篇幅太多，請記得，她的一生和他緊緊綁在一起：他是她的全部。他的所作所為、所思所想，牽動著她的人生與性情。最初只是一種少女情懷，後來演變成愛情，一方融入另一方，以致終不可能將柏頓夫妻分開來談。維多利亞時期的女人達不到的事，她偶爾透過代理人、**透過愛情**達到了：所有探險、夢想和抱負；還有失敗，因為在他的愛人眼裡，男人從不曾失敗。畢竟就像一位法國作家說的，「**去愛一個男人，讓他為妳攻克他從前攻克不了的；讓他為妳實現他從前沒實現的目標，這就夠了。**」伊莎貝兒透過丈夫而活，在摩特雷克公墓（Mortlake）裡，她與他合葬的一座奇特的大理石帳篷內，用自己寫的墓誌銘總結一生，「**……伊莎貝兒，他的妻子。**」這就夠了。她的人生贏得的榮冠，再沒有比這一頂更輝煌。

✤

伊莎貝兒・阿隆黛兒於一八三一年三月二十日出生在大坎伯蘭廣場（Great Cumberland Place）四號，當時這裡尚未感染毗鄰牛津街的商業氣息。那是倫敦素淨優雅的住宅區，和曾經是有權有勢的英國天主教貴族但並不富有的阿隆黛兒家很相稱。從威廉一世的年代起，阿隆黛兒家族便存在於英國歷史，他們在權勢上搶占一席之地的同時，仍不忘密切關注羅馬。他們是朝臣、政治家、愛國者，不過最重要的是，他們是天主教徒。伊莎貝兒的父親沒有特定家產可維生，因此轉而經商，往返於倫敦某紅酒商行和沃德城堡（Wardour Castle）[5]的一側廂樓，那廂樓是他富有的堂兄——伊莎貝兒的教父阿隆黛兒勳爵——出借給他安置家眷的住所。伊莎

4 譯註：Charles George Gordon，一八三三—一八八五，維多利亞時代英國將領，在殖民時代相當活躍，曾任北非蘇丹總督。

5 譯註：Wardour Castle，十八世紀興建的英國一級建築、具濃厚喬治亞建築風格，位於威爾特郡（Wiltshire）。

貝兒擁有純真的童年，充滿鄉間樂趣：搜尋鳥巢；騎在胖嘟嘟小馬上追獵犬；穿著紅色兜帽斗篷，手挽一籃糖果，去探望生病的鄉下人；為佃農舉辦耶誕樹派對，發送新奇珍貴的維多利亞「法蘭絨」；寵物狗，寵物羊，到處有寵物；和弟妹在六月的乾草堆嬉戲，還有遍地和煦的英國陽光。

在倫敦的樂趣更為世俗：搭乘自家馬車在公園兜風，有穿墨綠和金色制服的馬車伕和僕役伺候；在五樓幼兒房度過的倫敦童年，常隔著窗瞥見值勤的燈伕點亮街燈；有烤馬芬蛋糕的小杯具，有一截截階梯，還有三名保母辛苦工作，送來營養的食物或木炭或熱水；以及掌管一切、無所不能的老奶媽，每天早上六點領著衣服漿挺的孩童下樓，儀式性地向父母親問好請安。

伊莎貝兒及其姊妹們在倫敦社交圈正式露臉的前幾年──「社交季」是某種例行的婚配市場，每個當父母的都會焦急地捐助──阿隆黛兒夫婦認為全家搬離倫敦才能節省開銷，為關鍵的社交季籌錢。他們搬到艾薩克（Essex），伊莎貝兒在回憶錄裡懷想佛茲（Furze）那棟漂亮又簡樸的老房子。她在林間奔跑，也在圖書館裡馳騁心思。待在佛茲時，首度開始探索她的東方之星。她在樹林裡發現吉普賽營地，白天經常與他們為伍，被這群隱密又狂放的羅曼尼人（Romany people）[6]深深吸引。從他們身上，首度聽到了來自東方異國的回音，東方成了她一生的執念。她在圖書館發現了**《坦克雷德》**（*Tancred*）[7]；而迪斯雷利（Disraeli）[8]這本奇異的東方短篇故事是她的終生夥伴、她的床邊讀物，這本書連同她的聖經，跟著她行走天涯；在沙漠時，這書甚至就放在她的鞍囊裡。「我幾乎可以倒背如流。當我抵達黎巴嫩……置身於貝都因人（Bedouin）[9]營帳內或馬龍派教徒（Maronite）[10]和德魯茲派教徒（Druze）[11]的要塞內……什麼都不令我訝異……」

她走過「難熬」的階段；她生性倔強，喜歡躲躲藏藏，而且體重過重。「我喜歡溜到我的窩裡，悶悶不樂待上幾個鐘頭。」她在日記裡吐露，她無可救藥地渴望「吉普賽人、阿拉伯貝都因人和關於**東方及神祕**的一切；特別是狂放不羈的生活」。真替阿隆黛兒夫人感到可憐。她開始對伊莎貝兒的首次亮相提前感到不安。給出良好的第一印象何等重要，若淪落第二季，撇

6 譯註：Romany people，吉普賽人自稱是羅曼尼人。Romany 一字源自 Rom，他們自認屬於 Rom 族，而 Rom 的意思是流浪的藝人。吉普賽是歐洲人給的稱呼，歐洲人見他們膚色黑，以為是從埃及來的，於是稱他們 Gypsy，多少有輕視的性質。

7 譯註：Tancred：The New Crusade，全名為《坦克雷德：新十字軍征伐》，班傑明·迪斯雷利（Benjamin Disraeli）著，寫於一八四七年，以猶太復國為背景的小說。而坦克雷德（Tancred，一〇七六—一一一二），是第一次十字軍東征的領袖之一，一〇九九年攻克耶路撒冷。一一〇一—一一〇三年攻占了不少敘利亞的城市，自封為「偉大的敘利亞王」。

8 譯註：Benjamin Disraeli，一八〇四—一八八一，小說家和政治家，曾兩度任英國首相。

9 譯註：Bedouin，原住阿拉伯半島，在沙漠曠野過遊牧生活的阿拉伯人，靠飼養駱駝維生，信仰伊斯蘭教。

10 譯註：Maronite，黎巴嫩地區盛行的東正教派。

11 譯註：Druze，伊斯蘭教獨立教派，屬於什葉派伊斯瑪儀派的一個分支，被伊斯蘭正統教派視為異端。目前該教派信徒主要分布於黎巴嫩、敘利亞、以色列、約旦。

開開銷加倍不談，起價也變低……阿隆黛兒夫人把她的千金當純種小母馬似的，談起這勝負機會各半的冒險。阿隆黛兒先生為人隨和，對獵狐比較感興趣。他安心地仰仗他的權貴親戚，譬如諾福克女公爵（Duchess Norfolk），來安排伊莎貝兒在社交季高潮露臉，而後實際情況正是如此。伊莎貝兒的首季表現亮眼。她在奧馬克舞廳沙龍（Almack's）的初登場非常搶手，適配的年輕紳士對她的魅力與出身不會不動心。阿隆黛兒家的千金，又是高貴優雅的金髮姑娘，這大大緩和了她妝奩羞澀的可畏事實。伊莎貝兒收到很多恭維仰慕之詞，但她冷淡回應。不管她母親和姑姑、阿姨們怎麼威脅加眼淚都沒用。伊莎貝兒小姐——家人口中的「喵咪」則是另有想法。吉普賽人管她叫「黛西」，她是艾薩克林子深處的吉普賽營地和洞窟裡相當受歡迎的可人兒。一位自封為吉普賽公主的夏甲．柏頓（Hagar Burton），用占星術為伊莎貝兒算命當餞別禮物。她以吉普賽文寫下的預言，伊莎貝兒看不懂，但牢記在心，並小心珍藏，暗地裡深信不疑，也依照它塑造自己的人生。

「妳將橫越海洋，與妳的真命天子同在一個城市，但妳並不自知。重重障礙橫擋在前方，情勢險惡，需要妳憑藉無比勇氣、精力和智慧去面對……妳會冠上我們部族的名，而且深深引以為傲。妳會和我們一樣，但比我們更偉大。妳的人生是無盡的流浪、變動與冒險。一縷靈魂在兩具軀體裡，生死相依，永不分離。把這個預言拿給妳委身的男人看……夏甲．柏頓」

像這樣散發著柴煙味和非法部族的神祕氣息紙張，倫敦舞會裡沒有哪個名媛千金會像伊莎貝兒這般欣然接受。她藏起祕密，繼續盡責地跳著華爾滋，但顯然心不在焉。不久，社交季進入尾聲，阿隆黛兒家對伊莎貝兒婚事的首次期待也隨之落空。於是，他們必須緊縮開支，直到隔年來臨。他們啟航前往布洛涅（Boulogne）[12]，當時那裡是經濟拮据的英國社群經常出沒的地方，龍蛇雜處，但這兩類人涇渭分明。那裡有熱鬧的街道、有文雅的散步。阿隆黛兒家周旋於沉悶乏味的上流圈子。這是伊莎貝兒第一次出國，她有著英國少女的傲骨。「國外」當然與傳說中嚮往許久的東方不一樣。「國外」只不過是英國之外的西歐，一個悲慘的地方，充滿外國人和糟糕的食物。伊莎貝兒在日記裡把法國家常菜貶為「我父親老家的狗籠裡也不會出現的菜色……」，距離後來她和柏頓在敘利亞沙漠共同生活的極樂行旅，還有很長的路，而那些行旅往往生活條件嚴苛，但她把它描寫成「聖潔、莊嚴又狂野」。

在布洛涅，伊莎貝兒和姊妹們受到阿隆黛兒夫人的嚴加管教，即便如此，她們還是學會抽父親的雪茄。「人們常說：『阿隆黛兒家的姊妹怎麼那麼蒼白？肯定是舞跳太多。』唉，可憐的人們！我們只不過是想要一些無害的消遣卻不可得，行徑才會如此惡劣。」她在回憶錄裡寫道。

這家人在布洛涅待了兩年，兩年的節約和大量的閒蕩。陪同母親在防坡堤上散步、在沙龍裡刺繡，或在大街上逛街時偷偷打量揮霍浪蕩的人。這些人是領半薪的退休軍官無憂無慮的家人、印度軍的活寡婦或家世良好卻不務正業的年輕人，「他們普遍在金錢方面有不可告人的事。」伊莎貝兒說，透著渴望的語氣悄然出現。日常的規律肯定讓這樣的女孩透不過氣來，而她熱烈嚮往「目無法紀的狂野生活、依然渴望『與眾不同』……遙不可及的東方」。不過夏甲

12 譯註：Boulogne，法國北部英吉利海峽沿岸的港口城市。

的占星預言仍帶給她希望……同時還有《坦克雷德》、父親的雪茄和她的日記。她在日記本裡吐露她理想中的男人——這神祕未知的情人，有朝一日會現身，她會從他身上證實夏甲的預言，「一縷靈魂在兩具軀體裡」。她再次明確知道自己要什麼，「我理想中的男人大約六呎高、身材精實、肩膀寬闊強壯、胸膛厚實有力、具有凡人力量的赫丘力士。他有一頭黑髮，深褐的膚色，額頭飽滿聰穎，眉毛顯露精明，一雙奇妙的黑色大眼睛有著長長睫毛——讓你無法移開目光。他是軍人，也是男人；他習慣發號施令，讓人服從——他的信仰就和我的一樣，自由、開明、寬宏大量……他不為小事煩惱、不古板也不是心術不正的人；他是強悍的領導者、統籌一切的策畫者……」此處描寫的是所有矯情小說裡浪漫的白馬王子、前薇達（Ouida）[13]時期的護花使者，但多添了與伊莎貝兒精力一致的男子氣概……「我只想嫁這樣的男人。我愛少女時代的這個迷思——因為它是迷思——僅次於愛上帝；我仰望著吉普賽人夏甲稱為我命運之星的那顆星，金星，我的塵世之神就在那顆星上，因為我的理想似乎太高了……不可能在地球上找到……」

如此這般認定她的未來，不論好壞，她都必須回到可憎的現在。但有一天，一切改觀了：她和妹妹走在城牆（Ramparts）上，她和她的真命天子相遇了——而且，驚人的是，她馬上認了出來。她的描述如下，「一天……我清醒時的想像，出現在我們面前。他約有五呎十一吋高，肩膀很寬，精瘦又陽剛。他的髮色烏黑，黑色眉毛輪廓分明；飽經風霜的深褐膚色；純粹的阿拉伯氣質；看似堅毅的嘴唇和下巴，幾乎完全覆蓋的濃密黑鬍子。後來我聽一位聰明的朋友說：『他有著上帝的眉宇和惡魔的下巴。』（有人不禁會想，斯威本〔Swinburne〕[14]可同意自己被這麼有節制地形容為『聰明的朋友』？）但他外表最出色的地方，是一雙烏黑晶亮、有著長睫毛的大眼睛，能洞視人心。他有一種好鬥、自負又憂鬱的神情；微笑時，彷彿笑會弄痛他似的，大體上帶著不耐與輕蔑觀看世事。他穿著黑色粗毛短大衣，肩上別著一根短粗棍，彷彿提防著什麼。」

把這段充滿陽剛魅力的記載與她兩年前便在日記裡詳細描述的理想相對照，可以看出她眼前的這個男人果真是那理想的化身。他走向她，有點像令人生畏的赫斯克利夫（Heathcliff）[15]，對這位維多利亞姑娘有著不可言喻的吸引力。「他看著我，彷彿瞬間將我看穿。（噢！想想看，在奧馬克舞廳沙龍看過那些目光短淺、道貌岸然的男人後）我完全被吸引，當我們隔開一小段距離，我轉頭對我妹低聲說：**『那就是我要嫁的男人。』**」

這黝黑的陌生人，這惡魔似的人物，正是理查・柏頓；他們倆會相遇，吉普賽的預言會成真，這點伊莎貝兒從不懷疑。翌日，他們當然又見面了，在同一地點。他當然是跟在年輕姑娘後頭，然後取出一截粉筆，寫下提案。**我有這個榮幸和妳說說話嗎？**隨後把粉筆留在牆邊；「於是我拿起粉筆，」伊莎貝兒說，「回答說，**恐怕不行，我媽知道會發火；**如果我媽發現，大

13 譯註：Ouida，英國小說家Maria Louise Ramé的筆名，一八三九—一九〇八，著名作品為童書《龍龍與忠狗》。

14 譯註：Algernon Charles Swinburne，一八三七—一九〇九，英國維多利亞時代詩人、劇作家、小說家和評論家。作品常觸及禁忌主題，女同性戀、食人者、性施虐與被虐和無神學。

15 譯註：Heathcliff，小說《咆哮山莊》的男主角，沉默、專情，但充滿野性、具有強烈的復仇心。

發脾氣，我們就更出不了門了。」

在伊莎貝兒眼裡，這般相遇有如某種天啟：它合理化了她所有的浪漫想望。這理想中的男人、這夢中情人、這目無法紀的狂野阿拉伯人真的存在——在同一片天空下，呼吸著同樣的空氣——而他也注意到她！大約一星期後，這個天啟經由一次正式引見，獲得證成。她聽到他的名字，渾身猛地一震，夏甲預言的威力襲上心頭。「……妳將橫越海洋，與妳的天命真子在同一座城市裡，但妳並不自知……妳將冠上我們部族之名，而且深深引以為傲……」她繼續寫道，「當下我只能想到這些。我偷偷瞧他一眼，不料對上那雙吉普賽眸子——那對眸子看穿妳，細細打量妳，看到妳內心深處；他是我見過唯一一個有這種特質、但不是吉普賽人的男人。」

隨著日子一天天過去，伊莎貝兒為愛狂熱，「臉色脹紅又發白，時而發熱，時而發寒，目眩頭暈……」她焦急的父母對她身體不適的真正本質，絲毫不察，找了大夫來看病，大夫診斷為消化不良，並開了藥。不過，伊莎貝兒向來務實，她把藥丸扔到火裡，儘管苦惱發愁，仍對吉普賽人、她的天命真子和她的金星滿懷信心，於是把心思一股腦投入數小時的禱告，並讀遍柏頓在當時的每一本著作。「某天，我們單調乏味的生活有了一個破口。我的表親舉辦茶會和舞會，大批人潮湧入，柏頓也在其中，彷彿黯淡火光中的一顆明星！那是很特別的一夜；他請我跳一回華爾滋，並和我交談了好幾回，我一直保存著他攬著我的腰跳華爾滋時，手所碰觸的那條腰帶，以及他牽著我的手時，我戴的那雙手套。我再沒拿出來戴過。」

✤

接下來，是長達四年的渴盼和願望的延宕。阿隆黛兒舉家回到倫敦，伊莎貝兒離開布洛涅之前，沒再見上柏頓一面。不久後，他再度啟程前往麥加朝覲。伊莎貝兒回到昔日的社交季活動，持續回絕有利的求婚者。如今她已成年，對自己的心意非常篤定，對柏頓的愛意也非常篤定。她的日記顯現出她對此事自信滿滿。「難道我無法與他廝守、相愛相知，在遠離此處的異地裡，傾訴每個想法和感受？在眺望仰光的風帆下。」她狂野地繼續寫道，明顯以一種更玄密的口吻說，「倘若理查和我無法成婚，神會讓我們在來世相遇，我們無法分離，我們彼此相屬。」這會兒什麼都阻擋不了她，儘管在維多利亞式家庭的狹小範圍內，守本分地當個足不出戶的閨女，這種可怕的滯怠令她膽顫心寒。她愛上了冒險犯難的生活，一如她愛上冒險犯難的人，只是她不自知。她經常提及理查的浪跡天涯令人羨慕，以及這樣的生活和她多麼匹配。「為了他，我甘願吃乾餅，承受匱乏、磨難和危險……有些女人似乎天生就是要背起行囊……」她想必格外受挫，因為她如此頻繁地提及理查·柏頓的探險旅程，而她——他的心靈伴侶——卻繼續困在活動範圍僅限於蒙田廣場（Montague Place）那令人厭倦的處境。「我相信妹妹和我與多數女孩一樣激動，並有了變化，但我卻發現一切遲緩而乏味。我渴望坐上火車遊歷全世界；再這樣繼續待在家裡，我覺得我快瘋了。」

她受盡了折磨。柏頓完成麥加朝覲之旅後，旋即消失在印度。他談論麥加的著作，讓他一夜成名，但他並沒有歸國來享受被捧為名人的滋味。伊莎貝兒不斷祈禱和期待，為他的聲名感到光榮，但也困在青春女子的豐腴外表下動彈不得，而這外表會誤導人。她長得高壯健美，髮色紅褐，臉色紅潤，胸部渾厚飽滿，有一雙靈動的藍眼睛。從一張她少女時期的肖像看來，她下巴相當圓潤，有張鵝蛋臉，鷹嘴似的鼻子端正豐隆，緊閉的雙唇是拘謹的淑女會有的，而非她這般熱情的女人。但一般的看法頗為一致。有些人認為她很漂亮，大多數會認為她端莊；「打扮細緻」、「迷人」、「容光煥發」、「優雅」是同時代人的回憶錄裡描述她時會用到的幾個形容詞。但遺憾的是，她顯然不上相。

柏頓繼而又離開印度，展開另一趟狂野探險；伊莎貝兒帶著驕傲和驚駭讀到他遠征阿比西尼亞（Abyssinia）[16]的哈勒爾（Harar）。跟麥加一樣，沒有白人膽敢進入那地方。不過，喬裝成阿拉伯商人的柏頓成功了。他偏好喬裝打扮，他的很多心態和姿態可謂是這項嗜好的一種表現。他喜歡嘲弄人、喜歡嚇人、喜歡表現自己凶惡的一面，在在顯示出他對模仿偽裝的狂熱。在西方，這對他有害。他的目無法紀和神氣活現，維多利亞時期的英國不敢領教，但在東方，倒是結出豐碩果實。他精通六種方言，加上喬裝成波斯人、印度斯坦人、阿拉伯人及他想假冒的任何民族的維妙維肖扮相，連同外觀和心態上的徹底認同，每每讓他在緊要關頭逃過一劫。

他本身的探險和他後來翻譯的《一千零一夜》故事一樣精采生動。在他《麥加朝聖之旅》這本最出色的旅行書裡，我們發現，其冷靜敘述的枯燥事實之外，還有一條敘述支線饒富興味與東方狡詐，這部分想必最令伊莎貝兒惴惴不安。我們讀到用比酒量來代替決鬥以解決爭論；一回在齋戒月之後的狂歡慶祝，柏頓不僅在酒量上贏過一名非正規兵阿爾巴尼亞上尉，連摔角也獲勝；他最成功的喬裝是冒充波斯小販，這讓他得以進出後宮各個閨房；或者冒充醫生，這也是最受後宮女眷們歡迎的人物，別的靈丹妙藥不談，他開的口服劑和春藥，治癒了一些烏黑女奴打鼾的惡習。她們的身價一夕高漲，結果他在奴隸販子大本營大受歡迎。

但他不能永遠逗留在他喜愛的熱鬧露天市集。一天，柏頓買下每個朝聖者在穿越沙漠時都會帶的裹屍布，便在「潔淨無瑕的天空下、無情的刺眼燦光中」，朝麥加出發。他周身舌捲的熱風沙，「像發出灼熱氣息的獅子；一片可怖大地，要是皮革水袋破裂或駱駝蹄戳傷，在這片有大批野獸和野人出沒的荒漠曠野，肯定不得好死……」噢，伊莎貝兒多麼渴望與他共赴險境，她深深沉浸在他的文字裡，在愛意與嫉羨中心醉神迷……「天生要背起行囊」？她當然是！

✤

走筆至此，且讓我們看看事實，撥開不僅是伊莎貝兒、還有一般大眾賦予理查・柏頓這名字的浪漫光暈，而他的名聲不管是「神人」或「柏頓那無賴」，都和他的本性一樣含糊矇矓。他系出名門，但並不富有，祖宗的血統混雜，有部分愛爾蘭、部分蘇格蘭，還有部分法國，路易十四的一個私生子也是先人之一。沒有任何紀錄顯示，他帶有東方或吉普賽血統，雖然柏頓是英國某部族的名稱。此外，不論他到哪，吉普賽人總說他是他們的族人。「你幹嘛穿那身黑大衣？」當他們看見這位醒目的傢伙一身薩佛街（Savile Row）[17]的行頭。「你何不加入我們，當我們的王？」他們見到他時，通常這麼打招呼。至少他們認可他的聲望，此處毫無責難或貶

16 譯註：衣索比亞的舊稱。
17 譯註：位於倫敦中央梅菲爾（Mayfair）區，以傳統的西裝裁縫業聞名。

損之意。阿拉伯人也從不懷疑他是同類。也許在遙遠的從前，有位不知名的阿拉伯先人，可以說明他相貌和個性上明確無誤的東方氣質。泰奧菲爾．戈蒂耶（Théophile Gautier）[18]便持這個論點，而他本身也有安達魯西亞和摩爾人血統。「對於本質的那種幻想是有理由的，」他說，「它會讓某個阿拉伯人生在巴黎，或某個希臘人生在奧弗涅（Auvergne）。血統的神祕聲音在沉默了好幾代或含混地咕咕噥噥好幾代之後，偶爾會用更清晰的語言說話。在一片混亂中，某個種族起而聲討它本身的權利，某個被遺忘的先人前來主張他的權利……印度高原的大遷徙，北方種族的遺傳，羅馬人和阿拉伯人的入侵，在在留下了他們的印記。看似怪異的天生本能，都是源起於這些混淆的記憶、源起於某個遙遠國度的這些回音……因此……這些衝動促使人離開優渥生活，隱身西伯利亞大草原、沙漠、彭巴草原、薩哈拉沙漠。他去尋找他的手足。」

除了這類的理論，還有柏頓外觀上的事實。「我經常在想，」小說家薇達在她精闢的紀念文裡寫道，「柏頓從哪得來他的東方臉孔、非英國的特性及生動的亞洲外觀……他面相威嚴、英氣逼人：當代服裝無法減損這個特點，也損壞不了他外表和長相的東方氣質。」他那雙吉普賽眸子尤其被多加著墨，雖然那段著名的描述也可用來描述阿拉伯人的眼睛。「那對眸子看穿妳、細細打量妳，看到妳內心深處。」認識他的人都會談到他那雙眼睛。那對「獵豹似的雙眼」，讓小哈洛德．尼柯遜（Horold Nicolson）印象深刻。「猛虎的眼睛，天使的嗓音，」斯威本說，「那眼神透著無法言喻的恐怖，不時讓他顯得幾乎不屬於塵世。」那是「一條猛蛇的陰沉雙眼」，根據亞瑟．西蒙（Arthur Symons）[19]的說法，他的華麗文風在此找到了值得一寫的題材。他接著又說，柏頓「兩頰顴骨如阿拉伯人，迷魅電眼如吉普賽人……膚色呈深古銅，雙唇堅毅，半掩蔽在以罕見方式懸掛下巴兩側的黑鬍下。我常在西班牙和匈牙利的流浪部族的男人身上，看到這種古怪特質。柏頓的臉」，他續道，「其實沒有美感，他的臉流露強烈的獸性、暴戾受壓抑的氣息，一種惡魔般的魅力。這巨大的頭顱，簡直有一種受難的壯美，悲慘痛苦，雙唇因渴欲而灼痛，翕開的鼻孔吸入我所不知的奇異香氣……」。從與柏頓同時代之人的這些描述來看，我們可以理解伊莎貝兒因何為他神魂顛倒。我們也可以理解，阿隆黛兒夫人何以執意不肯答應婚事。不管柏頓做為愛人如何海誓山盟，做為女婿則難教人有信心。

理查・法蘭西斯・柏頓（Richard Francis Button），一八二一年生於赫特福德郡（Hertfordshire）。父親約瑟夫・內特維爾・柏頓上校（Colonel Joseph Netterville Burton）是個英俊的愛爾蘭人，母親是個長相平凡的英國女孩。外祖父本想留給他五十萬英鎊的財產，但柏頓的母親似乎更鍾愛同父異母的兄弟，一個沒出息的律師，婉拒原本預定給她兒子的遺產，堅持該由同父異母的兄弟繼承。但她父親一意孤行做了決定，卻沒有口授的文字；當他請人備妥馬車，打算前往律師樓立遺囑，甫出門就心臟病發去世。因此小理查應得的遺產就這樣飛了。他這輩子經常陰溝裡翻船，而這是頭一遭。

自幼他便習慣四海為家的生活。一家人經常往返於英國和歐陸間，除了維持家計，也是為了醫治領半薪上校的氣喘病。最年長的理查和弟弟愛德華、妹妹瑪麗亞都相當頑皮。他們沒受

---

18 譯註：Théophile Gautier，一八一一—一八七二，法國詩人、小說家和評論家。

19 譯註：Arthur William Symons，一八六五—一九四五，英國詩人和評論家。

什麼正規教育，但在拿坡里這類的溫室，從無拘無束中得到很多人生體驗。男孩子很早便精於花劍劍術和手槍射擊。他們偏愛決鬥術，還有騎馬、抽菸、賭博，各種不檢點的行徑樣樣來，氣走一個又一個不幸的家庭教師。十九歲時，理查被送往牛津大學，愛德華則前往劍橋大學。兄弟檔被拆開，也許會安分些。理查在三一學院的表現並不出色。各種校規令他厭煩。他厭惡潮溼的天氣、糟糕的食物，還有永遠在鳴報的鐘聲。他的少年同伴個個乏味無趣。「我落入一群雜貨商之間。」不過，他還是每天苦讀十二小時，希望學會阿拉伯文，但教阿拉伯文的欽定教授拒絕施教，藉口說他的職責是對一整班學生授課，而不對個別學生上課。不管阿拉伯文或印度斯坦語都難以開班，柏頓只好靠自學：他發明了一套學習法，宣稱用這套方法，可以在兩個月內掌握某種語言。除了神祕的阿拉伯遺傳及對東方語言的偏好，他在語言方面無疑天賦異稟。

然而他在牛津毫無進展，而以義大利腔發音的拉丁文和用古法發音的希臘文，激怒了教授們。他的父親回絕他從軍的請求。上校說，理查一定要從事聖職，其他沒得商量。理查不死心，決定讓自己被退學，不久就成功了。現在，他父親得要聽從理性。精銳軍團的任命，非他們的財力所及，柏頓夫婦安排他進入印度軍服役。於是他加入東印度公司所屬、充斥著印度斯坦人的印度部隊，在一八四二年六月航向孟買時，軍銜是海軍少尉。

他初抵印度時，幾乎和在牛津時同樣失望。阿富汗戰爭就在他的船艦靠岸前結束。不需上前線作戰，軍區的沉滯和瑣碎的日常生活叫他驚駭，也叫另一位知名的年輕軍官約翰・尼可森（John Nicolson）驚駭，這位在地人口中的「尼卡先」（Nikal Seyn），在旁遮普已成了傳奇人物。不用上戰場，晉升只有一個管道——人事任命。因此，影響力或語言能力很重要。柏頓從不是個平庸的人；不做則已，做就要做到底。爾後數年間，他精熟波斯語、旁遮普語、普什圖語（Pushtu）、信德語（Sindhi）、馬拉塔語（Maruthi）及很多方言。他渴望知識，也渴望體驗。印度在他面前開展，不僅有如詩如畫的風景可供欣賞，還有一整套生活方式可供體驗。當時很少有白人婦女隨丈夫遠征。比比（bibi），也就是白人妻子，極其罕見，但男人在當地納侍妾，又稱布布（bubu），倒是很常見。柏頓和大家一樣也有一個，不過他和其他年輕人不一樣的是，他體驗到全面的印度生活。他不光滿足於體驗印度的房事生活，布布只是他想拴住東方的鎖鏈之一。不久，他與宗教學者的研究獲得認可，得以在手腕繫上婆羅門教象徵再度重生（the thrice-born）的絲線。他盡情吸收在東方發掘的一切，不論神聖或褻瀆。從當地的侍妾，他吸收東方房中術。從印度兵部隊裡，他學習摔角招數、印度劍法和長矛刺穿術，還有他們指揮機警的小馬突地躍起並倏然轉向，故意讓外地騎士摔下馬背的手法。他學會不怕蛇，也學會舞蛇，把玩蛇於股掌之間。此時他開始寫文章，最初幾篇就是有關喬裝潛行，而這個嗜好日後帶給他無比精采的歷險。

打扮成俾路支人（Balochi）[20]，進入山區與該部落的人學習馴鷹術。接著他擔任負責考察信德（Scinde）地形的軍官助手。史考特上校（Captain Scott）是華特爵士（Sir Walter）的外甥，很賞識柏頓的特長。他要柏頓當特務，進一步深入周遭的未知領域。這是個危險的遊戲。

20 譯註：伊朗人的一支。

柏頓開始留長髮、蓄鬍，把膚色染得更深，然後銷聲匿跡，隱身在當地部落中，從未被起疑，有時則偽裝成帕坦人（Pathan）[21]、波斯人或賈特人（Jat）——印度吉普賽土著。他最愛的角色是米爾扎．阿布杜拉（Mirza Abdullah），半阿拉伯裔、半波斯裔的小販，這樣的組合可以掩飾他口音上的瑕疵。白天，他變裝成街頭小販，坐在集市裡，表面上打盹……實際上在聆聽、觀察、留意……夜裡，他走出英國營帳，溜進闃黑中，很快又出現，再次變形。米爾扎是個多話的角色，老是喋喋不休，鼓勵聽眾說話，尤其是讓女性打開話匣子，這些消息來源總帶給他格外豐厚的報償。他消息靈通。早在印度嘩變（Mutiny）[22]發生前，已聽聞風聲，並向當權者通報，而那些長官當然無所作為。

柏頓的文章向來冗長，任性而發，靈感取之不竭。他在旅行中，以合乎科學的客觀角度，對於人類學、地理學和生理學方面的記述，去世時，總計有八十餘部之多。他有可觀的醫學知識，在敘述最令人驚異的事實也不失專業嚴謹。你永遠說不準他會寫出什麼來。斯瓦希里人（Swahili）[23]的房事怪癖，在悶溼的叢林氣候，「女性的性要求超出了男性的」（慕雄狂一直以來都是他最愛講的主題）。禁忌和奇事：泌尿和生殖器的疾病，還有Lanzabas的性病，去勢的方法：切除卵巢，就如澳大利亞人（他視同土著）常用的一種馬爾薩斯式措施（Malthusian）[24]；黑猩猩的性衝動、割禮與強暴。此外，還有關於降雨量的統計，或是一頭陷入絕境的河馬——可見柏頓上校的書從來就不是起居室的讀物。

若說他談的主題多采多姿，其文筆則少見地單調乏味。在他身上，文不如人。他的紀錄無不有趣，他的反應、他腦裡轉的也是：但文筆普普通通，是他身上唯一平庸的事，以平淡筆調敘述想必高潮迭起的精采生活。

還有一段刻骨銘心的戀情。一位出身高貴的波斯美人與他情投意合。許多月光下飄著茉莉花香的幽會，宛如萊拉和瑪吉努（Leila and Mahjnoun）[25]，他們愛得轟轟烈烈。柏頓要面對的問題是假身分，但他來不及決定怎麼做，黑眼珠的心上人便香消玉殞。要是她活著，這世界可能就沒有探險家柏頓這號人物了，他大抵便安頓下來。她過世後，柏頓如槁木死灰。他妹妹史蒂斯提德夫人說，後來他提起逝愛，每每悲傷難抑。不過，她當時很可能刻意渲染這段戀情的悲劇性，藉此貶低伊莎貝兒在他心目中的地位。

此時，少將查爾斯・納皮爾爵士（Major General Sir Charles Napier），也就是攻克信德的名將，著手要平定這國家，他雖然立意高尚，卻頻頻出簍子。他較為馳名的許多改革中，有一項是廢除各種本土習俗，譬如巴德里（Badli），即富有的罪犯可買通窮人代為受死的權利。當

21 譯註：住在印度或印度西北邊境的阿富汗族人。
22 譯註：指一八五七—一八五八年不列顛東印度公司服役的印度土兵嘩變。
23 譯註：坦桑尼亞部族。
24 譯註：Thomas Robert Malthus，一七六六—一八三四，英國人口學家和政治經濟學家，他在一七九八年發表的《人口學原理》影響深遠。也曾提出一個著名的預言：人口增長超越食物供應，所以必須限制人口的增長。馬爾薩斯傾向於用道德限制（包括晚婚和禁慾）手段來控制人口增長。然而馬爾薩斯建議，只對勞動群眾和貧困階級採取這樣的措施。
25 譯註：古阿拉伯的愛情故事。一對青梅竹馬，但在女方父親的反對下無法結合。

納皮爾把真正罪犯吊死，引發輿論沸騰。此外，當他廢止丈夫可吊死不忠妻子的傳統權利，更是掀起軒然大波。婦女們倒是樂得接受這仁厚的措施：很快地她們自由過了頭；當她們的丈夫怒不可遏之際，一群從海德拉巴（Hyderabad）來的妓女代表，要求晉見查爾斯爵士陳情，控訴已婚婦女（或者說外行人）搶她們飯碗。

納皮爾很快看出年輕的柏頓中尉的罕見才能，任命他為正式翻譯官。不久，納皮爾開始交派祕密任務。有一項格外危險；他要從彌撒中消失，隨即喬裝潛入信德的妓院。他要觀察並回報各種性愛活動，當局認為有必要充分了解。納皮爾很可能同意柏頓的理論：孌童癖是氣候引起的，而非種族因素，且在印度，英國兵很容易染上此惡習，就像北非在法王路易．腓力在位統治期間，阿拉伯習俗也深深影響法國軍團，以致華錫侯爵（Marquis de Roissy）對孌童癖的可怖氾濫相當不滿。在印度有各種誘因；妓院裡女人很少，她們比男孩昂貴得多。後來柏頓在《一千零一夜》的註解及「結案報告」裡，對於波斯孌童癖對英國統治印度的間接影響，提出一些古怪的看法。他談到阿富汗和波斯人愛好此道，以及他們冷落女眷如何招來不幸後果。他說，阿富汗人是規模龐大的經商旅人，每個商隊都帶著被稱為「旅妻」（kuck isafari）的若干男孩隨行；這些男孩打扮成女人，手腳畫上印度彩繪（henna），化妝，也戴首飾，舒適地坐在駱駝轎上，一旁的「丈夫們」則徒步跋涉。「阿富汗女人因為丈夫的孌童癖，長期處在禁慾狀態。」柏頓說，繼而聲稱一八四一年卡布爾（Kabul）大暴動，麥克納廷（Macnaghten）、巴尼爾（Burnes）和其他英國軍官被屠殺，起因之一就是受冷落的阿富汗妻妾荒淫放蕩。同樣的，一八五六年奧崔門爵士（Sir James Outram）率領的孟買軍陷入苦戰之際，「後宮的性苦悶正式爆發，就連出身高貴的女人也流連軍官的營房，擋也擋不住。」

從柏頓對人類學永不知足的興趣來說，這項任務具有莫大價值，雖然後來為他作傳的人很少觸及這段插曲……「他墮入無可言喻的波斯罪惡淵藪。」一位作傳者這麼說……「這是一名軍官和紳士被交派的任務當中，最令人反感的。」另一個這麼說。

年方二十多歲的柏頓，已是見多識廣。此外，從「結案報告」看來，顯然他接受東方生活的各種奇聞軼事。他是無比陽剛的人，散發著「可怕的獸性」及令西蒙印象深刻的臉，似乎暗示著想必要縱情聲色才能滿足的肉慾，恐怕唯有東方酒色之徒可與之匹敵。消失四個月後，柏頓帶著詳細的報告返回，與上司約定好這報告絕不能公開，應該由下令交辦的人保管。不幸的是，納皮爾不久後被召回，該報告沒被帶走，埋在一堆卷宗裡，結果被納皮爾的繼任者發現，為柏頓帶來悲慘後果。柏頓立時惡名滿盈，成了東印度公司的眼中釘。晉升的希望化為烏有。一個個剛從家鄉外派來此、無足輕重的上尉升為他頂頭上司。他好生無奈，不得不吞下這苦果，於是全心鑽研穆斯林神學，成了蘇菲教大師；然而長期被當權者貶黜，他有滿腹的怨恨。

軍營同僚令柏頓反感，出於嘲諷，他拿猴子做實驗，企圖編寫一套猴子語彙。他找來四十隻各式各樣的猴子，安頓在屋內，研究牠們的語言。他給每隻猴子指派角色，有醫生、牧師、僕從和副官。一個擬人化的猴子世界，想必激怒了它所模擬的軍團。柏頓把一隻格外漂亮光潔的小猴子，稱為他的太座，給牠戴珍珠耳環，用餐時安排牠坐在身旁，而且圍坐長餐桌旁的每隻猴子，都有自個兒的餐盤，也各有一名僕人隆重地伺候用餐。柏頓樂在其中，而且成功辨別出六十個左右的明確語音，並和牠們建立了某種的交談。可惜他的筆記和猴子語彙，在一次倉庫大火中焚燬，無數的東方寶藏、無價的印度和波斯手稿及他收藏的大量裝束，全都付之一炬。

拿這些猴子來消遣，無法長久忘卻他軍旅生活的徒勞無益。當他被以「不適任」為由，禁止在穆爾坦（Mooltan）[26]之役出戰（某個惡毒的下屬把他的信德報告附在他申請出征的文件裡），而被派上戰場的精悍年輕下級，竟是連口齒不清地說幾句印度斯坦話都沒辦法。柏頓崩潰了。一場嚴重的熱病，讓他幾乎只剩半條命。他為數不多的幾個朋友，把躺在擔架上的他，抬上下一班返鄉的船。七年忠誠的軍役，高明的發想，對印度事務無可匹敵的知識，到頭來，一無所獲。「名叫利益的小惡魔照例打贏了。」他苦澀的寫道：這是柏頓始終落敗的此類戰役的頭一回。

但柏頓這種性格的人，可不會在二十七歲就死於失意。這過程很緩慢，一開始難以察覺，反覆幾次後才變得明朗。我們在勞倫斯（T. E. Lawrence）[27]身上看到類似的情況。一而再碰上的不公不義和失意，戕害了年方四十五的探險家柏頓，但這男人一直活到年過七十。眼下，印度軍旅這首度的理想破滅後，他返鄉，並緩慢康復，同時開始撰寫在這國家的閱歷。不久，老嗜好又開始蠢蠢欲動。他一直想造訪世上偉大的宗教聖城：禁城具有無可抗拒的吸引力。他想探索非洲，橫越中國到西藏，前往麥加朝覲……由於出發前仍有一些空閒時間，和家人一同前往布洛涅，在那裡他花了不少時間在知名劍術大師康斯坦丁（Constantine）經營的劍術館習劍，而柏頓憑著他卓越的劍術和研發的各種斬刺的新技法，贏得了劍術大師這夢寐以求的頭銜。

和他的天命真女——以伊莎貝兒·阿隆黛兒的形象出現——的相遇，當時似乎並未在他心中留下特別印象。該留下印象嗎？他是她的真命天子、她的麥加，但他的麥加另有其他，東方才是他的天命。他愛伊莎貝兒，這無庸置疑，除了那位波斯佳人，他從沒想過娶別人，但是本質上他就不是個兒女情長的人。根據文藝俱樂部（Athenaeum Club）[28]圖書管理員陶德（H. J. Tedder）的說法，柏頓日後花大把時間待在該俱樂部裡寫書。他是本篤會僧士、十字軍戰士和西印度海盜的綜合體。從做妻子的角度來看，這樣的三位一體，是徹底不令人滿意的。因此，他第一次與這位甜美姑娘——伊莎貝兒肯定如此——的美妙邂逅之後，便把她拋諸腦後。他不會知道那吉普賽預言，也不會知道被珍藏的手套與腰帶。當時他對伊莎貝兒非卿不嫁的濃烈情意毫不知情。

接著他展開最重要的冒險，這趟歷險使得他名留青史，躋身膽識過人又成就斐然的不朽探險家之列。遊歷中國的馬可波羅，發現美洲的哥倫布，深入非洲的李文斯頓（Livingstone），前往麥加朝覲的柏頓。麥加！伊斯蘭的神祕之城，神聖中的至聖，橫越灼熱的阿拉伯沙漠的八日行腳，那沙漠沒有哪個異教徒進得去，更別說活著回來。他企圖深入麥加、並探索阿拉伯心

---

26 譯註：在巴基斯坦。

27 譯註：Thomas Edward Lawrence，一八八八—一九三五，也稱「阿拉伯的勞倫斯」，英國軍官，因在一九一六年至一九一八年的阿拉伯起義中做為英國聯絡官的角色而出名。許多阿拉伯人將他看成民間英雄。

28 譯註：倫敦著名的紳士俱樂部，會員大都來自同一軍隊或大學背景的人士。

臟區的提案，皇家地理協會接受了，東印度公司最終也被他說服，相當勉強地給了他一年假。

柏頓深知這是性命攸關的冒險，不信真主的無賴要是被虔誠的信徒發現，死亡恐怕是最仁慈的待遇，因此明智的話，離開倫敦前，他得讓自己徹頭徹尾像個穆斯林。於是，他把衣服、財產，連同他的英國身分，全留在視為心腹的一位朋友家裡。隔夜，理查．柏頓消失在濃濃的秋霧中，另一個男人現身，種族與信仰完全不同的一名阿富汗穆斯林，動身前往開羅。我們有柏頓本人詳述這一趟非凡歷險的紀錄：他如何精熟穆斯林的各種禮儀、方言和偽裝，一切都要毫無破綻，因為他打算一旦融入東方場景，就完全變成另一個人物。他計畫要做的事都做到了，除了他放棄的第二方案，放棄的原因太複雜，在此姑且不提。那是個經商方案，為了打探在阿拉伯心臟區和印度之間開闢販馬市場的可能性，而那一帶的馬匹愈來愈貧乏。他手邊要進行的事夠多了，沒必要在阿拉伯荒野進行高風險的商業交易。在他熱烈敘述的一連串精采歷險之後，隨即進入聖城。那地方曾令他前輩布克哈特驚恐不已，但柏頓在最危險的時刻依舊冷靜。四周被一旦起疑就會對他下毒手的狂熱信徒圍繞，他設法藏妥紙筆，甚至還粗略描寫卡巴天房（Ka'abah），穆斯林的聖杯。他真正的成就，是他以新入門者的身分、以穆斯林中的穆斯林、以恭敬中帶著好奇的精神，完成朝覲。後來他的書《麥地那和麥加朝覲之旅》，讓他名響天下，阿拉伯世界沒有絲毫撻伐之聲，只因他的虔誠與博學被接受了。他曾是蘇菲大師、信真主的忠貞者，也是伊斯蘭苦修僧（Dervish）；而這會兒，他是完成朝覲的朝聖者，一名哈吉（Hadji）。他贏得了綠頭巾[29]。

多年後，在沒有喬裝下同樣完成朝覲的道諦（Doughty）[30]，倒是酸言酸語地談喬裝的好處。不過，就如伊莎貝兒後來以柏頓遺孀的身分，撰述丈夫的一生時，快活地指出，理查並非喬裝前往，他單純變成一名穆斯林——不再是柏頓，而是一名阿拉伯人——他是阿拉伯人柏頓。這種對穆斯林生活與信仰的每一面認同、某種的雙重性，在柏頓的性格裡經常可見。他經常在著作裡隨意提起，「我太像阿拉伯人了，為籌組商隊，無止境地做準備，我從不厭煩。」他寫道，又或「阿拉伯語是我的母語」。就連他對女人、對婚姻及對伊莎貝兒的態度，也非常東方。

伊莎貝兒在家鄉僅靠他的消息度日。她鑽研他的著作，一讀再讀《印度河谷馴鷹記》（*Falconry in the Valley of the Indus*）、《信德的賈特人》（*The Jats of Scinde*）或《刺刀術完全指南》（*A Complete System of Bayonet Exercise*），她顯然在一些風雅聚會裡主動推薦這些看起來不真實的著作，令眾人吃驚。她帶著驕傲追蹤關於他的每一則消息。自從朝覲聖城後，他成了眾所矚目的焦點。她祈禱他能回到英國演講。「禱告！禱告！」她在日記裡不斷苦勸自己。據說，信念不過是以熱望的形式出現的愛。她需要她全部的信念，因為不久她便得知，柏頓在埃及寫完關於麥加的書之後，又返回孟買的駐軍團。「……他沒有回來，反倒去了孟買……我為他的榮耀感到光榮，」她在日記寫道，「可是我又孤單又沒人愛……我毫無希望了嗎？我愛得這樣深，上天沒有一點憐憫嗎？」

29 譯註：綠色在伊斯蘭是崇高尊貴聖潔的顏色。綠頭巾代表的是先知穆罕默德的子孫。
30 譯註：Charles Doughty，一八四三—一九二六，沙漠旅行家，著有《古沙國遊記》。

在那重大時刻回到孟買，柏頓顯現了他對世俗名利的一貫輕忽，以及不擅把握機會，因而賠上他該得的豐厚報償。沒趁著他在英國人氣旺盛之際再度遠征，沒利用他的成功累積資本，他拋開這些，回到印度駐軍的小小世界，繼續當「惡棍迪克、白皮黑鬼」（Ruffian Dick, the White Nigger）[31]。當我們想起，早在他想翻譯《一千零一夜》之前，就對阿拉伯傳說的起源與文學有濃厚興趣，那麼他選擇在開羅逗留，就變得可以理解。他肯定聽過巴格達說書藝人說得天花亂墜的奇妙夜晚。但這些傳說源起於十四世紀的開羅，被以當地的方言記載，流傳在低賤的阿拉伯奴隸兵（Mamelukes）[32]之間，而這些故事就是編給這些奴兵聽的。後來他成為伊斯蘭苦修僧的一員，該組織想必對這樣一位東方學學者，具有非比尋常的吸引力。

在埃及期間，他也完成了史詩〈天道頌〉（The Kasidah or Lay of the Higher Law），詩裡引用東方俗語，涵蓋許多令當時西方費解的主題：決定論的問題，以及哲學和玄學方面的疑問。伊莎貝兒後來將之形容為「我聽過或想像中的東方詩歌裡的璀璨瑰寶，哪怕哈菲茲（Hafiz）[33]、薩迪．設拉茲（Saadi Shirazi）[34]、莎士比亞、密爾頓（John Milton）[35]、斯威本或其他人來寫也比不上」。這番熱烈的評語，是她走過三十年婚姻，在寡居期間寫的，可見她一說起丈夫便讚聲不斷的習慣，讓她當柏頓妻子的快樂從未變得平淡。

回到孟買，柏頓對流浪的渴望還是無法平息。他努力尋找下一個遠征考察的目標。在索馬利亞內陸阿比西尼亞（Abyssinian）[36]的哈勒爾（Harar），也是另一座出了名難以攻克的要塞，從沒有白人進得去能活著出來。有三十名行旅者葬身於此。據稱它是東非奴隸交易中心，也是穆斯林文化重鎮，充滿邪惡神祕的傳說。柏頓心嚮往之。它在戰略上的位置相當重要，因為主要港口柏培拉（Berberah）是印度洋西岸的最佳海港。東印度公司對此有所覬覦；他們對柏頓的計畫儘管熱心支持，但仍帶有一貫的謹慎。他們准他告假，但不提供資金。英國政府也只是在遠方給予支持，並不提供官方庇護。

然而，柏頓可不會因資金不足而氣餒，他照樣啟程，自籌盤纏。經過一連串策畫和打擊後，柏頓帶著孟買駐軍的三名中尉索羅揚（Stroyan）、斯皮克（Speke）和赫恩（Herne）充當副手，在一八五五年啟程前往哈勒爾。這段驚心動魄的歷險，記錄在柏頓的《初履東非》（*First footsteps in East Africa*）一書。

從目前這個講求專精化的時代回顧從前，我們看到柏頓屬於都鐸王朝的人物，十八般武藝

31 譯註：柏頓在印度服役時，同袍給他起的綽號。據說他在格鬥時凶狠無比，單局比賽擊敗的對手之多，在他的年代無人能及。而他對印度文化與宗教的關注，也讓看不慣他「入境隨俗」的同僚，譏諷為白皮膚的黑鬼。

32 譯註：阿拉伯人對奴隸的貶稱，通常指穆斯林奴隸兵及有奴隸血統的穆斯林統治者。

33 譯註：Hafiz，一〇二〇—一三八九，本名沙姆斯丁‧穆罕默德（Shamsdin Mohammad），波斯抒情詩的泰斗。在伊朗，其詩作的發行量僅次於《可蘭經》。

34 譯註：Saadi Shirazi，一一八四—一二八三，波斯詩人，作品風格幾百年來一直是波斯文學的典範，成名作有《果園》和《薔薇園》。

35 譯註：John Milton，一六〇八—一六七四，英國詩人，因史詩《失樂園》而聞名。

36 譯註：今衣索比亞境內。

樣樣精通。在我們的年代，一人飛越大西洋，另一人成為世界拳王，又有另一人登上聖母峰，寫出一本暢銷書或成為科學家而聲名大噪。但是柏頓多才多藝。他是他那個時代首屈一指的東方學者；第一位以穆斯林身分抵達麥加的人；第一位成功抵達哈勒爾的人；大湖區的探險者；最優秀的劍術家之一、世上最傑出的語言學學家之一；舉世無雙的東方學者、詩人、《一千零一夜》（*Arabian Nights*）最佳譯本的作者；此外，他也是個能治百病的醫生，雖非科班出身；有科學天分的人，他的理論雖然闡述得頗天真，卻也預示著佛洛伊德與榮格學說的出現。

遠征哈勒爾一開始很順利。柏頓打扮成穆斯林商人，成功進入攻不破的堡壘，被酋長——一個陰險的人物——接見，做了一些筆記，凱旋返回，和在基地等待的同伴會合。但後來他們中了埋伏，遭三百五十名索馬利亞野人攻擊，發生激烈交戰。索羅揚遭殺害，索馬利亞人的鴕鳥羽飾染上他的血，斯皮克和柏頓也身負重傷，雙雙持劍殺出一條生路。柏頓被鏢槍射穿臉頰，從此臉上留著大傷疤。在調查法庭上，一片責難，沒有褒揚。理查再次抱病返回英國，烏雲罩頂。不過，他很有遠見。下一本書已經有了題材。

不論如何，探險的記述——事實上這比成功前往麥加朝覲的成就更高——抵達英國，他再度揚名萬里。對於現今看了過多旅遊影片和經常輕鬆旅行的我們來說，很難理解維多利亞時期，英國追隨旅行家和探險家行跡的熱中程度。這世界大半仍屬陌生、未知且尚未在地圖上標示。澳洲遠在六個月航程外，仍未受重視。美洲是野蠻的西方，那裡沒有印地安人，但有摩門教徒。茶從中國來，但沒人去過那裡。印度，也就是東印度公司的印度，較為人所知，而且被誤以為已經平定。

非洲仍是黑暗大陸，神祕且尚未被探測過。它有野蠻人、黃金和鑽石，也許還有傳說中的月亮山。傳教士或地理學家之流舉辦的播放幻燈片演講，聽眾聚精會神，目光跟隨講者的指示棒移動。在十九世紀當一名探險家，博得了充滿敬意的關注。做為一種專業，它擁有今日原子科學家所有的威望與深奧。諸如柏頓、李文斯頓（Livingstone）[37]或杜榭呂（Du Chaillu）[38]之流，就像今天的太空人一樣，受到擁有同樣熱忱的年輕人的敬佩。

這是大探險的時代，也是地理研究的時代。巴爾特（Barth）[39]從撒哈拉沙漠歸來；杜韋里埃（Duveyrier）[40]記述神祕的圖瓦雷克人（Touaregs）[41]；雷賽布（Ferdinand de Lesseps）[42]

37 譯註：David Livingstone，一八一三—一八七三，英國探險家、傳教士，維多利亞瀑布和馬拉威湖的發現者，非洲探險的最偉大人物之一。
38 譯註：Paul Du Chaillu，一八三一—一九〇三，法裔美籍冒險家，深入非洲內陸探險，不僅翔實地記錄了非洲內陸許多原始部落，最重要的是，他帶回了當時只活在西方人想像中的大猩猩。
39 譯註：Heinrich Barth，一八二一—一八六五，德國探險家，被認為是歐洲最偉大的非洲探險家。
40 譯註：Henri Duveyrier，一八四〇—一八九二，法國探險家。
41 譯註：主要分布於非洲撒哈拉沙漠週邊地帶的遊牧民族，屬於非洲北部廣大地區的柏柏爾（Berber）部族中的一支。
42 譯註：Ferdinand Marie Vicomte de Lesseps，一八〇五—一八九四，法國外交官、實業家。著名的蘇伊士運河即由他主持開鑿。

開鑿了蘇伊士運河區；雷醫師（Dr. Rae）[43]發現了北極圈未開發的航路。范貝利（Arminius Vambery）[44]結束在亞洲的流浪返國，發現自己在英國備受推崇。他被發問者團團包圍，從外交部官員到曼徹斯特棉花工都有。這位匈牙利的東方學者可謂是受寵若驚。

✤

柏頓最新的探險和遭受攻擊的驚險描述，對伊莎貝兒無疑是一場夢魘。「禱告！禱告！」很多事需要禱告：柏頓能平安、柏頓受到賞識並獲得報償，最重要的是柏頓能歸來，以及能與他見上一面。不過他回來時，卻發現他的鋒頭給克里米亞戰爭（Crimean War）[45]搶走了，個人成就再怎麼造成轟動，也被這場戰爭掩蓋。有好一段時間，他在巴斯（Bath）消沉萎靡，埋頭寫他的探險故事，倡議廢止蓄奴和併吞索馬利亞內陸，但都沒有結果。不久，他成功地在畢參將軍的騎兵隊（General Beatson's Horse）謀得一職，動身前往克里米亞，期待著終於能見識真正的戰事。不料，他被派去整頓一支土耳其非正規兵（Bashi-Bazouks）。這些沒有紀律的巴爾幹傭兵，令英國軍官頭痛。柏頓倒是擔當此任的最佳人選，他著手大力鞭策，主要是教導他們如何使劍、衝鋒上陣，並改掉動輒決鬥的癖性：一手持槍，另一手握一杯獅子奶（raki）[46]，最先喝掉獅子奶的人先拔槍。這習性別具一格，但大大折損兵力。不過，柏頓來不及親炙戰場，卡爾斯（Kars）便失守，而這是政治運作而非軍事操作的結果。柏頓感到厭惡，而且在不當的場合直言不諱。他旋即被召回倫敦，在畢參將軍對譭謗者提起的訴訟上作證。

伊莎貝兒又能稍微喘口氣。她試圖把自己安插到南丁格爾小姐（Miss Florence

Nightingale）身邊工作，以便接觸到克里米亞戰爭，還有柏頓，但南丁格爾幫不了忙：伊莎貝兒太年輕，又是生手，她婉拒了伊莎貝兒的請求。這格外令人沮喪，因為沒那麼熱切渴望探險的無數女性，卻可以輕易參與克里米亞戰爭。克里米亞戰爭是有營妓和隨軍酒販等隨行的那種，保有某種社會性又具有騎士精神的最後一場戰役。軍官的妻子和家人，通常會來到大後方設立家園。有些姑娘甚至到前線來和未婚夫成婚，在軍中度蜜月。不過這一切都沒伊莎貝兒的分兒。處處碰壁下，只好把困頓的精力全數投注於社會服務，協助淪落倫敦貧民窟的婦女，證實柏頓的前佛洛伊德式詮釋，其認為一般婦女之所以被看護工作吸引，是因為**救死扶傷**是受挫性本能的一種表現形式。「看見一大群婦女從照顧傷殘和垂死者找到病態的歡愉，我不得不認為，這是反對（或得不到）紓解性慾正常管道的那些人表現性慾的方式。」果然！什麼事都嚇不到令人敬畏的柏頓上尉！他甚至想摧毀從未被褻瀆的維多利亞時期神話——白衣天使。

當柏頓在博斯普魯斯海峽的索卡西亞族（Circassian）閨房裡的行徑傳回倫敦時，伊莎

43 譯註：John Rae，一八一三—一八九三，英國從十六世紀起，就在尋找從大西洋北部到太平洋的「西北航路」。雷醫師多次前往加拿大北部探險，發現了西北航路的最終一段，雷海峽（Rae Strait）即是以他的姓氏命名。

44 譯註：Arminius Vambery，一八三二—一九一三，匈牙利籍的猶太人，在一八六〇年代偽裝成苦行僧，流浪到烏茲別克的布哈拉，記錄下當地十萬猶太人受到嚴重的壓迫與社會鄙視的現象。

45 譯註：克里米亞戰爭，一八五三—一八五六。

46 譯註：土耳其白酒，人稱獅子奶，因為喝了它後，會有獅子般的勇氣。

貝兒有過一段晦暗的歲月。但也有較光明的時刻。一八五六年六月在阿斯科特（Ascot）的賽馬會場，在熙攘的人群、馬車、雜技表演者、賭馬業者和探聽賽馬情報者之中，在弗里思（Frith）[47]畫筆下的「德比日」（Derby Day）變得不朽的不變場景裡，伊莎貝兒再度遇見夏甲。艾克薩林子裡的女算命師，她不曾遺忘。「『妳是黛西．柏頓？』她劈頭這麼問。我點頭，『我就是！』」（喔！理查到底在博斯普魯斯忙什麼？）「她的臉露出光彩。『耐心點！就快應驗了……』」話沒說完，兩人被人群衝散，就此未再見面。但是兩個月後，不管有沒有索卡西亞女人，柏頓求婚了。

✤

一個悶熱的八月天，伊莎貝兒和妹妹布蘭琪在植物園散步，與理查．柏頓再次偶遇。他一眼就認出她們，彷彿這世界終於回歸正常。接下來令人陶醉的兩星期，他們天天見面。他發現伊莎貝兒讀過他的每本書、知曉他遊歷的所有足跡。隨著他娓娓道出他的經歷，她圓潤的臉龐忽而景仰、忽而憤恨、忽而嫉羨。她請他解說《坦克雷德》，全神貫注聆聽他的每一句話。哪個男人抵擋得了？絕不是在當時那般寂寞困頓之下的柏頓。他請求她嫁給他。「預言豈不應驗？」伊莎貝兒心滿意足地寫道。「無須立刻答覆我，」柏頓說，「因為這對妳來說，是很重大的一步——不亞於告別妳身邊的人及妳習慣的一切，去過史坦霍普夫人過的那種生活。我在妳身上看到那種能耐。」他令人捉摸不透地補一句，敢情是想到她跟著商隊遠行的可能性。「遵守基督教教會法（一夫一妻，相對於穆斯林的一夫多妻）結婚的男人，不可不慎。」他差不多也在這時候提出這番論調。伊莎貝兒對這類陰影若非不察，也是不在意；橫豎他求婚了，彷彿月亮從天而降，並說，「讓妳苦苦盼了那麼久，我總算來了。」但他不知我早已非君莫嫁，以為我有世俗的考量，於是說，「原諒我，我不該要求太多。」最後我開口說，「我不想考慮了，我已經考慮五年……我寧願跟著你吃硬麵包、住帳篷，也不想當全世界的皇后；所以我要告訴你，我願意，我願意，我願意！」

瞥見那一眼的天堂，足夠伊莎貝兒再捱過另一段漫長等待，總之，沒多久，柏頓又動身前往非洲，這一回要尋找尼羅河的源頭。伊莎貝兒想必對黑暗大陸感到厭惡。身為有血有肉的情敵，她對它束手無策。此時，她的日記有一段古怪情節：柏頓是在他們私訂終身的情況下啟程；他沒有告知她確切的出發日期，因為他害怕道別。（伊莎貝兒的強烈情緒也可能令他膽怯。）不論如何，當時她在歌劇院，以為自己看見他越過大廳，進入另一個包廂。他凝視著她，她向他招手示意，他並未上前。當晚，她夢見他站在她床邊。「再會，我可憐的人兒。我的時間到了，我已離開。」那影像說，「切莫悲傷，我將在三年內回來，我是妳的真命天子。再會。」

「他指著時鐘，當時是兩點。他舉起一封信，那雙吉普賽眸子凝視著我，然後把那封信置於桌上，看著我說：『那是給令妹的信，不是給妳的。』」

伊莎貝兒在悲傷驚厥中度過後半夜。翌晨八時，她夢中的那封信抵達。收件人是她妹妹，

---

47 譯註：William Powell Frith，一八一九—一九〇九，英國維多利亞時代畫家，擅長風俗畫。

裡面另附一封信給伊莎貝兒。「理查覺得，與我分別太痛苦了，他認為這樣做，我們倆會好受些：他請布蘭琪和緩地轉告我，並在給我的信上允諾說，我們會在一八五九年重逢……他收到一些祕密情報，必須即刻暗中離開倫敦，免得在即將到來的軍事審判，被以證人身分拘留。他已在前晚十點三十分（我在劇院看見他身影時）離開倫敦住所，並在半夜兩點，從南安普頓（Southampton）啟航（當我在臥房見到他時）。」伊莎貝兒繼續說道，她相信心心相印或情投意合的兩人間，有某種共鳴或某種心靈感應存在。這樣的想法並沒有為理查的出航帶來多大的慰藉，也沒有讓她豁達接受三年的別離。她把他的信裝在小囊袋裡，掛在胸前，回頭繼續千篇一律的禱告。

儘管她明顯耽溺於為情憔悴，你也不得不同意她正在虛擲青春。她年屆二十八，在當時可謂熟齡。「我深愛著也被愛，因此達到有利於存活的平衡。」她得出這番哲理。「不論未來如何嚴峻，**他愛著我**，我的未來與他緊密相繫、不計後果。我妒忌的心斷然拒絕所有的妥協：我的心一定要得償所願，否則會碎成萬片……」她為他遇上的危險發愁：無數未知的險難……但在可能出現情敵這方面，她的心則相對鎮定。她認為暗黑非洲沒有真正的對手。況且她有夏甲的預言當靠山，而且它正緩慢卻篤定地應驗。「一縷靈魂在兩具軀體內，生死相依」。噢，無以言說的美！她**必須**對夏甲口中她所屬的星辰——金星——有信心。「我相信我們經常心有靈犀、經常遙望著同一顆星。」她必須對她的天命、對今世與來世有信心。「倘若我錯過此生，尚有來世。」理查終會屬於她，今生——或來世。預言不也這麼說？

聽到他被廣泛討論，是苦樂參半的一種滿足。人們急切興奮地談到他：尋找尼羅河源頭，在當時來說，可比今天的某種音障實驗。倫敦開始了解到柏頓的性格，不少對他存有反感的人到處散播荒誕離奇的傳聞。一回，他在餐桌上把一片頭皮拋給請他帶旅行紀念品的女主人，場面搞得很難堪。他肯定也會為食人行徑辯護。

一般而言，他不在乎蜚短流長：的確，他畢生的樂趣之一，便是做些驚世駭俗的事。他總是小心翼翼地把自身藏匿在惡魔背後。但有關在土耳其後宮遭受傳統刑罰的傳聞，令他大為光火。對此他表現了十足保守的反應；就這一點上，男性的虛榮從來都很敏感。而伊莎貝兒，可想而知也沒有立場反駁：至少她保持沉默，就這麼一次沒有起身為他大聲辯護。

她發現，他暗地裡渴望功名——雄心壯志，她這麼形容。她分享他的渴望。「我知道他在文壇、男性社團、俱樂部和皇家地理協會很傑出……。但我希望他在上流社會裡顯得突出……我知道假使一個男人在少數的頂尖社團裡被以得力的方式談起，他的名望就會迅速在各處傳播。」精明的世故，加上篤信神祕主義，此時她開始投入為理查遊說請命的畢生戰役。這是一場大有斬獲的戰役：多年後，柏頓不光彩地從大馬士革領事館撤職，而後得以證明清白，全靠她努力奔走。很多人漸漸開始畏懼柏頓夫人的狂熱，外交部首當其衝。

伊莎貝兒的遊說，令一個在維多利亞時代中期長大的孩子印象深刻。小羅菈·翰恩·福斯威爾（Laura Haine Friswell）[48]回憶與已是柏頓夫人的伊莎貝兒的會面，說道：「一位打扮時髦的女人，我孩子氣的概念裡，公主就是她那個模樣……，她一開口就會說上一整天的話，內容

48 譯註：英國小說家詹姆斯·翰恩·福斯威爾（James Hain Friswell，一八二五—一八七八）的女兒。

全都和親愛的理查及政府有關……柏頓夫人滔滔雄辯、口若懸河，似乎永遠不嫌累。」「理查是白馬王子，政府就是惡龍」，這始終是伊莎貝兒看待這兩者的方式。

不過，目前她還是阿隆黛兒小姐，所以必須慎重。她甚至連未婚妻的專屬權利都沒有。不管家人或大眾，都不曉得他們私訂終身，她母親更是不知情，而在她母親眼裡，柏頓是個令人不快的無神論者。

理查果然也是個糟糕的通信者：數個月過去，他音訊全無。一八五七年一月，伊莎貝兒從報上讀到，他離開孟買前往桑吉巴（Zanzibar）[49]。盼著有信從暗黑非洲寄來是不合理的，儘管如此，也阻止不了她抒發情思：他們會在她的日記裡保持聯繫，而且她會在夜裡寫信，然後在隔日遙寄蔚藍天際。

不管她本人或她所過的生活，都不是典型的維多利亞風格，她擁有比一般人更多的自主和自由。當她的妹妹和妹夫展開長期的歐洲蜜月旅，伊莎貝兒與他們結伴同行。他們在各地遊覽，新婚夫妻互訴情衷，伊莎貝兒則思念情郎。每個景色都令她想到理查。他伴著她在阿爾卑斯山上、在威尼斯貢多拉船上……。「在尼斯，我的窗俯瞰一座小花園，裡面種了一棵非洲樹，越過樹之後即是海，越過海之後則是非洲，以及柏頓。」她帶著柏頓身穿阿拉伯服裝的肖像旅行；一位舊識佩爾奈先生（Monsieur Pernay）路過此地，看見那肖像掛在他們下榻處的鋼琴上，被這浪漫深情所感動，當場譜了一首華爾滋圓舞曲，並取名為「沙漠裡的柏頓」，他還說要為此寫一齣歌劇。在伊莎貝兒眼中，歐洲的美無不與柏頓有關。比薩是他曾經就學的地方；她登上斜塔，赫然發現他的名字刻在石壁上，驚喜之餘，也把自己的名字刻在旁邊。

在日內瓦則有更多世俗娛樂，有舞會、節慶和外交使團出訪。一名富有的美國鰥夫向她求婚，並送上價值三十萬美金的加州黃金。「但世上只有一個男人能讓我的心靈臣服。人的一生（據說）可以墜入愛河一千回，但真正的聖火一生僅燃燒一回。……愛是上天送給我們的一個光明憧憬，藉此鼓舞置身狂野、荒蕪、喧囂、自私塵世裡的我們達成目標。」對伊莎貝兒來說，阿拉伯人柏頓正是她的目標。縱使天堂美景，比起他所承諾的塵世樂園也黯然失色。還是沒有來自非洲的信箋，而其他的追求者繼續緊追不捨。在日內瓦，一名俄羅斯上將，簡直集該民族所有極端特質於一身，頻獻殷勤。他受封無數勳章和頭銜，隸屬一個大家族，而且擁有九座城堡。他第一眼見到伊莎貝兒時，她就跪在熱那亞的聖母像前禱告。他怎料得到，她正祈求上主讓她成為理查・柏頓夫人？憑著一股小伙子的激情，他跟著她到日內瓦、抵達她下榻的飯店，最後搬進她隔壁房間，不時送鮮花給她，定時演奏小提琴小夜曲，從早上六點到午夜。但伊莎貝兒不為所動。她有更堅定的事盤據心思。她足蹬厚靴，為了保險起見，穿上紅襯裙（這樣在荒山野地也容易被看見），和妹妹相偕去爬山。探險家的未來妻子得要有駕馭山嶽的本事。縱使備有登山杖，也可能遇到暴風雨和不測，但伊莎貝兒學著磨鍊心志，完全不在意。兩人來到高山裡的一處平原，那裡的自然景觀格外壯麗，她陷入一個假想的抉擇：要選擇為贖百年罪孽或求塵世寶座被鏈綁在高原的理查，還是沒有他在的他方？毫不猶豫。「沒有他在身邊，寶座與流亡無異；和他一同流亡，處處為家。」稍後，暮星出現在黯淡天際，螢火蟲彷

49 譯註：位於東非坦尚尼亞的東部，包含印度洋上的桑吉巴群島。

彿晶鑽似的，在草地裡閃爍。「我想起在遙遠中非沼澤地的理查，一句無聲的禱告從我口裡冒出。我在想他此刻是否也想著我，當我這麼想時，有個天使般的私語在我心扉響起，它輕聲道『是的』。」

暮色下的閒蕩，結果讓她罹患風溼熱，大病一場後——似乎是喝櫻桃酒（Kirschwasser）治癒的——伊莎貝兒決定告別度蜜月的新人，先行返家。在生平第一次的隻身旅行途中，她遺失了皮箱與錢財，坐三等車廂，車廂內還有一名不幸紳士突然發病。對於探險家妻子來說，這是個絕佳的緊急訓練。伊莎貝兒展現她的機伶：見他倒在地上渾身抽搐，她把一整瓶含硝石的香甜烈酒（她治熱病的藥方）灌入他喉中，把她的黑絲巾覆蓋在他扭曲的臉孔上，然後把自己塞到車廂內最遠的角落，試著去想別的事……想念柏頓，無庸置疑。

✤

與此同時，在遙遠的非洲內地，柏頓的遠征隊正披荊斬棘緩慢開路。儘管皇家地理協會說服政府支持遠征，但資金與補給品大部分都未即時抵達；這只不過是當時拖累柏頓的許多挫折之一，而這許多的挫折終究演變成一樁悲劇。他們要橫越未開墾的國度。在他們之前，僅有一個名為馬桑（Marzan）的法國軍官嘗試這趟旅程；他一開始就被殺害。但柏頓成功了，他的團隊抵達了大湖，坦干伊喀湖（Tanganyika），他的探險成了李文斯頓、史坦利（Stanley）[50]等其他人後續旅程的基礎。一般認為史坦利隨身帶著一本書——聖經，其實他還帶著柏頓的著作。晚至第一次世界大戰，柏頓的調查結果仍被認為是最可靠的。他的同伴斯皮克後來搶先柏頓返抵英國，卑鄙耍詐，宣稱大湖是他發現、遠征隊也是他帶領的，包攬獨吞一切功勞，讓柏頓的成就得不到應有的賞識。最後真相總算水落石出，柏頓的名譽才得以恢復，只是遲了很多年。柏頓的一生經歷無數災厄，不論他捨棄了多少東西、遭受何等懷疑和譭謗，至少他盡情享受過締造成就的那些美妙年月，這一點頗令人欣慰。**經歷本身才是目的，而非經歷帶來的成果**，帕特（Pater）[51]這麼說。柏頓失敗了，或者更準確地說，他的成果被搶走了。但他這些年來的作為沒人搶得走。旅行是他的精神支柱，欣然接納每一次的艱苦。伊莎貝兒只不過是冒險犯難的祭壇上無數的祭品之一。她絕不能擋路，也不能扯後腿。「付帳、打包和跟上。」他常被引述的名言，是她身為其妻子的一項任務。但現在，她必須等待，再一次抱持信心等待。柏頓把出發——離開本身——描述為「人生最快活的時刻之一……旅人再一次感受到生命之晨快樂清新的破曉……」，逃避現實者會說的話，而旅行者與逃避者有很多共同點。

大湖區的探險結果出乎意料之外。柏頓染上熱病，發作二十一次；斯皮克也病倒了，他染上恐怖的**Kichyomachyoma**，或稱「缺鐵症」（Little Irons），症狀像狂犬病、羊癲瘋和震顫譫妄的組合。一路上有可怖的險阻、動物、植物、氣候和土著。斯皮克果然「善忌又難纏」，他不諳非洲語言，對阿拉伯語一竅不通，會的印度斯坦語也很少。他對待非洲人及阿拉伯人的態

---

50 譯註：Sir Henry Morton Stanley，一八四〇—一九〇四，原名約翰・羅蘭茲（John Rowlands），英裔美國記者、探險家。他曾遠征中非，尋找失蹤的英國探險家李文斯頓，也曾探索、開發過剛果地區。

51 譯註：Walter Pater，一八三九—一八九四，英國著名文藝評論家、作家。

度傲慢，大概是從東印度公司僑居印度的英國人身上學來的。

二月十三日，遠征隊抵達目的地。一行人穿越密麻纏結的植被，看見一道光亮。「看哪！主人，您看！」阿拉伯嚮導喊，「看那一大片水！」眼前連綿一大片亮晃晃的晶光——坦干伊喀湖，柏頓認定這湖是尼羅河的源頭。回程時，他派遣斯皮克北上，去探訪今天所知的維多利亞湖（Victoria Nyanza），並記錄該湖大小及該區人種。柏頓留在基地卡澤（Kazeh），整理筆記和科學數據，這種嚴謹是斯皮克的能力難以企及的。斯皮克發現了遠比他預期還大的新湖泊，並主張它才是尼羅河真正的源頭。不論是柏頓或斯皮克，兩人對各自的主張都毫無把握，但他們激烈爭執。遠不及柏頓老練內行的斯皮克，大半是憑猜測論斷。他認為該湖與尼羅河相連，這理論後來證實是對的；他也去勘測名聲響亮的「月亮山」，而這座山事實上並不存在。不過，此時他變得自大，不滿柏頓駁斥他的理論。但當斯皮克另一波熱病發作，柏頓仍悉心照料他，他們在一八五九年三月返抵桑吉巴，兩人顯然關係友好。事後，柏頓指出，那不智的耽擱令他付出慘痛代價。

斯皮克向來世故精明，他即刻航向英國，但柏頓卻因元氣大傷，進了醫院養病，一面休養，一面彙整他的筆記。這是個致命的延宕。當他在兩個月後總算返抵英國，卻發現斯皮克沒有信守道別時的承諾：他們說好待柏頓返回英國時，兩人再一同發表尼羅河源頭的調查結果。事實上，斯皮克馬不停蹄地匆匆趕往皇家地理協會，聲稱他發現了尼羅河源頭，乘機利用大眾的熱情，使了一些手腕取得皇家地理協會的委託，帶領一支新的遠征隊，而柏頓不在其中。斯皮克搶走所有光環。他登台演講，成了一時的英雄。柏頓再一次面對幻滅、貧窮與冷落，而背信棄義的竟是他同伴暨友人，更是令他憤恨難當。

斯皮克一舉成名之際，可想像伊莎貝兒的心情：柏頓毫無音訊，當她聽說柏頓留在桑吉巴，即將再度前往內陸而非返鄉的傳言時，簡直絕望。無論夏甲和金星應允了什麼，她再也無法承受：她想自塵世退隱，當修女去。然而在這緊要關頭，她收到來自非洲的信。六行平庸的詩句，沒有署名，別無其他，但世界從此改觀。

致伊莎貝兒，她讀道：

那額眉自我視野升起
如朝聖者的聖殿
那雙眸——照亮我生命
那雙唇是我的聖酒
那嗓音悠揚婉轉，彷彿
流亡者夢裡的樂音

「於是我知道，」伊莎貝兒說，「一切都將無恙。」數天後，她從報上得知，柏頓上尉在返鄉途中。她當下有一股想逃跑的衝動，「生怕在我吃這麼多苦、盼了這麼久之後，合該要承受更多。」當她仍躊躇不決時，再度出現了她認定他倆「注定」相遇的另一個例子。

「五月二十二日，」伊莎貝兒寫道，「我臨時去拜訪一位朋友，得知她外出……對方問我要不要在此等一會兒。我說『好』。沒等幾分鐘，門鈴又響了，另一名訪客也被邀請入內等待。接著令我渾身震顫的嗓音從樓梯傳來，『我想要阿隆黛兒小姐的住址。』門開了……猜猜看，我見到理查時有何感覺！瞬間我倆茫然站著……奔入彼此懷抱。我難以形容那一刻的開心。」他們喜不自勝。伊莎貝兒描述她「心滿意足，我想人在靈魂出竅後，頭幾個片刻就是這種感覺」。前一天才剛登陸的柏頓，彷彿八年前在城牆上昂首闊步的探險家鬼魂。二十一次的熱病發作，使得他部分癱瘓且半盲。「他簡直像骷髏人，蠟黃的皮膚鬆垮，雙眼凸出，嘴唇乾縮，牙齒向外暴出。」伊莎貝兒寫道，激動若狂，又愛又憐。這對戀人相偕蹣跚下樓，進入一輛路過的計程車，緊抱著彼此，任車子在街上亂轉，無視他人存在。「當我們稍微回神，我們在同一刻各自從口袋裡取出對方的相片，表明我們始終小心翼翼地帶在身邊。」

接下來，他們天天見面，伊莎貝兒常說他「幾乎要昏厥，不管是來到我家，或去到容許和鼓勵我們見面的朋友家」。當兩人論及婚嫁，阿隆黛兒夫人頑固拒絕。理查柏頓不是天主教徒，有人說他連摩門教徒也不是。他剛遇上新一波印度駐軍的裁減，沒有財產，而且名聲敗壞。總之，與她的愛女完全無法匹配。說來奇怪，伊莎貝兒也很溫順，不願忤逆母親，因此，婚事就暫時擱下了。說不定婚事暫緩，柏頓也鬆了口氣。他用他的方式愛著伊莎貝兒，但也和無數男人一樣，寧可他的愛人在他身後守候。

伊莎貝兒具有純正伊莉莎白時期女人對於看護的熱情，倒是如魚得水地照料她塵世的神。理查需要她：她幫助他恢復活力、找回希望，以及愛。「我從沒像當時那樣感覺到愛的力量。他返鄉來，卻被官方的喧嚷和各種煩惱，搞得更虛弱、更喪氣；但他還是『我塵世的神與王』，我願意跪在腳下膜拜他。我常坐在他身邊看著他，心想『**你是我的**，世上沒有哪個男人比得上你』。」

這般態度，肯定有絕妙的滋補作用。

✤

要是伊莎貝兒知道有另一次的別離等著她，或許就不會急著讓理查恢復元氣。一如往常，他尚未完全復原，便又再度啟程——這一回要橫渡美洲，查訪摩門教。他的《聖者之城》一書，以極盡嘲諷的口吻述說他對楊百翰（Brigham Young）[52]及其作風、雞尾酒或「啜飲」，還有他眾妻室的印象。探查過非洲後，就連印度也顯得平淡乏味，雖然柏頓還是採取了預防措施，理光頭髮，以防途中遇上剝頭皮的人。（柏頓的外甥女史帝斯提德小姐在描寫舅舅訪查摩門教的旅程時，以歐洲人的驚愕口吻說：「……只有水可喝，除非某個怪人喜歡吃豬肉配牛奶，這樣的搭配十足恐怖；最後在臥房內享用一杯威士忌來結束一餐，因為那裡沒有酒吧。」如此看來，柏頓當時過的生活，像極今天到中西部下榻『汽車旅館』的旅人。）

如同穿上阿拉伯服裝踏上麥加之旅，柏頓這回也披戴摩門教長者穿的黑色長禮服和有光澤

52 譯註：Brigham Young，摩門教的創立者美國人史密斯（Joseph Smith，一八〇五—一八四四），一八四四年在伊利諾州被反對者刺殺，其門徒乃隨另一領袖楊百翰，輾轉遷來猶他州的鹽湖城，今總部亦設於此。摩門教會在教義中，曾主張並實行多妻制。

的大禮帽，這並非他最具說服力的喬裝打扮。於是他再次悄悄離開倫敦，因無法面對伊莎貝兒的悲傷。伊莎貝兒再度被一種預感籠罩，這預感果然很靈。她心頭猛然一縮，立時確信理查已離開，半小時後，他的告別信送達。他將離開九個月，他說，當他返回，她必須在他和母親間做出選擇。倘若她沒有勇氣為這段婚姻冒險，他將回到印度，從此不再相見。「我有九個月的時間考慮。」伊莎貝兒說，而她九年來也只做這一件事。

接下來數個月，她積極為熱切渴望的婚姻做準備。她藉口躲到鄉下透氣，開始學習新生活所需的一切實用知識，不論新生活將在何處展開，也不管在何種物質條件下。她學習擠牛奶、打理和照料馬匹，以及跨坐馬背騎馬。飼養家禽、園藝、烹飪、洗衣、釣魚——什麼都不能憑運氣。回到倫敦，她找到一位有名的劍術師，請他收她為徒。「為什麼要學劍術？」他看著伊莎貝兒一手持劍、一手撩起裙撐，凶猛而專注地跨弓步長刺和撥擋刺，不解地問。「當理查遭受攻擊，我可以保護他。」她答道。

在鄉下時，她決定再和母親交涉婚事。一封洋洋灑灑的長信裡，伊莎貝兒向母親斬釘截鐵地闡述她的看法，「我見到他土匪般不畏死的神情那一刻，就視他為偶像，並打定主意他就是我要嫁的人……可是有天我歡天喜地回家告訴妳，我遇見了心目中的男人及嚮往的生活，說沒有哪個男人比得上他，我心意已決，妳是如何答覆我的？妳說我要嫁誰都可以，就是不能嫁給這個男人，妳說妳寧願看我進棺材。妳可知妳公然違抗神的旨意？妳可知那是我的天命？」她繼續列舉柏頓的特點，「看看他的軍事資歷——印度和克里米亞戰爭！看看他的著作、他的遊歷、他寫的詩、他會的語言和方言！如今梅佐凡蒂（Mezzofanti，一位偉大的教長和語言學家）[53]已逝，他是歐洲第一把交椅：他是最出色的騎師、劍客、手槍射擊手……他受贈黃金勳章，也是皇家地理學會會員，妳得看看報紙刊登他的顯赫功蹟及民眾的感謝，報上稱他是『當代的克萊頓（Crichton）[54]』、『本世紀的聖武士[55]之一』、『十九世紀最有趣的人物』。」她補充道，口吻愈來愈驕傲。接著語氣轉為柔弱，繼續寫道，「他各方面都可愛；……他所思所想、言行舉止，都十足的紳士（真希望我可以對我們認識的人或所有親戚說同樣的話）。」然後，她對於門第出身與光耀門楣說了些鋒利的話，「我相信與理查·柏頓的聯姻，將是我們最驕傲的一項紀錄……我很納悶，妳怎麼看不出這樣的可能性帶給我的重要性……」接下來就是她的名言，「**我希望我是男人，如果我是男人，我要當理查·柏頓，但我只是個女人，所以我要當理查·柏頓的妻子。**」還有很多篇幅談到宗教和財務方面。對此，伊莎貝兒並無辯解。柏頓實際上身無分文。儘管幾年前父親留給他一萬五千英鎊，但全都花在補貼探險的高額經費。回頭再談到母親對他的抨擊責難，伊莎貝兒又嚴厲批評她的交際應酬。「妳說妳不知道他是誰，妳說妳從沒在哪個場合見過他。我不喜歡聽妳這樣說話，這讓妳顯得無知淺薄，而妳自知有多聰

---

53 譯註：Joseph Caspar Mezzofanti，一七七四—一八四九，義大利紅衣主教，據說能講七十二種語言。

54 譯註：應指Alexander Crichton，一七六三—一八五六，蘇格蘭醫師，一七九八年出版的《神不守舍的本質和起源初探》（*An Inquiry into the Nature and Origin of Mental Derangement*），是探討注意力缺失的第一部英文著作。

55 譯註：Paladins，跟隨查理大帝（Charlemagne）征戰四方的十二名武士。

明；至於妳說沒見過他，就妳為女兒們找女婿所結交的那種特殊群體，妳是不可能遇見他的，因為那些場合令他感到無聊、那種場合他格格不入。他放眼全世界，他的生活、他的才華為他開啟每一扇門……在整個東方，他是偉人；在倫敦的藝文圈，在你我會參加的大型派對，他是耀眼的明星……」諸如此類——強調、驚嘆、勸誘、懇求，也有威脅，因為伊莎貝兒知道，這是她最後一次機會。

這封信無疑讓阿隆黛兒夫人折服，不僅因為長篇大論、洋洋灑灑，而且文字鏗鏘有力。沒有她答覆的記載，但她依舊不肯鬆口。套用柏頓的話說，母女倆天生騾子脾氣，都倔強不屈。

✤

柏頓依舊是糟糕的通信者，去到鹽湖城或他口中「冒牌的錫安」（The Pincheack Zion），仍是無消無息；但伊莎貝兒深信他會歸來，只因他親口說過。耶誕節期間，她前往北方的表親家參加派對。想必是約翰．里奇（John Leech）[56]經常在《笨拙》周刊（Punch）[57]畫的那種場景。頭髮捲曲、穿著裙撐的女士們，圍坐大壁爐前編織絲綢包，紳士們則仔細欣賞她們的姿態，掛著厚重窗簾的窗戶外積雪盈盈，募捐合唱隊（the waits）[58]在門廊上精力充沛地唱著耶誕頌歌。「先生，願主賜給您們喜樂！」（God Rest Ye Merry, Gentlemen!），伊莎貝兒坐在鋼琴前，為起居室裡的某位歌手伴奏。樂譜靠著一份摺疊的《泰晤士報》，突然間她的目光落在一則報導上，理查．柏頓上尉已從美洲返抵倫敦。喔！太棒了！喔！討厭！他為何不寫信來？她必須即刻南下。她簡直無法彈完那首歌，在臥房裡熬夜一整晚，打包並構思狂熱的計畫，好讓自己被電報叫回家。在約克郡的雪堆斷送性命，對伊莎貝兒來說是小事一樁。她及時備妥電報，送往最近的電報站（在暴風雪中走九英里），而且在家人毫不知情下抵達倫敦。

她發現，理查的態度變得蠻橫。他等了四年，他說，現在她必須在他和母親間做出選擇。「妳有答案了嗎？」他問。「我說：『早有答案。我會在三星期後的今天嫁給你，任誰都擋不了！』」由此可見，在激動的時刻裡，伊莎貝兒說話總是一副帶有不祥預兆的聖經口吻。

儘管阿隆黛兒先生默許婚事，阿隆黛兒夫人依舊頑固如石。伊莎貝兒向樞機主教衛斯曼（Cardinal Wisemen）吐露心情，並請他著手安排婚禮。樞機主教和柏頓見面，約定伊莎貝兒婚後能自由地繼續實踐她的宗教信仰，他們的孩子要在天主教信仰中長大，而且婚禮要在天主教教堂裡舉行，柏頓一概答應。他熱烈的答覆，令樞機主教大樂。「實踐她的宗教信仰，這當然！我倒認為她理應如此！一個男人沒有宗教信仰或許情有可原，但一個沒有宗教信仰的女人，不是我要的女人。」這位樞機主教從羅馬獲得一只特許狀，並據此決定。由於阿隆黛兒夫人身體欠安，可能難以接受這整件事，所以這樁婚事她還是不知情為好，家人也無須出席。

隨後的三星期，伊莎貝兒以莊嚴肅穆的心情，準備進入婚姻聖秩。她做好宗教上的預備功課，領聖餐，並在奉獻本寫下對未來生活的各種思考，其要點包括獲得雙親的祝福、生個兒

56 譯註：John Leech，一八一七—一八六四，諷刺漫畫家，在《笨拙》雜誌畫漫畫出名。
57 譯註：一八四一年在倫敦創刊的漫畫雜誌，漫畫頗具隱喻，以針砭諷刺時事聞名。
58 譯註：耶誕節期間為募集慈善捐贈，夜間在街頭或挨戶演唱的合唱隊。

子、靠「文學」賺錢、做大量善事及大量的旅行。就像她那年代的新嫁娘時興的，她也寫下了冗長的自我備忘錄，「我的人妻準則」，從中可看見她為自己設下了嚴苛的標準。她要為人妻、為人母，還要擔任護士、祕書、旅伴、知己和情婦。她對後者的角色直言不諱。「絕不拒絕他要求的任何事。在他面前要表現某種程度的含蓄與嬌柔。保有蜜月的浪漫，不管在家或在沙漠裡。同時也不要過於矯揉造作，那樣只會令人作嘔，也不是真正的謙虛。」也許她體認到，以他的過去來看，她將面對的，是提供非常高標準的愉悅。她必須優雅、時髦講究；家要溫暖舒適；她必須在各方面加強、教育自己，跟上時代的腳步，跟上他的腳步，「逐步建立他對這世界的影響力，不管是出版或擔任公職。當他必須離家，讓他感覺到，他把另一半的自己留在家裡掌管他的事務。」準則十說，「絕不允許任何人在妳面前說他的不是；假使有人這麼做，馬上離開那場合，不管多困難。絕不允許任何人告訴妳，他的任何事，尤其是他和別的女人有關的行為……當他失敗時，永遠要鼓舞他。」

準則十七告誡自己，「讓一切持續下去，任何事都不能停滯不前；沒有什麼比停滯更令他厭煩。」唯獨在準則十三，「別談論宗教讓他心煩。」雖然她偶爾會達不到自己的標準。這是個勇敢的提案，而且大部分她都勇敢地實踐了。

✤

一八六一年一月二十二日，星期二，伊莎貝兒完成她塵世的最大心願，與柏頓結為夫妻。在那個陰冷清晨，她藉口要與鄉下的朋友見面，辭別父母。計程車等在稍遠處的路上，裝載著那年代的笨重旅行皮箱和毛氈旅行提包。伊莎貝兒向毫不起疑的父母親告別，並一如往常的迷信，尋求某種徵兆，她心想，倘若他們祝福她，那就是好兆頭。「再會，孩子，上主保祐妳！」他們說，伊莎貝兒悲不自勝，一時間說不出話來：她忍痛離去，親吻門楣啜泣。然而這一場表面上枯燥無味的儀式，眼淚與親吻也就僅有這些。柏頓認為婚禮是「野蠻和下流的展現」，也希望不要張揚。況且邁出這一步，他要格外當心，提防惡魔的面具不慎滑落。伊莎貝兒告訴我們，她穿著一襲淡黃褐色的絲綢裙裝、披著黑色絲綢斗篷、戴著白色帽子，並調侃說這一身打扮非常不像新娘子，但無疑看起來十分高雅，她總是給她同時代的人這般印象。她驅車前往沃維克街（Warwick Street）的巴伐利亞天主堂（Bavarian Catholic Church），柏頓已等在台階上，叼著一根大雪茄吞雲吐霧，顯現新郎倌典型的緊張模樣。儀式結束後，他們在某個老朋友的屋裡舉辦小型午餐會，席間男主人博茲醫生（Dr. Birds）拿柏頓的探險打趣，問他殺人的感覺如何。「滿快活的，醫生，那你呢？」這段答話後來經常被引述。打從一開始，他就存心對伊莎貝兒橫行霸道，認為結婚不需大驚小怪、不需為了凸顯這日子而做什麼特別的事。「讓我們假裝，」他說，「我們已成婚兩年。」而她打從一開始也存心要表現東方式的順從，因此跟著照辦。現今對她來說還有什麼關係呢？她已是柏頓夫人了。沒有什麼比這件事更值得慶祝。十年的禱告，延宕的心願，終於成真。也許她沒想到會這麼平淡——也許她想像過在沙漠度蜜月，在黑色帳篷裡，與身穿連著包頭巾的阿拉伯呢斗篷的理查在一起，當暮星點亮了清澈的暮色，其光輝映在他們陶醉忘我的臉龐。

相反的，他們一同走入霧濛濛的倫敦冬季暮色中。柏頓在聖詹姆斯公園（St. James's）有房子。「儘管阮囊羞澀，但我們快樂得就像離開天堂的凡人一樣。」伊莎貝兒在她的回憶錄寫道。那晚，一位意外來訪的友人，發現伊莎貝兒安頓於此。柏頓盛情邀請他和他們抽雪茄，伊莎貝兒無疑記得她的人妻準則，熱情支持這個邀請，三人便坐下來舒服地抽方頭雪茄。儘管柏頓存心簡慢，在這小男孩神氣活現的背後，以其古怪的方式愛著伊莎貝兒，也就是說，以這麼一個自我中心的人能夠去愛的方式。婚禮次日，柏頓致函給他的丈人，伊莎貝兒貼切地形容這封信優美又十足有個性：

聖詹姆斯

一八六一年一月二十三日

我親愛的岳父，

我犯下一樁搶案，在沃維克街教堂的登記官面前，娶了您的女兒伊莎貝兒為妻——細節她會向岳母稟告。

我想說的僅是，我沒有家累，也沒有任何私情，這樁婚姻十足「合法又可敬」。我不求伊莎貝兒的財產；我有能力養家活口，將來我所關心的是，時間不會帶給您任何遺憾。

您誠摯的　理查・柏頓

柏頓無疑需要她，因為她代表了保護與溫暖，她似乎也是他更務實、更世俗一面的某種反映與投射。她強大的家族親屬，或許在一開始令他目眩。而在他從未學會攻克的西方世界，一旦拿出他在對付沙漠或叢林要塞所展現的本能機智和魄力來應付倫敦，尤其是應付政府，她可以是緩衝器，也可以是矛頭。

他們的相戀，縱使時間拖得很長也非常浪漫，結褵三十一年來，伊莎貝兒確保他們的婚姻至少在表面上看來是和睦圓滿的。與兩人熟識、以誇張修辭著稱的小說家薇達，是個十足精明的女人，她形容柏頓彷彿奧賽羅過著三劍客的生活。在她聞名的朗廷飯店社交聚會（Langham Hotel soirees）裡，她稱霸倫敦最傑出的男士們，而伊莎貝兒·柏頓是聚會裡唯一的女性賓客。伊莎貝兒和薇達有某些共同的興趣：喜歡木訥的動物、濃烈的雪茄，以及深信柏頓是神人。

「我嫁了一個非常奇特的男人。」伊莎貝兒在新婚期間如此坦言道。她馬上為他奮戰。首先要克服的是家人的反對。結婚數星期後，原本被蒙在鼓裡的母親終於輾轉得知。有位多管閒事的友人急忙告訴阿隆黛兒夫人，她看見伊莎貝兒進出聖詹姆斯公園的單身漢套房，在維多利亞時期的英國，這比死亡還嚴重。做母親的阿隆黛兒夫人既苦惱又焦急，趕緊發電報給在外經商的丈夫；他則答覆道，**她已和柏頓成婚，謝天謝地**。但阿隆黛兒夫人無法接受，據傳她到死前都反對這門婚事，「柏頓與我非親非故」。但表象還是必須維持，伊莎貝兒得意地帶著夫婿參加家庭聚會。席間氣氛冰冷，直到伊莎貝兒的幼弟在餐桌上胡鬧被趕下桌。但柏頓為他求情，「喔，請母親大人開恩，今晚是我首度進家門，就當是給我一個面子吧！」他說，經他這般打圓場，連阿隆黛兒夫人的態度也軟化。接下來，還有柏頓那邊的親人要應付，那些人可不容易說服。他妹妹瑪麗亞，人稱「牡丹」的大美人，當時已下嫁上將亨利．史帝斯提德爵士。這家人都是死忠的英國國教徒，就如阿隆黛兒家是死忠的天主教徒。對史帝斯提德家來說，伊莎貝兒始終是「那女人」。她激進的天主教信仰觸怒他們。他們沒被徵詢過意見，甚或遲至難以插手干預才被告知婚事，這點他們始終無法寬宥……當史帝斯提德夫人的女兒喬琪娜在三十餘年後，以小家子氣的惡毒口吻記述她舅舅的一生，反倒像教堂（卑劣的）耗子挑剔地抨擊一隻獅子，她這麼說他們的婚姻，「他這一步令所有親朋好友錯愕——那些最了解他的人都心知肚明，最錯愕的人就是**他自己**。」

財源是下一場硬仗，他們僅有軍隊發給理查的半薪，不過就連這筆錢也很快會中止，因為東印度公司總算找到一個技術性的漏洞，擺脫了對他們眼中釘該盡的義務。伊莎貝兒投身於上流社會，對此她一向特別愛好，並企圖從中為柏頓搶得發達的機會。於是有了一整輪令人眼花撩亂的社交活動——晚宴和接待會。巴麥尊勳爵（Lord Palmerston）[59]為她的婚禮辦了一場派對，而且她在羅素夫人（Lady Russell）[60]引薦下，入宮謁見。此時有個相當堪憐的小插曲，再度說明了柏頓喜歡躲在冷淡漠然面具背後這古怪的天生需求。只不過要到很久之後，在她溫柔的感召下，似乎才放下這種身段，或者說才改掉他施虐成性的癖好，了解到她為此受到多大傷害，抑或了解到他表達愛意對她來說有多麼重要。那回要進宮謁見前，她佩戴著鴕鳥羽飾、拖曳著裙裾，向柏頓展現她一身的古典華麗打扮。柏頓還是一副邪惡莫測的樣子，用他一貫的冷漠目光上下打量她，始終不發一語。可憐的伊莎貝兒被徹底擊垮，轉身離去之際，無意中聽到他對她母親說：「Cette jeune femme n'a rien a craindre.（這些年輕姑娘什麼都不怕）。」柏頓為何和他的丈母娘說法文，我們不得而知，但至少伊莎貝兒這會兒可是神采奕奕地朝皇宮出發。

✤

經過一季辛苦的交際應酬，攀權附貴找門路，最後為英國最偉大的探險家和東方學者張羅到的，是在非洲西岸的聖費南多（San Fernando Po）的偏僻領事館任事。那裡氣候惡劣，素有外交部墳墓之稱。沒有白人女性能在那裡住下來，柏頓夫婦若不接受這職位，並分隔兩地，看來就得挨餓。柏頓當這差事是晉身之階而接受了。當年八月，他從利物浦出航。伊莎貝兒下決心要表現賢淑得體，但別離令兩人煩惱不安。不過最可喜的是，柏頓就這麼一次讓自己真情流露，即便是可以直接研究大猩猩的前景，也安慰不了他。杜榭呂當時的新發現[61]成了轟動一時的讀物；還記得數年前在印度，猿猴的世界曾令他相當著迷。達爾文主義也把猴子變成維多利亞時期英國的重要物品，甚或家庭寵物。

伊莎貝兒搬回娘家，進入經濟頗為拮据的一段時期。她繼續擔任柏頓非官方的公關代表，而他交辦的任務是將他最新著作出版成書。《聖者之城》，他的摩門教實地報導，可惜令大眾

59 譯註：本名亨利・約翰・天普（Henry John Temple），第三代巴麥尊子爵（3rd Viscount Palmerston），一七八四—一八六五，英國政治家，兩度拜相，以「巴麥尊勳爵」一名著稱。

60 譯註：應指曾任英國首相的Cord John Russell的妻子。

61 譯註：杜榭呂深入非洲內陸，把只活在當時西方世界人們想像、非洲住民口耳相傳的大猩猩標本帶回英國。

失望，因為大眾更想看的是聳動的新發現。鼓吹一夫多妻，是柏頓畢生的聖戰之一，他不時詳述他的論調，主張「納妾或多妻制」在文明生活裡該有一席之地及妻妾的存在就可以開除他最討厭的人物——老女傭，這書具有某種震撼的吸引力，尤其是他最近又剛成婚。但是銷售的結果令人喪氣。

經過十六個月令人厭倦的分離，伊莎貝兒再也承受不住。她再次前往外交部，伏在一位傑出的黑衣人肩上傷心落淚。這一哭起了神奇效果。柏頓精神抖擻地休假返鄉，他們一起度過快樂的耶誕節，參加一個又一個的鄉村別墅派對。理查描述的聖費南多生活令人洩氣。在那裡的真實生活甚至比它的名聲還糟糕。「他們派我去那裡，是要我死在那裡。」他說，「但我會活下去，不讓『他們』得逞。」伊莎貝兒認為政府的冷漠，多半是因為理查高倡多妻制。她在給友人的信裡寫道，「他們（醜陋的政府）徹底把一個可憐的傢伙變成眾矢之的，他不能挺身捍衛自己。你和F夫人會說，這是他那些多妻制言論惹來的，但是他只娶一**個**妻子，他在家時是個顧家的男人，而且離家後還會想家！」可憐的查理——可憐的伊莎貝兒！他們倆面對的真是個大問題！他無法真正融入世俗的框架，不論於公於私，他都無法被約束——他總像雷鳴般轟隆出現，像一陣硫磺煙霧——像天方夜譚的巨靈。

柏頓的休假一下就結束了，伊莎貝兒的心情難以安撫；就如她說的，她既不是女僕，也不是妻子，甚至連寡婦都不是。柏頓勉強讓她同行至馬德拉（Madeira），他們可以在那裡待一段時間，然後他再前往外交部墳墓，而她返回倫敦。這是伊莎貝兒第一次與夫婿旅行，也是她首度品嘗嚮往已久的生活，帶著不亞於對這男人的熱情。沒錯，馬德拉稱不上未知的蠻荒曠野，即便在一九六〇年代，那裡也不是坦克雷德摯愛的沙漠——不過它仍是亞熱帶。得以離開「最好別惹麻煩、凡事就事論事的古老英國」，伊莎貝兒萬分高興（然而順帶一提，柏頓一輩子只有待在英國時才會和官方有麻煩）。他們爬山，在星空下共眠，伊莎貝兒總算看到柏頓適得其所——在荒煙野地（雖然不是沙漠），傍著篝火的光亮。

接下來的兩年，長時間的分離穿插著在馬德拉的短暫重逢。兩人各自發愁。柏頓厭惡他的哨所，但仍以軍事的精準執行他的職責，為他的公署把紀律和尊重強加給最馬虎潦草的商人。柏頓藉酒消愁，排遣無聊，伊莎貝兒也厭倦靠社交活動讓自己麻木。但都無濟於事。不過在這段期間，柏頓被交付一項有趣任務：外交部派他去向達荷美國王（King of Dahomey）表達友善。伊莎貝兒提議陪伴柏頓出訪，並藉由播放幻燈片把天主教的軟性影響力，引介到派駐地，但遭理查和外交部反對。柏頓後來的著作《出使達荷美王國紀行》（*A Mission to Gelele, King of Dahomey*），並沒有遵循大部分政府報告的先例；但它成了依照《金賽報告》（*Kinsey Report*）養兒育女的讀者的延伸閱讀。這是一部引人入勝的人類學專著，可惜從維多利亞時代的大眾觀點來看，不適合當作一般讀物，因為它採取前佛洛伊德取向探討亞馬遜族的心理面，記述包含春藥、孌童、賣淫和墮胎方法的特定資料，以及囚禁和斬首舞等這類令人不快的場面。儘管亞馬遜女部隊發誓要守貞操，還是發生「多達一百五十人被發現懷孕——要在熱帶禁慾實在很困難」的情況。伊莎貝兒仍在家苦苦思念，同時編輯這份報告，發現它令人不安。她身為妻子的耐性已經瀕臨極限，當她得知一名亞馬遜女人被指派為柏頓的副官……她發狂地想像著一位美麗的女戰士戴著長羽和匕首，伴著柏頓飛奔在叢林小徑上，朝向無以言喻的歡愉。

即便讀到理查為他最近一本書《漫遊西非》（*Wanderings in the West Africa*）提的詩，她也得不到安慰。

喔，但願與汝長棲此林，
人類從未涉足之野林；
與汝——吾之城池，吾之寂寥，
吾暗夜之光——酣憩，遠離白日掛慮。

……此刻有另一個女人和他在野林裡。她可平息不了內心激動，直到理查寄給她一幅亞馬遜女酋長的素描：矮胖凶猛，令人反胃。

一八六四年，柏頓在英國休假期間，斯皮克的誇耀終於激怒了他，決定要雙方公開辯論，解決爭端。辯論的地點安排在巴斯的英國協會。自從當年在桑吉巴一別，兩人未曾再見面；打從那時起，斯皮克的誠信就開始受到質疑。他的才幹，就如他的性格，顯然都遠在柏頓之下。該委員會和一群傑出的科學人士均會到場。柏頓在伊莎貝兒陪同下，於辯論台上就定位：他帶來若干筆記，以及焦躁好戰的心情。多年來，他終於有機會為自己辯白，與斯皮克公開對決。但時間一分一秒過去，始終不見斯皮克人影。突然有位信差抵達，遞給柏頓一張紙，柏頓的臉色霎時變得死白，旋即離開會場。斯皮克中槍身亡。那是意外，還是自殺，始終沒定論。斯皮克生性喜怒無常、鬱鬱寡歡，據說他最初之所以投入探險，是因為對生命感到厭倦，想到非洲送死。伊莎貝兒認定他是悔恨莫及，因此寧願輕生，也不願意面對柏頓公然受辱。

✤

柏頓剩下來的休假，都花在慣常緊湊的一輪為前程而謀的娛樂活動：伊莎貝兒堅持他們必須露臉和曝光，因為在經濟問題上閃躲絕非辦法。參加更多的大型別墅聚會，結識更多逗趣的波西米亞友人——年輕的喬治・杜莫里哀（George du Maurier，）[62]、但丁・蓋布瑞爾・羅塞蒂（Dante Gabriel Rossetti）[63]和斯威本，以及布拉勞（Charles Bradlaugh）[64]和其危險的精神實驗：對於催眠術有涉獵的柏頓夫婦來說，特別具吸引力。伊莎貝兒總是為柏頓犧牲，非常不甘願地被迫接受他催眠，迅速進入恍惚狀態，讓他誘導她毫無保留地說起過去、現在和未來。確實出現過理查想對其他女人催眠（他偏好藍眼睛、黃頭髮那一型）的一些尷尬場面，而就這麼一次，我們看到柏頓家族為他憤慨反擊的中立敘述。《安柏莉文集》（*The Amberly Papers*）引述羅素夫人在一八六五年一月期間的日記內容，當時柏頓夫婦是她的座上賓，催眠術乃重頭

62 譯註：George du Maurier，一八三四——一八九六，插畫家及小說家，作品主要發表在《笨拙》雜誌。

63 譯註：Dante Gabriel Rossetti，一八二八——一八八二，是英國畫家、詩人、插圖畫家和翻譯家，前拉斐爾派的創始人之一。

64 譯註：Charles Bradlaugh，一八三三——一八九一，英國活躍政治分子、無神論者，一八六六年創立英國國家世俗協會（National Secular Society）。

戲，在夜裡響起大量憤然離去的甩門聲後，整個聚會就此分成兩派。

至少這些走後門、令人厭倦的社交活動有了成果：柏頓被派往巴西的聖多斯（Santos），而伊莎貝兒得以隨行。那裡不是沙漠，和坦克雷德及東方之星仍有千里之遙！伊莎貝兒一如既往藏起失望，盡可能善用這個機會。他們辭別親朋好友，接受人類學協會為他們舉辦的餞行晚宴。伊莎貝兒打點行囊，開始學葡萄牙語，而且對巴西蚊蟲肆虐的情況深謀遠慮，帶了一副鐵床架同行。在里斯本，三吋長的蟑螂在他們臥室地板到處竄行。伊莎貝兒猝不及防，但柏頓很殘酷。「我還以為妳覺得自己站在椅子上對著那些無辜的生物尖叫的模樣很美呢。」他調侃道。伊莎貝兒的反應也很經典：她停止尖叫，心想他當然是對的；倘若她必須住在有這一類或更恐怖生物橫行的國家，她最好振作起來。於是她跳回地面，拿起拖鞋開始往地上猛打。不到兩小時，她殺了九十七隻蟑螂，也克服了噁心的感覺。抵達巴西時，她發現葡萄牙的動物群，相形之下是小巫見大巫。那裡有大如螃蟹的蜘蛛。就熱帶疾病而言，它似乎也和最黑暗的非洲無分軒輊；也有奴隸，往往被以最野蠻的方式對待。那是我們從高更的兒時回憶裡驚鴻一瞥的南美：狂熱鮮亮的景致，有華麗的鸚哥飛掠橡膠林，有放蕩的社群抽方頭大雪茄、早餐喝白蘭地，沒有人會譴責把發狂奴隸當寵物或小丑般鍊綁在屋頂的慣例。

伊莎貝兒費力地適應水土。那裡有霍亂，還會讓人長瘡，即使不如霍亂恐怖，但同樣折磨人，「全身長得密密麻麻、體無完膚，連放個大頭針的地方都沒有」；伊莎貝兒為了治膿瘡，經常大口灌烈性黑啤酒。她打開五十九個行李箱，把房子布置得井然有序，並成功辦了第一場晚宴。巴西國王發現新任領事及其妻子對國家很有幫助；柏頓的妙語如珠，再次讓他的聽眾如癡如醉。但是時髦的巴西人見伊莎貝兒赤足涉水過溪、把蛇裝入瓶中、將毀壞的小禮拜堂上漆翻新或陪同柏頓遠征未開墾的地域很不以為然。他教她擊劍，還有體操訓練、洗冷水澡及望彌撒、上市集，「幫助理查處理文件」（他的寫作對她永遠是最重要的事）或處理令人厭煩的外交報告，她始終忠實又盡職地為他謄寫。「三十二頁的棉花報告——一百二十五頁地理報告——八十頁的一般貿易報告——這是要呈給史丹利勳爵（Lord Stanley）[65]，所以我做得很愉快。」她在家書裡寫道。不過這其實是在為理查分勞，當然做得心甘情願。後來她因偶爾提及「我的外交部報告」，被指控為干涉公務和勾結權貴，是有失公允的。

柏頓夫婦在這無足輕重的領事館是大材小用。所幸在里約，他們不僅獲得國王的賞識，也被英國外相看重；他們樹大招風，引起其他較無特權的領事人員的強烈忌妒。柏頓被指責為無禮自大、不依慣例又古怪反常。據說伊莎貝兒因為層級不高，被嘲笑為「貴婦」。他們倆的名望不是靠長袖善舞而來。他們天生出類拔萃、無與倫比。除了出任大馬士革領事，他們從沒被委任與才幹相符的職位。這是被蓄意打壓，兩人心知肚明：這說明了伊莎貝兒在社交上多半必須小心應對——她決心不被看貶，而且這是她丈夫的成就所應得的對待。這也說明了不斷蔓延的挫敗與苦澀，逐漸侵害柏頓最初的衝勁與氣概。

✤

65 譯註：Lord Stanley，Edward Smith-Stanley，一七九九—一八六九，一八五二年任英國首相，當時任外相。

大約在此時，憂傷的氣息悄悄爬進伊莎貝兒的家書裡。我們感覺到，不管情勢如何，她勇敢面對生活的背後，總有一股巨大的寂寞。有人說，即便她掉進煤洞，也會把它布置得舒適。柏頓正經歷一段格外難堪的時期。一代探險家被勒綁在辦公室裡苟延殘喘。他會任性出走，一度曾消失數星期，回來時和離開之際一樣苦悶焦躁。是她撐起一切，維繫門面，不管是應付不時問些棘手問題的外交部，或是同樣好奇的當地社群。伊莎貝兒沒什麼消遣。「女人們多愁善感、無病呻吟。」她寫道，因此她們似乎有失體統，破例去看四名英國鐵路小職員穿著運動衫在賽船節（Regatta）划船。在家書裡，她罕見地大吐苦水，因為生活拮据而必須精打細算，又得在當地的勢利者面前虛張聲勢，「我往往在想，一個沒教養的女人如果必須做我做的這些事……維持顏面、割開膿瘡、應付蟲子、應付柏頓、應付一切……也會大吐苦水。」接著又是，「我實在討厭聖多斯，這裡氣候惡劣，這裡的人沒內涵。這裡的惡臭、害蟲、食物和黑鬼一樣可厭。這裡沒有散步場所（在家或在海外，散步是永恆的盎格魯撒克遜式萬靈丹）；如果往一個方向走，你會陷入深及膝的紅樹林溼地；若朝反方向走，你會全身上下被沙蚤叮……」

就連當地的舞蹈，巴西人狂熱的迴旋起舞，像匈牙利人跳查爾達斯舞曲（Czardas）那般，也被伊莎貝兒否定，直到她獨自參加舞會，因為柏頓不感興趣。他偏好和聖方濟會的托缽僧小酌，討論形上學和天文學。他鑽研數學；把玩新望遠鏡是他的一大嗜好，讓他以好心情度過許多繁星點點的漫長熱帶夜晚。然而他狀況不佳，困頓令他意志消沉，鐵打的身子開始崩壞，因他糟蹋了二十年。他持續消失在彭巴大草原，或山嶺，或原始林，而伊莎貝兒學會靠獨自的小小探險慰藉自己。即便像她這般膽大無畏的女人，也擔心潛伏的恐怖之物會破壞最單純的愉悅。毛茸茸的大蜘蛛、致命的毒蛇，還有無數的痲瘋病，使得她不敢睡在客棧床上，寧願打地鋪或睡自己的吊床。身為柏頓的妻子，她在打造自己的生活模式。也許不會有另一個男人能給她這麼多——不過肯定也沒有另一個女人能給他如此的忠誠，或滿足於活在另一個人的生活邊緣。她在學習自給自足、學習悄悄處理生活的實際面，苦其心志，勞其筋骨。愛得如此深切，想必也孤獨寂寞。這需要柔順才行。她必須融合東方女人在男人背後默默付出的克己柔順——這對一個盎格魯撒克遜人來說，絕非自然天生；和獨立自主的戰鬥精神——而這特質在女人身上其實不常見，在大部分維多利亞時期的女性身上更是稀有。

無論如何，伊莎貝兒下定決心。「我打算讓自己安於此處。」她從聖保羅的荒野寫了一封具代表性的信，給里約的友人杜妥先生（Mr. Tootal），他似乎是她與世界保持聯繫的管道。她請他寄一些音樂——「任何歡樂的安達魯西亞小曲、鬥牛曲、走私販聽的或吉普賽歌曲……我迷上西班牙的一切，而且有一把吉他和一只響板。」可憐、勇敢、被欺瞞又堅毅的伊莎貝兒，對著命運撥彈吉他、打響板……與此同時，柏頓寫信給另一名友人，「當我收到六月的郵包時，人已前往內陸，這事請別聲張。這一趟旅行至少會花八個月時間。」從他的觀點，在他遠行期間，留給伊莎貝兒大把時間去應付所有的通信聯繫、書信、外交部事務或出版社的校樣，乃絕佳的安排：這也給了他一種遺棄她的快感，縱使只是短暫的。因此愛一個人對他來說，想必是可以折磨人的一種特殊樂趣。

一八六七年秋天，柏頓超越了流浪的極限。超過四個月的時間，他音訊全無。自從他順著聖法蘭西斯科河（Sao Francisco）划船離去，便不知去向。伊莎貝兒竭盡所能處理領事館事務（所幸這些事都不急迫），而且心煩意亂。她的回憶錄裡看不到有關這段艱苦歲月的隻字片語。說來神奇，這事也沒傳到外交部，我們可以想見，外交部毫不知情。這就像十九世紀諷刺鬧劇的滑稽情節，直比果戈里（Gogol）[66]的《欽差大臣》（Government Inspector）；無數送往迎來、假冒模仿、爾虞我詐、掩耳盜鈴和諂媚鑽營，所有人沆瀣一氣，維持一切如常的假象。伊莎貝兒以誇張的若無其事，扮演她的角色，熬夜趕公文。「我的報告」，她是這麼看待的，而她做的其實只不過是額外謄寫一些文件，好在理查打盹時打發無聊。這很可能瞞過了外交部；畢竟他們遠在天邊，極少把聖多斯當一回事；但瞞不過聖多斯的居民。不過他們不以為意。英國瘋子嘛。於是伊莎貝兒繼續鎮守堡壘，她無愧於人。

從家書倒是可以窺見她在這段歲月所承受的壓力，而威爾弗雷德．司佳文．布倫特（Wilfred Scawen Blunt）的回憶錄亦可間接窺知。這位詩人兼旅行家在布宜諾斯艾利斯巧遇柏頓，柏頓在那裡結交了蒂奇伯恩案原告（Tichborne claimant），也就是亞瑟．歐頓（Author Orton），這位沃加沃加（Wagga-Wagga）來的屠夫，自稱是蒂奇伯恩家族的後嗣，並主張財產繼承權，該案在一八七〇年代的倫敦轟動一時，上演激烈的法律攻防戰，而柏頓被以證人身分傳喚。他的證詞和他先前在信件裡表達的看法相左，我們不由得相信他是被迫的，也許是怕被抖出什麼來而受到某種威脅。他的一生中，想必遇過很多陰險狡猾、難以忘懷的事：勢力龐大的蒂奇伯恩家族可能勒索他或賄賂他，允諾協助他調往某個前景光明的新領事館，而蒂奇伯恩家族除了和伊莎貝兒及阿隆黛兒家族關係密切，也預備千方百計非弄到他們要的裁決不可（就像梅里克神父〔Father Meyrick〕所遭受的無情迫害一樣）；但這樣的推測有違柏頓的正直本性，不過伊莎貝兒心心念念助他高升，倒是無所畏懼。布倫特形容這位原告是「臃腫癡肥、不成人形」，把柏頓形容為「兩瓶酒下肚後就模樣凶狠，動不動拔出隨身攜帶的高楚人摺疊刀」。不過四十七歲，布倫特就認為他已經落魄潦倒、徒留軀殼。「我想，當時柏頓的整個事業已跌到谷底，」布倫特寫道，「他的穿著和外貌就像剛出獄的罪犯，讓我腦中浮現一頭受困籠中卻不饒人的黑豹；而他那剃光的頭和鐵打的體格，又讓我聯想到巴爾札克筆下的絕妙人物，逃犯佛特漢（Vautrin）[67]，把凶狠性情藏在僧侶的黑色道袍下。他習慣穿鐵鏽色黑外套和一條縐巴巴的黑色長領巾，喉頭露出衣領外，這般裝束令他健壯的體格和寬闊的胸膛格外突兀醜陋。軀體之上的面容之陰險，乃我生平僅見，黝黑，殘酷，狡詐，還有一雙野獸般的眸子。」但他又繼續說，「即便面容凶惡如斯，偶爾還是有較斯文有禮的表情，我可以理解他妻子對他神魂顛倒，儘管長相不堪入目，仍是有血有肉的男人中最好看的一個。」

柏頓公職生活的這段插曲，甚至在他身後的傳記裡也從未透露。「深入內陸的旅行。」伊莎貝兒說，一如既往的忠誠。可憐的伊莎貝兒！她一心只求當柏頓的妻子——然而當她與他結為連理、誓言同甘共苦之際，怎料到她塵世的神與王會徒留軀殼——「受困籠中卻不饒人的黑豹？」這只是柏頓一生中我們永遠得不到真相的眾多事件之一。他過世後，伊莎貝兒焚燬了

66 譯註：Nikolay Gogol，俄羅斯散文家，他將獨特的喜劇天賦與豐富的散文詩風格搭配起來，代表作為一八三六年的舞台喜劇《欽差大臣》及長篇小說《死魂靈》（Dead Souls，一八四二）。

67 譯註：法國小說家巴爾札克小說《高老頭》中的人物。

《芳香園》（*The Scented Garden*）的手稿，也燒燬他所有的私人文件，包括日記和筆記。我們再也無法得知能夠揭開他那隱晦莫測的性格關鍵。比如說，他如何理解蒂奇伯恩案原告？他在里約如何沉淪？他怎麼會穿著油膩破爛的雙排釦黑禮服大衣？這不像是他南下聖保羅的獨木舟旅行會選擇的裝束，縱使是全新乾淨的一套。抑或者我們要推論說，不管巴西的氣候如何，禮服大衣是女皇陛下的領事合乎禮數的裝束，而柏頓說不定是突然間被一股來勢洶洶的流浪欲淹沒，顧不得一切衝出辦公室，開始四處飄泊？這只是伯頓性格中會引人揣想的許多迷人臆測之一。

柏頓消失的那幾個月，伊莎貝兒愈來愈焦急。最後她待在海邊，見到巴伊亞（Bahia）來的幾艘汽輪進港，但不見柏頓的身影。她擔心發生不測：他肯定生病了，或因錢財入獄。「他皮夾裡總放著大把鈔票，而且有半截露在外面。」她在家書裡這麼寫道，並打算往內陸去找他。「我什麼都不怕，除了印地安野人、熱病、瘧疾和可以輕易避開的凶猛魚類：其他的都稱不上危險。」等待期間，她在翻滾的海浪裡游泳時碰上鯊魚。「我將來恐怕不敢再下水。」她隨即補了這一句。

正當她準備要出征救援，柏頓從她好幾星期來沒等到的唯一一艘不定期汽輪搖搖晃晃下船，還因她沒上船去接他，而不講理地發怒。伊莎貝兒了解他的情況，並謹慎行事，在誹謗中傷尚未出現，便匆忙將他送往鄉下。幾星期後，柏頓因肝臟出了不明狀況病倒，應是氣候使然，也是他近來放縱過度的緣故。他神智昏迷、大吼大叫，臥床好一段時間。伊莎貝兒全心照料。「在這國家，你身體健康就沒事，一旦身體不適，就只能躺平等死，因為努力想活下來是枉然。」她在家書裡寫道，「在我一連八星期視線從未離開過理查後，他活了下來。……」柏頓漸漸好轉，但身體完全垮了。「他看起來像六十歲。我擔心他的肺永遠好不了。」她在另一封信裡說道，「我昨天試著到外面的園圃裡走走，但險些昏倒，只好回到屋內。**我提筆回信的此刻，人是虛弱、還是無恙，就別提了。**」她多麼愛他！她多麼喜愛照料他！因他這會兒整個屬於她。這世界失去了一位偉大的探險家，但她找回她的丈夫。「他放棄了遠征。」她寫信回家道，謝天謝地；但也言之過早。

然而本性難移：探險家流連不去。即便是神志不清的譫語，柏頓也在計畫順著普拉塔河（River Plata）而下，前往巴拉圭的下一趟旅程。他甫康復，便丟給精疲力盡的伊莎貝兒一顆強力震撼彈。他要辭職。他厭惡這職務，這是死路一條。他會請六個月的病假，然後翻越安地斯山，前往智利和祕魯，順道加入當時在巴拉圭打得如火如荼的戰爭。不管前者或後者，她都勸阻不了。事情已經決定，她必須在他之前回到英國，去打點另一本書的出版事宜，然後盡力為他謀到一個更好的駐外地點。儘管伊莎貝兒憂心他的健康，他們共同打造的唯一真正家園——不管多麼怪異——正在瓦解，也令她痛苦，但她還是毫無怨言。也許她當時知道，他的健康岌岌可危，再也不能到遠方流浪，而回應遠行召喚、動身出發的，只是那旅人的魂魄。

✤

回到倫敦，好運等著他們。彷彿伊莎貝兒長年來的努力，有了童話故事般的回報。至少——東方！她的奔走斡旋獲致令人垂涎的駐外館之一：大馬士革，還有一千英鎊的年薪。像柏頓這樣偉大的東方學者，會為這樣的職務拋棄一切，也會得到一切。伊莎貝兒想必大大鬆了一口氣，起碼他將前往的國家，不致再讓他沉淪於沼澤地，或渴望深入地獄邊緣的自殺式旅程，那裡的土地和生活的每一面，對他的知識來說都是挑戰。他將再度置身於摯愛的阿拉伯人中；表現好的話，下一步或許是調往摩洛哥或君士坦丁堡……天堂的景象在眼前升起。他們歡天喜地飄飄然。一如既往，伊莎貝兒學左輪手槍射擊，以及清理和處理槍枝。她可不打算在沙漠邊緣優雅的野餐。

然而即便在那光輝時刻，仍有烏雲悄然聚集；那朵烏雲不比手掌大，但還是在他命途多舛的人生投下一抹陰影。他的這項任命，引起各方的強烈反對聲浪，主要是因為宗教信仰的緣故：如此高聲主張未知論的人，可不適合派駐聖地。也有人說，他被叫做惡棍迪克可不是浪得虛名。柏頓的這個職位是史坦利勳爵指派的，後者認為這是適才適所；但柏頓依舊時不我予、好事多磨。這項人事任命剛底定，內閣就垮台了。新任外相克蘭頓伯爵（Lord Clarendon）對柏頓有敵意，聽信許多讒言。他挑明對柏頓說，這項任命有欠考慮，在聽到柏頓大抵是考慮到私人的愛好而保證自己會謹言慎行後，才勉強照原訂安排，聽其自然。因此柏頓是在烏雲罩頂下走馬上任，當後來情勢急轉直下，一直到他被召回，始終沒能為自己洗刷種種冤屈。這事成了伊莎貝兒的聖戰；當她最後終於為夫婿討回清白，卻為時已晚，無關緊要了。

✤

一八六九年夏天，柏頓再次出發，這一回借道維希（Vichy），與斯威本結伴同行，伊莎貝兒則留下來處理臨行的打包事宜。「這種事，」她開心地說，「就是莎士比亞提到『記流水帳』時所指的。不記流水帳，做丈夫的會很難受，雖然他們從不管這些瑣事如何進行，總愛保有它們會神奇地完成的愉快幻覺。」伊莎貝兒要處理的瑣事逐漸顯得規模龐大。為柏頓付帳和打包，還要跟上他，本身就是很繁重的工作。要編輯他那簡直失控潰堤的大量著述，更要從頭到尾打點出版事宜；要整頓他亂成一團的公務，還要起身捍衛他、為他做公關等這些必不可少的要務。但眼下一切顯得輝煌無比，因天堂般的景象召喚著她；總算是坦克雷德的東方！她在十二月離開英國，帶著她所有家當、後來被偷的三百多鎊、在敘利亞的路上證實無用的輕便躺椅，以及無數的箱子和「萬寶箱」，還有一口為了區別起見漆成半黑半白的巨型板條箱，裡頭裝著柏頓的大量手稿。還有五隻可愛的狗。她是那種喜歡有一群動物圍繞身邊的英國女人。柏頓對她的一個暱稱就是動物園，另一個是喵咪。

這是她進入東方的起點、她多年想望的實現。「我的目的地是大馬士革，我童年的夢想。我將追隨蒙塔寧夫人（Lady Mary Wortley Montagu）[68]、史坦霍普夫人及拉圖·德奧佛涅公主（the Princess de la Tour d'Auvergne）的腳步，這三位著名歐洲女性在自身選擇下，徹底過著東方生活，我希望成為第四個。我將生活在貝都因族的阿拉伯酋長之間；我將呼吸沙漠的空氣；我將有帳篷、馬匹、武器，而且無拘無束……所幸我的丈夫保有年輕時的心靈。」至少，一切

68 譯註：Lady Mary Wortley Montagu，一六八九—一七六二，英國作家，一七一六年隨丈夫英國駐土耳其大使前往土耳其，著有《土耳其使節書簡》，記錄了旅居鄂圖曼帝國的見聞。

已成真，她所祈求的、嚮往的及夏甲所預言的……坦克雷德的東方和理查的懷抱！

✤

「喔，大馬士革！雖然你的歷史古老、你的藝術有如春天的清新氣息，也像你的玫瑰花圃盛開、如你的橙花芬芳，喔，大馬士革，東方之珠！」

如果說伊莎貝兒徜徉在幸福中，柏頓則有好一陣子如獲新生。他再度置身熱愛的東方，從骨子裡感到歸屬的東方。他身處他了解也渴望融入的民族之中。「他是唯一的楷模，」伊莎貝兒說，「非穆斯林出身而完成朝聖之旅，之後又能與穆斯林和睦融洽相處的人。他們認為他是受歡迎人物、比一般歐洲人更文明的人，他們稱他是哈吉・阿卜杜拉（Hadji Abdullah），視他為他們的一分子。」柏頓夫婦在城外，撒拉希耶（Salahiyyeh）的庫德（Kurd）山村，找到一棟房屋，那房子優美又簡樸；牆上妝點著如瀑布傾瀉的玫瑰及藤蔓，拱廊中庭有座噴泉。一座清真寺與他們的房子毗鄰，呼拜員召喚信眾禱告的呼聲縈繞不去，連同山間微風一起飄進窗子。不久，馬廄裡養了十二匹馬——相當驕縱又令人頭疼的阿拉伯職員，和一大群最不合宜又迷人的寵物，從美洲豹到羔羊都有。心軟的伊莎貝兒十分同情所有挨餓可憐的東方動物。如同在巴西時，她會把可憐的流浪動物（「我可憐兒」）帶回家收養，這會兒她也敞開大門收容她能夠庇護的任何動物（「我的寵物」），柏頓也完全同意。因此，沒再發生過在巴西時柏頓一看到被伊莎貝兒餵得肥肥的可憐兒在地窖閒晃，就會爆發的那種激烈口角。這裡還有病人要探望。伊莎貝兒就像維多利亞時期女性般，熱中於調製實驗藥劑，用作外敷藥及一般護理。這種癡迷似乎在其性格中占有一席之地。柏頓認為那是潛意識裡的權力欲或支配欲的一種抒發（而自主自由的二十世紀職業婦女，肯定對看護沒什麼興趣，不管是當作職業或嗜好）。就連情史轟轟烈烈的喬治桑（George Sand）[69]也屈服於這種照料的本能。在寫給她在威尼斯拋棄的愛人阿爾弗雷德・德・繆塞（Alfred de Musset）[70]的信裡，她寫道，「噢，我離開後，誰來照顧你呢？……**又有誰來照顧我呢？**」這是那時代的吶喊，一種深切的需求。

柏頓夫婦縱情投入大馬士革的生活，大膽舉行就任接待會，歡迎各種信仰、種族和階級的人來參加，這驚人創舉相當成功。他們日日夜夜橫渡沙漠，探索鄉間，造訪沙漠酋長、帕米拉（Palmyra）遺址或耶路撒冷的教堂。那裡有土耳其政治的弦外之音、有黎凡特人搞陰謀詭計的私語及所有尋常百姓家的儀式和謝禱，譬如王公阿卜杜爾・卡迪爾（the Emir Abd El Kadir）家，這位馳名的阿爾及利亞老戰士，流亡法國多年，重獲自由，定居大馬士革，備受禮遇。他是個傳奇人物，曾經力抗六位法國將軍和數名法國親王的進襲；阿爾及利亞終究還是被攻破，但法國以騎士風範的寬懷大量禮遇他，常有人看見他現身巴黎，高傲冷漠地騎馬經過協和廣場，身旁環繞著身穿飄逸白色包頭巾外衣的阿爾及利亞護衛。一八五七年，路易・拿

69 譯註：原名阿曼蒂娜—露西—奧蘿爾・杜班（Amantine-Lucile-Aurore Dupin），是十九世紀法國女小說家、劇作家、文學評論家，喬治桑的愛情生活、男性著裝和一八二九年開始使用的男性化的筆名，在當時引起很多爭議。

70 譯註：Alfred de Musset，一八一〇—一八五七，法國貴族、小說家、劇作家。

破崙同意釋放他，並給予每年四千英鎊的津貼，他便用這筆津貼在大馬士革安頓下來，而柏頓夫婦在那裡結識他。多年來，他成了法國的堅定盟友；一八六〇年，他為馬龍派（Christian Maronites）基督教徒提供庇護後[71]，法國授予他榮譽勳位團大十字勳章（Grand Cross of the Legion d'Honneur）。在普法戰爭期間（Franco-Prussian War）[72]，他得知兒子計畫對阿爾及利亞的法軍發動進攻——從背後捅這焦頭爛額的國家一刀，寫了一封信痛斥，脅迫禁止兒子對這二十五年來對他寬宏大量的國家有任何行動。

瑞茲達爾勳爵（Lord Redesdale）回憶在柏頓引介下見到卡迪爾的情形。他們沿著常見的一條骯髒通道走，突然間柳暗花明，來到陽光燦爛、明媚宜人的中庭，裡頭有幾座噴泉和許多夾竹桃。偉大的王公身穿白袍，相貌威嚴，年屆六十四歲，但鬍子和眉毛依舊濃黑，兩頰紅潤，這在東方可不是柔弱的象徵。卡迪爾正埋首於一本大部頭；他在研究法術，一見有來客，立時放下書，為他們隆重地沏茶。瑞茲達爾爵士享受了一趟充滿異國風情的出遊——對柏頓來說，這像回家一樣自在，而對伊莎貝兒來說，猶如置身天堂。

還有其他的英國訪客：雷頓勳爵（Lord Leighton）[73]抵達，為撒拉希耶的迷人屋宅畫了幾幅寫生，其赭色的屋牆在萬里無雲的湛藍天空下，鮮豔奪目。柏頓醉心於阿拉伯生活，這位帶有幾分學者和純樸阿拉伯人氣質的可敬賓客，很快便能欣賞女皇陛下新領事的才智，也看出了他的廉正。很快地，他不接受賄賂、不接受關說的作風便有目共睹，從而令人心生敬畏，相應地也不討人喜歡。不過一開始，在不疾不徐的可愛東方節奏中，一切都很順利。

黃昏時，當城門噹啷一聲關上，月兒高掛天際閃閃生輝，會有一整夜的促膝長談，「美妙的談話。」伊莎貝兒嘆道，直到她臨終之際依舊念念不忘。還有許多夜晚，柏頓夫婦有卡迪爾及艾倫博羅夫人（我著墨的另一個對象珍・狄格比，此時她已嫁給梅茲拉布族酋長）相陪，大夥兒慵懶靠在散布著軟褥墊的屋頂露台談天說地，話題永遠繞著東方，東方的信仰與傳奇，其往日的光榮與未來。柏頓很可能從珍・狄格比身上得知許多關於阿拉伯閨房生活的心理、性欲和歷史層面，而這一些後來全收錄在他《一千零一夜》的註解中。即便他喬裝成醫生在開羅闖蕩，或在波斯佳人的懷裡纏綿，都不可能得到這類出於忌妒而小心捍衛的祕密。正在學阿拉伯語的伊莎貝兒，仔細聽他們說話，調配咖啡，注滿水菸袋。「我們的生活神聖、莊嚴又狂野。」她後來如是寫道。

比起傳統的外交標準，的確很狂野。柏頓也重拾舊好，又開始喬裝打扮，常常神不知鬼不覺地在市集或清真寺晃蕩。他始終是個謎樣人物；我們無從得知這樣的喬裝易容在他的生活裡占了多大比例，也無從得知他回到東方後，潛意識裡受到多深的影響？他是否自始就不知不

---

71 譯註：西元一八六〇年，馬龍派基督教的農民與他們的德魯茲派領主，因為稅金問題而發生衝突，馬龍派農民發動武裝叛亂，德魯茲派領主則請求鄂圖曼帝國協助鎮壓。動亂一度惡化成不同教派間的派系仇殺，卡迪爾見狀，決定義務提供當地基督徒庇護，同時還庇護了美國、英國、法國與俄羅斯在當地的駐外領事。

72 譯註：Franco-Prussian War，一八七〇—一八七一。

73 譯註：Frederic Leighton，一八三〇—一八九六，英國學院派畫家和雕塑家，其作品題材包括了歷史、聖經和古典時代的主題。一八九五年的《燃燒的六月》是雷頓最知名的作品。

覺地想要在地同化？畢竟回歸本土較符合他的本性，因為他在東方比在西方更如魚得水，而這一點終究還是讓外交部給識破；倘若如此，這大抵說明他被從大馬士革召回後，他們硬是不肯派他前往其他東方外館的原因。此時在撒拉希耶，柏頓可以隨心所欲地喬裝，謹慎地自家中消失，混入熙來攘往的城市生活，在那兒他肯定學到很多也做了很多，外交部其餘的同僚所不知道的事。

伊莎貝兒有時也會穿上東方服飾，潛入大馬士革市井間，品嘗東方生活的每一面，但偽裝的效果不如她天真以為的好。年方四十，卻容顏不再，身材變得相當福態，雖然她的生活從不固定或穩定。在沙漠旅行時，她穿敘利亞婦女衣著、寬鬆的長褲和連著包頭巾的外衣，她說不管到哪兒都被誤以為是柏頓的兒子。從她的紅潤氣色和龐大噸位，我們不得不覺得，不可能沒有人起疑。

他們倆的關係此時似乎也轉調了。愛人轉為朋友——他們是形影不離的同志，或如柏頓說的，就像親兄弟：死心塌地又熱情如火的伊莎貝兒如何看待這種質變，不得而知。不論如何，有理查總比沒理查好。況且他是她的使命：她在奉獻本裡寫道，「我會歡喜地承受一切，當作為拯救理查而贖罪……別讓我以為我的命運可免於試煉……我必須用勇氣，甚至用熱情，來面對困難與痛苦。既然我熱切祈求這項使命——非理查不嫁——別讓我忘了用同等的熱切祈求貫徹使命的恩典。」在這種精神與肉體之愛模稜兩可的狀態下，她開始並持續她的婚姻生活。她是當殉道者的料；唯有殉道者的狂熱，才忍受得了她婚姻、家庭裡的某些試煉。

雖然伊莎貝兒是活潑伶俐的盎格魯撒克遜人，卻從沒受過伊莎貝爾·埃柏哈德（Isabelle

Eberhardt）在肉體上的悲慘折磨，也沒體驗過艾倫博羅夫人多彩多姿的情欲生活，終其一生，她對理查・柏頓展現出一種無比熱烈又令人難以招架的愛。從根本來說，並非是出於母性的愛，不論她被迫進入母性角色的歲月有多長。然而，他可曾給過真心的回應？在那簡慢冷淡的態度背後，是否藏有那些熾熱的欲望。伊莎貝兒在城牆首次見到他時，肯定在柏頓身上感覺到的欲望，被他散發強烈獸性的臉孔所掩蓋的灼熱欲望？基本上他不是那種耽溺酒色的人，或者說，只有在印度那短短幾年放浪形駭。也許那幾年真的縱欲過度。後來他似乎選擇把他的情感先是灌注於探險的激烈與危險、後又灌注於鑽研情色文學的快感。在這兩者之外，不大可能有太多時間留給伊莎貝兒這活生生的女人。

起初膝下無子令她遺憾。後來她寫道，「我們覺得這樣也好……發生在我們身上的一切總是最好的。」她以十足的柔順和信仰補了一句。她在中年時寫給一位友人的信中說：「沒錯，我有十二個外甥和外甥女，五個男生，七個女生……夠多了。謝天謝地，我們一個也沒生。」以伊莎貝兒這樣健壯、熱切、天生具有東方氣質的妻子，曾經像嚮往東方般渴望有個兒子，到頭來卻做出這樣的結論，似乎證明了柏頓的日常生活對她而言是多麼沉重的負荷。可見，就連在生小孩這種問題上，那種種的負擔都能扭曲了她的看法。

薇達認為，伊莎貝兒甚至無法和理查的孩子分享他，她在愛情上有強烈的占有欲。但柏頓對於膝下無子的狀態深感遺憾，薇達說。他喜歡孩子；他太過自我中心，不可能不想要有自己的孩子。在這一點上，柏頓的想法令我們不解，不過就如同他的其他很多看法，全在她遺孀點燃的篝火中永遠灰飛煙滅。柏頓很少寫到自己：伊莎貝兒向世人呈現的是她眼中的柏頓，或她選擇去看的部分，因此被焚毀的日記也僅是他的表象，這奇特的男人依舊是個謎。從他的「結案報告」可以對他的本性做一些詮釋，但是這樣的推論在維多利亞時代的英國看來，是完全無法理解又令人反感的。即便是今天，我們和柏頓還是靠得太近，無法毫無保留地描述他。他顯然生錯時代，也生錯國家。這是一場失敗的戰役，當他勉強自己——他深切的東方品味——甘於後來所過的生活。「受困籠中又不饒人的美洲豹」、「籠中的沙漠之鷹……」，在他晚年的褪色照片裡，他的眼神桀驁不馴，卻也陰沉。「我只稍稍馴服理查。」伊莎貝兒寫道，愛得殘酷。然而她是否明白她自己、外交部和整個維多利亞時期的英國，離真正的理查有多遠？當柏頓轉身離開東方，也刻意與自己疏離。一旦跨出這一步，一旦選擇了西方，他和伊莎貝兒的婚姻提供了他所能指望的最佳狀態。阿拉伯人柏頓被獻祭給英國人柏頓，但不是被獻祭給——譭謗伊莎貝兒的人認為的——做丈夫的柏頓。做為人夫是相當次要的。

也許這解釋了從非洲和大湖區探險歸來後，這男人竭盡力氣再也無法崛起，他的人生軌道有如陡轉而下的曲線，他的才幹古怪地變得隱晦的原因。真正的他似乎不再存在：他被留在他所歸屬的東方。何以如此，我們永遠無法知曉。只不過，唉！這傀儡有記憶。柏頓彷彿成了這悶悶不樂分身的囚犯，度過他命運多舛的後半生。沒有人，沒有任何事，就連大馬士革也無法讓他恢復常態。「那神情具有無可言說的恐怖」——這不就是凝視內心卻發現空虛無物的男人會有的神情？看著他的真我轉身離開、並遁入遠方沙漠地平線的男人會有的神情？如今再次置身於他摯愛的阿拉伯世界，他深知他做了選擇：在大馬士革，他不過是在演一場化妝舞會；一場短暫的謝幕，最後一鞠躬，在打擊降臨之前，在他的敵人發動攻擊、在他受辱地被召回之前。

✤

在大馬士革，伊莎貝兒的人生臻於頂峰。在那裡的兩年生活，是她最珍愛的，僅次於她對理查的愛。那段歲月的餘暉照亮了她的餘生，之後的其他地方猶如流亡放逐。當人們問她喜歡那裡嗎？為何喜歡？她憤慨得一時語塞，最後才不冷不熱答道，喜歡！敘利亞令她難受，因為它始終在她心裡。它始終是她的塵世天堂。但一如既往，在多愁善感之外，她也十足務實。她抓住每一次遊說請命的機會：她天真率直地像個孩子，總有辦法把話題拉到要完成的使命。天主教義、動物遭受的虐待、理查遭受的戕害——什麼都擋不了她口若懸河的奔騰之勢。當她不用電報、信件和親自拜訪（幸好當時沒有電話，對她的敵人來說）來轟炸報紙媒體、皇家地理協會或外交部，她也能找到其他方式繼續作戰。在她為柏頓的書《巴西高原》（*The Highlands of Brazil*）寫的序文裡，巧妙地在他一夫多妻的得意論調上建立一個天主教觀點，同時又堅定地指出（特意為他辯白）他個人的一夫一妻習性。在同一本書裡，他生動描述一位天主教神父企圖引誘一位鄉村姑娘的情節沒被竄改；伊莎貝兒縱使義憤填膺，也不敢刪掉這一段。在她的書《敘利亞內幕》（*The Inner Life of Syria*），設法穿插好幾章具傳記性質或遊說性質的內容，無非是機靈地攻心計，把大眾的注意力導向理查的價值，或者愚昧無知之人對他的不公不義和忘恩負義。這段期間，她定期為在君士坦丁堡發行的《黎凡特先鋒報》寫文章，但以匿名方式刊出，並一如既往的以輕率的熱情為柏頓大力美言。她相當足智多謀，在自己的書裡暢所欲言，既不會被打岔，也不會有人反駁。它們是她的布道壇。於是，第十七章通篇是幻想，但具有穩固的現實基礎。由於這一章格外典型地呈現出她不害臊的作風，不論是拐彎抹角的作法，或是令政府官員感到無力的拜會，或是有影響力的飯局，也許很值得在此詳細引述。

一劈頭她就讓讀者始料未及，她談到以旅人身分前往Magharat el Kotn的洞窟考察，而且是在四旬期齋戒的虛弱狀態下去的。俯瞰著下方遙遠的耶路撒冷，她睡著了。「**我做了一個夢**，也許我不該說出來，但內心有個聲音要我這麼做。」於是她暢所欲言，媒體發言的頭一人。一位高級的守護天使飛快將她帶到施恩寶座前，接著是一段值得注意的對話。耶和華要賜給她復活節恩寵。伊莎貝兒請求耶和華讓她的夫婿和她待在天堂，想要魚與熊掌兼得。耶和華聽了似乎很滿意，於是又賜給她另一個願望。

夫復何求。於是伊莎貝兒開始改造夢中世界，**尤其是夢中的外交部**，期待能讓理查獲得賞識。在著手改造的過程裡，另一名天使被派來陪伴她。接著她開始設計一連串水晶寶座和黃金寶座。由於她一向強烈擁護帝國主義，很快便把維多利亞女皇安排在其中一個寶座上，封其為全世界的女皇。（我們感覺到她表現出莫大的克制，沒封理查為皇夫。）皇室家族則被安排在次一級的寶座上。「然後我會退隱，觀賞我的傑作。」伊莎貝兒說，一副教區工人為豐收節裝飾聖壇的口吻。但她看見王位標誌上的「光山」鑽石（Koh-i-noor）[74]閃閃發光：那可不行。長久以來她公開表達過，對這個不祥戰利品的疑慮。所以堅定地將它移走，換上守護天使給的一顆星星。「女皇嚴厲看著我，因為她沒看到精神之星。『妳為何拿走我皇冠上最明亮的飾物？』她問。」伊莎貝兒陳述她反對山光鑽石的理由，舉出持有者厄運上身的事例。但女皇相當不悅。她話鋒一轉，嚴厲地說：「在我之上的那個寶座與帝王權杖是誰的？」（我們不禁顫抖，惟恐伊莎貝兒會渾然忘我，說是留給理查的。）它們是給威爾斯親王的，伊莎貝兒期待他能立下豐功偉業。女皇當然大悅，但仍舊盯著光山鑽石，問道：「妳要如何處置它？」「女皇陛下，」我答道，「我要留著它，做為獻給陛下死敵的禮物！」由此可見，伊莎貝兒偶爾還是會說些阿諛奉承的話，把天主教徒的原則放一邊。

此時這夢帶有更多的真實性，在一趟火力四射的英國行，伊莎貝兒大肆掃蕩各個宗教派別，然後進入保守黨，對懶散自大的權貴階級毫不容忍。她通過各種嚴格法律，反對虐待動物和動物活體解剖，對警方、禁酒社會和女性運動不假辭色。涉入英國外交政策後，仍以莫大自制不提理查的東方論調，她抨擊老古板之人，這種人向來是伊莎貝兒最討厭的人，他們既然是理查的死對頭，更是砲火猛烈。她把這種人形容為「令人討厭的老派人士，帶著鼻音把聖經闡述得一團糟，卻又自滿得直搓手」。我們看到，伊莎貝兒對於人物及其對話的塑造，就像她對夢中這些老古板和女皇的描述，有時別具真正小說家的眼光。

對付老古板，這些砲火也許就足夠，但是外交部對理查的態度，可不能就此罷手。還需要更具體的行動。到目前為止，伊莎貝兒都算克制，但眼下已逼近採取攻勢的時候。「竭盡所能為英國效力之後，我們回到了倫敦。」（當然回到女皇面前）她的陛下也和上主一樣，有意賞賜伊莎貝兒一個永久的恩惠。這顯然是伊莎貝兒所圖的——她如此機靈地帶領讀者穿越夢境迷

74　譯註：Koh-i-noor，重達一〇五克拉，是世界上最大的鑽石之一。英國一八四九年攻占印度時掠奪來的，鑲嵌在英國女王的皇冠上。

宮的原因。深吸了一口氣，直截了當為丈夫抱屈——她的目的，她無疑相當清楚皇家會認可護夫心切的妻子，於是請託皇家眷顧理查。「陛下，」她說，「他是個與眾不同的男人，……我甚至不夠格幫他繫鞋帶。三十二年來，他始終艱苦卓絕、奮鬥不懈，讓自己在各方面出類拔萃……其他一切對他來說猶如無物。」（在此我們感覺到女皇很可能皺了下眉頭，當她察覺到這番話對親王〔Prince Consort〕[75]和迪斯雷利先生〔Mr. Disraeli〕[76]的潛在藐視。）但伊莎貝兒說得正起勁。「其他人名利雙收，唯獨他——他們之中的佼佼者——在命運撥弄下，從未高升，從未獲得榮譽……」大力的讚美，最後拉高為歌功頌德。

女王深受感動，答道：「說說妳丈夫的公職生涯吧。」多麼好的機會！伊莎貝兒怎能錯過，於是她開始鉅細靡遺地敘述理查的一生。做夢也好，不是也罷，什麼都不能漏掉。義憤的洪流氾濫了十二頁小號字體印刷的頁面，直到她的女皇陛下勉強插話，詢問事情何以嚴重至此。伊莎貝兒又是一發不可遏制。在這位神人面前，偽君子會羞愧得無地自容！他領先他的年代六十年！唉！他正直的本性在英國並不討喜。女皇大受感動，於是問伊莎貝兒，以她之見，柏頓在這世上如何才算適才適所。當然伊莎貝兒早想好了。特派公使和派駐某個東方宮廷的全權公使，並授予爵級司令勳章；同樣的也要恢復在軍團裡的榮譽職級……

夢中的女王想當然耳授予了這些夢幻的恩賜，伊莎貝兒平靜地離開，任務達成。只不過臨走前，又借梵蒂岡對外交部殺了一記回馬槍。在這個美夢結束前，伊莎貝兒和她的守護天使飄到羅馬晉見教宗，在那裡，最讓人滿意的聽眾已經就坐。天使指導伊莎貝兒進行在這些不尋常情況下的一切繁文縟節。教宗對一切已了然於心，和女王一樣，他開門見山：特別賜福給理查，賜他為「上帝的選民」，並說道：「我的女兒，眼見妳高尚的丈夫得不到世間的榮耀，妳何苦折磨自己呢？……看看妳丈夫，再看看得到榮耀與地位的人，別再怨天尤人。這並非上帝的旨意，因為妳的丈夫遠比這些人偉大，祂為他準備了合適的偉大計畫……把當前處境看成一種徵兆：在耶穌說『沒有先知在自己家鄉被人悅納』的那個地方，人們應當像對待耶穌一樣對待妳丈夫。」我們就在這預言性的、卻不盡然令人寬慰的口氣中，離開仍汲汲營營為理查尋求塵世表彰的做夢者伊莎貝兒。

✤

一如先前被注意到的，柏頓很快建立了廉潔的名聲，而廉潔在東方是罕見且可畏的品德。他的敵人倍增，且步步近逼，只是一開始還按兵不動，難以察覺。土耳其官員被柏頓唐突拒絕他們的行賄所惹惱；穆斯林狂熱者懷疑伊莎貝兒為天主教教會宣教。猶太放債者和金融家得知柏頓在外交部報告裡，指稱他們放高利貸、惡毒地從阿拉伯人詐取橫財，大為光火。英國居民和遊客發現，他們的領事行徑乖張，他的夫人也是。柏頓高聲主張的不可知論，令傳教士感到厭惡：他們發現，柏頓冷漠對待他們要回教徒改宗的理想。他們不滿他在清真寺一待就是數小

---

75 譯註：Prince Consort，對在位女王的丈夫的封號。一八五七年維多利亞女王（Queen Victoria）首次將此封號授予其丈夫阿爾伯特親王（Prince Albert）。

76 譯註：Benjamin Disraeli，一八六八年上任為英國首相。

時，認為這些時間花在聖經公會會更恰當。他們想起柏頓的綽號「惡棍迪克」是怎麼來的，他如何以庶出的法國皇家血統自豪、如何吹噓犯下了十誡的每一條罪、把聖經指為表裡不一的偽君子（whited sepulcher）[77]。柏頓的蠻幹囂張就要自食惡果。

儘管柏頓一向秉持謙虛來面對他真正的宗教信仰，而他的宗教信仰就如伊莎貝兒說的，是半蘇菲教半天主教，然而他被真摯的宗教展現降服時，也從未隱藏他的情緒狀態。「望彌撒時，他總會激動落淚。」伊莎貝兒開心地說，樂見低派教會（Low Church）[78]的平淡克制令他無動於衷的事實。但厭惡大部分傳教士及其虛偽說教，尤其看不慣他們的偽善，而這是維多利亞中期英國的一大特色──「唯一一個我從未感到自在的國家。」他曾這麼說。他喜歡捉弄恪守教義的新教徒，從不對他們表現贊同，而他甚至贊同最狂熱的穆斯林宗派，譬如對阿塞烏派（the Assaioui）或呼嘯苦僧派（he howling Dervished），早前在開羅時他已成為他們的一員。

他們吃吃喝喝，擬訂計畫和辛勤工作
他們在主日上教堂
很多都敬畏上帝
更多是老古板……

這些激怒人的字眼，會從柏頓低沉美妙的嗓音冒出來，當他在花園裡散步，而大敞的窗戶內圍坐一圈把「聖經談得一團糟」的正式聚會，打算在主日學校請貝都因寶寶吃點心。

伊莎貝兒對於阿拉伯一切的明顯偏好，在大馬士革的西方僑界看來，既不恰當也無法理解。東方果然是一陣醉人的穿堂風。她開始想像自己是少女時崇拜的女英豪史坦霍普夫人再世。她不僅盡量穿著阿拉伯服飾，而且當柏頓喬裝悄然潛入市井之際，伊莎貝兒也常流連土耳其澡堂度過快意時光，或者在阿拉伯閨房一待數日。有時她被說動，穿上最坦胸露背的禮服娛樂閨房密友，暢談她在奧馬克沙龍初入社交界的舞會。在閨房女眷眼裡，低領口衣服和跳華爾滋非常時髦。她有時會以貴賓身分受邀出席婚禮或節慶場合，而那些場合為了表示對她的特別敬重，會被請求去抓穩待宰的祭品，她會欣然答應，彷彿教母在施洗禮上抱著等待洗禮的寶寶。

每一天她都對東方更加入迷，想拋開西方的一切，但她的信仰除外。她堅決表明她的天主教信仰，但也遭指控大規模宣教，而這指控並非沒有部分真實。其他連謠言都稱不上的更惡毒說法是，如果柏頓沒收賄，就是她收賄，說她身上佩戴著鑽石和其他不法取得的貴重物品。他們倆深深沉醉於新生活，除了幾個老朋友或真正傑出的要人，不管社會名流或熱中考古的人士，歐洲訪客並未受到鼓舞。但因靠近耶路撒冷和聖地的地利之便，訪者絡繹不絕。前往聖墓的小旅行變得時髦，大約此時，庫克旅行團安排了更大膽的聖地行程。在一八七一年，伊莎貝

---

77 譯註：直譯是塗白的墳墓，墳墓無論如何塗白粉飾，仍是墳墓，聖經馬太福音用這個詞形容表裡不一的偽君子。

78 譯註：聖公會，也就是英國國教，分高派教會（High Church）和低派教會，高派教會比較注重禮儀和儀式，而低派教會則比較注重傳福音。

兒記載道，有一百八十人湧入敘利亞，預備前往耶路撒冷。如此龐大的一團人反倒安全，不會被打劫的阿拉伯人盯上：阿拉伯人認為那並非一般常態。他們輕蔑地稱呼這些人是「庫克幫分子」。「這些人不是旅客，是庫克幫分子。」

不論如何，伊莎貝兒特別偏愛一位同胞。尊貴的珍．狄格比夫人，不只是貴族之女，也是貝都因酋長夫人，而且和柏頓一樣，深愛所有阿拉伯事物。但必須承認的是，伊莎貝兒受不了珍丈夫的黝黑皮膚。「與那黑皮膚的肌膚之親，我無法理解……那令我不禁顫抖。」她在日記寫道。不管她是否克服了種族偏見的這個基本面、是否不依附他人而獨自觸及東方之星，就如尊貴的珍．狄格比夫人般，卻很難說。雖然她打從童年起便嚮往東方，但一直以來東方在她心裡等同於柏頓。她主觀地把周遭的東方看成柏頓的東方、柏頓的沙漠、他鮮明個性和傳奇探險的獨特背景。

背教者尤利安（Julian the Apostate）[79]稱大馬士革是「東方之眼」（the Eye of the East）。伊莎貝兒深刻地體會到它的優美與奧祕；「東方生活的莊嚴神祕、浪漫光暈」，是她待在那裡的短暫歲月所熱愛又時時細品的。她投入一連串會累垮人的觀光，融合沙漠短途旅行和造訪貝都因部族的正式拜會，這些行程讓阿拉伯人柏頓和身為領事的柏頓都樂於配合。她把女騎裝紮成寬鬆的褲子，打扮成阿拉伯男孩，配上一、兩把匕首補足氣勢，她陪在柏頓身邊，像個等候男爵差遣的謙卑侍從。她照料馬匹、監督帳篷的搭建、以軍事的精確編整譯員，然後行禮退下，坐在遠處，恭敬地與圍聚在黑羊毛帳篷下的一群貝都因顯貴相隔一段距離。

她多麼熱愛重新打造場景，以彰顯理查的偉大！理查再次穿上阿拉伯長袍，和周遭的阿拉伯人難以分辨（除了被誇大的英俊長相）。理查像個親王置身其中，與他們談話、進食，向他們引述阿拉伯詩句；與他們祈禱，奉行他們的儀式，再次成為他們的一員，**而她也在那裡**，活在她所有夢想的結晶。當他們顛簸著返回大馬士革途中，呼拜員憂戚的呼聲劃破夜晚的沉靜，柏頓會進到村裡的清真寺，伊莎貝兒和馬匹則等在寺外，想著在他寬鬆的貝都因長袍和駝毛斗篷下，仍戴著有聖母像浮雕的圓飾物，那是他出發去尋找尼羅河源頭前，她送的信物。她肯定也會禱告：歌頌讚美上帝，她所祈求的一切，吉普賽人夏甲曾預言的一切，都已成真。對伊莎貝兒來說，宗教和超自然力量總是密不可分。

然而，就算沒有理查與東方這兩道魔咒，她也醉心於東方生活的每一面。那色彩，那氣候（「一絲兒風也沒有，我們像乾燥的書頁捲曲。」）、人民、風俗、音樂和食物；風景、牧人生活及擁擠的城市；還有那嘈雜與寂靜。往往在入夜後，當柏頓又喬裝雲遊不知去向，她告訴我們，她會坐在窗邊，眺望綿延起伏山谷外的遠方山脈，出神入迷，「聆聽那一片寂靜」。「喔！我怎能把東方從我心中撕裂？」後來當她隨著被貶黜的夫婿離開時，絕望得如此呼喊。

話說回來，她不太可能有太多時間聆聽那一片寂靜。伊莎貝兒的日常事務相當龐雜。有時她形容他們的生活是「莊嚴、神聖又狂野」，另一些時候則是「平靜、有益又開心」。要跟上柏頓的急迫腳步，也許有益又開心，但不可能平靜。除了伊莎貝兒虔敬的朝聖，不管手裡拿

79 譯註：Julian the Apostate，Flavius Claudius Julianus，三三一—三六三，君士坦丁王朝的羅馬皇帝，支持宗教信仰自由，反對將基督教信仰視為國教，因此被基督教會稱為背教者尤利安（Julian the Apostate）。

的是舊約或新約，還有在大批土匪出沒的沙漠裡劫難四伏的考古考察——會讓大部分的女人在歸來後餘悸猶存、虛脫得臥床數週的那種劫難；但伊莎貝兒不是那種女人。這是她兒時嚮往的「無法無天的狂野生活」。即便是協助柏頓的考古作業，將人類遺骸分類，也需要膽量。當時曾橫越敘利亞的佩侯榭子爵（The Vicomte de Perrochel）發現，她面對出土遺骸的鎮定非比尋常。「夫人，」他說，「明眼人都看得出您是英國人。法國女人會昏倒，起碼也會歇斯底里發作……您如此鎮定和務實，好似您在對小玩意兒進行分類，而不是人類遺骸。我必須承認，」他補了一句，「這種態度令我反感；我寧願看到多一點的感性……」

冬季和夏季，領事館的訪客川流不息，全都盼著館方安排消遣娛樂、餵飽肚子和帶團在城內旅遊。伊莎貝兒總認為卡迪爾和珍．狄格比是觀光客追逐的對象。一回她過於熱心，反倒弄巧成拙，帶著珍的一名親戚（她不幸的第一段婚姻的親戚）前往梅茲拉布族的營地。由於珍對於自身被當成異族通婚秀來窺看這一點很敏感，而她的第一段婚姻和她目前的幸福間，還有過四任丈夫，因此這兩個女人有了一絲嫌隙。伊莎貝兒的敵人可不會錯失機會，他們開始在火上添油。除此之外，還有些關於伊莎貝兒的奇怪流言，說她外出時任由官派的四名紅衣衛士或領事館隨扈，在街道上揮馬鞭為她開路。另一個費解的傳聞是雷德斯代爾勳爵（Lord Redesdale）親口說的，他回想起她帶他進入一座清真寺參觀，看見一位阿拉伯人在禱告，她命令那人離開，但對方不從，於是伊莎貝兒帶著她的短馬鞭，一屁股坐到那人身上。很難反駁目擊者的證詞，不過這段插曲似乎與伊莎貝兒對理查的東方一向表現的崇敬不符；很可能是圓潤豐滿的伊莎貝兒會讓某些膽大妄為的阿拉伯人起色心，為了阻止他們偷擰一把或色瞇瞇盯著看，作風不得不潑辣強悍。

在官邸裡，柏頓夫婦每星期舉辦一次招待會；登門造訪的人從破曉到午夜沒有間斷。各種民族和信仰的人齊聚一堂，氣氛通常和睦融洽。伊莎貝兒偶爾會倡導男女平權，對阿拉伯貴族灌輸歐洲禮節，結果場面失和。一回她請阿拉伯妻妾入座，指望丈夫們為妻子端來蛋糕或咖啡，結果侵犯了伊斯蘭家庭的神聖傳統。「別教導我們的女人她們不知道的事。」一位阿拉伯人憤而離席，臨走前氣沖沖丟下這句話，妻妾趕忙跟在後面快步離開。於是伊莎貝兒成功讓阿拉伯女眷出席公開場合的創舉，僅曇花一現。不論如何，屋裡也有柏頓的議事廳，常有清一色男性的社交聚會，而她坐鎮全場，洋洋自得。她告訴我們，沒有其他女人在場。「我之所以有這個特權，是因為我丈夫的緣故，他和穆斯林相處時，彷彿是他們的一員。」除了這些伊斯蘭的活動，還有伊莎貝兒維繫不懈的維多利亞時期興起的魚雁往返，穿梭於歐洲與近東之間。以及她為日後出書所累積的日記和筆記；還有為理查和領事館處理的祕書事務（這裡和巴西一樣，她有時要獨自鎮守堡壘）。有屋宅、僕人和她收養的一園子只增不減的寵物，可惜牠們間弱肉強食的習性抑制了數量。然後還有馬群，共十二匹，以及她和馬伕們聯手的一場無止境的纏鬥，當他們按照她的標準打理和照料馬兒時。除了寵物外，還有她可憐窮苦的百姓。她大膽配製的藥劑，總令柏頓憂心忡忡，因她的製藥方法相當草率。當霍亂流行且疫情嚴重，藥劑效用不彰，結果患者不治死亡，伊莎貝兒通常會為死者灑上些許她隨身攜帶的聖水施行浸禮，從中獲得滿足。

從他們進行的考察來看，還要廣泛地重讀聖經及阿拉伯文課。伊莎貝兒孜孜不倦，不想在有語言學家之名的柏頓身邊相形見絀，以她的衝勁和樂觀，可無法接受自己不會寫阿拉伯文。確實，她活力充沛又好奇心旺盛，往往比柏頓更敏於感受場所與氣氛，而柏頓一成不變的嚴謹是他的唯一強項，直到他拋出《一千零一夜》這顆光彩奪目的震撼彈。

雖然柏頓與穆斯林的交涉，企圖維持一絲不苟的公正不阿，還是難以掩藏他對他們的喜好勝過猶太人或天主教徒。即使力圖不偏不倚，還是迅速樹敵如林。他的廉正、甚至喜好插手當地政情的致命弱點，使得他成為土耳其總督瓦利．拉希德（the Wali Rashid Pasha）的眼中釘，而這個權高一時的無賴，就和東方酒色之徒一樣，喜歡在復仇前夕玩弄對手。因此當他決定要除掉柏頓，甚至計畫暗殺柏頓後，有很長一段時間自鳴得意地看著柏頓的所作所為。儘管迪斯雷利的坦克雷德認為，阿拉伯人不過是騎在馬背上的猶太人，但柏頓夫婦倒不這麼看。她透過特殊**濾鏡**看待阿拉伯人；他不喜歡猶太人這個民族；他的書《猶太人與伊斯蘭教》（*The Jew and Islam*）是偏頗胡說的大雜燴。如今，他對猶太人直覺的不信任，又因為他們對敘利亞阿拉伯人的殘忍剝削而更加深了。放高利貸的猶太人，很多都受到英國庇護，他們索取高達六成利息，並要求柏頓逼迫破產的阿拉伯人還款。「我發現這些事是打著英國的名義做的。」柏頓寫道，極為憤慨。他把他們全數攆走，並向英國政府報告這整樁醜聞，催促政府支持他的措施。但是敘利亞的銀行家在近東地區勢力龐大，開始和其他勢力更強大的國際金融家結盟。他們隨即形成一股邪惡的反對勢力，積極發文給敘利亞和西歐的大銀行。這期間，柏頓繼續一意孤行，追求他深信的正義。不久，他逮捕了在城牆上寫畫十字的兩名猶太男孩，因為他知道畫十字往往是基督徒要發動迫害的徵兆。一八六〇年大屠殺的恐怖記憶猶新，他力求萬全，調走了僱用這兩名男孩的猶太家庭的英國文件，做為一時之計。柏頓的作法專橫，但他了解東方，深知像大馬士革這般種族混雜的城市，種族歧視的問題一觸即發，如此可能免除了一場災難發生。可是這麼做肯定也激怒了倫敦到黎凡特地區的每個猶太人。

正當他們個別或集體向外交部告狀，說女王陛下的大馬士革領事是個迫害猶太人的親阿拉伯分子，他的夫人是個狂熱的耶穌會信徒，他繼而和德魯茲人鬧翻，起因是德魯茲人襲擊穿越其地域的兩名英國傳教士，被柏頓罰以重金。此舉不僅激怒了拒絕執行罰鍰處分的貝魯特總領事，也令瓦利為首的土耳其當局極為光火，瓦利於是向外交部表達不滿，指責柏頓越權。為了護衛傳教士而失去穆斯林的支持後，他接著又惹惱了傳教士。由此可見，他熱烈維護的盲目正義，和他的領事職責相互牴觸。接下來，他和貝魯特來的一名傳教士反目成仇。穆特牧師（Mentor Mott）和他的妻子奧古絲塔（敘利亞英國學校的負責人）是對難以親近的冷峻夫妻。他在英國的教會圈有莫大的影響力，而且和柏頓善嫉的上司貝魯特總領事關係匪淺，而貝魯特總領事既懶散又易怒。牧師夫婦的宣教方式，說是挑釁煽動一點都不誇張；柏頓告誡他們，懂得變通會更有幫助。在穆特的介入下，穆斯林愈來愈躁動，最後柏頓命令他們離開大馬士革，回到局勢較平穩的貝魯特。「你想命斷於此嗎？」惱火的柏頓大吼，他所顧慮的無疑遠超出一般的流血事件。「我應該以殉教為榮！」可敬的牧師答道。當柏頓提出「不是每個基督徒都和他有同樣看法」，他憤而離去。在殉教者榮冠前被擋下後，他立刻興風作浪，向倫敦方面寫了一份中傷譭謗的報告，指控柏頓妨害傳教的反基督教行逕。

然而柏頓對穆斯林的護衛，瓦利並不領情，繼續視他為危險的干預者。而他也許真的是危險干預者。懷著世上最良善的心意，柏頓再度忙著用錯的方式做對的事。他處理公務時，從不交際也不調解的作風，更是逐日惹惱總領事。這下永無寧日了！柏頓與他的上司也失和；穆斯林（也就是土耳其當局，因為柏頓在阿拉伯大眾眼裡仍是英雄）、猶太人和傳教士，並沒有送上另一邊臉頰，而是忙著向家鄉的主教告狀。維多利亞時代對上帝和財神的同步敬拜，已成了一門藝術；這是個愜意的成就，在位掌權的人可不想見它被摧毀。主教和銀行家之流於是開始糾纏外交部，要他們召回柏頓。這麼一個野蠻的無神論者（還娶了個危險的天主教徒），在英國領事館胡搞些什麼？噢！這一切真叫人遺憾！外交部頗為不悅，派人去聽取柏頓的解釋，而他的解釋總歸一句話，就是他的座右銘，「**只求榮譽，不求虛名**」。

由於伊莎貝兒本身也招惹眾怨，因此被認為要為她丈夫遭撤負責，我將會詳述導致他被解職的一連串插曲。要說是伊莎貝兒一人毀了他的事業很容易，就如柏頓的外甥女喬琪娜．史蒂斯提德在記述舅舅的一生時所言。然而關於宿怨舊恨，她的說法，讀者並不採信，徒留家族不和的廣泛印象；尤其是史蒂斯提德家族對伊莎貝兒的強烈忌妒，說她把柏頓占為己有，就像所有人也認為她霸占他，連他本身的親戚也無法近身。這是史蒂斯提德小姐始終無法寬宥的事。伊莎貝兒過世後，迫不及待中傷她。有意思的是，在史蒂斯提德小姐手中的那本《阿貝奧庫塔》（*Abeokuta*）（柏頓在聖費南多寫的書，由伊莎貝兒在倫敦一手打理出版事宜）裡，她選擇曲解他的獻辭。柏頓寫道：

僅以此書深情獻給吾摯友，吾妻

在史蒂斯提德小姐的那本《阿貝奧庫塔》，「深情」和「吾摯友」這兩個詞被濃墨圈了起來，下方還有一行她手寫的字跡：**伊莎貝兒·柏頓自己加的！**有關柏頓遭撤較不偏頗的一份說明，可見於一八七一年出版的英國政府藍皮書；**女王陛下已故的大馬士革領事柏頓上尉案**做出定論：柏頓為人公正不阿卻好插手政事，這是不幸發生的唯一肇因。由此可見，儘管伊莎貝兒處世不圓通、高調宣揚她的宗教信仰，又駭人聽聞地自認有行醫和施洗禮的權利，但她只是這整樁悲劇的小配角罷了。說來，還多虧她的忠實支持，不時精明地動用家鄉一些有力人士和關係，才延遲了悲劇的發生。從壓垮駱駝的最後一根稻草，也就是沙茲利人（Shazli）事件，我們會發現，伊莎貝兒的涉入程度之深，甚至當起改信天主教的兩千名穆斯林的教母，不過呈報外交部的這項怪異提案，卻全是柏頓的主意。

這期間還發生一段不愉快的插曲：這回是和希臘人有過節。當時柏頓夫婦在拿撒勒（Nazareth）附近紮營，距希臘東正教教堂不遠。破曉時，一名科普特人（Copt）被發現企圖潛入伊莎貝兒的帳篷，動機不明。譯員命他離開，但他變得傲慢無禮，拿起石頭就往譯員丟。譯員被激怒，執起棍子往他身上打。一般說來，這類紛擾總會不了了之。不幸的是，一大群希臘人正好走出教堂，打算出手幫這名科普特人。柏頓和查爾斯·泰惠特·德雷克（Charles Tyrwhitt Drake）[80]聽到騷動聲，走出營帳試圖安撫希臘人，卻遭對方扔擲石頭與岩塊。一名富有體面的希臘人大喊：「把他們都殺了，賞金找我拿！」柏頓的一位馬伕回嘴大喊：「可恥！

80 譯註：Charles Tyrwhitt Drake，一八四六—一八七四，聖地的博物學家和探險家。

這位可是英國駐大馬士革的領事。」另一名希臘人喊道：「算他倒楣……」伊莎貝兒記載道，她匆忙著裝，看見柏頓鎮定站著，任由石頭從四面八方砸向他，不願被激怒。她衝了出去，遞上六連發左輪手槍，他揮手要她退後。「於是我站在他近處，萬一他受傷嚴重，可以及時將他帶走，然後把左輪手槍插在皮帶上，擺明要是他們把他殺了，就得用十二條命來賠。」她的確會這麼做；關係到柏頓的事，她絕不是說著玩的；一頭母獅，護衛她的配偶、她的幼獅、她的一切。當希臘暴民逼近，三名譯員受傷慘重，情勢危急之際，柏頓從一名僕役的皮帶抽出一把左輪手槍，對空鳴槍。伊莎貝兒奔向附近的英、美旅人帳篷求救。希臘人眼見救兵抵達，遂鳥獸散。事後，伊莎貝兒說，有消息指出，希臘人是受到「拿薩勒的希臘東正教主教的教唆，這名主教先前奪走了受英國庇護的猶太人會堂和墓園，而專斷獨行的理查曾對此強烈抗議」。他秉持公義的作為，再次對他不利。這起事件後來被希臘人惡劣地扭曲，他們鐵了心要為自己辯解開罪，於是在其主教的背書下，把不實版本送往君士坦丁堡、貝魯特及整個黎凡特地區。不久，土耳其宮廷將瓦利的扭曲版本發電報給倫敦，在柏頓的正式報告抵達前，倫敦方面已頗為不快。就這麼一次，伊莎貝兒這位下筆如流水的快手似乎有所耽擱，而柏頓再次顯現他行事拖延的致命傷。這種事他本該立即稟報，闡述自身觀點。默不吭聲使外交部生出更多的不滿；得知女王陛下的領事被人用石頭砸——無風不起浪，不是嗎？——卻毫無動作、冷漠地等候結局。對他們來說，僅需再等上數星期。

值此之際，回到撒拉希耶的柏頓夫婦，繼續走在邁向毀滅的絢爛道路上。一對跋扈的夫妻，有個綽號叫大馬士革皇帝和皇后，這頭銜不盡然令他們不悅。當沙茲利人事件傳遍敘利亞，整起紛爭的焦點落在柏頓夫婦身上，而非沙茲利人。沙茲利是穆斯林的一個派別，屬於不會被動接受先知穆罕默德真言的一派。和柏頓一樣，他們遍尋更有說服力的信仰。他們玄祕的蘇菲教義和儀式，讓柏頓相當感興趣，他之前曾喬裝潛入他們的聚會，但沒有躲過瓦利的耳目，他們認為他是危險的政治鼓動者。在一次這類的聚會中，一位進入宗教狂喜狀態的沙茲利人，宣稱在幻視中看見一名德高望重的人，召喚追尋真理的人跟隨他走上邁向天堂的真理之路。很快的這位德高望重的人就被指認為法拉．艾曼紐．佛納（Fra Emmanuel Forner），附近修道院的一位西班牙僧侶，而且還是伊莎貝兒的告解神父。伊莎貝兒欣喜若狂，直說是奇蹟，除了用十字架和玫瑰念珠為沙茲利人施洗外，還自願當兩千名皈依者的教母。柏頓一如既往，著迷於玄祕和傳奇事件，花了很多時間與沙茲利人相處，觀察他們的神出狀態。他堅信他們是絕對真誠。他和伊莎貝兒的話題全繞著這件事打轉：柏頓似乎覺得，也許——天曉得？——真正的宗教終於顯露在他面前。畢竟，大數的掃羅（Saul of Tarsus）[81]就在這塊土地上，改宗皈依基督教；而他，不可知論者柏頓——阿拉伯人——將要見證新的基督降臨，十字架戰勝新月？結果，沉湎於戲劇性和武斷見解中，他得意忘形，竟然向外交部提議，政府應該資助他去購買一大片土地，讓沙茲利人安頓下來，自由實踐他們的新宗教。我們不知道，公開宣稱自己

81 譯註：Saul of Tarsus，因家鄉為大數，所以被稱為大數的掃羅，悔改信主後改名為保羅。天主教廷將他封聖，常稱聖保羅，但新教則稱他為使徒保羅。他一生中至少進行了三次漫長的宣教之旅，足跡遍至小亞細亞、希臘、義大利各地，在外邦人中建立了許多教會，影響深遠。

是無信仰者、非天主教徒的柏頓，何以會自覺有權為沙茲利人請命謀福利；他的熱忱比較像是梵諦岡的特使；不論如何，他也許只是察覺到沙茲利人在不久後將遭受迫害。況且柏頓一向站在受迫害者這邊，不論是猶太人、非猶太人或穆斯林。我們也不知道外交部的反應如何，特別是格蘭維爾勳爵（Lord of Granville）[82]的反應如何，因為大馬士革領事館的事務變得緊急；但他們有一段時間卻撒手不管。

沙茲利人的改宗震撼了敘利亞。市集裡對此議論紛紛；每個宗教派別或大馬士革上流社會派系將它曲解為罪惡，而他們早就想給柏頓夫婦扣上罪惡的帽子。猶太人和傳教士眼見時機來臨，進一步對英國政府施壓，要求把柏頓召回。瓦利認定沙茲利人叛離伊斯蘭之舉會蔓延擴散，顛覆他的威權，使得政局更詭譎棘手。於是他二話不說，乾脆把大批的沙利茲人關入大牢，沒收他們的財產。柏頓大發雷霆，就像他把總督派來買通他的密使硬生生轟出去，就像他譴責放高利貸者或傳教士或搶劫的德魯茲人，這會兒他譴責瓦利，並擅自以女王陛下政府的名義，庇護受迫害的沙茲利人。原則上，柏頓一如既往是對的。實務上，他是錯的。根據他的原則，他的作為相當勇敢；但在外交上卻非如此。

做男子漢該做的事
但求為自己喝采
活得高尚又死得高尚的人
依循自訂的法則

他的詩作〈天道頌〉裡有這麼一段。這是他一生自始至終所秉持的信念。這也是伊莎貝兒的志向，不論她做得如何不完善。她的日記和奉獻本經常顯示，她很努力想達到這種氣概——無愧於上帝，無愧於她的丈夫。

✤

一八七一年八月，外交部施以惡毒的突襲。柏頓被召回，一夜之間遭撤換，事先沒有任何警告或說明。他和伊莎貝兒在東黎巴嫩（Anti-Lebanon）的卜盧丹（Bludan）夏屋避暑。外交部出於恐慌與惡意，祭出大動作，沒有知會柏頓，便把新任領事派往大馬士革。他被解職的消息和他的繼任者同時抵達。一名衣衫襤褸的信使徒步從大馬士革快跑而至，「帶著貝魯特副領事的簡略便箋，知會柏頓他本人，前一日已奉命抵達大馬士革，接掌領事館。」

柏頓夫婦大為震驚。柏頓和一名友人即刻策馬飛奔大馬士革。伊莎貝兒懸著一顆心焦急等候；數小時後，她接到經常被引述的信息，「**我遭撤職。付帳，打包，跟上來。**」她呆坐在人生的廢墟裡。形同被逐出伊甸園。她所冀求、計畫和渴欲的一切，化為烏有。倘若她為失去東方落淚，那是為柏頓所受的冤屈憤恨難當。他是那年代最偉大的東方學者，竟被當成笨拙的女傭般遭開除。沒有警告，沒有說明！當消息傳開，屋外圍繞著從城裡走來的阿拉伯人，還有從沙漠裡急奔而來的貝都因人，前來替她抗議，與她一同悲傷。他們在山坡各處搭起的黑色帳

82 譯註：英國當時的外交事務大臣。

篷，傳來悲嘆痛哭。在哭嚎聲背後，伊莎貝兒聽到敵人的歡呼，像是惡狠狠的回音。

大部分的阿拉伯貴族，尤其是卡迪爾和梅茲拉布族的珍．狄格比，都和她站在一起，但瓦利樂不可抑。謠言滿天飛，伊莎貝兒自己也談起柏頓前不久險些遭謀害，一般咸信是瓦利教唆。不論如何，柏頓遲早要走人。幾個忠心的阿拉伯友人向伊莎貝兒獻計，只要她開口，他們就會出手幫她剷除敵人。一位和柏頓頗有交情的猶太人表示，願意毒殺她點名的任何人；可見柏頓夫婦儘管樹敵無數，也交了些有力的朋友。在此，我們感覺到伊莎貝兒語氣裡的悔恨，悔恨身為基督徒，她不能接受這些吸引人的提議。

伊莎貝兒從來不是甘受藐視或傷害的人。但是在柏頓遭自己政府背叛、解職的情況下，她要如何獨力回擊這些波濤洶湧的東方陰謀？她表現得相當克制，壓抑悲傷與憤怒，專注於實務，並等待時機，直到她返抵英國，才和外交部攤牌。柏頓夫婦堅信某種超自然的良善力量存在，而非運氣，那股善力會確保冤枉柏頓的人，很快會悔不當初。這信念維繫著身處磨難的伊莎貝兒。在她看來，斯皮克的早死就是這股力量起作用的例證。瓦利後來下場悽慘，則又是另一個例證，且是大快人心的例證。只不過外交部的運勢卻硬是亨通發達。

當柏頓接到苛刻的罷黜令，立時離開。「他頭也不回，也沒打包，就此離開大馬士革，雖然他在這裡度過畢生最快樂的兩年時光。」伊莎貝兒說，那裡對他來說宛若天堂，就像她一樣。他離開二十四小時後，當伊莎貝兒忙著付帳、打包和跟上，他已經抵達貝魯特，在等候船班，此時留在卜盧丹的伊莎貝兒做了一個夢，「不知什麼拉了拉我的手，『妳怎麼躺在這裡？妳的丈夫需要妳。快快起身去找他！』有個聲音這麼說。」她衝向馬廄，跨上馬鞍，在夜裡疾馳。她像著魔似的騎騁，也許她是著魔——為理查痴狂。整整五個鐘頭，她快馬加鞭，奔過岩石和沼澤地，朝向須托拉（Shtora）的驛站。這是很可畏的一趟騎乘，但伊莎貝拉深信她有神助，「另一個聖靈與我同在，一路上伴著我、保護我。」最後她看見驛車正要離開，但她疲憊得喊不出聲，馬也快要累垮，還是使勁最後衝刺，把馬留在客棧，她搖搖晃晃上了大馬車。當馬車轆轆駛入貝魯特，她瞥見柏頓獨自走在街上，彷彿失了神。他是個悲劇人物。那裡沒有朋友、沒有僕役，也沒有領事館按慣例編派的衛士照應他。英國總領事艾爾德里奇（Eldridge）對他視同陌路。「豺狼總是輕視死獅。」母獅伊莎貝兒說，「但有我在，謝天謝地！他迎向我時又驚又喜。臉瞬間亮了起來。但他只說：『謝謝妳，有其夫必有其妻。』我們有二十四個鐘頭彼此安慰、商量意見。有我在他身邊，一切都會順利。」伊莎貝兒說，聽起來就像她在處境艱難時，總會出現的那種鏗鏘有力的聖經口吻。

法國領事的熱情好客，沖淡了那二十四小時的苦澀，他堅持留他們一宿。伊莎貝兒看著她丈夫登船，當船駛離碼頭，柏頓的阿拉伯僕役哈畢伯從人群中擠上前。他一路從大馬士革徒步跋涉，為了再次見他敬佩的主子一面，卻遲了十分鐘沒能趕上。他看著船漸漸消失在一片藍色中，跌坐在地上悲不自勝。伊莎貝兒回到大馬士革收拾打包，卻驚喜地發現大批人潮聚集在撒拉希耶的屋宅，就像卜盧丹的夏屋周圍布滿遊牧民族的營地；來自敘利亞各地的阿拉伯人圍聚在此，護衛他們愛戴的男人的妻子。柏頓夫婦珍藏的信函裡，有一封是來自梅茲拉布族的梅德約酋長（珍・狄格比的丈夫），以其部族的名義寫的；他們珍藏的另一封來自卡迪爾，字字句句同樣富有詩意，他寫道，「你濟貧扶弱的博愛高尚之舉，留給我們甜美芬芳，喔，涉獵浩瀚知識之人！其學養淵深博大，超越他身處的年代！」

充滿詩意的稱頌從沙漠各地湧入，各個酋長為他們的部落發聲，「卑僕對您的深切敬愛，筆墨難以形容，這份敬愛源於時間的開端，當無主之靈得遇宿主之際，」……「喔，我多麼傷痛，願真主讓遣走您的人傾家蕩產……願所有教義和教派同聲禱告，祈求您歸來，並降厄於那人，盼他早日滅亡。求真主垂憐！」這段文字出自大馬士革大清真寺住持阿默德・穆撒林姆（Ahmed Musallim），語氣透露好戰性格。無怪乎總領事心神難安。這些證詞不言而喻，既是辯護也是控告。柏頓深受阿拉伯人愛戴和敬仰；太受愛戴，太受敬仰，以致總領事和瓦利眼裡容不下他。

對伊莎貝兒來說，這是一段難熬的歲月。她結清帳款、變賣房屋、為僕役和動物們找新家。無法被妥善安置的寵物便射殺，總比把牠們留給對動物毫無憐憫之心的國家好。除了理查外，動物總是伊莎貝兒最掛心顧念的，即使在這潰敗的情況下，她也不會忽略牠們。處處令她心碎。有時她會暫停打包整理，再度在她深愛的土地上馳騁。這是她渴望的土地，卻只待了兩年就遭驅逐……家當拍賣那天，她不忍看到東方生活的最後殘骸在槌子落下後消失；她上山去，「凝望蒼翠汪洋中我的薩拉希耶，還有我珍珠般的大馬士革，以及沙漠……最後一次看著夕陽落入山嶺之間。」

阿拉伯人群情激憤，鼓譟要求柏頓復職。「我們做了什麼，以致他非離開不可？」他們哭喊，淚溼鬍鬚、悲痛萬分倒在伊莎貝兒的門階。清真寺裡吟誦著祈求柏頓歸來的禱詞，還有個代表團希望親自謁見維多利亞女王，為柏頓陳情。當伊莎貝兒最後一次騎向大馬士革，薩巴達尼（Zebedani）平原在九月的陽光下閃耀，大批擁護者護送她。「一出城門，我看見瓦利隆重地率領文武百官等候著。他容光煥發，帶著**莫大熱誠**向我行禮致意。我沒有回禮。」

九月十三日，始終是迷信的柏頓夫婦懼怕的日子。她永遠離開了大馬士革。儘管阿拉伯人的陳情令她倍感欣慰，但盡可能低調離開才是明智，和大眾認知的她是個歇斯底里、虛榮又不負責任的人完全不符。就在破曉前，僅由珍・狄格比和卡迪爾陪同，她穿越城門，他們在此向她道別。「珍・狄格比騎著一匹純種的黑色阿拉伯母馬；月光下我窮目所及，只見她悲傷的藍眼眸閃著淚光……」這一場別離，沒有辜負伊莎貝兒對東方的一往情深和她所耽溺的戲劇感。傳奇的阿爾及利亞戰士和身為貝都因酋長夫人的浪漫英國貴婦，在世上最古老城池的城門邊，目送她策馬離去。**哦！怎能把東方從我心撕裂？**她策馬永遠離開東方，只留下風景明信片般的浮光掠影和幾趟小旅行。然而，西方仍扣留理查，她的東方神話的化身。

✤

當伊莎貝兒付帳、打包和跟上，柏頓則消沉地與妹妹史帝斯提德夫人待在諾伍德（Norwood），她認定這一切全是伊莎貝兒的錯。他泰然接受遭撤職；也是聽天由命，沒花力氣為自己辯解，也沒去見格蘭維爾動爵。外交部與他斷絕關係，他也和外交部斷了關係。埋首寫作，沒再提起大馬士革。調動至倫敦近郊的職務，他提不起勁，親戚們無言的同情也令他腦火。一等伊莎貝兒抵達，他隨即逃離他們，回到她那更讓人振奮的社群。他們暫住在一家便宜的倫敦飯店。對伊莎貝兒來說，這也是段灰黯歲月。東方生活留在身後，沒有前景，也沒有錢。「既然理查無意為自己打這一仗，我替他打。」外交部是她頭一個目標。她嚥不下這口氣，竭力動用各種關係，橫掃每個部門，促使他們反撲，並訴諸正義，拉攏媒體和大眾加入她的陣營。她把格蘭維爾勳爵逼入絕境，要他發表一份官方聲明，解釋柏頓被召回的原因，迫使他不得不表示，會重新考慮。有三個月的時間，她為丈夫上場辯護，逐一回答每一項指控，直到她理論上獲勝。在伊莎貝兒提起的種種反訴及社會輿論的撻伐，外交部被叮得滿頭包，於是公布了整個案件的說明：柏頓領事大馬士革訴訟案機密文件，一八六八—一八七一。內容包括了阿拉伯頭目、傳教士、目擊證人、柏頓本人及猶太人等寫給倫敦的首席拉比，關於撤職的大量信件。這檔案成了重要的文件，而且有件事變得明朗。駐大馬士革的柏頓對於敘利亞及黎凡特地區政局的全貌，了解得比住在邊緣地區的總領事更透徹，在貝魯特的總領事一概得仰賴他的譯員們（全都受到瓦利的掌控）提供揀選過的信息。

為了表示和解，外交部不久便提供派駐次要外館的許多機會，但柏頓和伊莎貝兒憤慨地盡情回絕；不過，雙方關係還是有所修復。

伊莎貝兒的下一場仗，對象是柏頓本人。他擺出一副阿拉伯式的聽天由命、消極被動，毫不關心下一個駐外處。伊莎貝兒非常不安。從過去經驗知道，要和他爭辯很難，於是她寫了一封具說服力又令人振奮的長信，慧黠地夾在他閱讀的一本書中。柏頓依舊閃躲逃避，但她硬是拖他出門，夫婦倆經常外出，很多大型社交聚會和晚宴均可見兩人身影。伊莎貝兒並不贊同「忘卻了塵世，也被那塵世忘卻」[83]，她相信事出必有因，有因必有果。當時普遍的看法是柏頓受冤屈。後來，一位強硬支持者竟然直言不諱，說英國政府對柏頓和阿諾德（Matthew

Arnold）[84]——一個是次要外館的領事，一個是學校稽查員——愚蠢又無禮的輕蔑，讓人想把大不列顛刺穿在她自己的三叉戟上。

這段期間，柏頓夫婦成功地掩蓋了他們財務的困窘，這對揮霍的夫妻沒有積蓄可用，經濟相當拮据。在前往伊莎貝兒伯父吉拉德勳爵（Lord Gerard）的家鄉卡斯伍德（Garswood）途中，她弄丟了他們最後僅剩的十五枚金幣其中一枚。伊莎貝兒坐在地板上傷心啜泣，柏頓跪在她身旁，異常溫柔地安慰她。

他們遭此磨難時，得知瓦利失勢的消息，雖然於事無補，但還是令人欣慰：土耳其政府將他撤職，「而且敘利亞新政府採納了理查提倡的大部分改革方案。」但沒有人記得柏頓，不管是君士坦丁堡或倫敦。在這山窮水盡之際，有人延請他前往冰島，為私人企業勘測硫磺礦，幸虧他接受了。雖然是前往新地平線的旅行——逃脫，但對他來說意義不大。冰河和間歇泉不是他偏愛的地景。他是為了餬口謀生，而不像早先所有的遠征考察是個人探險。伊莎貝兒並不羨慕他去冰島，但總認為他去得心不甘情不願。她留在家鄉繼續圍剿外交部。經過十個月與該部門的糾纏不休，格蘭維爾勳爵終於屈服，提筆問她，她丈夫接不接受派駐翠斯特（Trieste）。

83 譯註：the world forgetting by the world forgot，英國詩人亞歷山大・波普（Alexander Pope）的詩句。

84 譯註：Matthew Arnold，一八二二—一八八八，英國詩人、評論家和教育家。最著名的詩作是〈多佛海灘〉（*Dover Beach*），主要表現維多利亞時代的信仰危機。著作有《文化與無序》（Culture and Anarchy，一八六九）、《文學和教條》（Literature and Dogma，一八七三）。

外交部致函給她，詢問他們的意向，而非柏頓，足見她的強勢。在派駐過大馬士革之後，這是可悲的降格，但伊莎貝兒接受了。他們已經快走投無路。翠斯特是個小型商務領事館，年薪約七百英鎊。查爾斯（Charles Lever）[85]曾被派駐在此（斯湯達〔Stendahl〕[86]也曾擔任駐翠斯特的法國代表）。它被認為是閒職，那裡的職務無關緊要。沒有政治上或宗教上的複雜情勢，也沒有宿命地吸引伊莎貝兒和理查的東方誘惑。因此，那年代最偉大的東方學者、「沙漠之獅」，逆來順受地走進籠裡。

✤

伊莎貝兒慢慢愛上了翠斯特，但柏頓始終憎恨那地方，帶著某種動物本能，彷彿覺得自己會命喪此地。一八八三年十二月，他在日記寫道：「今天我來到這裡整整十一年了，真遺憾啊!!!」起初他們倆都試圖相信，這只是權宜的作法，在有更好的際遇之前，在被派駐配得上柏頓身分的某個外館之前：摩洛哥或君士坦丁堡，也許是……他們不信柏頓的事業已經一敗塗地。於是最初的羞辱感淡化了。伊莎貝兒告訴我們，翠斯特是「有三」之城。它有三個種族：義大利人、奧地利人和斯拉夫人。有三個城區：舊城、新城和港區。有三種風：冰冷的布拉風（bora）、令人窒息的西洛可風（sirocco）及集以上兩者惡劣特性的反向風（contraste）。如果說這個城不關注政治，那是因為上流社會勾心鬥角。斯拉夫人遠避其他人；義大利人喜歡冒犯他們的奧地利統治者。但最會諂上驕下的勢利者，無不汲汲營營躋身奧地利宮廷和禮節。花大量時間相互拜會，佩戴想方設法弄來的訂購品、勳章和珠寶。商業操之在猶太人和希臘人手中。

有人說柏頓夫婦住在火車站後方的三等公寓；也有人說是住在有二十六間房、廣闊得驚人的頂樓公寓，俯臨亞得里亞海的壯美海景與卡爾索（Karso）的岩石村。

不論如何，柏頓夫婦知道自己在做什麼，「我們住在四樓，因為沒有五樓。」他們喜歡那裡的空氣、光線和靜謐，深知陡峭的階梯會打消順道造訪者或不速之客登門的念頭。柏頓寫道：「文學」是很棒的排遣。柏頓喜歡簡樸的環境和沒有窗簾的房間，如此可欣賞最後一抹暮光和破曉的第一道晨光。他在伊莎貝兒特別為他設計的幾張大型松木桌工作，每一張擺放著不同的書籍、譯稿或詩作，完成度不一。當他厭倦某一桌的內容，就移往另一桌，不像參賽的西洋棋手要同時面對許多陣仗。伊莎貝兒在連通間工作，披著印度的駝毛晨袍，戴著吸菸帽。柏頓不是太喜歡音樂，尤其不喜歡業餘歌手，不過若是她哼唱著哀戚小調，他會打開門聆聽，說不定想起了逝去的東方誘惑歌聲。

那公寓充分體現他們的生活與興趣。十字架和新月交錯。有東方長臥榻和波斯禱告毯，有土耳其短彎刀、菸斗及嵌花的咖啡桌；十字架上的耶穌受難像、聖人遺物、數百張照片和紀念品、棕櫚欉、貼金箔的祭壇及充滿蕾絲的臥房，上方可見翠斯特式屋頂。他們維持舊時代那種精力旺盛的作息，四點起床，享用茶與水果當早餐。接下來直到中午，是「文學」時間，然後散步進城，花一小時練習花劍劍術或游泳，伊莎貝兒穿寬鬆的藍色嗶嘰布製泳裝，無視經常在

---

85 譯註：Charles Lever，一八〇六—一八七二，愛爾蘭小說家，一名健談者。

86 譯註：本名亨利・培爾（Henri Beyle），法國小說家，著有《紅與黑》。

亞得里亞海邊出沒，往往會穿過防護網的鯊魚。他們的劍術老師萊許（Reich），公認是當時在世的頂尖闊刀劍術家之一，包括柏頓在內。伊莎貝兒與柏頓習劍多年，身手還算過得去。她有鋼鐵般的膽量。談起萊許，她寫道：「他常叫我站穩，然後對著我劃圓劈（moulinet）[87]，你會聽到劍在空中嗖嗖揮動，他的劍像蒼蠅繞飛似地輕觸臉龐。萊許說，他不會對男學徒這麼做，怕他們會退縮，這麼一來，肯定會劃破臉；但他知道我會站穩。我很喜歡那樣。」伊莎貝兒總是站得穩，不管擊劍場，或人生……

柏頓多次遠行期間，會委託他的副領事處理館務，不過當他人在翠斯特，每天則會花一、兩個鐘頭視察公務，因為這不是個業務繁忙緊迫的單位。伊莎貝兒說他有「大把閒餘時間可以從事文學」，至於她，由於興趣廣泛，時間總是不夠用；她要上義大利文課和德文課，還有閱讀、寫作、照顧窮人、替教會和防止虐待動物協會在地分會工作，還有一整輪多得可怕的交際活動。他們重拾在大馬士革時的作法，每星期舉行一次招待會，受邀參加的各類賓客，不分種族、信仰。拜會的名單長達三百個以上的家族，全都要打好關係、要禮數周到——名帖、正式午餐會等——這些事總是落到伊莎貝兒身上。「我們自個兒的私密圈，」她告訴我們，「只有六、七十人。」這當中的五、六十人無疑是伊莎貝兒的密友，不是理查的。她天生愛交朋友，不過就像在巴西時那樣，也耐得住長期孤獨，能自給自足。有時柏頓會顯現出他好以施虐為樂的個性，用最令人發毛的言詞冒犯她的私祕圈。這些幼稚的暴怒、古怪地不起作用的激昂反感，對伊莎貝兒來說最是難堪，因為儘管她誨人不倦，私密圈裡仍有許多人不明白藏身屋中的是何等奇葩。在一回可怕的情況裡，伊莎貝兒正在為一群翠斯特貴族沏茶，柏頓高視闊步進到房裡，將一張手稿往一盤迷你小蛋糕上一扔。柏頓上尉剛寫好的文章？他們會拿起來瞧瞧嗎？伊莎貝兒先前才以「寫文章」為由，解釋他為何經常缺席，這會兒倒是優雅地順她的意。那麼，就瞧一眼吧！這私密圈一看到標題——**放屁的歷史**——急忙退避三舍。

在翠斯特，就像他們住過的其他地方，很快便找到了一個隱遁處，肯定是遠避七十位密友的藏身處。他們出於本能地朝東方去。歐普希納（Op ina）是個斯拉夫村，高踞卡爾索的岩石荒地。山巒俯瞰著翠斯特縹緲蒼翠的義大利風情，但歐普希納屬巴爾幹半島，既粗曠又充滿異國色彩。越過山嶺便是扎格雷布（Zagreb），東歐最早有清真寺和宣禮塔的地方……再往南去，就是阿爾巴尼亞峽谷（Albanian gorges）、貝爾格勒（Belgrade）和尼什（Nish），尼什的骷髏塔及其殘暴的習俗，還有土耳其村落的斯拉夫農人，生活在巴爾幹永無止境的動盪中。柏頓夫婦立刻被那裡的東方色彩吸引。在歐普希納，他們在聳立於山隘的一間古樸客棧保有幾個房間。那是個荒涼的鷹巢城。他們按自己的方式布置，讓自己總有事情做，而且一隱居就是好幾個禮拜。有時一批批蓬頭亂髮的茨岡人（tziganes）會零零落落地來到客棧，他們養的會跳舞的熊[88]笨重地跟在身後。茨岡人很開心地發現，柏頓能操他們的語言，也能和他們打成一片。他們為他獻唱獻舞，請他當他們的王。迴旋狂舞，踩腳尖叫，直至深夜。茨岡人版本的塞

87 譯註：以圓形軌跡揮劍。

88 譯註：巴爾幹的吉普賽人，傳統職業是「弄熊的人」。他們向專事偷獵的人購買幼熊，拔掉熊牙和銳爪，加以訓練，做各式表演。

爾維亞可拉舞（Serbian Kola）及土耳其的肚皮舞Kadjunjubek，肯定讓柏頓想起其他的異國舞者，當他與賈特人或印度吉普賽人生活在一起時。伊莎貝兒看得入迷，一如往常，迷戀會讓她熱愛的東方猛然襲上心頭的任何東西，把翠斯特及華爾滋舞沙龍全拋諸腦後……起初，當地農民對伊莎貝兒慣於呵護她心愛的獵狐㹴頗不以為然、對牠身上的海豹皮冬外套皺眉，也看不慣牠那裝了簾子又鋪了床單的狗床，「搞得像個基督徒似的。」他們說。由於膝下無子，伊莎貝兒和柏頓把他們的寵物當孩子看待。但是慢慢的，那些農人及翠斯特各階層的人，都愛戴伊莎貝兒，也尊敬柏頓，感受到他真正的偉大及內心的善良。動物、孩童和單純的人，從不會被凶神惡煞的外表蒙蔽。

雖然走在地理或政治的支線上，柏頓其實洞悉世局。他把迪斯雷利的某些權謀形容為「典型的愚蠢詭計，好大喜功而不得人心」。他也把某些僑居印度的英國人鄙夷為「土頭土腦的人」。在某次英國行，柏頓與英國（首相兼）外相梳士巴利勳爵（Lord Salisbury）待在哈特菲爾德莊園（Hatfield House）期間，這位政治家要柏頓思考東方問題，尤其是埃及問題，並針對他的某項政策給出深思熟慮的意見。柏頓上樓進寢間，但幾乎同時折返，遞給梳士巴利勳爵一張字條。「你這麼快就打定主意！」這位政治家說。他打開字條，柏頓僅寫了一個詞「併吞」。他支持嚴厲手段——「只要我們像男子漢大丈夫統理天下，別像博愛主義者，也別像人道主義者！」從長遠的眼光來看世局，他認為斯拉夫人將在未來稱霸歐洲，就像他認為中國人將在未來稱霸東方。他說，中國若動武，將是巨人。有朝一日，蘇俄與中國將正面交鋒，亞洲成為戰利品。……「我會讓他（蘇俄）盡可能往東擴張，而不會像你這樣阻擋。」他在寫給格拉坦・基利（Grattan Geary）[89]的信裡說，「當他與中國對決，我當安全無虞。」

他也預見了二十世紀科學與宗教的戰爭——殊死戰。他和友人亞畢諾（Arbuthnot），也是印度愛經協會的共同創辦人，經常談到法律與秩序會獲得最終勝利；邏輯會戰勝猶太、穆斯林和基督教的信條、教義及超自然或古老信仰。他預見有天警察勢力會取代神職人員；對此伊莎貝兒會感嘆，「但願理查蒙受上主庇蔭！」於是她熱切地把護身符和聖牌悄悄塞進他口袋；為這位反對崇拜聖像者安排特殊彌撒，並在私人祈禱室裡向告解神父不屈不撓地禱告。

柏頓夫婦可不打算讓翠斯特的生活顯得無趣。他們經常前往羅馬或威尼斯或維也納短程旅遊。他們四處結交朋友，伊莎貝兒這會兒發現，由於她的家族長久以來對教宗忠心耿耿，她獲封神聖羅馬帝國女伯爵。於是她的新名片上印著：**理查・柏頓夫人，娘家姓氏阿隆黛兒的伊莎貝兒瓦爾杜女伯爵**，這是她挑選的頭銜，想必認為這光耀的地位超越了曾經一心渴望的柏頓之妻身分。不過，或許這也是她為自己罩上的一層盔甲，以抵擋如針扎人的奧地利勢利眼。他們長時間遠遊，外交部似乎也知情，但只要柏頓不惹是非，他們情願睜一隻眼閉一隻眼，樂得清閒。

柏頓向來習慣盡可能把公務丟給伊莎貝兒處理；向來也是她要和出版社打交道，處理合約、正式法律手續、校對等事宜。每當有新書要出版，他總會派她去倫敦。伊莎貝兒討厭夫妻分隔兩地，但也順他的意，一字不差依書面的詳細指示回國辦事。對她來說，他的指示猶如聖

89 譯註：Grattan Geary，一九〇〇年逝，著有《穿越亞洲的土耳其》（*Through Asiatic Turkey*）。

經。生活和柏頓帶給她的負擔不斷加重。一八七八年十月，他們在她父親的鄉下別墅度假時，她寫道：我有一些工作要做，計畫如下：

1.學習化驗，以便實際幫助理查。

2.出席一場小官司。

3.為十一月即將出版的新書改正校樣。

4.為幾家雜誌寫四篇長篇文章和十五篇短文，設法和所有親友見面、拜會。

5.為遠征（柏頓的礦脈考察的其中一趟）做準備。

6.平常的書信和閱讀。

「我帶了六十八封尚未答覆的信件，除了三封外，其他都回了。我將舉辦一場為動物發起的大型義賣、一場大型婚禮（我表妹媞妮．傑拉德〔Tiny Gerard〕將與歐立芬上校〔Colonel Oliphant〕成婚，很不匹配的一對），然後在紐霍女修道院（Convent New Hall）避靜十天。」加上她頻頻遷徙、到處奔波，還有不論情況如何，始終守護柏頓的那份愛與寬容，我們不禁揣度，她的意志力和奉獻精神有多驚人。

她在翠斯特的日常生活，因為被託付了一項責任，變得更加忙碌，這是她的宗教或社會本能所無法回絕的責任。西班牙前女皇瑪麗亞—特雷莎（Maria-Theresa）、蒙特蘭女伯爵（Contessa de Montelin），在遺囑中把她一手創立的祈禱福傳會（the Apostleship of Prayer）遺贈給伊莎貝兒。伊莎貝兒一展其領導才幹。會員人數很快增加到一萬五千人，伊莎貝兒當上會長，以精準的效率主持會務。百般忙碌之餘，仍設法出版她執筆的《敘利亞內幕》，而且立刻享受到成功的滋味。當她為了新書上市（多少也為理查做公關）抵達倫敦，所到之處無不受到熱烈款待。因此，「文學」的確有收益！她心滿意足。柏頓也請長假與她一起慶祝，在這財務穩定、難得可以放縱一下的時刻，他問她最想去哪旅行——與他同行。「印度」，伊莎貝兒說。她始終渴望造訪柏頓的東方見聞的場景。

✤

他們從翠斯特出航，展開愜意的旅程，途中會經過布洛涅，對伊莎貝兒來說，這是一趟感傷的朝覲之旅，前往兩人注定相遇的初見場景。他們攜手回到城牆，伊莎貝兒盡情享受著夢想成真的滿足。她是理查．柏頓的妻子，而他，阿拉伯人柏頓，終於帶著她走向阿拉伯之星。來到巴黎時，她發現自普法戰爭後，巴黎變化很大：她談到「惱怒和沉默橫溢，貧窮肆虐，瀰漫著對金錢的狂熱和對復仇的渴望……」、「女人甚至連化妝都化得很糟糕；妝化得很糟糕是一種罪惡」。雖然她愛好體育，但她從不鄙視化妝品的用處，而在維多利亞時代中期的英國，塗脂抹粉被認為荒誕不得體。（被逐出敘利亞後，就像保留其他阿拉伯習性，譬如抽菸斗，他們倆仍持續用化妝墨〔Kohl〕[90]將眼圈塗得烏黑，在伊莎貝兒豐潤粉嫩的臉頰上，東方與西方的化妝品奇特地爭鋒奪彩。）

「我恐怕已成了討厭巴黎的少數女人之一。」她自鳴得意地寫道，同時也為他們再度前往

90 譯註：阿拉伯婦女等用來塗黑眼圈的粉墨。

東方鬆了一口氣。翠斯特——塞得港（Port Said）——吉達（Jeddah）、麥加的港口……柏頓的東方！當阿拉伯城鎮象牙黃的剪影從玻璃似的海面升起，他們俯靠著船杆，飢渴地吸入沙漠的空氣。伊莎貝兒決心要品嘗東方的每一刻。她讀摩爾（Moore）[91]的《呼羅珊的蒙面先知》（*Veiled Prophet of Khorassan*）、《菈菈魯克》（*Lallah Rookh*）[92]和《後宮閨房的光》（*The Light of the Harim*）。船載著她一天天朝那迷人地區靠近，在她眼裡那地區因柏頓的《麥加、麥地那的朝聖之旅》而顯得神聖。那書她熟記在心。行經那片黃褐的海岸，她想起傳說中的阿布·祖雷曼（Abu Zulayman）這位庇護虔誠水手的海洋守護聖人，隱身在岩洞內，靠著青鳥從麥加帶來的咖啡維生；咖啡是施助天使為他泡的。柏頓顯得寡言沉默。這回輪到伊莎貝兒朝聖，這是她的朝覲之旅，尋找**他的**過往。

在吉達，「我生平見過的最可愛的城」，看到柏頓以朝聖者身分住過的商隊客棧那一刻，她激動震顫；也看見他在本子裡素描過的宣禮塔（他是個出色的製圖者），還有**與他一同**佇立在塔下聆聽呼拜聲的至喜。有沙漠的探險，也有拜會都督的行程。所有人都非常文明。柏頓的麥加朝聖之旅，吉達人記憶深刻；不管是土耳其當局或狂熱的吉達人，都當他是他們的一員；但即便如此、即便二十年後，帶著伊莎貝兒再次前往麥加朝聖是想都別想的行程。「在聖地炫耀我的藍眼珠和破阿拉伯文的時機未到。」她遺憾地寫道。所以她只好策馬奔出麥加城門，遙望在阿拉伯沙漠彼端的卡巴天房來安慰自己；「這對柏頓有著莫大吸引力。」伊莎貝兒巧妙地輕描淡寫。

有時她會和他上市集，在堆滿貨物、香料、香水、綠松石、珍珠和奴隸的昏暗通道裡晃蕩。他們看到朝聖者的駱駝，緋紅的、金黃的、雜放成堆的所有隨身用品，用羽毛裝飾得像維多利亞時期靈車的富有朝聖者坐騎。抑或為了朝聖聚集於此的各色種族的驚人大雜燴，土庫曼人、波斯人、庫德族、阿拉伯人和孟加拉人。「在這種氛圍裡，我們很快樂，阿拉伯語聽來是如此悅耳、如此熟悉……」至少伊莎貝兒體驗了柏頓的阿拉伯生活的重要時期……她畢生最羨慕的事。然而盡責地陪伴伊莎貝兒出遊的柏頓，肯定覺得自己像歸來的亡魂。在阿拉伯半島，真我的影子再次與他相遇。這抹影子穿著一襲連頭巾的外衣。「活在別的地方猶如行屍走肉，那裡除了亡魂，空無一物……」他曾看見穆罕默德的綠旗幟升上天空，如今那裡只有伊莎貝兒的洋傘。

乘克利普索號（the Calypso）朝聖船前往孟買的旅程，就連伊莎貝兒這位東方迷也快吃不消。從吉達返回印度的八百名朝聖者挨擠在船上，有如夢魘。乘客以每天兩人的速度死亡。「我難以形容在朝聖船上的兩星期航程吃了多少苦……想想看八百名的穆斯林，各種膚色都有，從檸檬黃或咖啡牛奶到黑檀木；來自世界各地的種族，覆蓋甲板上的每一方吋……男人、女人和嬰兒散發椰子油的味道。這是一趟恐怖的旅程。我永遠忘不掉他們髒污的身體、他們暈船嘔吐、身上的膿瘡、死者與垂死者、他們的毯子，以及他們的烹調。除了烹煮或取水或跪

---

91 譯註：Thomas Moore，一七七九—一八五二，愛爾蘭詩人，曾為拜倫（Lord Byron）作傳。他是一位傑出的行吟詩人，也是諷刺文學和短詩的能手。

92 譯註：一八一七年出版的一本敘事詩，直譯是「如同鬱金香般的臉頰」，是詩集主角一位波斯少女的名字。

著禱告，沒有人會離開他們一上船便占有的小小空間。因病死亡的人，不如因匱乏和疲勞、飢餓、口渴、吸鴉片死亡的多。他們死於寄生蟲和不幸……要是看見某隻狗眼巴巴盯著我的晚餐，我根本無法下嚥。結果我整天帶著雪酪、食物和藥物，在左搖右擺的船上搖晃走動，治療痢疾和熱病。

「當我短暫小睡片刻，也夢到這些恐怖景象。由於他們的盲信，這是極端令人灰心的工作。很多人會帶著更多信任聽我說話，那是因為我會和他們一起呼喚『神哪』和『呼拜』！」我們沒有相關紀錄顯示，柏頓對這些朝聖者的態度。他是否抽著方頭雪茄菸在後甲板區踱步，一副西式的冷漠，擔心搞不好會再次中古老魔咒？他走出客艙，在星空下睡覺；而且伊莎貝兒告訴我們，他穿著寬鬆的東方長褲。伊莎貝兒的女僕也覺得這趟旅程負擔很重，斷然拒絕幫助女主人照料有病痛的朝聖者。「我的鼻子很敏感，沒法做這類工作。」她這麼回答，這也許可以理解。不過伊莎貝兒總是隨遇而安：日記裡有一段這麼寫道，「多迷人的一天，沒有人死去，而且在稍晚的午後看到了最漂亮的景象。數千隻海豚在船側下方交互躍進，跟著船同速向前。」

亞丁（Aden 註）[93]熱得像煉獄。風暴在紅海肆虐，一些朝聖者失足落海，其他人竟然沒為落海者禱告。這是阿拉真主的旨意！這一切已經夠難受了，孰料兩名俄羅斯人喝得爛醉後大打出手，從頭等艙的餐桌上打到餐桌下。把其他人搞得心煩意亂後，他們倆倒是若無其事地和好了。有人指控說，那些死去的朝聖者是被伊莎貝兒毒死的。「不過每天還是有一群受苦的人來找我，要求我為他們布滿瘡和蛆的雙腳施洗、清潔、塗軟膏，並包紮起來。」這是毫無粉飾的東方；柏頓嘲諷地看著她；但伊莎貝兒的專長是緊抓著理想不放；她勇往向前。這是理查的東方；她一概都要。

✤

印度是她夢寐以求的一切。柏頓也謹言慎行——他似乎滿足於當嚮導，帶她觀賞所有景點，雖然有時候，就像在敘利亞時一樣，她狂熱不懈的遊興讓他有點吃不消。她獨自去觀賞「棺木」（Tabut）[94]或「聖月」（Muharram），一齣穆斯林的奇蹟劇，「因為理查以前看過了，而其他的歐洲人顯然壓根不想看。」她設法穿越躁動的人群，在狂熱尖叫的觀眾中就位。「宗教情緒非常強烈，又深具感染力，雖然我一個字也聽不懂，卻也和其他人一樣淚流滿腮。」同樣令人悸動的場合還很多；造訪柏頓一八四八年待在孟買時曾拜為師的波斯人米爾沙；或是蒲那（Poona）[95]的恬靜悠閒、很多晚宴，還有在總督府舉辦的一場舞會，僑居印度的英國人終於藉此，正式還柏頓清白。但日落時「手鼓、定音鼓、鈸和蘆笛狂野而悲切的樂音突地響起」，交際應酬消失；東方的海市蜃樓再次發光。「我闔上眼，幻想自己再度置身沙漠帳篷裡，欣賞阿拉伯人表演狂野的劍舞。」伊莎貝兒總是喜愛阿拉伯勝於印度；總是一再想起最

93 譯註：阿拉伯半島西南角的城市，控制紅海的南面出口，昔為英國的重要軍事據點，今為葉門的首都及要港。
94 譯註：載運屍體的大木匣。
95 譯註：最知名的特色即為其安靜的生活、平靜無波的海水、優美的釣魚環境。

心愛的敘利亞。坐在象背上造訪戈爾康達（Golconda）時憶起了大馬士革。在列王陵（The Tombs of the Kings）憶起帕米拉墓塔（the Tower Tombs of Palmyra）。

但柏頓呢？他想起什麼？努力要忘卻什麼？探險家的哪些回憶糾擾著如今的旅人？久遠以前，他深愛過卻香消玉殞的波斯佳麗的魅影；遠方橫笛的回音，或某個情人隱身在格子窗後吟唱的回音？抵達麥加後，他佇立在卡巴天房的黑曜石前，那勝利輝煌的一刻。數不清的昔日幽魂：在東方探險的早期，同住在屋簷下的那群喧擾骯髒的乞丐、娼主和抽大麻的人……他潛入市集觀察聆聽時，喬裝假扮的許多人物……他治好打鼾的那些烏黑女奴，以及心懷感激讓他自由進出女眷閨房的奴隸主……地景、光影、遠方地平線與陰暗巷弄；蛇窖和未解的謎。無數年輕氣盛的閃亮身影；一縱列披著華麗馬衣的小馬，沿著印度河谷急行，騎者、獵鷹和戴羽冠的印度豹，無一不被他朝陽般的青春照亮。無數魅影在他心裡攪擾、刻痕，當他再度看見自己吸著印度大麻昏倦假寐，四肢大張躺在某艘阿拉伯單桅三角帆船的甲板上、在紅海一處香料發酸的港口靠岸時。……停滯、行動、殺戮、情愛……活著的所有狀態，活得暢快的人生……而今呢？

不久，精力旺盛的伊莎貝兒決定展開另一趟浪漫的朝聖之旅，前往果亞（Goa）[96]。「那地方對柏頓有著莫大吸引力，這是自一八四四年後，他第三次的朝聖（或旅行，如他所言）。」伊莎貝兒寫道，她顯然希望果亞的耶穌會氣氛，會讓遲遲不改宗的理查皈依羅馬天主教，或至少在信仰上有一些明確的宣告。祈禱！祈禱！……但她的禱告仍舊沒得到回應；因此她忙著她神祕兮兮描述為「處理古葡萄牙手稿」的工作，以及追尋聖方濟沙勿略（St. Francis Xavier）[97]

腳步的一連串虔誠的遊覽，而在滿城金銀打造的葡萄牙巴洛可風格金碧輝煌的仁慈耶穌像中，聖方濟沙勿略的石棺是舊城的中心。葡屬印度七十餘英里的長條土地，其貧瘠和荒蕪，染病害的植被和猛烈的熱浪，令伊莎貝兒心驚膽寒。叢林悄悄收復衰敗的城鎮，那裡空空如也——沒有印度大布扇，沒有冰塊，沒有陰涼處，沒有希望。它讓人想起阿拉伯城池「有難以穿越的城門，但卻闃無人跡；鴞梟在棲地呼鳴，夜鷹在斷垣殘壁間盤旋，渡鴨在大道上呱呱叫，好似悲悼不復存在的一切……」但仍有野餐和新鮮椰子、猴子，還有餘音繞梁的當地音樂，帶有葡萄牙命運悲歌（fados）的味道，他們在巴西時聽過那種悲歌，而且十分喜愛。伊莎貝兒盡情享受一切。

東方的某一面令她膽寒。看見動物的悲慘待遇，她從不坐視不管。到處有恐怖的事發生：柏頓總是得去安撫她所攻訐的本地人。好幾次她因抨擊險些入牢。一回她怒斥馬車夫鞭打小馬，她的獵狐尼普也變得凶狠，「因為我不准牠咬那殘忍的馬車夫，結果牠把頭靠在我肩上，歇斯底里起來；牠的淚水真的奪眶而下，牠非常敏感。」幸好柏頓也和他妻子一樣愛動物；他

96 譯註：Goa，位於印度西岸。葡萄牙商人於十六世紀抵達果亞，不久即占據該地，打壓當地印度教徒及回教徒，使當時多數人口改信天主教。葡萄牙殖民時期延續約四百五十年。果亞的教堂和修道院被列為世界遺產，其中的仁慈耶穌大教堂，是亞洲最主要的天主教朝聖地之一。

97 譯註：一五三七年，方濟沙勿略在威尼斯領受了司鐸聖制，隨後即轉往里斯本，從該處搭船前往印度，落腳在果亞。接下來的十年，聖人致力於將信仰帶給這些四散的印度人、馬來西亞人與日本人。

們簡直爭著看誰比較溺愛每隻寵物。

不服輸的伊莎貝兒這會兒成立了防治虐待動物協會的印度分會，從視察獸醫院中稍感欣慰；根據印度教信仰，凡生靈皆神聖，所以在獸醫院裡，殘廢又挨餓的大動物可以四處晃蕩。只要關係到動物，伊莎貝兒從來不是盲目的天主教徒，她曾寫道，相信動物有靈也有來生的宗教令她欽佩。「……上帝造物極為公正，因此受造物自身毫無缺陷，僅要面對死亡和絕種這緩慢持續的折磨。」顯然她沒有遇到迦梨女神節（Kali festivals）恐怖的動物屠殺，這是印度很多宗教展現的另一面。也許柏頓為她略去這慶典，他本身想必聽聞過。除了鬥雞之外，他似乎厭惡任何形式的虐待動物。但關係到人類，他可是心腸冷硬得驚人。食人、死刑或凌虐處死，這些事他都無動於衷；「他可以一直聽著關於中國酷刑、俄國自殘和美洲私刑處死的描述，直到星光黯淡。」法蘭克．哈里斯（Frank Harris）[98]說道。……「在他欽佩和喜好的崇高事物裡，天主教屬於反常的一類，令他著迷的並非人的神性。」不過哈里斯就和伊莎貝兒一樣，傾向於主觀地呈現柏頓。

除了那些恐怖的面向外，印度還有其他不那麼令人不快、引人入勝的奇觀：鴕鳥賽跑、弄蛇人和雜耍藝人。又或祆教徒停屍房裡巨大黑禿鷹大口吃著染天花或霍亂的死屍，這兩種病在當時很猖獗。（娑提〔Suttee〕——寡婦殉夫自焚——這印度習俗，伊莎貝兒倒是可輕易理解。）還有印度王公在豪奢宮殿的殷勤款待：全身綴滿珍珠和未雕琢紅寶石的王公，用鑲滿珠寶的金盤子端上羊肉排當英式早餐，向聞名的訪客致敬。偶爾會進入梵天寺（Brahmin temples）內，觸忌窺看十歲和九歲的小小新郎和新娘的豪華婚禮，因目睹這一切而激動萬分的伊莎貝兒，相當困惑地記錄道：「他們理論上真的是在今天成婚。」也用一種預言性的辯護口氣，提到一、兩年前過世的一位僑居印度的知名英國老婦霍夫太太（Mrs. Hough），她曾在一八〇三年和亞瑟・偉爾斯利爵士（Sir Authur Wellesley）[99]——當時的威靈頓公爵——共舞，伊莎貝兒寫道：「孟買報紙的編輯對於她在死前焚毀所有回憶錄深感遺憾……我敢說，她自知為何要焚毀；我敢說，成千上萬的後代子孫會感激她這麼做。」

還有個令人難忘的場合：觀賞納屈舞（nautch），「我覺得這種舞蹈非常愚蠢，因為舞孃們除了吃蜜餞外，只會偶爾跑上前，帶著半放肆、半清醒的眼神快速轉圈圈罷了；其中只有一位勉強稱得上標致。說不定那是跳給女人看的納屈舞。」伊莎貝兒優越地補一句，「但在敘利亞，我記得舞孃們不僅跳得更好，也不討人厭。」你不禁想，柏頓會怎麼想，當他坐在妻子旁，看著納屈舞孃在女士們面前跳舞，是否想起他的波斯佳麗，以及在飄著茉莉香的月光下共度的夜晚？他是否想起在信德妓院的探險？但這回輪到伊莎貝兒遊歷東方：他讓她享受出遊的每一刻。若他曾回眸前塵，她也不會注意到。

從果亞返鄉途中，有段耐人尋味的插曲。他們必須搭乘一艘小船順流擺渡到八英里外的河

98 譯註：Frank Harris，一八五六—一九三一，愛爾蘭裔美國作家、記者、編輯、出版家。其自傳《我的生活與愛情》（*My Life and Loves*）因內容過於色情，在歐美多年被禁。

99 譯註：Sir Authur Wellesley，一七六九—一八五二，英國軍事家、政治家。歷代威靈頓公爵中最為人熟悉的一位。

口，以便接上航經那裡的孟買汽輪；但出發時便遲了。潮水也跟他們作對，抵達河口時，已不見汽輪蹤影，而且小船進入開闊海域後，開始危險地顛簸搖晃。於是上岸等待。雖然很匪夷所思，但所有人都睡著了，沒看見汽輪靠近時發出的光，也沒聽到汽輪鳴炮——提醒船客，汽輪將在一個小時內啟航。伊莎貝兒不安地醒來，看見汽輪的燈光顯然在大約三英里外，據岸上的人說，汽輪正要啟航。儘管伊莎貝兒熱愛東方，一心只想和理查永遠留在東方，別無他求，但以她典型的盎格魯薩克遜人天生的積極，還有嚴謹與守時，不會眼睜睜看著汽輪離開，更不會接受以此為藉口再多留一個月，迷失在果亞的灌木叢。（……「**喔，但願與汝長棲此林……**」）不：他們預定要搭上那艘船，所以他們非搭上不可。她搖醒昏睡的船員，要他們竭盡力氣與耐力全速前進。「我顫抖著，惟恐那汽輪往海上駛去，打定主意要卯足全力避免這種事情發生。理查睡著了，或者是假裝睡著，其他一些人也是。」當時他們都貪圖安逸，而伊莎貝兒的東方，沒有安逸這回事。再者，柏頓當時的疏懶怠惰說不定是故意的。但憑天意！若是天注定，他們會錯過那艘船；他不會違背命運的安排。況且與伊莎貝兒留在野林，也不是他詩意想像中的野林。不管怎麼說，這給了他享受折磨伊莎貝兒的機會——懲罰她來到那兒、在那船上、進到他生命裡、進到他心裡！他有多麼怨恨他的愛情帶給他的束縛，我們永遠不得而知。伊莎貝兒焚毀他的日記，將這事徹底掩蓋了。

眼下，她叫醒船員，迅速。「我設法敏捷地搖船竿，但還是笨手笨腳，偶爾還戳到他們的小腿。」船夫們想必非常討厭這位金髮夫人的催促與礙事……「除了我以外，所有人都表現出東方的鎮定，一切任由天命。怎麼樣都拿理查沒辦法。」伊莎貝兒說，語氣裡有某種程度的惱火。經過一小時在高浪中奮力划行，他們抵達汽輪邊；但是大浪不斷撲打過來，他們搆不著梯繩，「沒有人有力氣抓住繩索，或是握住船竿讓我們靠近，最後我是自己辦到的。理查總愛嘲笑他們的懶散，也嘲笑我把自己搞得那麼愛指使人。」（也許是嘲笑命運，這會兒以伊莎貝兒的形象出現，再次將他逐出東方；笑聲裡帶著森然的寒氣，「像卵石被扔向結凍池塘咯咯響」。）但伊莎貝兒想起她嫁了一個奇特的男人：她從不指望丈夫表現出更令人窩心的特質：最後當這些特質出現，那些愛與溫暖與溫柔，肯定倍加甜美。

她描繪可怕的滔天巨浪及懶散的穆斯林。「一名英國水手拋一條繩索給我。『謝了！』我大喊，趁一道巨浪撲來時，順勢跳上梯繩。『我是今晚唯一一個上得了船的人。』她不懷好意地對下面的笨拙水手們酸了一句。理查不介意，船夫反正聽不懂。伊莎貝兒這時將近四十五歲，相當福態，龐大的曲線撐緊了束胸衣，她總是敦促豐滿的敘利亞女傭也要穿一件；她留著捲曲的金色劉海、畫著濃黑的眼影，在印度洋上攀登梯繩的模樣，想必是蔚為奇觀。被硬生生拖回文明，不論柏頓做何感想，我們無從得知。不過印度之旅在抒情的氣氛中結束。來到蘇伊士運河時，他們上岸，再次展開一趟深入阿拉伯沙漠的旅程；最後一次回首前塵……那是個金碧的向晚，山巒和沙丘在落日下連成一氣。「最浪漫的地點，是沙漠中一棵孤伶伶的棕櫚樹下有一池小泉，遺世獨立在一座小沙丘上，我對理查說：『那樹木和泉水為彼此而生，就像你和我。』柏頓並未反駁。」

✤

回到翠斯特，柏頓突然對他們的四樓公寓莫名感到厭煩，於是他們搬到高踞山嶺、隱身山林而氣勢宏偉的大宅邸。宅邸相當壯麗又通風良好，一年當中的少數幾個月，他們深居簡出，兩人都很享受園林生活。有時出遠門，一去就是一年，永遠在雲遊飄泊，尋找變動，尋找健康，尋找生活本身。但柏頓看重的生活和他的體力一樣在消逝；而伊莎貝兒所珍視的生活，則和他緊密綁在一起。當有人感嘆說歲月如梭，柏頓答道：「我覺得人生過得太慢。」伊莎貝兒開始以令人苦悶的方式悉心看顧他。沒有禱告也沒有信仰去面對柏頓死亡的可能。漸漸地她發現，正規作息太緊繃了。她不情願地放棄擊劍和游泳。兩人開始為了保健看醫生、泡溫泉。不時會進行通靈術。神祕學對他們倆始終有著莫大的吸引力。柏頓曾對印度的超自然主義和神祕法術發表過幾場演講。伊莎貝兒儘管受到其教會的非難，仍偏愛涉獵神祕學，而且對東方密契主義的展現，發表各種看法。她動不動會暗示東方是她個人的特殊專長；而嫁給柏頓後，她自認是對見識不多的西方人解說東方的不二人選。她說，西方所認識的「超自然主義」是錯的。天主教徒伊莎貝兒設法以最巧妙的方式接受靈學家伊莎貝兒。「……凡事都不是僥倖或偶然發生的——我們受善天使和惡天使影響，習慣於心禱默想的人，善於體悟與領會祂們的召喚。」

於是就這樣搞定了；她可以繼續接受靈界信息，為靈媒和降神會奔走，而事實上這一切可謂是某種神啟。於是伊莎貝兒魚與熊掌兼得。可憐的伊莎貝兒，至今樂趣所剩無幾；而且為錢的事煩惱。柏頓不得志，這無可否認；最後她發現為何自己再怎麼治療都沒起色。她有惡性腫瘤，但始終沒讓柏頓知道。要是她接受醫生建議動手術，也許可以遏止它擴散。不過這麼一來，柏頓會擔心，她會留下他一人、會辜負了他……她寧可就這麼拖著。當蘇丹、達佛

（Darfur）和赤道行省的都督高登將軍，延請柏頓擔任達佛都督一職，柏頓唐突地推卻了。「我無法在您麾下任事，您也無法在我麾下任事。」前往東方的最後一扇門關上了，伊莎貝兒覺得可惜，不過無論柏頓怎麼做，在她看來都是對的。「我很高興地說，在我們的屋子裡只有一**個**意志，那就是他的意志……我喜歡這樣。能遇見我的主人，我太幸運了；我討厭女人當家作主。」她在回顧時如此寫道。

一八八三年是坎坷的一年。柏頓自最後一趟的東方探險歸來。那是一次失敗的行動，應政府之託，前去尋找他的朋友帕瑪教授（Palmer Professor）的下落，這位東方學者被政府派去與躁動的阿拉伯酋長們談判，卻在西奈沙漠某處被出賣殺害。比起從前多次的成功出擊，柏頓想必苦不堪言。伊莎貝兒極度思念他，她擔心發愁，深怕他的身體狀況無法負荷；而且一如既往，她也羨慕他可以前去東方。她和一位友人寫道：「我就像你所想的，非常悲傷。我哪裡都沒去。足不出戶，也沒人登門造訪。男人借酒澆愁，女人則對旁人發火；但我必須專心應戰。學著獨自生活和工作，等我打了勝仗，才會讓自己與一些朋友見見面。」應付日常生活的大小陣仗而筋疲力盡之際，她前往戈里齊亞（Goriza）的奧索里尼修院（Convent della Osolini）避靜。在奉獻本裡寫道：「總算得以避靜，長久以來，我總覺得需要好好靜修。我的生活像一列快速火車，每天都有新的事情冒出來，非做不可。」（三十年前她曾寫道：「我想搭快車闖蕩全世界！」但是嫁給柏頓後，步伐無休止地加速。）「我被時間和情勢驅趕著，而上主，我的首與末，我的初與終，總是被延後、被擠到一旁，就為了騰出空間給無關緊要的事，把事奉主擺在最後，而且做得拙劣。不能再這樣繼續下去。哪個朋友會用這般持久的耐心對我？沒有！

我的王肯定沒有這般耐心！更別說丈夫！……我在這裡，我的上主，遵照祢的命令：祢與我，我與祢，在靜默中面對面。」

當柏頓歸返，伊莎貝兒幾乎不得半點平靜。他沮喪又憤恨，需要她所有的理解。帕瑪教授已死，柏頓實際上是被查爾斯．沃倫爵士（Sir Charles Warren）[100]遣走，英國政府派這位嚴格執法的人來取代柏頓——他們一貫的手法。那是他最後一次見到沙漠，他深知這點。

「活在他方，猶如行屍走肉，那裡除了亡魂，空無所有。
沒有氣息、沒有風、沒有聲響、沒有話語、沒有駝鈴聲……」

陰影迅速聚集。他們的老朋友逐漸凋零。當卡迪爾過世的消息傳來，柏頓倍受打擊。有八個月的時間，他因為小病痛、心臟和肝臟出狀況，以及痛風臥床不起。伊莎貝兒以她慣常的奉獻精神照顧他、打地鋪陪伴他。她從未談及自己的身體狀況，因為需要照料的事情很多。他們的財務狀況一個月比一個月惡化。但只要柏頓身體有起色，他們就再度展開舊日那種昂貴又不得安歇的旅行生活。只要不待在囚籠，什麼都好。對柏頓來說，困在籠中是一種羞辱；對伊莎貝兒來說，最大的痛苦是看著他——聖武士和人中之龍——「沙漠之虎，死於籠中」，一如哈里斯說的。所以他們展開敘利亞之旅，研究在地食砒霜者，還有威尼斯之旅、羅馬之旅、佛羅倫斯之旅、瑞士之旅、里維耶拉（Riviera）之旅；數度匆匆造訪維也納，伊莎貝兒陶醉於霍夫堡宮殿的宴會；在德國，《尼伯龍的指環》的四聯劇是最令人忘憂的。在倫敦有喜歌劇

《日本天皇》（The Mikado）；在歐博阿瑪高（Oberammergau）[101]有耶穌受難劇。端坐著讓赫克門（Herkomer）[102]教授畫肖像；在防止虐待動物協會開會，以及伊莎貝兒在虛榮心驅使下，一廂情願地努力引起梵蒂岡對她人道工作的關注。新聞工作、到處演講、以貴賓身分出席晚宴。（特別是在某次晚宴，伊莎貝兒記載葛萊史東夫人〔Mrs. Gladstone〕[103]說道：「不知為什麼，今晚我就是無法把葛萊史東帶開……」而伊莎貝兒答道：「我想我知道原因，因為他纏著我先生不放……」）伊莎貝兒就和所有人一樣，深知只要柏頓開口，他是個無與倫比的健談者。和翠斯特的黛西・萊契福特（Daisy Letchford）一樣熟識柏頓的尼卡斯特羅太太（Mme. Nicastro）回憶道：「那出色的男人，理查柏頓爵士，有雙老虎般的眼眸和天使的嗓音……從他的雙唇湧洩的談話是如此迷人——他的妙語如珠和美妙嗓音，往往讓我闔上雙眼聆聽，幻想著某個博學的天使從天上降臨人間。」關於柏頓和葛萊史東會面的另一個版本，與伊莎貝兒的描述並不吻合，但聽起來也有其真實性。柏頓以其慣有的熱烈口吻與這位老政治家談話之際，字跡倉促潦

100　譯註：Sir Charles Warren，一八四〇——一九二七，英國皇家工兵的軍官，也是歐洲考古學家當中最早前往聖地考察的人之一，特別是在聖殿山周圍的考古挖掘。

101　譯註：德國巴伐利亞州南部的一個小鎮。

102　譯註：修伯特・馮・赫克門（Sir Hubert von Herkomer），一八四九——一九一四，德裔英國人，寫實主義畫家，最出名的畫是《Hard Times》（一八八五）及《On Strike》（一八九一）。

103　譯註：威廉・埃沃特・葛萊史東（William Ewart Gladstone，一八〇九——一八九八）之妻，威廉・埃沃特・葛萊史東曾四度擔任英國首相和財務大臣。

草的一張短箋被遞了上來，上面寫著「**請別反駁葛萊史東先生的看法，沒有人這麼做過**」。

送往迎來之餘，他們設法寫作。「文學」令他們消憂解愁，有時還能帶來少許急需的資金。伊莎貝兒的《敘利亞、埃及和印度》繼她的《敘利亞內幕》後，再度創下佳績。柏頓完成了卡圖盧斯（Catullus）[104]和他特別敬重的一位葡萄牙詩人賈梅士（Camoens）[105]的詩作翻譯，但這些譯作沒為財務帶來多大幫助。柏頓算過，他大約有兩萬磅的個人收入，都拿去貼補多年來各種的遠征探險和科學研究。他們倆在一些小地方上一擲千金。當其他人搭計程車橫越倫敦，他們搭火車橫越歐洲。柏頓擁有超過上百雙靴子及大量的厚重長大衣，不過他老愛穿一件破舊的薄外套，以保有他的狠勁。而伊莎貝兒，根據所有同時代的描述，則是打扮得優雅細緻，而且擁有一些貴重珠寶。（她也佩戴有名的人骨項鍊，那是柏頓遠征至達荷美，濟列列國王送給柏頓的見面禮，雖然沒有紀錄顯示，為人妻的驕傲戰勝了對時髦的講究。）他們數量龐大的行李、寵物、僕役及收集的物品（伊莎貝兒帶著一名任性的敘利亞女僕和好幾隻大狗到處旅行；柏頓帶著一隻最愛的鬥雞及大量藏書——他在翠斯特的藏書超過八千本），顯見花費可觀。三不五時，他們會冒出非常古怪的賺錢點子，譬如成立哈吉里克（the Hadjilik）公司，即麥加朝聖企業聯合有限公司，擁有一萬英鎊資本，每一百英鎊持一百股份，目的是經營某種的高檔庫克旅遊團，帶領虔敬的人抵達麥加，但不必受一大團人同行的苦。可惜這計畫不了了之，雖然柏頓一度非常嚴肅地把它當一回事。他們同樣信心十足地試圖讓名為「柏頓上尉的通寧苦精」的一款酒，進軍英國市場；不過這也沒成功，儘管伊莎貝兒堅持要用好看的瓶子來裝。柏頓在一八七八年受埃及總督委託，前往人稱的「米甸的金礦」（Gold Mines of

Midian）[106]考察，也是無功而返。他所處年代最偉大的東方學者，似乎處處碰壁，空有一身武功。

他這一生立下的豐功偉業、歷經的大風大浪，已成過眼雲煙，他就要淪為沒沒無聞之輩時，突然間，他總算掘到金子。金子就在那兒——在他手邊——在他簡樸的工作室，他在那裡花了無數光陰，廢寢忘食埋首於《一千零一夜》（阿拉伯文是Alf Laylah iwa Laylah）的註解與翻譯，也就是一般所知的《天方夜譚》。從三十年前便開始斷斷續續地進行，當他在四處探險、在阿拉伯市集聽說書人講古的年月，是讓他逃離乏味現實的避難所。前言裡，他說這是他歡喜情願做的一件事，獲得無窮盡的慰藉與滿足。「翻開書頁，不可能不看見某個景象浮現，不可能不從腦中畫廊取出某幅畫，不可能不讓許多沉寂的回憶與往事甦醒。……神怪把我從單調平凡又『文雅』的環境，瞬間帶到我心愛的土地，阿拉伯半島，**這地區對我的心靈來說，如此之熟悉，甚至看見它的第一眼，便勾起遙遠的從前某一次的輪迴轉生。**」伊莎貝兒始終跨不過這魔幻的門檻。儘管她經常為他謄寫潤稿，在這本書裡，在這部作品，她感覺到一扇門被栓

104 譯註：Gaius Valerius Catullus，約西元前八七—五四年，古羅馬詩人，在奧古斯都時期享有盛名。

105 譯註：Luís Vaz de Camões，一五二四—一五八〇，公認為葡萄牙最偉大的詩人。他的詩與荷馬、維吉爾、但丁、威廉・莎士比亞的作品齊名。最著名的作品是史詩〈盧濟塔尼亞人之歌〉。

106 譯註：米甸人是遊牧民族，其先祖是亞伯拉罕和他第二個妻子所生的兒子米甸。米甸地位於西奈半島的東南，為阿拉伯沙漠中之一，當摩西逃出埃及時，就在米甸地避難。

住。這個東方——這充斥著殘酷、放蕩和冒險及輝煌壯麗、駭人聽聞又不可思議的場景，是他的——永遠不可能是她的。但有朝一日，也許是出於下意識，她將施加報復。這是《芳香園》裡的那個東方；倘若她無法與柏頓同享，也沒有人可以。這或許是她之所以焚毀他手稿的一種解釋。

✣

起初，柏頓也不知道這些東方故事——尤其是「房中術」——是多麼寶貴的金礦。他決定推出私人印製的版本，由一群東方學者和狂熱者出資。只能從預購方式取得，因為他無法容忍男子氣概盡失的版本。「關於某些題材，我具有其他人所沒有的知識，為什麼這些知識要隨我入土，事實就是事實，不管人類知曉與否。」這是他的觀點，也是他書寫《一千零一夜》註解、附錄資料及後來翻譯《芳香園》的原因。正是這些註解，使得柏頓的《一千零一夜》較其他版本出色。《愛丁堡評論》這份傳統上對英國文人百般挑剔的刊物指出，以最出名的譯本來說，嘉蘭德（Galland）的版本適合幼兒，雷恩（Lane）的版本適合放圖書館，培恩（Payne）的適合做研究，柏頓的大可丟到陰溝裡；而卡萊爾（Carlyle）[107]一概把它們斥為「有害身心的故事」。柏頓是旅居東方四處探險過的人。他並不淫亂，只是對情色興味盎然，他那些具伊莉莎白一世時期特質、如雷貫耳的粗言穢語與東方感官情色的某些面向，古怪地一拍即合。他也秉持著人類學家的態度，接觸東方生活的每一面。它的常規，不管合不合常理（按西方標準來說），它的信仰和傳統都被一絲不苟的詳加記錄，從占星的預測到拿胡狼膽汁當春藥；女性割禮、東方說書人言簡意賅的風格或放蕩的婦女喜與摩爾男奴雲雨的偏好……其註解就如同「結案報告」，成了他所謂的東方祕傳知識的倉庫……，「因為無法讓人類學協會掙脫裝害臊和假羞澀的束縛，使得旅人和人種誌學生不得不對人類天性的一面（而且是人類最感興趣的一面）保持緘默。我打算在這些書頁裡填補這種不足。……」

不管裝害臊與否，伊莎貝兒說他要她承諾，絕不閱讀某些段落。被擋在這些男性樂事之外，她一如既往要和出書的商業事務纏鬥，發出三萬四千份傳單，在困難重重下處理預購、發行和校對，因為她的感情是不能被傷害的，所以她告訴我們，柏頓經常塗掉或遮蓋最香豔露骨的片段。

但是這個說法只不過是對維多利亞時期的廉恥的一種公開的讓步，因為伊莎貝兒自己也有一本，而當她後來準備發行老少咸宜的家庭版時，還打了一次敗仗。就如柏頓所言，「所謂的敗德墮落，要看時間和地點而定。」關於貝那拉斯（Benares）[108]寺廟裡展示各式各樣想像得到的性愛體位的交纏人體圖繪，蓋沙令（Keyserling）[109]曾說：「性愛圖像在印度從來不是色情，而是圖解。」在維多利亞時代的倫敦，伊莎貝兒看見整段整段失控的文字。她在書頁邊空白處

107 譯註：Thomas Carlyle，一七九五—一八八一，蘇格蘭評論、諷刺作家、歷史學家。他的作品在維多利亞時代甚具影響力。

108 譯註：即今之瓦拉那西（Varanasi）。

109 譯註：Hermann Graf Keyserling，一八八〇—一九四六，德國哲學家。

潦草寫下「**不！不！**」，字跡因惱怒而顫抖。當她天人交戰地讀著「傻丈夫的故事」（Tale of the Simpleton Husband）或「布杜爾皇后的歡樂」（Queen Budur's Voluptes）這類故事。**想想別的字眼！**是她另一句絕望的眉批。柏頓仿喬塞風格的強有力字句「讓我們一同撒謊」，被伊莎貝兒改為「讓我們一同享受人生」，整體來說，轉譯得還不錯。或許她不怎麼開心，但她把妾改成「如夫人」也同樣巧妙。柏頓無疑很喜歡她的修潤，不過在原始版本掀起的騷動挑逗下，家庭版最後呈現給熱切的大眾時，卻令各方失望，銷售成績很不理想。

柏頓未加刪節的譯本在一八八三年問世，立刻洛陽紙貴。十冊大部頭的書，以黑色與金色——阿拔斯王朝[110]的顏色——裝幀，在倫敦造成轟動，在文學上和其他方面都是。在柏頓筆下，無數傳說再現光芒，中世紀的東方宛如新生：哈倫．拉希德（Haroun al Raschid）及巨蟒女王（Queen of the Sepents）；巨神（Afrits）、閹人、發臭的短彎刀、夜鶯和巴米賽德（Barmecides）……柏頓的註釋為傳說添加了迷人真相，斯威本寫的頌詩道出很多讀者的欣喜，當他們讀著這些精采的故事。

年復一年
消逝，但他向東傾聽
聽到幽魂之域傳來嘹亮樂音。
在那裡，幽魂並非幻影。手牽著手，
在一個男人的號令下，他們起身、微笑和佇立

而且歡欣得意。壯麗的東方綻放光芒
藐視幽黯。吾人的暮光之地
震顫；但天堂一片安樂祥和
歡笑的愛融化霜雪。

縱使伊莎貝兒對斯威本老愛慫恿柏頓撰寫有傷風化的題材不以為然，也不得不承認，這首詩寫得很美、很令人滿意。柏頓夫婦沉浸在始料未及又不常有的怡然快活。收入滾滾而來，出版商爭相博取柏頓青睞。饒是如此，他開始編纂一本黑皮書，收錄聖經和莎士比亞劇作的淫猥情節。《淫言穢語》（*Turpiloquium*），他這麼命名，打算用它來為自己辯護，倘若他被告發妨害風化。他說《一千零一夜》淫猥而不邪惡，這話倒是說得真切。「這種語言在東方很普遍，是男女老少會說的話，從王子到村夫，從貴婦到妓女，好比純真的法國旅人對日本人的描述，『粗俗到若不直白的命名，他們不知道還能怎麼稱呼事物』。」儘管柏頓沒被告發，但伊莎貝兒非常不安。她不認同他把聖經扯進來，她偏好他出旅遊書。那些談論考古學的書是真正安全的，但柏頓這個人你是說不準的：他會狡猾地提及巴羅達（Baroda）[111]的馬染上梅毒，或索

110　譯註：Abbaside Caliphate，阿拉伯帝國第二個世襲王朝。
111　譯註：印度中西部的城市。

塔德斯地區（Sotadic zone）[112]會發生的事可能到處冒出來。柏頓嘲諷地說：「我奮鬥了四十七年，盡可能讓自己在各方面有傑出的榮譽表現。我從沒得到過一句褒語，得不到『感謝』，連一枚法尋（farthing）[113]也掙不到。我在老年譯了一本可疑的書，馬上賺進一萬六千枚金幣。現在我知道英國人的品味了，我們再也不愁沒錢。」

不管色情與否，《一千零一夜》能夠賺上好幾桶金，某個程度上，多虧伊莎貝兒的不屈不撓。一開始有一家出版商開價五百英鎊要全權處理；但伊莎貝兒不為所動。所有工作一概不假他人之手，所有利潤也要全數落袋。她辛苦勞累了十六個月，而他們淨賺一萬六千英鎊。「這筆收入來得正是時候，帶給我丈夫安適、愜意和自由，讓他生前的最後五年過得寬裕優渥。過世時他留下四枚弗洛林幣（florin）[114]，我把它們投入教堂的濟貧箱。」伊莎貝兒說。她的無私很感人。

就公職而言，柏頓仍受縛於領事館。翠斯特的氣候，尤其是冬季冷冽的布拉風，從沒善待他，伊莎貝兒有好一段時間試圖說服外交部讓他全薪退休（倘若他們不願意將他調派他處）。當馬修．阿諾德（Mathew Arnold）過世，她大大失策，打電報索求柏頓理應得到的失效補助金。她固執得不可救藥，柏頓見她出此一招，若不是自鳴得意，也是聽天由命。她還擬了一篇令人生厭的文章，標題為「最後訴求」，四處遊說，取得五十餘名有力人士的簽署；但毫無助益。接下來的奔走也不走運。最後一次，她汲汲營營爭取派駐丹吉爾（Tangier）的摩洛哥領事館，約翰．德拉蒙—海伊爵士（Sir John Drummon-Hay）即將空出的職位。這個外館是柏頓仍繼續擔任領事的理由之一；多年來，它已成公職生涯的某種海市蜃樓。

一八八六年耶誕節，柏頓夫婦在前往丹吉爾途中的直布羅陀海峽度過銀婚，伊莎貝兒一如既往的樂觀，決定應該在丹吉爾先找好住處，為將來遷入做準備。只是柏頓並未被任命，但收到一封電報，捎來女皇授予他爵士頭銜的消息。伊莎貝兒在幸福的心境下寫道：「女皇終於充分認可了理查四十五年的貢獻，為我們的銀婚送上大禮，而且陛下告知我的一位朋友，她很高興同時授予夫妻雙方爵位。」由此看來，女皇並未被柏頓惡魔或色情的一面蒙蔽，還是看見了他長年為國家的奉獻及多年來對婚姻的奉獻，而這一點是伊莎貝兒的苦難與榮耀。伊莎貝兒和女皇都同樣看重為人妻的角色。維多利亞女皇和伊莎貝兒·柏頓確實有幾個共通點。兩人都是永不服輸的專橫女子，飛揚跋扈地統治著她們的帝國。

伊莎貝兒被「倘若柏頓未帶著天主教信仰過世，他們將永遠分離」的念頭苦苦折磨。此外，另一個念頭也叫人惴惴不安，那就是穆罕默德應許所有虔誠的信徒，死後的天堂裡美女如雲……她不可能棄絕她的信仰，加入他的伊斯蘭教，而她設法要他改宗的努力，似乎也沒有結果。難道他已暗中皈依天主教？曾有過一次怪異的情況，柏頓遭受攻擊失去意識，伊莎貝兒聽

112 譯註：柏頓所提的假說，主張地球上存在一個孌童戀盛行的地理區域，其涵蓋小部分的歐洲和北非、更大區域的亞洲及整個北美南美。其名稱源自西元前三世紀的希臘詩人索塔德斯（Sotades），其詩作裡會出現希臘式少年愛或孌童戀。

113 譯註：英國舊幣，四分之一便士。

114 譯註：英國以前的兩先令銀幣。

到醫生宣告他死亡，驚恐之餘，她取來一些水，跪下禱告，為他施洗……「當我告訴他，我對他做了什麼，他帶著被逗樂的微笑抬頭看著我說：『那是非常多餘的，但願妳明白。』停頓一下，『當我過世，這世界會非常吃驚。』」

「『但願我能拯救理查的靈魂！』她會這麼吶喊，而我無法說服她，他的靈魂並不要她幫忙，如果他有靈魂的話。女人總會對她們認定該照料的人，有這種奇怪幻覺。」薇達這麼說，她的看法犀利，卻是柏頓夫婦倆的可靠朋友。「對於女人，」她寫道，「柏頓犯下不可饒恕的錯：他愛他的妻子。倘若他沒有娶妻，他會更快樂也會更偉大——但他對她的愛很極端：這是個弱點，就像自古英雄難過美人關。他們的婚姻浪漫，而且是私訂終身；不折不扣因愛而結合的婚姻，雙方都不明智，卻也都充滿激情……大部分的婚姻生活，她都內斂地服從，但是在生命的尾聲，健康不佳使得他更加無助，不得不事事仰賴她，於是宗教這頭巨怪揚起牠的臉，索取牠的獵物。」

也許薇達比其他人更能洞悉柏頓性格之謎，看穿面具背後的臉，以及在一切背後這奇特男人的靈魂。結婚時，怎料得到就此將成為自身與伊莎貝兒情感的囚徒？怎料得到愛情會要求他犧牲自由——犧牲他有的無限自由？當他被愛困住，是否下意識或存心報復，在居家生活裡閉門寫書，折磨伊莎貝兒？看著她成為他的奴隸、他的傀儡、他的替罪羊，他是否從中得到虐待的快感？為何不呢？因為他的每張照片都洩露了身上種種聖武士特質；那野獸般搜尋獵物的神情，對愛他的人來說不是好兆頭，或者更糟的是，對他所愛的人來說，不是好兆頭。這樣的男人肯定怨恨所有的羈絆，最重要的是愛情的束縛，尤其是怨恨伊莎貝兒身上的維多利亞時期的英國（一個令他感到陌生疏離的時代與氛圍），如何像一道藩籬擋在他和東方之間。也許在某些方面，走入婚姻已儼然等同他歸順西方、歸順家庭生活——所有他厭惡的、渴望擊潰、渴望逃離的一切。但情況也很可能是，儘管他種種的反叛，他這名演員——而他無可置辯的是個演員，最終屈從於他所知的唯一一個全心讚賞的觀眾。畢竟，倘若他不顧一切地深深依賴她，大抵是因為他深知，在她眼裡他從沒失敗過、從不識挫敗為何物，而且他的人生對她來說，是一連串的豐功偉業；起碼他給了她無邊無際的視野、表彰與光榮，而這些，他自己並未得到。

當伊莎貝兒了解到，柏頓會怪異地癱瘓——她含糊地稱之為「發作」，還有痛風和心臟病發，都是他身體狀況走下坡的徵兆，而他充其量也只能過著半身不遂的生活，她決定要請一位駐家醫師。在今天，請一位全天候在家的醫生是無法想像的；這似乎是遠久前富豪人家會聘用弄臣、占星家或女性友伴等大量侍從的年代才會有的事。然而在維多利亞時代末期，電話仍相當稀有，汽車尚未出現，醫藥以現代的科學標準來看，還停留在原始年代，伊莎貝兒要讓柏頓繼續活下去，但又不想倚靠無疑會把兩人惹得惱火的專業護士來照料，最務實的辦法就是請個駐家醫生；此外，也可以讓柏頓按照自己的步調生活，而這是療養院辦不到的。這也提供了伊莎貝兒專業的支援，隨時可得，不分日夜，倘若柏頓的病症又令人擔憂的發作。雷斯利醫生在一八八七年抵達，似乎打從一開始便與他們夫婦倆相處融洽。伊莎貝兒提起他的辦公室奢華得令人不快，但他本人倒是不會。柏頓有時幾乎能過正常生活，身體好轉到一度可以工作好幾週，雖說沉浸在某個東方傳奇裡渾然忘我之際，會忘了進食，甚至要連哄帶騙，才願意喝杯茶。有時三人會一起在歐洲旅行，重拾以往的慣例。自從獲得遲來的成功，柏頓為人處事變得圓熟許多。財富和爵位都來得太遲，但至少兩者都出現了，尤其是財富。隨著柏頓的活動範圍變小，小事也成了消遣——觀賞瑞士牛奶被濃縮的過程、讀《小公子》（*Little Lord Fauntleroy*）， 115
或接到杜莎夫人蠟像館希望把身穿阿拉伯裝束的柏頓蠟像納入常展的消息。「那可以讓我和民眾接觸。」他眉開眼笑地說。接著是奇妙的新發明，留聲機。伊莎貝兒說，柏頓提議把「真主至大」，也就是阿拉伯人的呼拜詞，錄進那神奇的圓蠟筒，但不知怎地沒那麼做。「喔，它現在是多寶貴的東西呀！」她後來寫道，我們可以想像，晚年孤寂的寡婦伊莎貝兒播放著縹緲的舊旋律。

在翠斯特的最後幾年，對伊莎貝兒來說，比前幾年更吃力。東方的地平線從視野中消失，最後的餘暉圍繞著柏頓伏案埋首於東方手稿的身影。冬季時，風從山間呼嘯而下，棕櫚葉不停沙沙作響；穿堂風灌了進來，門被甩上，瞬間強風吹翻市集買來的小古玩，波斯門帷隨之飄動，使得伊莎貝兒掛在客廳裡的十字架和新月禱告台上的油燈冒煙。她沒有希望、健康欠佳，身體虛弱到連最短程的散步也走不動；但她仍在夜裡看顧柏頓（有個電鈴連接他們倆的床，只要撥動，她就會立刻警醒）。她愈來愈依賴駐家醫生。柏頓被愛與關照悶得透不過氣，他的煩躁帶有神經質的成分。他們永遠四處飄蕩。他們一抵達新的地方——伯恩、阿爾及爾、突尼斯、羅馬——套句伊莎貝兒的話，他似乎「馬上能從周遭吸取一切，不論場所、風景、人物或事實，在我們其他人都還來不及安頓下來……」，他會焦躁地說：「妳以為我會活著離開這裡，而且還可以到別處看看嗎？」伊莎貝兒會提議馬上動身，藉此安撫他；她會心急火燎地開始打包才剛卸下的行李箱，然後預訂火車票和船票、安排運送病人的額外種種複雜事宜。付帳、打包……永遠在移動；但這會兒是柏頓跟在後頭。他受不了她離開他的視線：她似乎是個護身符，庇護他逝去卻又緊握不放的人生。雷斯利醫生換成了貝克醫生，三人堂皇地旅遊，包下火車裡一整節小客房，還有香檳野餐。為了讓柏頓的旅途舒適，伊莎貝兒會向站長、大批腳伕和當地官員施壓，不惜與他們起爭執。沙漠之鷹會漠然望向火車窗外：他總算安靜下來。但伊莎貝兒不惜付出一切，只為能再次看見他像年少時頂天立地、像從前那般義無反顧地大步走出她的生活。「**唉，分娩之痛……**」

他們最後一次造訪英格蘭，和柏頓的妹妹及其家人待在福克斯通（Folkstone）。他們倆想必是歷斯（Leas）青翠草原上一道驚人的風景。兩人都上了妝；就像在大馬士革一樣，在這裡他們也用化妝墨畫眼影，熊貓似的。伊莎貝兒帶著高聳的金色假髮；柏頓把頭髮染黑——他看起來還是像極了阿拉伯人，佩吉特夫人（Lady Paget）沃布嘉（Walburga）這麼說；「這個錯覺被他用化妝墨塗黑下眼瞼更加強化了。他的妻子風韻猶存，雖然她也對東方顏料有同樣喜好。」根據他外甥女喬琪娜的說法，在福克斯通的家庭生活正是他所需要的。「我們強烈認為，好的英國食物、壁爐及從英吉利海峽吹來的清新海風，比虛有其表的事物、密閉爐火和惡臭的城鎮來得好。『這倒是實話。』他說，於是立即和他的妻子及醫生住進庭園中的涼閣，每天與我們享用午餐，好一陣子看起來都相當開心愉快。」不過伊莎貝兒知道，根本不是那麼回

115 譯註：英國作家法蘭西絲・霍森・柏納（Frances Hodgson Burnett，一八四九——一九二四）的作品，以《小公子》一書而聲名大噪。

事，很快地一行人又再次移動。

即便像柏頓夫婦這般不循常規的夫妻，對於家庭生活仍帶有維多利亞式的情懷。伊莎貝兒細心地與理查的親戚保持聯繫，就像她與娘家親戚一樣。然而不可否認的是，他們深受英格蘭的灰黯所苦，不管氣候上或國內氣氛。他們自視為放逐翠斯特的烈士——自稱是流亡者——急切等著柏頓退休，甚至計畫在倫敦隱居，但是他們真正感受到的流亡，是遠離太陽——東方。對他們倆來說，什麼都取代不了東方。福克斯通的家庭午餐肯定取代不了，縱使伊莎貝兒談到讓柏頓非常開懷的某個英國場景。八月的一個法定假日，他們偶然來到拉姆斯蓋特（Ramsgate）[116]，依莎貝兒納悶他如何甘於當名遊客。但是那整幅風景令柏頓為之著迷；海灘上擠滿了人，有的划船，有的拿針棒挑螺肉吃，有的聽演奏會，更有走江湖賣藝的丑角、雙雙對對的情侶、走失的狗和號哭的寶寶。從人類學觀點來看，這肯定非常吸引人。他捨不得離開。

柏頓夫婦的一張合照約莫是在這段期間拍的，貝克醫生不以為然地站在背景裡。柏頓帶有虛張聲勢的味道，抽著雪茄，瀟灑地戴著一頂白色的海狸皮毛帽。他瞪視前方——眼神依舊桀驁狂烈。伊莎貝兒靦腆地依偎在他身側——在這個發福過重、舒適地穿著束身衣、留著劉海的女人身上，已不見當年在植物園裡令他神魂顛倒的那個熱烈女子蹤影，也不見她的人生蓋戳在她臉上的甜美、高貴與勇氣。隨著柏頓愈來愈倚賴她，兩人間也少有她所珍惜的那些溫柔隱約的恩愛場面。「多麼恐怖的沙漠啊，如果沒有妳等著我回去的話。」一在參加完一場伊莎貝兒沒出席的純男性聚會後，他有感而發。另一回在倫敦，談起翠斯特的庭園裡他們最愛的那棵萊姆樹，柏頓說：「我們那棵樹現在應該開花了，妳不希望自己就在那裡嗎？」伊莎貝兒答道：「你在哪兒，我的樹就在哪兒，親愛的。」柏頓似乎很感動，說她的嘴巴真甜……但他不會落入同樣也得甜言蜜語一番的圈套。伊莎貝兒必須知足。

寡居時，回顧她的愛情生活與她一生的摯愛，伊莎貝兒對男人說了些中肯的話。「我總認為，男人在妻子面前是一個樣子，在他家人面前是另一個樣子，對她娘家人又是不同的面貌，對情婦又有第四個面貌……如果他有的話——等等，依此類推；但我認為倘若夫妻倆恩愛幸福的話，妻子得到的是飽經淬煉的珍珠。……在我們私密的家庭生活裡，我丈夫的性子自然而然會變得開朗可親，不過只要有別人進到屋裡來，他會馬上變了個人似的。新婚時，我經常無比好奇又錯愕地觀看著在婚後多年習以為常的事。」總之，這是她唯一一次隱晦地提及，多年來她自豪地默默忍受柏頓習慣在公眾場合以冷漠嘲諷方式對待她。就像前面提到的，他的宗教和他對伊莎貝兒的愛，是他會隱藏掩飾的唯二兩件事。在堅定地道出他是最棒的丈夫和最容易相處的人之後，伊莎貝兒繼續說：「他是可以把蜜月的小小精華延續下去的男人，這有助於維護夫妻的感情和對彼此尊重……。」她說得含蓄，假使「蜜月的小小精華」是維多利亞時期的婉轉說法，指的是追逐肉體快感的東方狂熱，以及延長魚水之歡的無限變化（不論是如柏頓在《一千零一夜》註解裡摘錄的方法，『想想可憐的母親』，或藉由東方房中術常見的那些絕招達成的，這是柏頓最愛的主題之一）。那麼我們就可了解，不管她嫁的這個男人有多古怪或多難

116 譯註：英國最著名的濱海小鎮之一，位於肯特郡。

相處，她也得到了補償。

但我們也有他們倆各自旅行在威尼斯巧遇的目擊者說法。「嗨，你在這裡做什麼？」柏頓漫不經心地問——不惜一切的冷漠——不管是對大眾或伊莎貝兒都不顯露感情。只不過這時伊莎貝兒已經習慣他的表演、他的身段。「同上，老兄。」她也冷淡地回答，然後他們倆握手，叫在場的人大為錯愕。對一個生活少不了驚險刺激的人，伊莎貝兒的愉快平靜，想必時而會令他難過洩氣。無法在日常的家庭生活展開驚心動魄的歷險，肯定相當惱人。伊莎貝兒是他的奴隸、崇拜他的受氣包、他不屈不撓的公關；但她不願當他矯揉造作表演的無知觀眾——這是她拒絕配合他的一件事，因為這會造成一種分離的狀態，而不是她渴望的合為一體。如果他就是要演戲，她也要軋一角：以夫妻檔之姿做任何事。一縷靈魂在兩具軀體裡……

✤

只剩五個月時間，他們持續讓彼此安心。柏頓在三月即可退休，還有退休金可領。總算自由了，他們說；擺脫公職生活的最後枷鎖，也擺脫翠斯特。伊莎貝兒愛上了美麗的房宅與花園，甚至愛上了翠斯特。她暗自擔心他退休後收入減少，不得不深居簡出。看來要過富裕生活，意謂著柏頓必須永遠從事那些淫蕩的阿拉伯譯作。代價真高啊！但她隱藏她的戰慄，他們繼續計畫下一個短程東方行旅。這一回是君士坦丁堡，珠玉似的圓頂和宣禮塔，自博斯普魯斯海峽聳入雲霄。君士坦丁堡！土耳其宮廷！艾尤卜清真寺！艾哈邁德三世噴泉！香柏樹林環抱亞洲甘甜水域（The Sweet Waters of Asia）！他們坐在巨大懸鈴木下斑駁的樹蔭裡、在巴耶塞特清真寺（Beyazit）旁的咖啡館，看著鴿子在桌子間昂首闊步、土耳其人在棋桌下棋咯咯作響或抽著水菸吞雲吐霧，沉浸在古老的東方冥想氛圍裡。

柏頓完成了《普利阿普斯詩選》（*Priapeia*）[117]的翻譯，接著是另一部性愛學；這一回是聲名狼籍的阿拉伯手稿，沙伊克爾・納夫扎威（Shayk El Nafzawih）所著的《芳香園：男人的怡情養性之道》（*The Scented Garden Men's Heart to Gladden*），他有時會說這一部是他的鉅著（通常是為了捉弄老古板）。當他的心血被指謫為色情，他答道，英國統治著穆斯林帝國，卻對東方心理學一無所知、毫無了解。（不過也很難不認為，他打算把《芳香園》提供給殖民地事務部當成手冊。）伊莎貝兒認為這書本質上是消遣的玩物——給生病小孩解悶的小玩意兒——就讓他玩玩吧。當他說「明天我將完成這部譯作，將來不會再寫這個主題的書，要開始寫我們的傳記」，伊莎貝兒欣喜若狂。伊莎貝兒著手打包他們的物品，把多年來累積的大量收藏分門別類。離別的惆悵在空氣中飄盪。

「且讓我回想生命中最後一個快樂的日子，」伊莎貝兒說，繼續感傷地詳細描述一八九〇年十月十九日那個星期日的生活作息。她去參加領聖餐禮和晨間彌撒……回家後親吻了坐在書桌前寫作的丈夫。他們倆都會寫家書；有訪客來喝茶；花園的水池裡有隻知更鳥溺水，柏頓將牠握在手裡，放進外套裡保暖，數小時後牠恢復了生命跡象……在他辭世的三天前，他

117 譯註：描寫普利阿普斯（Priapus）的詩選。普利阿普斯是希臘神話中的「陽具之神」，擁有巨大、永久勃起的生殖器，也是守護牧羊、釀酒、果園種植和捕魚的「豐收之神」。

告訴伊莎貝兒，有隻鳥一整個早上輕扣他的窗……「這不是好兆頭。」他說，但伊莎貝兒堅決反駁他，提醒說那是因為他有餵鳥的習慣。「唉，這又不是餵鳥的那扇窗。」他遠眺秋天的山丘說道，「最後這幾星期，柏頓頻頻跟我說：『當成千上萬隻燕子，像一道牆墩似的環繞房子四周，挨擠在窗台上，準備要遷徙時，跟我說一聲。』他會悲傷地久久凝視牠們。」牠們在南徙……

據載，那晚他在書房逗留，格外用心地把所有物品收拾整齊。晚餐時，他們討論到退休後將把時間獻給卜大將（General Booth）[118]的救世軍（Salvation Army）[119]，柏頓支持廣泛的馬爾薩斯主義者陣營，認為它可以部分解決社會最底層的問題。一如往常，他說了些挖苦宗教儀式的俏皮話，叫伊莎貝兒聽了難受。不過現在他們總會一起禱告。百轉千迴，伊莎貝兒就要贏了。睡前，她跪在他身旁禱告，一隻狗開始淒厲地嗥叫，叫聲之可怖，迷信的人會說那是預告死亡。伊莎貝兒和柏頓都是極迷信的人，不安的伊莎貝兒差僕人去查看狗。柏頓安下心來準備舒服地過一夜。他說想看點可以「讓腦袋冷靜」的小說；他管內容輕鬆的書叫寶貝，相較於經常閱讀的科學專著或典籍。伊莎貝兒遞給他羅伯．布坎南（Robert Buchanan）的《瑪德蓮的殉道》（*Martyrdom of Madeleine*）。半夜，他突然焦躁起來，說腳部痛風發作。伊莎貝兒坐在他身旁，試著安撫他。醫生被喚來，但發現柏頓的情況並不危急。他睡睡醒醒，令人不安，醒時談到他們未來的計畫，以及將來有空要去哪旅行。他睡在一張裝有腳輪的矮床，床的上方掛著一張非洲大地圖和用阿拉伯文寫的字幅，寫著：**萬物終會消逝**。子夜時，他說胸悶、喘不過氣，醫生試了各種藥方，但柏頓身體急速衰退。伊莎貝兒叫醒僕人，差他們四處去找神父來。

破曉時，套他在《一千零一夜》裡的用語，死神、掃興者（Destroyer of Delights）、拆散伴侶者（Sunderer of Companies）來了。他緊抱住伊莎貝兒的胳膊喊著，「我死定了。」柏頓長辭人世。

但伊莎貝兒不這麼想。他昏迷了——彌留——但還沒死！他必須活到神父來！他的靈魂**必須**得到救贖！現在沒時間哀傷。當神父終於來了（從附近山村來的斯拉夫農人），他拒絕為臨終者塗抹聖油：似乎太遲了；況且柏頓從未自稱是天主教徒。「但我懇求他別遲疑……靈魂正在離開。」伊莎貝兒說，想起那一刻的萬分痛苦。她一次次竭力催促，堅持還來得及：她的丈夫私底下一直是天主教徒，他的脈搏仍在跳動。最後神父屈從，一來是伊莎貝兒苦苦央求，再者又看到醫生聳聳肩不置可否。他施了臨終敷油禮。伊莎貝兒悲不自勝，但也心滿意足。理查獲得救贖！他的罪被赦免！他會進天堂——她的天堂（不是穆斯林的天堂），他們會再度相逢。她在他身旁坐了一整天，守著他，並禱告，期待他回到她身邊。「我看到他的嘴唇和左眼動了下，但醫生說那是我的想像。在心臟和脈搏停止後，大腦還在活動（她說，柏頓也在日記表示，他認為這是可能的），這不是想像；翻開他的眼瞼，他的雙眸明亮睿智一如生前，彷彿不期然看見某個美妙愉快事物那樣閃著光輝，這也不是想像；那眼裡的光芒持續到下一個日落也不是想像，我相信他的靈魂跟著落日遠颺，儘管對我來說，太陽已永遠西沉。」

118 譯註：General Booth、William Booth，一八二九—一九一二，救世軍創始人。

119 譯註：一個主要從事慈善活動的基督教組織。

晨光增強為正午，
隨向晚黯淡，就此永別了！
去吧，從我生命消失，
就如逝去的駝鈴聲。

這是柏頓最優美的詞句之一；充滿了他被逐出東方的濃濃悲傷與渴望；對伊莎貝兒來說，這詩句肯定也呼應著她的哀傷與渴望，而她這會兒永遠被逐出他身旁了。

接下來的二十四小時，神父、虔誠的守夜人、友人、官員和屍體防腐員紛至沓來。畫家亞伯特・列契福特（Albert Letchford）[120]畫了一幅柏頓臨終的素描，伊莎貝兒始終珍藏著它，從未離身。在翠斯特，柏頓備受愛戴也備受敬重。奧地利政府提供了靈堂放置靈柩，直到伊莎貝兒運回英國下葬。當翠斯特主教承認「教會舉行的所有盛大儀式，以及唯有皇家才得以享有的豪華軍事葬禮——從未有外國人擁有如此殊榮」。伊莎貝兒才明確感覺到些許欣慰。靈柩覆上英國國旗；柏頓的劍、佩章和勳章展示在一只軟墊上，對照他偉烈的一生，相對顯得稀少；第二輛靈車載滿了弔唁鮮花。「領事團全員到齊，」伊莎貝兒語帶欣慰的說，「頭一次暫時把規定放一邊，全副裝束走在靈車兩側，擔任護棺者。」她走在靈車後方，太過震懾而沒留意細節，她說，「他們跟我說，沒有哪個追思喪禮可以媲美，就連一八七三年悼念前西班牙皇后瑪麗亞—特雷莎的喪禮也比不上。」總共舉辦三場不同的喪禮和追思禮拜。伊莎貝兒得知有上千場的彌撒，為柏頓獻唱安魂曲，也深感安心。只是她隻字未提為「小鬍子之父」，麥加的哈吉・阿布杜拉，舉行的任何穆斯林儀式。

柏頓臨終的戲劇轉折，成了某些反天主教地區居民猛烈抨擊的話題。最明顯的是史帝斯提德家族，他們溫和的聖公會血液被激發至沸騰，認為那是信仰的綁架。在《理查・柏頓爵士的一生》一書裡，史帝斯提德小姐公然痛批，該家族長久以來的眼中釘伊莎貝兒，也大肆抨擊了天主教教會。這段惡毒的文字損及家族本身，柏頓雖然和這家族有親屬關係，但與他們並無來往，他們對他的本性也所知不多。「羅馬正式占有了他的屍身，」史帝斯提德小姐寫道，「甚至以令人無法忍受的厚顏傲慢，假裝庇護他的靈魂。打從那一刻起，一群好管閒事的群眾不斷騷擾莊嚴肅穆的靈堂。其他的神職人員任意進出，鄰近的孤兒院來的孩童一會兒唱聖歌、一會兒咯咯笑鬧。」史帝斯提德小姐這會兒完全被怒火沖昏了頭，繼續說道（雖然一概是道聽塗說），「虔誠的老婦誦念玫瑰經，幸災樂禍地盯著死者看，在床榻上灑聖水，那恢復鎮靜的遺孀，指揮著數不清的儀式。」

最後又來了一記回馬槍，「柏頓的喪禮……被他向來厭惡的天主教會當成得意的事，拿來說嘴。」

沒有人能夠斷言，柏頓真正的宗教為何，連伊莎貝兒也不能。一位友人描述，他是不可知論者、有神論者和東方密契主義的綜合體。另一位友人，凱瑟琳・德拉利夫人（Madame

---

120 譯註：Albert Letchford，一八六六—一九〇五，英國畫家，為柏頓畫肖像，也為柏頓譯的《一千零一夜》畫插圖。

Catherine de Ralli），致函給沃恩大主教（Cardinal Vaughan）寫道，「至於自認對理查・柏頓爵士無所不知的那些人……容我直言，他性格上形於外的奧妙，唯有潛於內的能超越。」柏頓本身曾說：「世上唯一的真正宗教，是穆罕默德的宗教。」他花多年時間對不同宗教進行比較研究，卻始終斷然拒絕被歸為某一教。有件事是很確定的。伊莎貝兒，他長久以來的忠貞伴侶，打從心裡認定，多年來他私底下是個天主教徒。當她差人去請神父來，是本著誠信這麼做。她是極其虔誠的女人，在生命中最嚴峻的一刻，會在最神聖的儀式上對神父耍詐嗎？抑或，她無意中再次力挽狂瀾、遂其所願？他和她終究必須是同道中人，因此她說服自己，長久以來他已暗中皈依羅馬。只不過深知他在情愛與信仰方面，生性古怪內斂，她從未對他施壓。此外，還有張他在一八七七年簽名的紙，內容是她擬的，明載著萬一有天柏頓在垂死邊緣，說不定還不能言語，但他想要懺悔並進行赦罪聖事，而她不在身邊，那麼他可以在那紙上畫十字來替代。接著還有在翠斯特的最後幾年，伊莎貝兒談到他們的連通間掛了一面鏡子，可以照到他房裡的一角，她曾經從鏡中看到他在禱告……但禱詞為何？他對誰禱告？基督，還是阿拉真主？倘若他的日記有記載，也在他遺孀的大肆毀壞中全數消失。會讓他們在死後分離的東西，一件也不能留下。

伊莎貝兒知道自己來日不多。現在回到英國陰沉的天空下已無所謂了。要不了多久，她就會跟隨他進入東方，她說。但在此之前，還有很多事要辦，而且唯有她才辦得了。首先，她必須妥善安排他的後事，與西敏寺或聖保羅座堂商議他的墓園；最重要的，為他的生平事蹟作傳，永遠維護他死後名聲，壓下他高傲得無法自行答覆的那些問題。《理查・柏頓爵士的功勞與智慧》是她最後的深情之舉。嫁給他之後，她自始至終都為他奮鬥，在寡居歲月裡她會繼續奮鬥下去。

失去丈夫的女人好比是單翼的鳥兒，有句阿拉伯諺語如是說。伊莎貝兒一天天體會這句話的真實性，讓她繼續奮戰下去。她從喪禮的哀榮回到空殼般靜闃的家，多年累積的龐大家當需要打包；她把家當縮減至最少，仍有兩百四十大板條箱。很多家當都送人了；伊莎貝兒無法忍受把家當賣掉，在她眼裡那是背叛。她最後一次著手付帳和打包，很快就會跟上他。柏頓過世當天，她便把他的房門鎖上，阻擋窺視的目光。此時她必須堅強，把他所有的文件整理分類。整整兩星期，閉門不出，整理他畢生的文稿。她是他遺稿的唯一法定執行人。柏頓向來深知她對他性愛學的看法，但還是把所有文件、手稿遺贈給她，「三十年來身為我唯一的助手，唯有她可以全面修訂和檢視、可以自行斟酌，依照她認為最理想的方式全權處理。」奇怪的是，柏頓並沒有立遺囑把《芳香園》或其他這類資料遺贈給印度愛經學會或亞洲協會，尤其是從貝克醫生提及的一段插曲來看；貝克醫生曾問柏頓是否想過，這類的作品在他過世後可能會被輕易地焚毀。柏頓聽完神色驚恐問道：「你當真這麼想？那我應該馬上寫信給亞畢諾，告訴他，萬一我死了，這手稿歸他所有。」他繼續重申這是他的鉅著。「我投注了畢生心血在《芳香園》；我最大的心願，是因它而名留青史。它是我這一生的榮冠。」儘管如此，我們也要記得，伊莎貝兒在回應大眾對她焚毀這部手稿的強烈抗議時，引述了柏頓在一八九〇年三月三十一日日記中的一段文字，為自己辯護。「開始翻譯《芳香園》，或者不如說是重新開始翻譯，其實我並不太在意，這不過是為了賺稿費罷了。」

柏頓寫信給亞畢諾，伊莎貝兒是否知情已不可考，不過既然柏頓沒有留下遺言，直接指示她怎麼做，她有權去做她認為恰當的事，沒有人有置喙餘地。不過，柏頓會特別強調這項特殊研究，是他這輩子的重心、畢生的心血，仍是意味深長。這是伊莎貝兒始終不了解的事；妨礙她完全理解及占有柏頓的事，同時也是她既恐懼又心生妒忌的事。

焚毀柏頓手稿激起猛烈的抗議。這事被大大曲解。伊莎貝兒受廣大民眾譴責，這些人在柏頓生前從未欣賞過他，只不過是洩憤罷了，因為他們寄望能證實淫穢的花絮報導證物已不可得。然而這個舉動——伊莎貝兒的高招——也是一種犧牲，或以東方傳統而言的克己自持——某種的娑提，或者說寡婦的自焚殉葬，因為她物質上的所有保障，能讓她晚年過得舒坦的六千基尼（英國舊金幣），也付之一炬。她沒有撫恤金，柏頓對她說過，那筆錢要由她繼承——其收益將留作她的養老年金——他已經安排妥當，萬一他過世，仍可確保她不虞匱乏。這下她身無分文了。

焚稿的說法有兩種版本。一般認為，她是在維多利亞時期假道學過盛的風氣下，一股腦將其手稿扔進火裡。但坊間傳說，柏頓曾顯靈，指示她焚毀手稿，而她本身也和幾位友人講述過這件事。她說，那亡靈堅定威嚴。「燒掉它！」亡魂指著那手稿說，隨即像回教神話裡典型的神怪消失。歸根結柢，這和柏頓愛發號施令、不計伊莎貝兒要付出什麼代價的作風十分吻合。這也符合他們倆打從一開始便深信的玄祕通靈傳統，而她也深信這一次的通靈和其他的沒有不同。不過，當她去函給《晨報》，宣布她的作為，投下震撼彈時，主要是為了平息等著柏頓死後出版色情書的貪婪大眾帶來的壓力，她明智地隻字未提顯靈的事。信中可見她慣常的那種慷慨陳詞；你會驚奇地發現，那個年代的報紙竟會大幅刊登這類的信件，而大眾竟有足夠的閒暇去閱讀。

她依舊開門見山。「我丈夫花了十四年時間，對一個特定主題收集資料。……《芳香園》……探討了某種熱情。絕不會有人認為理查・柏頓從不潔的觀點來描寫事物。他剖析的是一種熱情，好比醫生剖析人體，指出它的根源、它的由來、它的惡和善。」她繼續說道，柏頓告訴她，他預期《芳香園》會在英國掀起軒然大波，相形之下，《一千零一夜》是說給娃兒聽的故事（柏頓在寫給友人——他翻譯卡圖盧斯的共同譯者——的一封信裡，如此描述，「它將是令人驚奇的東方智慧寶庫；談到閹人如何產生、如何結婚、如何過婚姻生活；女性的割禮、阿拉伯農人與鱷魚交配等。老古板們會憤怒咆哮，直到快氣炸，然後他們會一字一句地讀下去，看得津津有味……」）。但伊莎貝兒沒有。「當我把自己鎖在他房裡，」她繼續說，「讀著（這手稿），我看不到前景，因為後果如此難料。苦苦掙扎了三天，思考我應該怎麼處理才好。」

還記得魯斯金（Ruskin）[121]也曾遭遇過類似的困境，當他接受國家畫廊理事會委託，對透納（Turner）[122]身後留下的作品進行整理分類。這畫家向來是魯斯金的偶像。哈里斯寫道，魯斯金與他談及此事時，說：「這是我這輩子遇到的最嚴重打擊之一，我總認為善良、純潔與美

121 譯註：John Ruskin，一八一九—一九〇〇，是英國維多利亞時代主要的藝術評論家之一。

122 譯註：Joseph Mallord William Turner，一七七五—一八五一，英國浪漫主義風景畫家，水彩畫家和版畫家，被讚譽為「光之畫家」，對後期的印象派繪畫發展有相當大的影響。

麗是一體的，是神性的各種展現。畫作中的用色之美，屢屢讓我聯想到生命的神聖。」他天真地補充道，「我當然知道規則不是不變的。人們認為提香（Titian）[123]過著放蕩的生活，甚至有人說他和自己的女兒有染，但在我聽來這是瘋言瘋語，流言罷了，從不當回事。」接著他說起一八五七年找到一只畫夾，裡面淨是一張張最不堪入目的畫——沒法辯解，莫名其妙；「我努力去了解箇中原委，結果發現，我的偶像在生前每週五下午，會離開位於喬爾西（Chelsea）的家，前往沃平（Wapping）和水手的女人同住，畫下她們各種浪蕩的姿勢，週一早晨才返家。這是什麼樣的生活！而我又背負了多麼沉重的擔子。我該怎麼做？有好幾個星期，我質疑一切、苦不堪言，一而再讓自己與至高無上的存有交融，直到祂乍然給了我一道靈光：也許祂選上我來擔此重任，是因為我有能力對此事做出重大決定。於是我把那數百張墮落的素描和畫作當場燒了，燒個精光……你不認為我做對了嗎？我感到自豪、驕傲。」這老人說。哈里斯認為這是他聽過最不尋常的自白，而他在他的年代聽過一些很了不起的自白。

但伊莎貝兒獨自與柏頓的生平及興趣相關的那些可憎祕密關在小房間裡，面對的可不是這種可以截然切割的問題。除了道德外，還有財務的角度要考量。「在那段期間，我不便透露姓名的一位先生，向我開價六千基尼要買下那部手稿。」這位紳士提議為私下訂購者出版這手稿，兩冊一套，訂價四基尼。但他說不動伊莎貝兒。「在一千五百人當中，大概有十五人會秉持科學的精神來讀，而這本書也是以科學角度來書寫的，其餘的一千四百八十五人會把它當淫書來讀，且會在朋友間傳閱，這造成的傷害也許是無法估量的。……黃昏時，我在火堆前席地而坐，向我的心和腦袋徵詢意見。我的腦袋告訴我，罪孽是唯一會生苔的滾石；我的腦袋告訴我，於生前撰寫那些內容的一位紳士、學者、飽經世故的人，他看到的和可悲魂魄所看到的大不相同，當他赤裸裸站在他的神面前，獨自為一生的善行與惡行負責，而善惡報應在第一刻清晰了然，並持續到時間的盡頭。噢！他在世的友人可要阻擋和制止這些報應！他現在怎會在乎一千五百人的喝采——為了全世界的稱頌而冒犯上主？我的心說道：『妳大可收下六千基尼；妳丈夫為妳工作，讓妳三十年來有個幸福的家，並享有榮耀與尊重。妳要如何回報他？妳衰敗的身軀也許可以有幾個月或幾年的溫飽，但妳要讓那靈魂，妳部分的靈魂，留在陰冷黑暗中，直到時間盡頭，直到閱讀那些內容的所有罪孽完全贖清，說不定永遠贖不清？何必呢？這就好比那最初的三十枚銀幣[124]！』」因此，伊莎貝兒再次天真地魚與熊掌兼得——從她的宗教信念找到充分理由，鐵了心要粉飾或抹去毀謗柏頓的人強加在他本性上的一切，到頭來也唯有她的忠心耿耿，才能予以消除。「我取來手稿，擺在眼前的地上，厚厚兩大冊……但我仍在想，**這樣做是不是褻瀆不敬**？這是他的鉅著，他非常自豪的最後著述，本應在那可怕的早晨完成的——那永遠不會來臨的早晨。他會跳起來咒罵我，還是感激我？這念頭會糾纏至死……我懷著滿懷悲傷與恭敬，在恐懼中，顫抖著把一頁又一頁的文稿焚毀，直到兩大冊的紙頁全數被火吞噬。」

123　譯註：Titian，一四八八—一五七六，義大利文藝復興後期威尼斯畫派的代表畫家。
124　譯註：相傳耶穌的十二門徒之一猶大，為了三十枚銀幣出賣耶穌，最後在被詛咒、被責難、被攻擊的淒惶中自殺死去。

她沒有說的是，未經柏頓亡靈的指示，她同時也把他大部分的日記、日誌和筆記焚毀——無可挽回的損失。他的《芳香園》據說和《一千零一夜》一樣，其註解的價值更勝文本的內容。那聚積成堆的資料，是柏頓畢生探險和研究的成果。「柏頓的研究有一個奇特性，」威廉．亨利．威爾金斯（W. H. Wilkins）[125]先生寫道，「比起大多數寫作者……說的都是傳聞，柏頓的資訊全是第一手得來的……結果這使得他被誤解……被偏見的陰霾籠罩。」然而阿拉伯人柏頓很難期待西方了解他。事實上，他也不希求西方的了解。他很可能並不在乎，或是聽天由命，但伊莎貝兒可不。正是他東方生活這些隱密又詭祕的面向叫她嫉羨。她總是站在他身旁，她的存在證明所有影射的不實——眼下他過世，她看見她的機會來了。他應該名留千史，名譽要清清白白。她要保護這男人的傳奇，免遭他本人傷害。因此理查．柏頓這偉大而謎樣的人物永遠消失了。

大概是因為他的日記被焚毀，而非在意他的《芳香園》，薇達寫道，「在她做了那不可挽回的事之後，我沒再跟她交談或寫信。」就像對柏頓日記的本質有幾分了解的那些人，薇達提及「他的天賦、他的影響力、他美妙的創舉」。她說，「他的才幹被綑綁，就像優良的狗被關在狗籠裡，結果顯露狗的野蠻本性。」這些日記，是解開他隱密性格的一把鑰匙，記錄了他四十五年來的外在生活和內在思維：可追溯至他早年在印度的歲月、所有東方學的源頭。這些分成兩部分：一部分是私密日記，另一部分日常事件的紀錄。前者已消失。它很可能記述了完整的真相，不僅關於他的東方生活，還有他向西方的歸順。說不定他在那日記裡記錄著長久以來始終隱晦不明的事，但都逃不過那雙桀驁不馴的眼睛。當它們從衰敗的軀殼向外凝視，目光不僅投擲在他的敵人身上，還有他的妻子。這些日記說不定是他的最終聲明、逃向自由的最終行動，而他嘲弄地在內心裡保有自由。這個人本身沒力氣做到的事，動筆的人做到了。他不太可能想出版他的日記，或如此設想過，但很可能知道伊莎貝兒身為遺稿保管人，會詳讀他遺留下來的每一個字，所以他蓄意、惡毒地計畫他的復仇，從墳墓跳出來反擊，像凶殘的黑豹冷不防發出淒厲可怖的最後一吼。他要她知道，他沒被征服。但最終，一如最初，他對付不了伊莎貝兒。她想方設法要拯救他在天上的靈魂、他在塵世的聲譽、他們婚姻的美名。一把火摧毀了善與惡、傳奇與真相、西方與東方。他安全了。他是她的。她再度征服她的帝國。

✤

她回到倫敦，她的姊妹等著她。柏頓的靈柩經海運歸國。儘管一身病痛，她還是親自前往利物浦去接船。當再次看到棺木，還是衝上前去，撫棺親吻，傷心啜泣，忘了自身，忘了在場觀看的人和一切。在這期間，西敏寺莫名其妙地簡慢無禮。聖保羅座堂也沒打算提供一個地方讓「這位被英國忽視的最偉大探險家」安息。她氣惱地把西敏寺的墓地看得毫無價值，因為柏頓會名列斯皮克、李文斯頓等人之中。……「**他的**名字會和那些平庸之輩擺在一起」。她可以做得更好。柏頓一向離群索居，他的墓也應該遠離眾人。很早以前，他們便共同相中了摩特雷克的一塊土地。挑選墓地是維多利亞時期的消遣；同時代的信件和回憶錄充滿了這類憂戚的郊

125 譯註：William Henry Wilkins，一八六〇—一九〇五，英國作家，以皇室傳記作者出名。

遊，夫妻一同物色並爭辯這塊或那塊墓地各自的優點，浪漫之餘也講求實際，就像今天訂了婚的情侶選購一張雙人床一樣。伊莎貝兒決定柏頓的墓，以及她將來的墓，應該蓋在摩特雷克的天主教墓園，她的很多家人也安葬在那裡。柏頓一向討厭黑暗、討厭垂墜的帷幔遮蔽光線。他曾向她吐露，他不想火葬——「我不想在大限來臨前被焚燒」（輕率啊，伊莎貝兒悲傷地這麼想，即便在這樣的片刻）、「我想躺在一個阿拉伯帳篷下」，她沒忘記。因為缺乏財力（後來借友人的銀行利息，為她籌到一年一百五十英鎊養老金，當時還沒譜），她不得不遊說公眾認捐，來建造墳墓。所幸忠誠的友人大力相助。

她設計了一個與他浪漫性格很匹配的場景，最後一次展現異國情調。唉！它也帶有淡淡的馬戲團氣息，而伊莎貝兒前往東方旅行，有時會明顯散發那種氣息。巨型的卡拉拉大理石磚（Carrara marble）[126]被運來，石匠狂熱地鑿切。不久，驚愕的大眾便看到郊區墓地升起一座伊斯蘭建物。伊莎貝兒豎起一座阿拉伯營帳，加上一些鍍金的穗飾，而在帳頂冠上有一顆金色九芒星。帳門上掛著一串駝鈴，在習習寒風中發出思鄉的聲響，當風攪亂了憤慨的史帝斯提德小姐形容的「鬧宗派的破敗墓園」的灌木叢。帳內有個空位是留給伊莎貝兒的，她無法隱藏想與他長眠於此的焦急，「在廣闊世界裡最美、最不像死亡的安眠之處……在地面上的一座東方營帳……縱使在墓裡他也有愛、有淚、有禱告、有伴。」她補充道，開心地認為在她的設計下，柏頓不會孤單，即便在目前。

阿拉伯墓引起的轟動，令她開懷。理查再度引人注目。她因而得以從百般的辱罵攻訐、匿名信和普遍的不快裡分神，自從她對焚毀《芳香園》做出聲明後，那一切的攻訐與不快便一直圍繞著她。史帝斯提德小姐尤其砲火猛烈。她高聲抨擊伊莎貝兒的汪達爾人作風。她說，她舅舅的書只要稍微刪除一些小地方即可出版。（鄉下人與鱷魚交配……印度愛經上百種不同的親吻方式？）不論如何，史帝斯提德小姐不太可能了解這本書的確切性質，儘管她對柏頓的癖好略知一二。書名很美；……但伊莎貝兒做出結語。「聽聞出版界和文壇惟恐錯失他寫過的一字一句而焦急萬分，令我作嘔。當他被派去尋找帕瑪下落，於一八八二年返國，他有大量的資料想發表，卻找不到一家雜誌社或報社，願意刊登他最有價值的文章，直到那些文章變得陳朽。以前我們常為他的書或文章被退稿，怒火中燒……如今，對這世界沒有格外價值的一些篇章被焚毀，全國的藝文心靈卻充滿苦澀悲嘆，因為《一千零一夜》譯者的遺作已全數灰飛煙滅。」

她在貝克街的寓所安頓下來，十字架與新月再度在她的會客室找到歸處。柏頓的書和文件占據了閣樓，她總愛鎮日與他的事物為伴。「不要如此嚴苛又無趣地認為，死者不會在罕見的情況下回來，並告訴我們，他們過得如何。」她說。被問及她是否相信與亡者通靈，她很肯定，「我幾乎每天和我心愛的人交談。」她說。

當《柏頓紀念文選》和她的大作《理查・柏頓爵士的一生》終於完成，她覺得自己可以死得瞑目。她在這塵世的任務已完成。這過程是一場與時間的競賽；有時候太過虛弱、太過痛苦，一連幾天無法工作。但漸漸地，這謬誤百出、混沌無章、充滿偏見的古怪文選終於告成。宣稱柏頓的亡靈幫了她一把。倘若如此，這亡靈和他本人看事情的方式很不一樣。她有他所有

126 譯註：義大利托斯卡尼北端的馬撒——卡拉拉省產的白色或藍灰色的高品質大理石。

的日誌可以盡情利用，卻沒指陳重要的事：有的只是些可悲的小段摘文，充分呈現伊莎貝兒的價值觀，而非柏頓的價值觀。「今天內人前往奧匈大使館，接受呂特佐公爵（Count Lutzow）頒贈奧地利女皇的美麗肖像，表揚她的一生志業。我感到非常驕傲，她則非常高興……」他就只注意到這些？而她能摘選的就只有這些？她一心一意只想呈現她願意記住的柏頓，私底下皈依天主教的完美丈夫，因而無視其他面向、影響或回憶的存在。後代人沒有其他依據可做判斷。唉！她的狂熱毀了最終的目的。假使我們沒有柏頓本人的著作、沒有與他同時代的人的回憶錄，來重新捕捉他的神髓，他早已消失，被善意所弒殺。因此我們看見她深情的貪婪，將他的日記焚毀，並根據自己的標準重新塑造阿拉伯人柏頓，卻功敗垂成。為了占有，她加以摧毀：但她無法重新再造。

在她過世後，她所遺留他的少數文稿，連同自己的許多文稿，也被當時尚在世的唯一妹妹焚毀。被歲月篩過的最後遺稿、最後的少數紀念物，保存在肯辛頓大街上的公共圖書館，那裡也保存了柏頓的大部分藏書，它們被埋沒、遺忘，不為館外行色匆匆的逛街人群所知。伊莎貝兒的著作和他們的一些私人遺物，收藏在坎伯威爾（Camberwell）公共圖書館。他的書和她的遺物如今被綿延數英里的大片倫敦沙地隔開，拆散了他們共同生活的所有遺跡、他們的家和旅行、兩百四十大板條箱及那一只萬寶箱。

儘管來日不多，但還有個居家護士隨身照料，伊莎貝兒從沒變成落寞的寡婦。她仍活躍於倫敦，進出各種鄉間別墅。大半時間待在她於摩特雷克租的一間靠近墳墓的小農舍。在園子裡搭了一座營帳，白天就在營帳裡野餐。（嘴巴惡毒的人說她在墓內沏茶請客，不過這純粹是惡意謠言。）病痛悄悄地侵蝕她的身體，開始備受折騰；即便如此，她也不許自己讓步屈服。佩吉特夫人記得，她總是身穿粉紅色晨縷，非常妖豔，戴著有縐邊的寡婦帽。一開口就是談到柏頓。「他有上帝、有來生，他說他會等我；他只是展開一段長途旅程，不久我將加入；我們將從中斷的地方接上，會過得比在這裡更幸福。」

當她受邀督導杜莎夫人蠟像館內柏頓蠟像的場景布置時，她開心極了。西敏寺的輕慢被拋諸腦後。她在寫給友人的信中說：「他們現在為理查套上他在沙漠穿的麥加服裝。他們給他一個很大的空間，裡頭有沙地、水、棕櫚樹和三匹駱駝，以及漆成黃色的圓頂天窗，並打上火紅的光。整個情境栩栩如生。我給他們真正的衣服和真正的武器，親自為他打理服裝。」在另一封信裡她說：「我對他的姿勢很不滿意。那尊人像若挺直，看起來沒問題，只不過就是有些彎腰駝背，這點我和杜莎一直爭執不下，他說那是一種藝術的表現，但我認為對他來說很不自然。」直到最後，她都目光犀利。不管是彎腰駝背或可疑的字句，都不能留下來掩蔽世人對柏頓的記憶。她現在病痛纏身，非常虛弱。「我想到這一切結束時會非常美好，但願如此。」她寫給佩吉特夫人道。她的某些信念支撐著她面對死亡，一如生前。她談論柏頓的書時如此結尾，「讀者！我帳已結清，也打包好了，而且我飽受折磨。我正等著加入他的商隊。我正等著一聲召喚——他駝鈴發出的叮鈴聲。」

她熱烈的一生恰好在耶穌受難日——一八九六年三月二十一日——畫下句點。她葬在她「塵世的神與王」阿拉伯人柏頓的一側，摩特雷克的阿拉伯營帳內。大理石碑銘刻著賈斯汀·杭特利·麥卡錫（Justin Huntly McCarthy）[127]獻給柏頓的十四行詩……

啊，最後一位高尚無比的飄泊騎士
英國士兵和阿拉伯酋長
啊，東方的吟遊歌手……

詩的一旁，刻著簡單幾個字，「伊莎貝兒，他的妻子」。現在沒有人造訪這座墳墓了。我發現這潮溼的一小塊地，墳塚散亂，雜草叢生。陰沉沉的一排暗褐色磚造農舍，似乎責難地瞪視著阿拉伯營帳，那裡如今已找不到他所體現的輝煌東方的蛛絲馬跡，也不見伊莎貝兒所熱愛並最後在他們周遭設法重現的遺痕。英國霧靄使得大理石變黑，也鏽蝕了鍍金的星飾：駝鈴亦沉默。我聽說，墓門在一、兩年前塌陷，之後一直找不到人來更換，一般認為最好是築牆封住開口，以免可能的褻瀆破壞。一名神情疲憊的婦人在附近的茂密草地割草。我問她是否記得墓門開著的時候。她的臉龐突地閃過一抹暖意和興味，微微一笑，彷彿被東方的一束陽光照亮。「記得呀，沒看過那麼美的東西。」她答道，「我以前常進去，裡面非常漂亮、非常東方，你曉得的，色彩繽紛，有許多小燈籠和鑲了寶石的金色棺木，當你打開門，燈就會亮，小鈴鐺會響，非常動人。」我的目光越過荒地，望著封死的灰墓。「他是個奇特的人，」我說。「是嗎？」她問。「是的，一定是的，在那裡很美妙、很明亮……有幾分與眾不同。」這是他們倆都會喜歡的碑文，我想。

雨飄了下來。那婦人無可奈何地穿上塑膠「雨衣」。我沿著鐵軌旁的煤渣小徑離開，鐵軌上的南方鐵路火車喀嚓喀嚓掠過半獨立式醜陋農舍的窗外，為了靠近她的「塵世的神與王」，伊莎貝兒曾入住那裡，直至進到他的阿拉伯營帳與他長眠。儘管生前死後都遭忽視，他們還是長相左右……「永不分開，一縷靈魂在兩具軀體內」。夏甲神祕的低語迴盪多年，全數成真。理查與東方……指向東方的星辰。

127 譯註：Justin Huntly McCarthy，一八五九—一九三六，愛爾蘭作家，曾任英國國會議員。

2.

可敬的梅茲拉布族的珍・狄格比

Jane Digby El Mezrab

婚姻主旋律及其變奏曲

浪漫主義者分兩種，一種是愛上某個人，另一種是愛上愛情的冒險。後者較豪爽大器、較不拘一格、較能像風一樣來去自由。我筆下的對象珍．狄格比屬於後者，她先後曾是艾倫博羅夫人、費寧根男爵夫人、希歐托奇伯爵夫人及梅茲拉布族的梅德約酋長夫人，而這些僅是她幾段合法婚姻的頭銜。光有浪漫並不夠，至少不能長久。她不僅天賦異稟，還渴望冒險，能夠隨心所欲地過她想要的生活。

她浪漫得無可救藥，卻也是個冒險家，而符合這字眼最精確的定義是具有冒險精神的人，而非女冒險家（adventuress），因為 adventuress 一字後來純然帶有性暗示，意指獵豔高手。因此，哈麗雅特．威爾遜（Harriette Wilson）[1]這位十九世紀知名的交際花，可能會被描述成女冒險家，也絕非浪漫主義者。與她同時的貝斯伯羅夫人（Lady Bessborough）則是所有浪漫主義者的典型，她癡狂地愛上年輕的格蘭維爾．萊韋森—高爾（Grandville Leveson-Gower），聽信他的每句話，沉醉於他自鳴得意的那雙藍眼睛……（「在那雙眸裡，我看著我的生命消逝」，她在他的肖像旁寫下這句話。而在他娶了她的外甥女後，最終仍得默默退開，黯然憔悴，抑鬱以終。）對她來說，愛上格蘭維爾是場超級大冒險。

在珍．狄格比的身上，這場冒險可沒那麼簡單。她的風流韻事精采萬分、大有看頭，就像她在晚年（對於這樣的女人，不可能用「老年」這字眼）自嘲說的，「像一部撒野的《哥達年鑑》（*Almanach de Gotha*）[2]」，前後超過五十個驚心動魄的年頭，有幾段結局並不愉快的戀情。不過，她總能憑著同一股熱烈又純真的情感，設法從頭來過。「明日將奔向清新的林子和嶄新的牧草」（Tomorrow to fresh Woods and Pastures new）[3]說不定是她的座右銘。

即便是她這般的可人兒，也會情場失意，在廢墟裡暗自落淚。但她從不會陷溺於悲傷太久：她熱烈的性格和健康的身體，熱愛生命，追逐愛情的冒險，也追逐愛情本身。於是她不顧一切地豁出去，肆意地縱身一躍，無視上議院對她的私通大發雷霆，或她的巴伐利亞丈夫和她的希臘追求者決鬥，或兩位皇后——她的情敵——對兩位國王——先後成為她情人的一對父子——大為光火……不管她人在哪裡，在奧馬克舞會沙龍或阿爾巴尼亞土匪的巢穴，總有流言蜚語傳出。「流言四起如洪水滔滔」，有位同時代的人看見她首度放浪尋歡時這樣寫道。而她隨著那些洪流迴旋飄盪，最後被一道海嘯，掃進梅茲拉布族的貝都因黑色帳篷，謙卑地為她的阿拉伯夫婿洗腳。從此她得以經常策馬疾馳，深入敘利亞沙漠，跑在丈夫騎兵的最前頭，領著他們打部落戰役，場場精采又奇幻。部落戰爭乃傳統的阿拉伯生活形態，驚險的愛情則是她的生活形態，她在阿拉伯世界裡找到最淋漓盡致的演繹。

她是個亞馬遜女戰士，一生都在愛情的險岸疾速奔馳。對她來說，每一次新戀情都是在路途上紮營；有時建宮殿，有時搭帳蓬，不過總能得到無比的慰藉。但她不是花痴，因為每次的

1　譯註：Harriette Wilson，一七八六—一八四六，英國攝政時期交際花，客戶涵括當時威爾斯親王、大法官和四任首相。

2　譯註：專門記錄貴族階層社會活動的期刊。

3　譯註：約翰．彌爾頓的詩作〈黎西達斯〉（Lyidas）其中一句，是詩人對密友愛德華．金（Edward King）的哀悼之作。

紮營她都深信這將是旅程終點。豈料她花了三十五年的時間，才抵達真正的目的地。對此她有時也深深感慨，不亞於詆毀她的強烈譴責。每次心碎之後，都有新一波的衝刺、新的希望，然後有個新的營帳在路途中倉促搭起。也許是太過倉促。不過就像某位地中海哲人說，生命有四分之三是愛情，而珍．狄格比熱愛生命，其所犯的錯或許是她自信以為可以支配命運、追尋命運。因此，回顧往昔，我們看到這位亞馬遜女戰士般的姑娘，焦急地從一個營帳疾馳到下一個營帳，奔赴她**必須**抵達卻無法獨自抵達的目標。

這個男主角眾多的愛情故事，是可敬的梅茲拉布族珍．狄格比的人生故事，這故事始於諾福克（Norfolk），在大馬士革落幕。她於一八〇七年出生，大部分童年是在英國的田園景色裡度過。那是十八世紀大英帝國寧靜的金色夕照，有羅蘭森（Rowlandson）[4]畫筆下面色紅潤的鄉下人在鄉村草地上野餐，有莫蘭德（Moreland）畫筆下面色同樣紅潤的牛在舒適的畜圈裡打盹，遠方戰爭的矇矓砲聲被榆樹林裡白嘴鴉的呱呱叫聲淹沒。唯有關於拉伕隊有去無回的竊竊私語及保母們常掛嘴邊的拿破崙妖怪（Bogey Bonaparte）[5]的老掉牙傳說，擾亂了沐浴在落日餘暉中的這個國家。工業革命那陰沉冷冽的清晨尚未破曉。見證十八世紀聖保羅座堂從廢墟中崛起[6]、克萊武（Clive）[7]征服印度、費爾丁（Fielding）[8]寫出《湯姆．瓊斯》（*Tom Jones*）及偉大的歷史建築度過最後輝煌歲月的壯麗太陽，仍有幾道燦光。

小小珍．狄格比在侯克翰大宅（Holkham Hall）四周看到的就是這樣的世界，侯克翰大宅是她外祖父、第一代侯克罕的萊斯特伯爵（Earl of Leicester of Holkham）氣勢宏偉的住家。在封爵前，他以侯克罕的寇克（Coke of Halkham）為人所知，極有權勢，無疑也是全國最大的地主和農場主。剪羊毛、收割、五朔節花柱的嬉戲及其他季節性的鄉村娛樂，構成了珍．狄格比的童年背景，但他們的手織品雜揉著充滿異國風情的緋紅線。拜倫主義（Byronism）[9]橫掃英國，歐洲亦為之風靡。《唐璜》（*Don Juan*）[10]的優雅詩句，人人琅琅上口。浪漫的東方忽然成為焦點。在那之前，對英國人來說，它大多給人偏遠和不適的印象，帶有不快地商業及東印度公司的詭詐意味。而今，近東進入了英國人視野，有奴妾和香氛噴泉的東方。有德拉克洛瓦畫筆下撩人的阿爾及利亞美人，還有〈西拿基立的覆滅〉（The Destruction of Sennacherib）[11]……

4 譯註：Thomas Rowlandson，一七五六—一八二七，英國著名的漫畫家，題材巨細靡遺的涵蓋了英國當時社會百態。

5 譯註：一八〇三至一八〇五年，拿破崙看似即將入侵英倫島嶼時，英國的政治宣傳把拿破崙描繪成邪惡化身，綽號是Boney，後來以訛傳訛變成Bogey妖怪，還有一首兒歌歌詞拿會吃人的拿破崙妖怪嚇唬小孩。

6 譯註：一六六六年倫敦大火，聖保羅座堂幾乎付之一炬，一六七五年開始重建。

7 譯註：Robert Clive，英國軍人、政治家，為英國東印度公司在孟加拉建立起軍事、政治霸權。

8 譯註：Henry Fielding，一七〇七—一七五四，英國小說家、劇作家，《棄兒湯姆．瓊斯的歷史》為代表作。

9 譯註：George Gordon Byron，英國詩人，革命家，獨領風騷的浪漫主義文學泰斗。著名的作品有長篇的《唐璜》及《恰爾德．哈羅爾德遊記》。其筆下的拜倫式英雄，高傲、神祕、叛逆又帶有貴族血統。

10 譯註：拜倫作品。

11 譯註：楊德豫的譯文。

亞述人來了，像狼撲群羊
盔甲迸射紫焰金光[12]
年輕的耳朵哪能抵抗這樣的音樂？

珍是在攝政時期（the Regency，）[13]長大的小孩。東方的輝煌燦爛被大肆風格化的這段時期，她的品味慢慢形成。英國豪宅裡浪漫的奇珍異品蔚為風尚：從土耳其後宮偷來的土耳其拖鞋、成吉思汗的匕首……莊園和園林突然間冒出大量的小亭閣；中國風被摩爾式涼亭和「印度風（Hindoo）或異教風（Gentoo）[14]的塔寺」擠到一旁。在格洛斯特郡（Gloucestershire）的塞辛科特（Sezincote）莊園，查爾斯．科克雷爾爵士（Sir Charles Cockerell）將他的印度奇想加諸在科茨沃德石頭（Cotswold stone）上，其宏偉的成果讓擁有土地的仕紳們大為嫉羨，前仆後繼的仿效。攝政親王〈The Prince Regent〉要到皇家行宮（the Pavillion）[15]安頓下來才能休息。其美妙的洋蔥狀圓頂非常醒目，搶走了黑卵石砌立面農舍的風采，而這類農舍是小薩塞克斯礦泉療養地的典型建築。後來據說這行宮看起來彷彿聖保羅教堂南下到布萊頓來，還養了幾隻小狗。

然而像珍．狄格比這般的獨立人格，可不會滿足於二手版本的東方，即便是透過亨弗利．雷普頓（Humphrey Repton）[16]這位建築奇才的眼光看到的。她也從不是那種窩在沙發裡，聽著莫爾人的「東方旋律」，或看著鋼版雕刻的沙漠日出嘆息之人。冒險旅行是她的家族傳統。她的父親阿德米若．狄格比，就是像海盜的典型英國老水手，讓敵人聞風喪膽。珍二十歲時，表哥亨利・安森（Henry Anson）和約翰・福斯—史崔韋斯（John Fox-Strangways）同行前往麥加。他們打算進入聖地觀光，然後喬裝成阿拉伯人以接近卡巴天房。但這趟賭上性命的冒險，他們似乎準備不周。他們能說多少阿拉伯語並不清楚，就在阿勒坡（Aleppo）進入清真寺時因忽略了要脫鞋這最基本的常識，被人識破，差點被憤怒的暴民碎屍萬段。他們入獄受凌遲，恐怖流言傳回倫敦，說他們淪落後宮，被斷手腳又中了毒，種種加油添醋的說法沒完沒了。最後獲釋時，亨利・安森得了瘟疫，病入膏肓，沒幾天就離開人世，葬在阿勒坡，他的同伴返鄉時也是耗弱不堪。

在奧迪（E. M. Oddie）談論艾倫博羅夫人的那本趣味盎然的書裡，據說她深受一位遠親克納姆・狄格比爵士（Sir Kenelm Digby）影響。他是十七世紀的詩人兼冒險家，曾航向伊斯肯德倫（Scanderoon）[17]；他在敘利亞的闖蕩，激起珍對東方的相同渴望，也許是透過潛意識，

---

12 譯註：拜倫詩作。

13 譯註：一七九五到一八三七為攝政時期。

14 譯註：Gentoo，來自於葡萄牙文 gentio 一字，「異教徒」之意，等同於英文 gentile。gentoo 一詞於十九世紀中葉的印度，是用來將印度教徒從穆斯林中區別出來的詞彙。

15 譯註：the Pavillion，指 The Royal Pavilion 和 the Brighton Pavilion，是英國攝政親王於十九世紀修建的海濱行宮。行宮的建築風格和印度泰姬瑪哈陵（the Taj Mahal）相仿，內部裝飾沿襲了東方式設計。

16 譯註：Humphrey Repton，一七五二—一八一八，英國風景園林設計師。

17 譯註：土耳其城市。

也許是透過投胎轉世的神祕過程。這種論調甚至被用來解釋史提勒（Steiler）[18]所繪的珍的肖像和凡戴克（Vandyke）[19]所繪的克納姆．狄格比爵士肖像的相似度。對筆者來說，這是純屬個人又非常牽強的看法。另有一說，是她的家徽帶有異國情調，說不定也起了作用。或許是吧！狄格比家族紋飾和一般常見的紋章獸或神話野獸相比，明顯具有東方色彩，想必孩子都會感興趣。**一隻鴕鳥，嘴喙叼著一只馬蹄，扶持盾牌的兩隻猴子環繞著中心，下方有一句座右銘**。猴子、鴕鳥及有關好運或旅行的紋章圖案，是在遙遠土地上編織冒險故事的豐富題材。我們想像這小女孩坐在椅背挺直的幼兒椅，一雙杏眼打量著刻在她銀湯碗的紋飾。「奶媽妳看，有猴子！」、「猴子！快快把妳的晚飯吃光光！就給妳猴子！……」奶媽哄小孩吃飯的典型招數。

鴕鳥後來又出現；這回說來奇怪，出現在她第一任丈夫艾倫博羅勳爵的家徽。為了符合紳士風範，徽章裡的是一隻浮誇的鳥：**塞飽的**、**帶著公爵的小冠冕**。沒有可愛的猿猴，不管有沒有佩戴禮帶，也沒有好運或旅行的圖樣。除了她的先人和家徽，所處的年代——拜倫的年代，肯定影響了她對未來的展望，讓她著迷於異國情調。這個傾向，加上她富有冒險精神及飄泊不定的性情，不可避免地把她帶向東方。沒錯，她花了半輩子時間抵達那裡，而且走得是一條最曲折迂迴的路。然而她一旦抵達那少女時的浪漫發現，便待了下來。她呼應本書主旨的人生，是從希臘開始的，當時已年過四十；正是從那裡，也是因為那裡的生活，她踏出前往沙漠的第一步。不過在一開始，她走岔了路。

她的童年過得平靜，家境富裕優渥，身旁團團圍繞著保母、僕人和家庭女教師，那是她所處年代和地位的典型貴族教養。其中最值得一提的是女家教「史蒂莉」，珍一輩子的朋友瑪格麗特・史蒂爾（Margaret Steele），她試圖要把善變而甜美的學生教得拘謹古板，但顯然沒成功。珍的母親安道佛夫人（Lady Andover），年輕便守寡，再婚嫁給阿德米若・狄格比，但她仍厚顏勢利地攀附過去的頭銜。她和第二任丈夫均野心勃勃，卻對女兒的未來漠不關心。打從出生，珍就是個人人誇羨的美人胚子。做爸媽的於是決定，這老天爺給的嫁妝，可得好好利用才行。珍不滿十七歲，爸媽便把她嫁給艾倫博羅勳爵，一個厭倦一切、老成世故又憤世嫉俗的中年人。哈麗雅特・威爾遜曾描述過年輕時的他，當時他已經贏得她的毒舌評論。「那年輕律師，艾倫博羅勳爵的兒子，是個青年才俊；我敢說，他性急的脾氣偶爾會被誤認為是敏捷。他的律師假髮從沒戴正過，我寧可猜想，他就愛展現他假髮下那頭濃密的頭髮。」她接著描述法庭上的一幕，當時「年輕律師」正在盤問一名慌張的鄉下婦人，他誇誇其談，一副可憎的模樣。

這段婚姻顯然是失敗的，而且令人想起霍加斯（Hogarth）[20]畫筆下「流行婚姻」（Marriage

---

18 譯註：Joseph Karl Stieler，一七八一——一八五八，德國畫家，著名肖像畫家。

19 譯註：Anthony vanDyck，一五九九——一六四一，比利時畫家，是英國國王查理一世時期的英國宮廷首席畫家。

20 譯註：William Hogarth，一六九七——一七六四，英國著名畫家、版畫家、諷刺畫家和歐洲連環漫畫的先驅，作品經常諷刺和嘲笑當時的政治和風俗。

a la Mode）[21]裡哈欠連連的沉悶、虛擲財富及犬儒主義。

幾乎一成婚，做丈夫的便自顧自把心思轉到叫人難消受的事情上。據說，在他第一任妻子眼裡，他可是個模範丈夫——據說他放浪不檢點——據說他不舉，其實流言很多。不論流言怎麼說，他都不是珍這種個性的妙齡女子的明智選擇。他很不得人緣，年紀又是她的兩倍，還是個鰥夫。但他是個金龜婿，因此這樁婚事，珍並未被問過意見。

蜜月還沒結束，他便聽任嬌妻自便，不聞不問。在攝政時期的倫敦，她不久便找到消遣。自然有一定程度的閒言閒語，但普遍的看法是，若是艾倫博羅勳爵選擇不理會當時人稱「極光」（Aurora）[22]的迷人嬌妻，他也只能怪自己。有段時間，珍很可能以為這種情況很正常，甚至期待丈夫會回到她身邊，因此牢記史蒂莉教導的自我約束與恪守禮教。但是一八二七年，她遇見了弗烈德瑞克．麥登（Frederick Madden），這位品貌兼優、任職於大英博物館的二十七歲男子，當時受邀至侯克罕大宅的藏書室編目。他保有一本日記，後來遺贈博德利圖書館（the Bodleian），這本日記連同珍首度出軌的祕密一直擱在那裡，直到一九二〇年。一八二七年春，當麥登先生沉浸在侯克罕藏書室小牛皮裝幀的經典書海中，年輕的艾倫博羅夫人前來拜訪外公。在這裡，我們透過弗烈德瑞克．麥登意亂情迷的雙眼，首度瞥見她的樣貌。「她未滿二十，是我見過最迷人的女人之一，白皙的肌膚、令聖人也不禁心動的藍眼珠及誘人背棄天堂想一親芳澤的雙唇。」年輕的麥登先生從沒立志當聖人，很快便瘋狂愛上她。於是出現了鄉村別墅典型的例行活動，庭園裡的散步交談、玩牌、家庭禱告、交換畫冊及音樂會，艾倫博羅夫人唱著最激昂的歌曲。一個令人難忘的夜晚，「艾夫人悄然離開聚會，我在午夜護送她回臥房……當時我真傻啊！我就不提事情的經過……仁慈的上帝！怎會有如此幸運的事……」

然而，史蒂莉的教誨仍具作用；珍似乎感到懊悔。她對情人發難，處處躲避，將他們所剩不多的夜晚全浪費在道德的顧忌中。在其漫長的一生裡，她的脆弱與奔放的熱情，是良心上的重擔。從她的日記來看，她經常自責，不時為自己設下更高的新標準，然後再從這天賜的恩典墜落，發現這般墜落竟如此美妙，渴望再來一回。自責、羞愧及改過自新的謙卑禱告，直至下一回的情感騷動。這一回，他們最後在這大莊園的某個潮溼洞室裡溫存**和解**，其餘時光則盡在不言中。她回到倫敦，回到令人眼花撩亂的奧馬克舞會沙龍和梅菲爾上流社會。麥登試圖追隨她，但奧馬克舞會沙龍和大英博物館並不相鄰。他們沒再見過面。珍開始與表哥喬治・安森上校（Colonel George Anson）出雙入對，許多有憑有據的流言傳了開來。一八二八年二月她產下一子，艾倫博羅勳爵想望已久並視為己出的繼承人。差不多在此同時，他被任命為威靈頓公爵（Duke of Wellington）內閣的掌璽大臣，此後對妻子不再聞問，不論公私場合，直到讓全英國看笑話的離婚訴訟。

自結婚以來，這時是珍頭一次感覺到自己脫離了史蒂莉和母親的最後影響力。她是見過世面、懂人情事理的女人，覺得自己頂得住丈夫屋宅裡的淒冷。那男嬰受洗取名為亞瑟，以鐵公

21 譯註：「流行婚姻」系列組畫是由六幅畫作所組成：婚約、早餐、訪庸醫、伯爵夫人的早起、伯爵之死和女士死亡。霍加斯藉這六幅畫，批判在功利主義前題下結合的婚姻。

22 譯註：應是指她的美貌炫目、風情萬種。

爵（Iron Duke）[23]的名字命名，珍疼愛這孩子，就像她疼愛其他孩子，但那個漠不關心的父親除外。

珍遇見瀟灑的奧地利王子菲利克斯．施瓦岑貝格（Felix Schwarzenberg）時，對於一見鍾情這種事，她已相當老練。施瓦岑貝格當時剛被指派為駐倫敦的大使祕書，在艾斯特哈齊親王（Prince Esterhazy）手下任職。珍和施瓦岑貝格似乎也懶得隱匿戀情。他們在他位於哈雷街（Harley Sreet）住處消磨的那些浪蕩午後，簾幔幾乎從不拉上，而珍的綠色輕型馬車和無聊的車伕就等在樓下。他們也曾到過布萊頓的諾福克飯店幽會，那裡的一名偷窺狂侍者目睹了這對戀人的激情。珍的親戚氣炸了，而她的丈夫決意視而不見。各種報刊的諷刺文章和下流玩笑廣為流傳，這正是那個年代大眾最愛看的戲碼。倫敦社會一開口就是這檔事。掌璽大臣的嬌妻與奧地利王子！奧馬克舞會沙龍及布鐸斯俱樂部（Boodle's Gentlemen's Club）[24]嘰嘰喳喳談論著這樁緋聞。好管閒事的克里維（Busybody Creevy）不屑地譴責這對戀人行為不檢：一八二九年三月，他寫道，「艾倫博羅夫人和那波蘭人或俄國人或奧地利人……管他打哪來……她厚顏無恥的行徑，整件事丟人現眼，我實在看不下去。」儘管他先前也說過艾倫博羅勳爵是個糟糕的傢伙，但仍無法讚同這種明目張膽的偷情。不；太不像話了。

儘管那個年代對於撼動卡爾頓宮邸（Carlton House）[25]的這種醜聞習以為常，但這一樁似乎最有看頭。據說艾倫博羅勳爵從某糕點師傅的女兒或從出租幽會地點，給這對有罪戀人的女士身上，為自己找到安慰……他下戰帖與王子決鬥。他氣到腦袋開花。他訴請離婚。……這位王子被拐彎抹角地取了個英文名字「克德」，從他後續的行為來看似乎頗為貼切。這別名源於一匹名為克德的馬，這匹馬剛擊敗最有希望獲勝、名叫「上校」的馬，贏得德比大賽錦標。於是，奧馬克舞會沙龍的幽默人士打趣說，就叫施瓦岑貝格「克德」吧，因為他擊敗上校（安森），贏得艾夫人歡心。

不久，趁業餘空閒之際（這點在法律訴訟上成為對他不利的證據），艾倫博羅訴請離婚。但此時王子已離開英國。且不管是他自行決定，而這很有可能，抑或是奧地利外交部的安排，他突然被調派到巴黎。巴黎並不遠。要是他們了解艾倫博羅夫人熱情如火的本性，中國也不算遠。

珍・狄格比屬於每個時代、每個世紀都會有的那種熱情衝動的女人。她從來不是有理念的女人；她不會把感情投注於政治或公共事務，而是一股腦地貫注於愛情；在稍晚的年代，若是她沒有這般姿色，或者有更強烈的公民責任感，她極有可能成為一名巴黎公社擁護者（Communard），而命喪街壘；或者主張婦女有參政權的女權分子；或者成為瑪莉・沃孔斯基公主（Princess Marie Wolkonsky）那般英勇忠貞的女人，追隨身為十二月黨人（the Dekabrist，）[26]的夫婿，流放至西伯利亞礦坑。

23　譯註：第一代威靈頓公爵（the First Duke of Wellington）的綽號。
24　譯註：政商藝文界人士交流的場所。
25　譯註：自一七八三年以來，該處乃攝政親王在倫敦市內的住所。
26　譯註：為推翻沙皇尼古拉一世，於一八二五年十二月發起革命者，失敗後，全數被流放西伯利亞。

事實上，她本性的力量是被拜倫式的指向星——愛情牽引著，在施瓦岑貝格王子身上體現出來。對她談及責任、禮教、丈夫或襁褓中的兒子都無濟於事。她的雙親似乎比奧地利外交部更目光短淺。他們在盛怒下，突然來到艾倫博羅家，將出差錯的女兒帶回鄉下，不管她因為情夫的緣故，已經好幾個月見不到兒子。他們把她當闖禍的女學生對待。她被送往伊爾弗勒科姆（Ilfracombe），由史蒂莉監護，而史蒂莉這會兒倒成了保母，而不是家庭教師，不過肯定還是抗拒不了說教的誘惑。這樣相當不智。於是這煩悶的漂亮姑娘、奧馬克舞會沙龍的醜聞紅人，展現的卻是最明白無誤的豐腴婀娜身姿，天天在史蒂莉的農舍外散步。每到午後，不搭調的兩人精神爽利地出發，沿著北德文（North Devon）高樹籬的泥濘小路行走，那一帶，海霧僭據內陸，乳白的薄霧像毯子似的鋪蓋蒼翠牧草地，從懸垂的大樹枝輕柔地滴落。「那裡的每個景致都教人心曠神怡，唯獨男人可惡……」史蒂莉肯定設法把她昔日學生的心思轉往更高尚的事物。卻只是徒勞。在眼前延伸的歲月，無限的乏味。早上刺繡，下午散步，入夜後，窗簾拉上，燭火點亮，寂靜籠罩，再多提升心靈的文學、比齊克牌戲（bezique）、在相簿裡壓製蕨類植物，都無法抑制她對王子的思念。他就像代表愛與自由的閃亮丑角、像一道火花掠過天花板低矮的房間。史蒂莉毫無勝算。某個夜裡，珍逃走了，留下她的茶杯組、相簿和可憐的史蒂莉。直奔巴黎尋找她的愛；就此跨出往東方的第一步。

✤

飛奔巴黎倒不是躲避家鄉的流言蜚語，畢竟她已證明自己並不在乎他人眼光，毋寧說是一個為愛盲目的女人會有的表現。唉，這又是個無可挽回的舉動。她發現王子的熱情明顯冷卻，他和他的情婦顯然不是同一塊料。他既不天真，嚴格說來也不熱情如火。他的世界不會為愛迷失，因此並不指望她離婚，再者他的天主教家庭亦不會認同這種事。整個局面非常尷尬。昔日緋聞在新環境裡傳開，打亂了他的事業前程。珍實在莽撞。沒錯，她是個絕代美人，她為他捨棄一切，財富、好名聲、朋友、最令人愜意的一切，但……他已從分離的痛苦平復，對她不再眷戀。這情況對兩人來說都很難受。不論如何，即便在這種情況下，仍有某些陳俗常規讓他們在一起好一段時間，而這比她氾濫的愛意要來得有效。「可憐的艾倫博羅夫人就要獨守空閨，」巴黎來的格希維爾（Greville）夫人寫道，「施瓦岑貝格到處拈花惹草。」女兒的出生也無法讓他回心轉意，一年後二女兒出生仍幫不上忙。他們的私通已顯疲態，兩人根本上都不受束縛。當她的丈夫向上議院（House of Lords）[27]訴請離婚的那一刻，珍發現自己孤身一人。

順帶值得一提的是，當時的英國，離婚是極其昂貴的一件事，要花費大量的時間和金錢，很少有人會讓自己享有這般奢侈。首先要取得議會私法法例（Private Act of Parliament），然後在教會法庭（Ecclesiastical Courts）提起訴訟。事實上，這頂多只是法院判決夫婦分居。接下來，訴請人必須提出妻子、情夫造成損害的實例報告。（受委屈的妻子不能提起訴訟，她們僅為自己的錯誤受苦。）倘若普通法法庭（Common Courts）認可損害，原告就能進到下一階

27 譯註：英國上議院除了是立法機構外，昔日亦同時具有司法職能，是聯合王國內其中一所擁有終審權的司法機構。

段。此時他必須向上議院申請最終判決（Absolute Decree），取得再婚許可。倘若詳細審查所有證據後，全體議員寬大為懷，會把案子送回普通法法庭重審。倘若普通法法庭也贊成，最終判決最後需要御准（Royal Assent）。經過這一道道程序，離婚的數量平均是每年兩件也就不足為奇了。這種情況一直持續到一八五六年，離婚及婚姻案件特殊法庭（Special Court for Divorce and Matrimonial Causes）在來自教會的強烈反對聲浪和格萊斯頓先生（Mr. Gladstone）的厲聲譴責中，硬是成立。

珍沒有辯解，似乎對這些程序不怎麼關心。大概是因與施瓦岑貝格最終以分手收場，讓她過於震驚和破滅。她的第一個孩子亞瑟在幾個月前過世，這下艾倫博羅的資產沒了繼承人。縱使她曾想要和丈夫和解（對她那毫不世故的心靈來說，沒什麼事是太過瘋狂離奇），什麼都無法讓他們復合。況且艾倫博羅勳爵想必了解，這樣只會重蹈覆轍。以他依法行事的冷酷作風，大概已精明地估量過她的處境，認定自己可以如願脫身。

此時，艾倫博羅離婚訴請正面臨最出人意表的查核。儘管妻子明目張膽地對他不忠（竟然被外國人戴綠帽！一般大眾這麼說。不過，也有仕紳階級說，是外國人呢，因為這些人樂見歐洲貴族的湧入，已到了崇歐媚歐的地步），高尚的議員對於不管是來自平民百姓或仕紳階級的看法，都古怪地少有同感。沒有人企圖粉飾他妻子的行為；隨著馬伕、臥房女傭，甚至她的前家庭女教師被盤問，一連串淫穢的事被公開。但議員們還是問，有沒有不腥羶的事可說……這樁案件總有點共謀的意味。艾倫博羅勳爵沒把妻子當妻子好好對待，為何要求與她離婚？這位高尚的議員真的有那麼重視妻子的貞潔？那麼他為何留著十八歲嬌妻夜復一夜的獨守空閨，任由著他以外的男士伴著她遊走倫敦社交圈。她為何沒有任何辯解？口若懸河的瑞諾勳爵（Lord Radnor）引述聖瑪竇福音，抨擊艾倫博羅勳爵未履行婚姻義務。「他以通姦之外的任何理由冷落妻子，致使她犯下通姦。」

不，上議院還不滿意。他們認為這位妻子是受害者（足顯攝政時期的眼界寬闊，這眼界在維多利亞女皇上任後大幅縮小），甚至認為艾倫博羅勳爵放任她「以最不得體的方式讓自己淪為娼妓，只因他蓄意的忽視與冷漠」。報紙幸災樂禍。有人看見施瓦岑貝格進出艾倫博羅夫人的住處！家庭教師史蒂莉小姐坦言曾諄諄規勸過前學生，而這位前學生……唉，竟當面嘲笑她。史蒂莉小姐忘了自己的身分，甚至指控整個貴族階級，上上下下都是一丘之貉，是股有害的勢力！這樁醜聞在當時空前未有，直到二十年後，才出現了更為聳動的普拉斯蘭公爵夫人（Duchesse de Praslin）謀殺案，而這樁很可能是公爵本人下毒手的案子，危及法王路易・腓力（Louis Philippe）宮廷裡本就搖搖欲墜的權貴階級。上議院議員們和普通法法庭皆盡情享受證據的每個細節，一次次反覆盤問侍役和女僕，津津有味地細究地下證據。該議案於一八三〇年三月九日進行的二讀，轟動一時。可以想像那場景——法庭上一片肅穆；垮著臉、臉色煞白或氣得發紫的各階層貴族、主教及全國的下議院議員，全都列席審理「極光，白晝之光」一案。

艾倫博羅夫人被描述為「著迷於上流社會的活潑女子」。布萊頓的那次關鍵性幽會被完整描述，諾福克飯店的腳伕說起有位外國紳士抵達，他的行李包括一只氈製旅行手提包和一件斗篷。「為何說是外國人？」律師問。答案是「因為他留小鬍子」。這位外國人把他的名片送上樓給艾倫博羅夫人，她隨即邀他喝茶。

「然後呢……」普通法法庭問，急著要再次知道，他如何繼續留在那裡吃早餐（一片譁然）。夜班腳伕羅伯承認，他謹記飯店的良好聲譽，但還是透過鑰匙孔偷看。可惜鑰匙插在門鎖上，什麼也看不到，但他聽到一些聲音……

「什麼聲音？禱告？」律師問。

「親吻聲。」他答道，在法庭內掀起另一波騷動。

普通法法庭仍不滿意，他們必須知道更多。於是更多細節被供出，關於珍和她的王子如何在溫布頓（Wimbledon）先後離開嘈雜的人群，但兩人都在普特尼希斯（Putney Heath）停留，珍在那裡將馬車及侍從遣走，然後進到王子的馬車內繼續前行。普通法法庭藉這案例開闢戰場，討論被冷落妻子的特許。「她要待在家裡，日漸憔悴嗎？」亞伯丁（Aberdeen）國會議員休謨先生（Hume）問，一語中的。「有誰認為，」他問，「一個盛裝參加舞會的女士，會因為舉止不當而有罪？」

語畢，他被一陣狂笑打斷——攝政時期英國特有的朗聲大笑，我想，壓倒了所有偽善之言。但休謨先生單純的直比偽善，再度試圖阻擋該議案的通過。即便在三讀時，他仍暗示共謀的存在，並以他的堅毅選民之名，暢快地譴責放蕩的貴族。然而，所有人都同意，這整樁事似乎就是艾倫博羅勳爵一意孤行，存心要休掉不合他意的妻子。雙方的家庭，狄格比和艾倫博羅家族，都因為這齣拖棚歹戲備受矚目而沉寂。這就是西方，極盡道貌岸然，極盡造作偽善。

不管如何，最後離婚成立，儘管有謠言堅稱，施瓦岑貝格遭艾倫博羅勳爵祕密勒索兩萬五千英鎊，以彌補他要從自己口袋掏出一筆贍養費給前妻的損失。若說珍的丈夫和情人都行徑惡劣，議會倒是對這位苦命紅顏表現出騎士風範。說來奇怪，會因為偷羊而吊死十一歲小孩的這一批國會議員，卻把「禁止有罪的一方嫁給共同被告」的慣常判決擱置一旁。因此他們為珍預留了嫁給她的王子，說不定有朝一日還有回到梅菲爾社交圈的可能性。

這位前艾倫博羅夫人，此時在巴黎成了知名人物。一八二九年至一八三一年，她和王子在那裡築了愛巢，但他或他的家族都無意娶她進門，醜聞的火花倒是讓她在巴黎社交圈散發另類的魅力。她結交了那年代各個圈子裡最傑出的多數人物，藝文人士、風流人士或體育人士。她和巴爾札克曾有過短暫私情，儘管他其貌不揚，下巴層層疊疊，一臉猥瑣，據知巴爾札克將她滑稽地描繪成《幽谷百合》（*Le Lys dans la vallee*）裡妖嬈性感的阿拉貝拉・杜德利夫人（Lady Arabella Dudley）。然而巴爾札克慧眼犀利，憑他奇特的先見之明，在她身上看到了東方主義的種子、東方熱的種子，多年後將萌芽，展現這女子的真正本質。在杜德利夫人身上，他看見那種活力充沛又原始的女人，只為愛而活，與上流社會的勾心鬥角無關，而杜德利夫人被認為是以珍為樣本塑造的（儘管也有人說是當時住在巴黎的另一名英國女人奎多波妮・維斯康堤伯爵夫人〔Contessa Guidoboni Visconti〕）。他把她的熱情形容為非洲式的：頗奇特的形容詞。他把她的欲望比擬成橫掃灼烈沙漠的龍捲風。他感受到她熾烈的真性情。他稱她是沙漠之燕，屬於東方。在他們短暫的私通裡，她是否跟他吐露過她對東方那稚氣的熱愛，否則他怎能如此精準地洞悉她？當他倆身處在過分講究的巴黎沙龍，當她距離貝都因黑色帳篷還有三十年之遙？巴爾札克在書裡通篇強調，那金髮英國貴婦這種黃褐色非洲性質與生俱來，而她那漫不經心的優雅令他目眩神迷。

同時代的信件證實，施瓦岑貝格王子這位護花使者，後來變得不溫不火。珍若不是淪為丈夫負累，也成了丈夫的附屬品。在一次又一次的分娩間，她被他冷落一旁。不過據他家人說，她靠倫敦用過的同一套紓壓方式來安慰自己，再一次尋找她的真命天子。她身旁圍繞著一大圈子人，很多是老朋友，因為巴黎是世界的十字路口。而且大多數人原諒她婚外情曝光的可怕罪過。畢竟她具有那讓人卸下心防的魅力，稚氣的單純。她這一生始終保有這個特質。儘管最憤慨的衛道人士嚴厲譴責，可她始終誠實不阿、器度寬大、為人坦蕩。

巴黎在當時已臻至輝煌顛峰，洋溢著勃發的生命力，擠滿了就要在那個世紀留下標記的傑出人物。它是浪漫主義者的搖籃，他們剛發現莎士比亞的價值，正要將他發揚光大。白遼士（Berlioz）在歐迪昂劇院（Odeon）看見扮演茱麗葉的史密遜（Harriet Smithson），瘋狂愛上她，簡直心神迷亂如行屍走肉。她是個膽小的英國小姐，但她激發他譜寫《幻想交響曲》，也算將功抵過。多年後，她過世時已成他的棄婦，李斯特安慰白遼士寫道，「她激發你創作，你愛過她。你把她寫進你的音樂，她的任務已完成。」這段話顯現的不僅是這位藝術家極度的自我中心，還顯現出男人是一種極度自我中心的生物——尤其是十九世紀的男人，他們大多從奧林匹斯山的優越高度視女人為消遣，或傳宗接代的工具，或無酬的奴工，就看他們的階級而定。這種態度是珍．狄格比一生反抗的。儘管說也奇怪，這種十足的東方觀點，在她後來嫁的阿拉伯人身上似乎看不到。跟他在一起，她變得和後宮閨房的妻妾一樣的憐愛柔順；倒不是因為他這麼期待，毋寧說她愛深而甘願如此。因此，我們在同時代的回憶錄裡看到，她歡喜又謙卑地跪在丈夫面前為他洗腳，就像其他柔順的東方妻子，並且為此感到自豪，如同某位目擊者讚賞地記載的。

此時巴黎流行一股英國熱，珍肯定在這方面很有成就感。英國不僅在文學方面引領潮流，在運動方面也是。賽馬會（The Jockey Club）乃亨利·西摩勳爵（Lord Henry Seymour）成立，他揮霍的父親赫福勳爵（Lord Hertford）（薩克萊〔William Makepeace Thackeray〕[28]筆下缺德的史戴尼侯爵〔Marquis of Steyne〕的原型），在位於現今巴黎歌劇院的宅邸舉辦了最壯觀的娛樂。當時瑪德蓮大教堂只蓋了一半，周圍是一片荒地。香榭麗舍大道一帶仍是盜匪出沒的惡劣街區；不過左岸大部分地區、西堤島和通往塞納河的窄巷，至今仍沒什麼改變。巴黎是個宴飲狂歡的城市，到處有面具舞會。人們在條條大道兩旁跳舞，不論冬夏，那生氣勃勃的景象，在卡瓦尼（Paul Garvani）[29]的畫作裡長存不朽，但那些景象很反諷，而在尤金蘇（Eugene Sue）[30]眼裡很邪惡、在海涅（Heine）[31]看來是悲慘。對珍來說，不論如何，想必都

---

28 譯註：William Makepeace Thackeray，一八一一—一八六三，與狄更斯齊名的維多利亞時代的英國小說家。最著名的作品是《浮華世界》。

29 譯註：Paul Garvani，一八〇四—一八六六，法國版畫家，在《藝術家》（L'Artiste）、《諷刺畫報》（La Caricature）、《喧鬧畫報》等畫報雜誌上，發表了超過四千幅的插畫，關注社會上各階層的人生百態。

30 譯註：Eugene Sue，一八〇四—一八五七，法國作家，代表作是《巴黎的祕密》，小說具體而細膩地描繪了巴黎的貧民區，觸及了下層社會的生活命運和痛苦。

31 譯註：Heine，一七九九—一八五六，猶太裔的德國詩人，流亡至巴黎，一八三三年集結巴黎通訊的專欄文章，出版《法國的狀況》一書。

是可以讓她分神的場所，好讓她硬起心腸面對王子的冷淡。她生活的小小世界——上流社會——和風月場及傑出的波西米亞人世界有所重疊，人人彼此相識。乖張招搖的行徑當道。培楚斯·博赫爾（Petrus Borel）喜歡被人叫狼人。為了跟上英國熱，紈絝子弟時興開二輪輕便馬車（Tilbury）。很多人取英式筆名趕時髦，有些不怎麼具說服力，譬如菲羅希·歐尼迪（Philothee O'Neddy）[32]。一八三〇年的革命[33]已經爆發，豈料平息之後，演變成波旁王室與拿破崙舊黨間持續的派系內訌。

阿卜杜爾·卡迪爾因海外的阿爾及利亞戰爭而聲名大噪。（三十年後，珍與這個大人物私交甚篤，屆時他是大馬士革備受禮遇的流亡者，而她是敘利亞酋長之妻。）遙遠的戰爭再次掀起東方熱。德拉克洛瓦迷上了綺麗撩人的後宮閨房。一隻長頸鹿剛抵達巴黎，風靡全城，皮膚黝黑的隨行人員在公園裡對牠進行操練，蔚為奇觀。所有東西都是長頸鹿風格，從高聳的女帽到斑紋的手套。長頸鹿穿梭棕櫚叢的圖案被畫在餐具上，或成為布品花樣的主題，織進約依印花布（toiles de jouy）[34]，在繆塞（Alfred de Musset）[35]的寫生裡。喬治桑（George Sand）[36]穿著土耳其寬管褲及巴爾札克也偏愛的那種東方晨袍。（出於一種正面的自體中毒，他們描繪或書寫的對象，永遠是自己或彼此。）梅里曼（Prosper Merimee）[37]在自畫像裡身穿長袍馬褂，有一把大鬍子，充滿中國風。李斯特始終對奇裝異服情有獨鍾，最愛藍色土耳其寬管褲。巴黎充斥著這類嘉年華式的人物，其詭奇誇張絲毫不亞於當時在福南布勒劇院（Funambules）演的默劇大師德布侯（Debureau）[38]。帕格尼尼（Paganini）[39]是最受歡迎的奇觀之一，這魔鬼般的人物每到下午便現身，不論天氣如何，總是披著皮草滾邊的長大衣，動也不動坐在歌劇院拱廊街（Passage de l'Opera）的樂器行。羅西尼（Rossini）[40]當時仍在艱苦謀生以求溫飽，很樂意在任何人的晚宴上演奏一整晚，換取三十法郎。

身為施瓦岑貝格王子的情婦，也不是誰的妻子，因而他出席的若干正式社交場合，前艾倫博羅夫人都被拒於門外。她只好自作消遣，於是她踏進作家、音樂家等沒那麼苛求的圈子裡。這些蒼白的浪漫主義者並非浪得虛名，他們可是底蘊深厚的一群人。雨果、大仲馬、巴爾札

32 譯註：真名是Théophile Dondey de Santeny，法國詩人，代表作是一八三三年詩集《火與焰》（*Feu et flame*）。

33 譯註：法國於該年的七月革命，推翻專制的波旁王朝，推舉路易腓力為國王，採君主立憲制。

34 譯註：起源於十八世紀的愛爾蘭，風靡十八、十九世紀的法國。將單色圖案重複印染在以白色、米色為主要底色的棉或麻布上的織品。

35 譯註：Alfred de Musset，一八一〇—一八五七，法國貴族、小說家、劇作家。

36 譯註：George Sand，原名阿曼蒂娜—露西—奧蘿爾·杜班（Amantine-Lucile-Aurore Dupin），是十九世紀法國女小說家、劇作家、文學評論家。喬治桑的愛情生活、男性著裝和一八二九年開始使用的男性化筆名，在當時引起很多爭議。

37 譯註：Prosper Merimee，一八〇三—一八七〇，法國劇作家，代表作是《卡門》。

38 譯註：Debureau，一七九六—一八四六，法國傳奇默劇演員，以演譯白面丑角Pierrot聞名。

39 譯註：Paganini，一七八二—一八四〇，義大利小提琴家、作曲家，獨創了許多當時被認為是「無法演奏的」的高難度技巧。代表作品為六部小提琴協奏曲、小提琴獨奏二十四首隨想曲。

40 譯註：Rossini，一七七二—一八六八，義大利作曲家，著名作品為《塞維亞的理髮師》。

克、繆塞、戈提耶（Pierre Jules Théophile Gautier）[41]……他們都懂得如何痛快過生活。這樣的群體肯定大大形塑了當時仍易受影響的年輕姑娘珍。很快地，她便從早年倫敦婚姻生活的蝶蛹狀態，羽化蛻變。在倫敦時，就連在奧馬克舞會沙龍這種不以智識取勝的社群，她的言語無味和她的姿色一樣突出。現在她逐漸展露始料未及的聰明才智，成為出色的交談者，風趣博學，充滿意想不到的俏皮機鋒，加上她特有的一種快活的英式幽默，成了絕佳的友伴。

一八三一年期間，施瓦岑貝格終於轉身離開，珍也忽然決定要邁步往前。她把兩個女兒託付給王子，他也體貼地負起養育之責。此時了無羈絆的前艾倫博羅夫人，在滿城謠言中離開巴黎。不知不覺，黑色貝都因帳篷又近了一步：她再度往東行，跨越另一個邊境，朝向另一段愛情。「明日將奔向清新的林子和嶄新的牧草。」

✤

在十九世紀早期，旅行大多仍是從十八世紀的壯遊來理解。那是一種風雅的周遊巡行，藉一系列客棧和驛站，把英國大宅、法國莊園和義大利城堡勾串起來的一條人跡常至的路徑。維也納、萊茵河和阿爾卑斯山是旅途的一部分。匈牙利、希臘和俄國則不在其列。白朗峰的日出或日落是「必看」的美景。在塵土飛揚或大雨滂沱中，沿著深谷或穿越森林，笨重的有頂大馬車一路顛簸，超載著奢侈品，考量到多數投宿者的處境，這些奢侈品幾乎樣樣不可少。輕便旅行仍屬未知。金框或銀框的化妝箱、小牛皮製大旅行箱、廚房用具和床用織品，這些也屬「必備品」。當布萊辛頓勳爵（Lord Blessington）及其夫人和無所不在的奧賽伯爵（Count

D'Orsay）一八二二年從巴黎出發，全城的人都到場觀看啟程的盛況。這個被戲稱為「布萊辛頓馬戲團」的車隊，包括一輛為貴婦米拉蒂（Milady）特別設計、有絲緞襯墊的四輪馬車，還附有摺疊床和一個小巧的精選藏書間。拜倫勳爵的陣仗，則包括七名僕人和五輛四輪馬車、家具、馬匹，還有當作移動式食物櫃的家畜。

我們沒有任何記載可得知艾倫博羅夫人如何旅行，但她似乎更機動得多，若撇開某些無關緊要的奇想不談，譬如她的床、桌布和餐具。況且她的旅行與其說移動，卻往往呈私奔的形式；旋風般驟然急衝，跨上她最愛騎的純種駿馬，向某個新戀人狂奔而去。她是個出色的女騎師，從外表上看，體現了每部豪放小說裡的女英雄。內心裡，她則具有更單純細膩的本質。她毫不造作、坦率真誠、熱情洋溢且信任他人。每個新戀人都是她的摯愛。她從未有過絲毫的憤世嫉俗，即便經過四十年的愛情冒險。她自由奔放的作風，從未使本性蒙塵，也未曾減損自身的美。她的行為備受譴責，尤其是來自她大部分的英國親人，他們將她的肖像轉向面壁。隨著那世紀令人窒息的假道學日益高漲，他們對她的抨擊更是變本加厲，簡直不顧親情義理，令人膽寒。然而必須承認，珍的不合常理也是讓人咋舌。然而不管她有多少風流韻事令輿論如何撻伐，她始終擁有深懂她的人的愛與尊重，無論身在何處。這一點，就像她的青春美貌那堅不可摧的特質及性感魅力（就像法國名媛妮儂〔Ninon de Lenclos〕，年逾七十仍風姿綽約），在其

41 譯註：Pierre Jules Théophile Gautier，一八一一—一八七二，法國十九世紀重要的詩人、小說家、戲劇家和文藝批評家。

年代無人能及。但話說回來，何謂她的年代？她成長於攝政時期，在在意謂著放蕩不羈。但她活過了整個維多利亞時代[42]，那位女皇甚至不贊同寡婦再婚。

因與施瓦岑貝格傳緋聞，珍離開巴黎時仍是眾所矚目的焦點，她的突然離開，無數段捕風捉影的短暫緋聞甚囂塵上，譬如與巴爾札克的一段情；而在倫敦、巴黎和維也納，好嚼舌根的人對於她的消失眾說紛紜。一說是她和瑞典的波納多（Bernadotte of Sweden）正避人耳目享受愛情……施瓦岑貝格說，她與一位客棧主人的兒子私奔……也有人說，她在一所女修道院接受庇護。他們快樂地推測，議論紛紛。很快地，她被發現人在慕尼黑。至於是如何抵達、跟誰去或為何而去，不得而知，但不久後，新的精采花絮層出不迭，流言滿天飛。艾倫博羅夫人有了新戀人，這回是位國王。好嚼舌根的繼續嚼舌根，但同時也讚許地點頭。國王的情人，不愧具有攝政時期傳統。

巴伐利亞的路德維希國王（King Ludwig of Bavaria），來自維特爾斯巴赫（Wittelsbach）家族，瑪莉．安東尼（Marie Antoinette）的教子，也是拿破崙的信徒，一個斯文隨和的怪人，只不過他顯現家族怪癖的時間，不像他的孫子路德維希二世（Ludwig II）或他的外甥女伊莉莎白皇后（Empress Elizabeth）[43]那麼長。他甘於一頭栽進無可遏抑的希臘熱（philhellenism）[44]，斥資將慕尼黑改造成希臘風格，在雅典和羅馬間奔波往返，輸入龐大笨重的考古戰利品，為凱旋門鋪基石。同時，他也是個浪漫且略為滑稽的人物，有雙深謀遠慮的眼睛，和教授般鬆垮的傘和起縐的外套。為了希臘熱，他不惜擲下重金，對其他一切皆厲行節約。皇宮內皇家小孩吃的是黑麵包。依照皇家內務預算，據說國王有回想吃洋蔥，御廚們卻連這種平凡美味也端不出來。不過，路德維希國王大而化之，不在意這類小節，但對於各種形式的美則極盡苛求。這種熱忱無可抵擋。他打造的巴伐利亞風格的新希臘，繼巴黎之後，成為世界藝術中心。建設藍圖成倍增加，在國王的狂熱驅策下，建築師和營造者日夜趕工，市民因龐大財政支出與課稅吃足苦頭，但也與有榮焉。阿桑兄弟（Asam）[45]的精緻洛可可藝術風格被遺忘。屈維利埃（Cuvillie）[46]的精確完美不再流行。全新的慕尼黑是個壯麗的大雜燴：羅馬式、文藝復興式和雅典式建築，被毅然決然地疊加混合。舊美術館（The Alte Pinakothek）原本用來擺放皇室收藏的藝術珍品，國王現在對外開放給全國民眾參觀。隨後蓋了新美術館、宮廷劇院（Hof-Theater）、古代雕塑展覽館（the Glyptothek）及數十座古典的方尖碑、拱門等。這類

42 譯註：一八三七—一九〇一。

43 譯註：Empress Elizabeth，一八三七年出生於德國慕尼克，一八九八年在瑞士日內瓦被刺身亡。她通常被家人與朋友暱稱為西西（Sisi），是巴伐利亞女公爵與公主，後來成為奧地利皇后兼匈牙利王后。

44 譯註：十八世紀，許多歐洲人紛紛造訪雅典，研究古希臘與羅馬成為當時的顯學，形成一股希臘熱，更進而激起英國人與法國人支持希臘獨立。

45 譯註：Cosmas Damian Asam（一六八六—一七三九）和 Egid Quirin Asam（一六九二—一七五〇），活躍於德國巴伐利亞的巴洛克晚期藝術家，同樣擅於雕刻、建築、繪畫。

46 譯註：François de Cuvilliés，一六九五—一七六八，出生在比利時的巴伐利亞裝飾設計師和建築師，他將洛可可風格帶到慕尼黑維特爾斯巴赫王朝和中部歐洲。

希臘熱的造神運動，展現在瓦爾哈拉神殿（Walhalla）[47]，即條頓民族名人堂（Teuton Hall of Fame）[48]，幾乎是帕德嫩神殿（Parthenon）[49]的翻版，聳立在雷根斯堡（Regensburg），是古典風格注入泛日耳曼狂熱的一個怪異表徵。而這裡也是我們亞馬遜女戰士策馬奔馳的一個全新輝煌營地。

✤

話說回來，對於美，這位國王偶爾也會表現一種不那麼抽象的愛。他迷戀美麗女子，事實上還因為癡迷蘿拉·蒙特斯（Lola Montez）丟失王位。不過那是三十年後的事。現在的他即便怪異，也是個文雅有魅力的人，且恰值盛年。知名的艾倫博羅夫人甫抵達，旋即引起騷動。她似乎過著頗有格調的生活。她受邀進宮廷，國王旋即拜倒在石榴裙下，而她則成了他的情婦。他委任史提勒為她畫肖像，以充實他著名的美人畫廊（Schonheits Gallery），裡頭陳列著他收藏的美人肖像，誠如他所言，他喜歡每天凝視畫像，進行某種的心靈交流。入畫的美人，不僅是他有私交或愛過的（如同查理二世〔Charles II〕命令萊黎〔Peter Lely〕畫的一系列寢宮美人像，目前掛在漢普頓宮〔Hampton Court Palace〕，一整間美若天仙的女子詭祕地斜瞟著），還有他自己的女兒及皇宮肉販之女。史提勒算不上是高明的畫家，他畫筆下的美人都帶有油畫式石版畫的光澤質感，一個個柔滑豐潤，與其說是因姿色而突出，不如說是種族背景或服裝，她們的家鄉色彩被浪漫地呈現出來，譬如有幅希臘女孩戴著流蘇帽，佇立愛奧尼亞島旁（Ionic isle）。整體的印象不過是溫特哈爾特（Franz Xaver Winterhalter）[50]之前、庚斯博羅

（Thomas Gainsborough）[51]之後的美人大集合。

看來史提勒並沒有捕捉到艾倫博羅夫人的神韻。從現存的寥寥幾幅珍的肖像畫，我們無法判知她的美，他的畫顯然失真。除了畫中那完美的氣色與五官、略帶紅色的金髮（巴爾札克說是柔棕色）、紫羅蘭藍的眼珠和精巧的鷹勾鼻外，她肯定光豔照人、充滿活力又風情萬種。但我們看到什麼？一個性情若非冷淡也屬沉靜的婦女，一雙空洞的眼眸透著虛假的神采，這肯定不是巴爾札克在描寫杜德利夫人時腦中浮現的影像，「她的雙眸映現廣袤灼熱的沙漠，那沙漠充滿了碧藍與愛情……」

自滿的氣息，渾圓的肩膀，還有服裝上的大量縐褶，讓這幅肖像更像是當時流行的美人與繪畫風格的技巧練習，沒有呈現畫中人的真實神韻。從所有的記述來看，艾倫博羅夫人具有風華正盛的英國美人，一身棉紗衣裙沐浴晨光中的那種細緻和隨意，就像在庚斯博羅畫筆下變得

47 譯註：一座紀念「值得讚揚和尊敬的德國人」，包括「歷史上說德語的著名人物：政治家、君主、科學家和藝術家」的名人堂，擁有六十五塊牌匾和一百三十人的半身像，覆蓋兩千年歷史。

48 譯註：條頓是日耳曼諸族的統稱。

49 譯註：位於雅典衛城，大約在西元前四三二年完成，是現存最重要的古希臘建築。

50 譯註：Franz Xaver Winterhalter，一八〇五—一八七三，德國畫家。曾為眾多十九世紀中期的歐洲皇室成員繪像，最出名的作品分別是一八八五年的「被侍女圍繞的尤金妮皇后」（Empress Eugénie Surrounded by her Ladies in Waiting）和一八六五年的「奧地利伊莉莎白像」。

51 譯註：Thomas Gainsborough，一七二七—一七八八，英國肖像畫及風景畫家。

不朽的女人。無論如何，我們必須承認她是個絕代美人，而且別具魅力，一種活躍而非慵懶的性感嫵媚。也許就是這股氣質，使得她這一生遇到的男人，不分年齡種族都難以抗拒。

珍在慕尼黑過著平靜幸福的生活。她的皇室愛人培養其藝術方面的興趣，首度燃起她對希臘的熱愛，而這股狂熱後來對她意義重大。她修習雕塑和繪畫、鑽研古典希臘。國王手中有關培里克里斯時期（Periclean）[52]的方案，都徵詢過她的意見。他們交換建設藍圖，狂熱得像交換情書。她用他的希臘譯名「巴西利」（Basili）稱呼他，令他心花怒放，他也把「珍」改成「艾安希」（Ianthe）。那是一段田園詩般的恬靜歲月，她甚至相信自己找到了真命天子。然而這也只是另一段插曲：她的人生充滿這類插曲。她總是從一處營火奔向下一處，就著火堆取暖，總是在思索火光為何會搖曳熄滅。她和國王始終是摯友：雖然艾安希後來又有了另一位皇家情人，也就是路德維希的兒子奧托（Otho），當他成為希臘國王後。雷諾曼女士（Madame Lenormand）預言過她會遇到三位國王，這位大名鼎鼎的算命師也曾對拿破崙一世做過這種精準得有失圓融的預測。法國作家艾德蒙．阿布（Edmond About）曾在一八五二年待過雅典，發現艾安希——他總這麼稱呼她——是全雅典最有意思的人。根據阿布的說法，她也和未來的拿破崙三世有過情感糾葛，當他一貧如洗流亡巴登（Baden）時。倘若如此，這倒是印證了雷諾曼女士的預言。

不久，珍的英國親戚獲悉她嫁給一名巴伐利亞貴族卡爾—希奧鐸．馮．費寧根男爵（Baron Carl-Theodore von Venningen），大大鬆了口氣。據說國王安排了這樁婚事，以確保他的愛人在宮廷有一席之地，甚至是為了讓他的孩子是婚生子。但這些應屬不實傳言。男爵年輕、英俊、富有而自負，不太可能為了掩蓋國王的姦情而結婚。至於孩子，長相酷似男爵，於是關於孩子有皇家血統的流言也就停息了。

男爵身為堅定的天主教徒，是如何成功取得其教會許可和離過婚的女人結婚不得而知，據信路德維希國王曾私下向梵諦岡說情。不論如何，婚禮在一八三二年十一月十日的義大利舉行。國王那個冬天在西西里，同年十二月，珍在巴勒摩（Palermo）產下一名男嬰赫利柏特。費寧根夫婦在西西里的陽光下度過歡喜滿足的兩年。男爵肯定認為自己讓珍安定下來，她再沒有任何出走流浪的跡象。當他們回到慕尼黑處理家產，珍雖然再度有孕，卻變得非常煩躁。蜜月已結束，她無法適應更為單調的婚姻生活。生下女兒波莎後，就開始到處尋找所認為的排遣，而那些排遣其實是冒險，是她飄泊不定的本性始終渴望的危險與變動。

當時，慕尼黑和雅典兩城的居民經常互訪。路德維希國王欣然當起甫被加冕為希臘國王兒子奧托的顧問，指點他如何復興該王國的古典榮耀。兩國視彼此為時尚之邦。雅典的公子哥精心穿戴民族服裝，在多愁善感的德國女孩間引起騷亂。這些散發異國情調的紈絝子弟昂首闊步，穿著打摺硬挺的白短裙（fustanella）[53]和鑲上厚重金飾的短上衣，瀟灑戴著流蘇帽，腰帶插著匕首，水汪汪的黑眼睛到處迸射熱情。

就在此時，一名神氣活現的拜倫式人物，斯皮里東・希歐托奇伯爵（the Count Spyridon

52 譯註：雅典政治家培里克里斯（Pericles）的時代，約自西元前四九五年至四二九年，古雅典文化鼎盛時期。

53 譯註：阿爾巴尼亞及希臘地區男人穿的傳統服飾，後來成為慶典用的希臘軍裝。

Theotoky）登場了。他是科孚特（Corfiote）貴族一員，貧窮卻自負，沒有女人抗拒得了，如同沒有男人抗拒得了珍。他們在宮廷舞會中相遇，深深墜入愛河。在他身上，珍看到生活的壯麗色彩和驚險刺激，這是她和男爵的婚姻給不了的。她愛卡羅，欽佩他的正直與慷慨：但儘管她天真地希望與今生摯愛共組美滿家庭，一如每段新冒險開始時總是這麼期待著。她無法想像自己在二十七歲的年紀，安於慕尼黑的婚姻生活。

當費寧根夫婦前往巴登的房產，希臘伯爵趕忙跟上，在附近的海德堡落腳。於是有了暮色時分在綠森林裡的浪漫騎馬，火熱激情的情人糾纏著費寧根男爵夫人與他遠走高飛。對於珍這般性情的人，他給了很多：不只愛和冒險，還有希臘的熾熱島嶼……拜倫主義……愛情的氛圍。她無法抗拒。於是避人耳目的幽會愈來愈多，當她不知情的丈夫巡視地產時，她在夜裡急奔希歐托奇的懷抱。最後事情到了緊要關頭。男爵開始起疑：他不是默默接受太太出軌的那種人。據說這對戀人從某次為普魯士國王舉辦的宮廷舞會中溜走，男爵一發覺他倆相偕離開，氣憤地追了出去。他肯定是快馬加鞭，也許他們悠哉地晃蕩；不管怎樣，他追上他們，揮舞手槍要伯爵下車決鬥。珍在驛馬車裡看到這一幕，嚇得不知如何是好。結果左馬御者充當決鬥助手，第一槍希歐托奇便中槍倒地，胸口鮮血直流。至此有浪漫、有戲劇性，全是珍所期待的，但接續而來的是悲喜劇。希歐托奇倒臥在草地上，面色蒼白，顯然快斷氣。但他用大家以為的最後一口氣發誓，他們的愛是純潔的，他們從未發生不名譽的事。男爵似乎就相信了，一如他為人的高尚。於是大夥兒決定，伯爵一時間還不會（在珍的懷裡）氣絕，最好是把他從路邊移到費寧根的宅邸，讓他安適地嚥下最後一口氣。但事情沒那麼簡單。珍悉心照料，天天以淚洗面，男爵開始懊悔並起疑，經過一連串痛心疾首的道別，伯爵竟有了起色。這情況還真是荒唐，但無疑三方皆輸。

回不去了！希歐托奇回不去希臘，珍也回不去她堅毅而寬容的丈夫身邊，對她來說，每一扇門都關上了。這意謂著她必須就此安於家室、恪守婦道。看不到地平線，沒有透光孔。不可能了。她的孩子赫利柏特和小波莎，如同她另外三個孩子，也無法讓她下錨停泊。更多淚水，更多自責，還有遲疑不決的痛苦。一邊是虛弱蒼白卻越發熱烈的希歐托奇，一邊是冷峻而越發失去耐性的費寧根，都在等她下決定。就如她一向的作風，珍從不是強迫得來的那種人。最後她下了決定，再次逃離婚姻，奔向蜜月。再一次拿家庭、丈夫、孩子換取愛的狂想，即使不再有好名聲——不知何時起已經失去了。這對熱戀的情侶動身前往巴黎（沒在希臘父權社會面前大剌剌誇耀他們的婚外情，還頗為明智），在那裡他們待了好幾年。拋開一切道德禮教，過得非常幸福。只是她對男爵感到些許愧疚，以致讓她的二度巴黎人生始終蒙著陰影。在往後的歲月裡，她一直與他深情地通信，也透過他與孩子聯繫。但她不是相夫教子那一型；她一向女人味十足，不是個婦道人家，比較像情婦而非賢內助。巴爾札克看著表面上是杜德利夫人的她騎馬道：「後來我覺得，大部分的女人在優雅地跨上馬背時都頗為溫柔……」就像很多大不列顛島（Albion）[54]的女兒，她對動物總表現出無比的愛意與溫柔，這種矛盾每每令其他民族不解和惱火。

54 譯註：來自希臘語 Ἀλβιών，是大不列顛島的古稱。

在巴黎無憂無慮過了幾年，洄泳在無限浪漫的氛圍中、置身在國際緋聞暴風眼中的這對戀人，似乎把珍再次離婚這件棘手的事安排得稱心如意。據說她受洗成為東正教徒，因此兩人得以成婚。一八四一年，他們離開巴黎，前往杜卡德斯（Dukades），是希歐托奇在科孚島（Corfu）的家鄉。他的家族接受了這位前艾倫博羅夫人，自動略過她與施瓦岑貝格和費寧根的兩段情，也許是地處偏遠的關係，過往的一切並無所悉。她似乎深得他們的歡心，她也喜歡他們。在家庭美滿和樂的氣氛裡，珍規畫新庭園，種了一棵香柏，幾年前仍矗立在地景上蓊鬱參天，她也從英國進口銀器和瓷器，款待所有知名旅人，還生了個兒子李奧尼達斯。她深愛這個兒子，甚於其他的孩子。她似乎安頓了下來。總算！她的英國親戚自鳴得意地說。

✤

當希歐托奇伯爵被任命為奧托國王的副官（說不定這也是兩位國王——那對父子——共謀的一步棋，要把美麗的伯爵夫人拉回他們的軌道？），希歐托奇夫婦搬到雅典，把他們在島嶼家鄉田園生活的美滿幸福永遠留在身後。那是她愛情生命的高峰，風華正盛，況且還在小李奧尼達斯身上找到更新鮮、更深刻的歡愉。在雅典，她很快就被仰慕者和誘惑包圍，不過伯爵也不遑多讓。年輕的國王奧托為她傾心，就如他父親那般：流言再次如野火燎原，王室緋聞裡最令人不安的謠言傳到倫敦，壓下了侯克罕過早的自鳴得意。珍的親人似乎無意再與她聯絡：他們全都死了心，當她消失，僅她弟弟克納姆除外，他雖受任聖職，仍忠實可靠。

在雅典，亞美莉（Amalie）皇后開始與她作對。她嫉妒珍擄獲了國王奧托和首府人心。每當希歐托奇伯爵夫人騎上白色駿馬外出，群眾就會跟在後頭，對他們口中**愛與美的女神**歡呼。希歐托奇根本不在乎那些緋聞。他也到處拈花惹草回敬她。兩人漸行漸遠，僅靠兒子李奧尼達斯維繫感情。

然而，李奧尼達斯還是被奪走了。大約六歲的那個夏天，受寵的小傢伙陪著母親到盧卡（Lucca），她前去那裡泡礦泉療養。他們住進一棟高樓古宅，李奧尼達斯在頂樓的幼兒室。他從欄杆俯瞰，看見媽媽在遠遠的下方門廊。他看著看著，一個重心不穩，從扶手間滑落，頭部墜地，當場死在她腳邊。她始終沒有從喪子之慟裡平復，這是她遇上的頭一樁痛徹心扉的悲劇。孩子過世後，她再次拔營。

✤

很長的一段時間她閉門不出。回到雅典時，和希歐托奇已經分居。兩人並未離婚，但各過各的。為了平息傷痛，她投入更多的歷險和旅行。此時有關她與國王奧托的緋聞驟增，各式各樣的流言蜚語傳出，說她有義大利夫婿、有土耳其情夫；說她和心上人私奔、和國王本人私奔……人們對待珍從不像她對待他人那般寬容大度。**不論斷人，以免被人論斷**（Judge not that ye be not judged）[55]，她的聖經扉頁題寫著這句話，終其一生都堅守這寬大為懷的原則。

雅典人對於醜聞有種東方式的熱愛。醜聞在沙龍和咖啡廳流傳，一如在市集裡傳得沸沸揚

55 譯註：出自馬太福音。

揚，和這城的其他諸多東方特質相當一致。假若這裡不真的屬於東方，那麼它也不屬於西方，而是一個狂野的場景，有部分土耳其、部分斯拉夫和部分黎凡特。這裡有熱鬧的土耳其市集、有咖啡屋，民眾抽著水菸筒並喝掉無數杯咖啡，來打發悶熱的漫漫長夜。燈光昏暗的嘈雜街道，充斥著從各個島嶼和地區來的異國裝束。陣陣焚香從嵌飾著聖像的幽黯教堂飄盪而來，僧侶的吟誦混雜著農民悅耳悲切又具穿透力的歌聲。水岸邊，黎凡特水手懶散地躺靠在俗麗的船上，打盹的打盹，喝獅子奶的喝獅子奶，賭博的賭博，幹不出什麼好事來。在市中心，巴伐利亞建築師陸陸續續地重新打造了幾座外觀呈現希臘熱的建築。只要環境允許，希臘人總是盡可能的向歐洲看齊。

雅典做為首府而興起是出於偶然，它之所以被選上，全是建築的考量，而非政治或經濟因素。年輕的國王奧托約莫是遵從父親的古典喜好，選上該處。他在就任為國王前，雅典一直是個小漁村，根本忘了過去的輝煌歷史。新首都若以戰略為考量設在柯林斯地峽（Isthmus of Corinth）[56]會更好。不過，衛生和商貿乃次要的考量；於是漁村蓬勃發展，搖身一變，聚集了各式貨攤與豪宅。一八五二年，據說有兩萬名居民，僅兩千戶屋宅。大量的居民露宿街道。政府部會和法庭的地點也很怪異，不是在商家樓上，就是在嘈雜的小飯館後方，高級政府官員則入住客棧。當時有幾樣消遣娛樂：皮影戲（Karaguez），該木偶譁眾取寵的低俗滑稽程度，全黎凡特地區無人不曉；嚼舌根，總達到惡言惡語的中傷地步；玩牌，但分有晨間、中午和夜晚玩的牌。當阿布問希歐托奇伯爵夫人對玩牌有沒有興趣時，她答道：「我們可是在希臘喔，別叫我說它的不是。」

儘管如此，這小小首府是巴爾幹半島人的肉身與魔鬼（the flesh and the devil）[57]。富有的摩爾達維亞（Moldavian）[58]貴族千里迢迢遠遊至此，把祖產花在這裡狂歡鬧事。四周圍繞著荒山峻嶺，被形容為世外桃源（Arcadia）[59]，常有土匪強盜出沒。雅典居民不會離家遠行，除非參加宗教朝聖，前往被巖岩環繞、難以抵達的某修道院。很少人注意到被稱為「廢墟」的那些地方。考古研究儘管受少數具學養的外國人青睞，相對的，現代希臘人並不感興趣。

在湧入小城的眾多民族之中，帕里卡族（Pallikars）最引人注目。他們是從阿爾巴尼亞山區相當傳奇的一幫人，僱傭兵，有些人則說是殺手。在希臘獨立戰爭中，他們戰績斐然，為了維持友好關係，國王奧托任命該族首領哈吉・佩卓斯將軍（the General Xristodolous Hadji-Petros）取代希歐托奇伯爵擔任副官。

阿爾巴尼亞變得熱門。珍想起〈恰爾德・哈洛德遊記〉（Childe Harold's Pilgrimmage）[60]：

---

56 譯註：希臘南部，聯繫歐洲大陸和伯羅奔尼撒半島的狹窄地峽。

57 譯註：源自天主教術語 The world, the flesh and the devil，有譯為三仇：世俗、肉身、魔鬼，指引誘靈魂的三個敵人，與天主聖三的聖父、聖子、聖靈對立。

58 譯註：現代羅馬尼亞的前身。

59 譯註：希臘神話裡歌頌的理想國，祥和寧靜的田園樂土，牧羊神出生地，目前是希臘二級行政區阿卡迪亞州，位於伯羅奔尼撒半島。

60 譯註：是拜倫的長篇敘事詩，也是他的成名作。

阿爾巴尼亞，伊斯坎德爾（Iskander）[61]崛起之地，
少年的夢土，智者的烽火台
……阿爾巴尼亞土地！且讓我仔細瞧瞧你！
你這塊孕育野蠻人的崎嶇地！
十字沉落，宣禮塔聳立，
蒼白的新月在峽谷中幽幽發光，
穿透了一片片的香柏樹林……

缺德又浪漫的拜倫勳爵！這時他有點退流行，但曾是她青春的樂章……確實，沒有人能像他那般召喚希臘的美麗與高貴，也沒有人能像他那般以融合詩意與寫實的方式捕捉東方的妖嬈神祕。一旦我們認識他所書寫的地方，就會發現，拜倫的華麗詞藻遮蓋不了他那如攝影般逼真的敏銳。他的筆調與奔放的詩意形成奇特對比；在唯美浪漫之餘，有關歷史、個人和地理的內容，也都博聞而精確。

當阿爾巴尼亞將軍從山中巢穴飛撲雅典，成了宮廷裡的話題人物。他帥氣浪漫，經常受到女性的盛情款待。考量到他是帕里卡族首領，國王也出於私心，任命他為拉米亞（Lamia）地區的總督。他肯定是個耀眼的男人，挺拔出眾，不怒而威，和年紀只有他一半的很多男人一樣，帥氣有魅力。他以王侯自居統理地方，也做王者打扮，穿著阿爾巴尼亞傳統服飾，綴滿緋紅與金繡飾，全身上下佩戴著他毫不遲疑會派上用場的手槍和無鍔彎刀，馬匹也以金銀裝飾。

他的手下個個留著蓬亂大鬍，渾身大蒜味，大搖大擺到處轉。個個穿著粗毛大斗篷，有人說看起來像熊，也有人說像螞蜂，因為他們習慣緊束腰帶，意外保有驚人的細腰身。阿布稱他們是亞里斯多芬（Aristophanes）[62]筆下的螞蜂。這冷酷無情又誇張造作的一幫人，令雅典姑娘們小鹿亂撞。據說皇后對待他們的首領哈吉—佩卓斯尤其溫柔。

不過這已是陳年往事。不久，珍又狂烈真摯地墜入愛河，不管他已年逾花甲，是名鰥夫，還有幾個孩子。他是帕里卡人，飽經烽火、出生入死的山區人，體現著珍始終渴望的狂野不羈。他們一起住在山間，白天馳騁於荒原，夜晚睡在土匪圍繞的帳篷。她與他們生活在一起，當起頭目夫人，和他們共犯難同吃苦。不要忘了珍從小在運動方面的涵養。她以能夠在策馬疾馳的同時射中雉雞而自豪。眼下，流浪的渴望終於得到滿足。昔日優渥舒坦的生活令人窒息。她決定要和希歐托奇離婚，嫁給哈吉—佩卓斯。這般的前景在她愛人看來，既浪漫又務實，他身無分文，也覬覦她的財產。那倒不是多麼龐大的財產，不過……也不能說他沒有熱烈地愛著她、沒有甘心淪為這美嬌娘的俘虜，尤其是在年近七十之際，還能贏得美人芳心，格外令人歡喜。但皇后可玩弄不得，之前就對珍又嫉又恨。先是丈夫出軌，後又贏得民心，眼下萬人迷哈吉—佩卓斯也被珍當面搶走。

61 譯註：阿拉伯語，指馬其頓的「征服王」亞歷山大大帝。

62 譯註：Aristophanes，西元前四四五—三八五，是古希臘最偉大的喜劇家；雅典人，最著名的劇本《蛙》和《地母節婦女》。

珍著手協議離婚和再婚之際，皇后出手反擊了。哈吉—佩卓斯的帕里斯族統治權和總督身分同時被撤除。這對戀人顏面無光地回到雅典。唉，這土匪果然是阿諛奉承之人。他寫信給皇后，哀求復職。如果說我是這女人的情人，不是為了愛，純粹是為私利。她很富有，我很窮……我有地位要維持，也有孩子要教養。但皇后沒有發慈悲，她把信公諸於世加以報復。即便如此，珍還是被愛沖昏了頭，也許她愛這幫土匪甚於這個男人，也許她愛的是他所具現的冒險與逃離。說來恐怕也是為了逃離中年的停滯與一成不變，而這是她的詛咒，在四十六歲的年紀，在雅典，她無法再忍受下去，比二十七歲時在慕尼黑更難以忍受。倒不是說她想永保青春，但誰不想呢？她沒有變老，內在外在皆然。如同她保有清新之美，似「一抹晨光」，也保有不可靠的樂觀主義和對青春的貪婪。

不僅皇后，就連雅典百姓都對珍的最新緋聞表現出敵意，於是這對戀人以令人吃驚的克制，決定共築愛巢，一同對抗日益沸騰的輿論。結婚大事則延後處理。總是自掏腰包的珍，租下城郊兩幢相連的小房子，一棟她和她的僕人住，一棟則是讓土匪頭目和他幾位帕里卡族手下住。瞞不了人。

她著手蓋了一棟豪宅，讓雅典人驚羨的宅邸，做為他們的愛情堡壘。如果這世界將他們拋棄，那麼這世界也可拋棄。不論如何，當時他們落腳在城裡破敗的一區，過得很不體面。少有人來訪。不過，倘若這樣的生活有失格調，也並不單調。此時的珍喜與吃大蒜、抽土耳其長菸管的帕里卡人為伍，甚於具國際化、渾身香氣的法納爾人（Phanariotes）[63]和朝臣。她一如既往全心投入最新的戀情，把自己看成哈吉—佩卓斯深情款款的妻子、他孩子的後母，而且為他的手下鼓舞打氣。她已準備好要隱藏自己的個性，學習帕里卡婦女的柔順，隱身於夫君背後，當一名順從的妻子……這是個迷人的幻想，來自從土耳其長菸管冉冉升起的一圈圈煙霧，說不定是當幾個帕里卡人堅持要在她剛規畫的庭園裡升營火，動也不動圍坐著，快意地吞雲吐霧之際。

約莫在此期間，一八五二年，阿布第一次見到她。他發現她迷人而饒富趣味，雅典的出色人物，依舊風姿綽約，一點也不像她的真實年齡。他狂熱地描寫她完美的體態、舉手投足的高雅、栗金色頭髮和深藍色大眼睛。「至於她的牙齒，她屬於嘴裡含珍珠的高貴英國人，而其他女人則滿口鋼琴鍵。」他繼續說她呈乳白色通透澄澈的肌膚，十足的英國。她的臉蛋，他說，只需一丁點的情緒就能染紅，「……她的熱情，」他說，描寫得更加起勁，「顯然受禁錮而騷動著。」她令這位好奇的法國人印象深刻，她的美貌和她的名聲都讓他銘刻在心。

然而憑著美貌，或至此的可觀歷練，都無法讓珍免於另一次磨難。一個沒那麼浪漫或沒那麼稚氣的女人看到哈吉―佩卓斯為求復職而去討好皇后，會警覺到他的真實本性。但珍一向是付出的一方，感情和物質都是。她繼續愛著哈吉―佩卓斯，和他分享她與被拋諸腦後又不見人影的希歐托奇間的財產。希歐托奇似乎申請到某個領事職務，樂於繼續當個有名無實的丈夫，而那土匪愛人則是一無所有，對於她豪奢程度的家務開銷，根本難有貢獻。財務的問題，珍從

63 譯註：君士坦丁堡陷落後，留在君士坦丁堡的希臘人，多數居於法納爾及卡拉達區，他們被稱為「法納爾人」。

不擔心，幸運的是，大半輩子在各時期遊歷各個國家全都仰賴她的英國收入，約是每年三千英鎊，其實相當富裕。再者，她也會遇到富有的情人，擁有許多愛情信物，如華貴的珠寶，她擁有的祖母綠是出了名的；還有銀行存款，這是那年代的安逸習性。

所以她繼續治理帕里卡人，無視雅典社會的輕蔑，督導愛情堡壘的興建，更進一步征服哈吉—佩卓斯的心，照顧他的么兒小尤倫尼，她非常疼愛尤倫尼，從他身上找到失去的李奧尼達斯的影子。她知道自己從當後母來彌補先前的遺憾……甚至比當李奧尼達斯的母親時更好、更明智、更穩定。整天陪著尤倫尼玩耍，讀法國故事給他聽，唱英國兒歌。說不定也唱帕里卡人傳統的搖籃曲，而這純真的搖籃曲隱含令人驚異的暴力與占有……呈現該民族冒險犯難的精神。這是習於攻戰、掠奪與征服之戰士民族的搖籃曲；歌裡呈現嫉羨、憤怒和奉獻，而這正是巴爾幹人生活的肌理。歌詞如下：

睡吧睡吧，帕里卡
我睡夢中的小男孩
我要送你一個金色玩具
我睡夢中的小甜心
亞歷山卓當你的甜點
偉大開羅當你的麵包
君士坦丁堡做你的王國

你將稱王
三大城鎮
三大修道院
我睡夢中的小男孩。
有許多城鎮可棲身
有不少修道院可禱告
我睡夢中的俊美甜心。

土匪牧歌飄揚，很適合在家唱，直到珍發現哈吉—佩卓斯更傾心於她的女僕尤金妮。這劇烈的幻滅，深深打擊她的心與自尊。尤金妮多年來一向謹慎而忠心，陪伴她歷經無數風浪。尤金妮是個謎樣的人物。她何時開始服侍珍，或打哪來，均已不可考。她大概是法國人，可能是珍在巴黎與施瓦岑貝格私通期間開始服侍珍。我們想像她其貌不揚，濃眉而沉默寡言；從某個偏遠省分來的法國人，也許是從奧弗涅（Auvergne）；明亮的黑色小眼睛時時察顏觀色，衣領上的最小縐褶也能注意到。淡淡的怨意凸顯不笑的薄唇，她的臉少有柔和的時候，但一生的忠誠與奉獻，無不以夫人為中心；為夫人的安適、夫人的梳妝打扮、夫人在上流社會的地位而忙碌。為夫人擋駕所有來者，偶爾要護衛夫人本身。然而把將軍的出軌行徑告知女主人的也是她。我不得不認為，這次她比較不是為了女主人的利益著想（假使傳說為真，但沒被證明），而是為了自保孤注一擲。珍很可能是個要求極多的女主人，無數的遷移、乍然的逃離、新家和異國，肯定讓尤金妮疲於奔命。她無疑是從工作的角度來看。打包，拆箱，在異地找肥皂或燙髮鉗。遛珍心愛的狗。在暫時棲身之處想辦法應付一切，讓所有的外國人聽懂……這會兒，讓帕里卡人聽懂。一位自尊自重的夫人女傭，身處土匪巢穴，靠著沉著鎮定要面對什麼樣的生活前景？無疑她要做對她們有利的事。為她本身的好處及女主人的好處著想，也就是說，她認為抖出這樁事可以了結這樁事。可憐的尤金妮！她如何預見，其結果是讓珍倉促展開另一次逃離，而這一回是逃向始料未及的匱乏、逃向比帕里卡人營地更荒野陌生的場景，最後逃向一名阿拉伯酋長的懷抱？

珍為人深情又寬容。她不理會哈吉—佩卓斯把他們的私情推得一乾二淨向皇后求情。她知道他享用她的財富，這沒什麼，但也享用她的女僕，是可忍孰不可忍。他先前在公眾面前羞辱了她，現在，也在私生活羞辱了她：到此為止。她囑咐尤金妮打包。一夕之間，決定再次拔營。沒向任何人透露她的計畫，至少沒讓她的愛人知道，她帶著順從但仍然忠實的尤金妮離開雅典。她們航向敘利亞，先前她曾經想過到那裡買一匹配得上她的帕里卡男人的阿拉伯馬。眼下那裡是解悶散心的地方、最先浮上心頭的地方，而且最重要的，那是一個處女地、一個新世界，可以遠離痛苦的過往。於是，貝都因黑色帳篷終於進入了視野。

✤

珍．狄格比，或者說當時仍是希歐托奇伯爵夫人的珍，踏上敘利亞土地時，自以為心已碎：這是她第一次對自己承認，在四十六歲的年紀，人生就已經結束。即便意識到自己的人生會比多數女人享受得更多，也安慰不了她。「當一百個夏天結束，會感覺短得像一個夏天。」然而在從前，旅行對她總是有幫助：傳說中的東方會讓她從傷心事分神，她會全心投入考古。二十年前受到路德維希國王薰陶的那些興趣始終存在，只不過有時會被肉體這種更熾熱的事給推開，但她一直是少數幾個會追蹤偶爾出現的出土文物、相當有見識的雅典人之一。「發現特洛伊的施里曼」（Schliemann of Troy），這位自學希臘文、在五十年後挖掘出地底下的特洛伊文物和金飾、而震驚全世界的德國雜貨店小伙計，在她離開後才到希臘。或者他們肯定見過面，日後戴上特洛伊絕色美女海倫戴過的頭飾帶的女人，說不定本該是她，而不是成為施里曼第二任妻子的美麗希臘女子。

抵達敘利亞後，珍打算前往巴勒貝克（Baalbeck）、耶路撒冷和帕米拉（Palmyra）。她要追蹤潔諾比雅（Zenobia）[64]的傳奇王國。她也許被《日昇之處》（*Eothen*）激起好奇心。她肯定讀過金雷克（Kinglake）寫的這本近東旅行遊記，因為她是個熱愛讀書的人，透過自倫敦、巴黎定期寄來的大量書籍與最新文獻同步，其中很多都是她胞弟克納姆推薦的，她和這位弟弟一直有密切聯絡。他們經常書信往來，深入談及彼此的生活，儘管她在一八二九年與施瓦岑貝格的緋聞鬧得沸沸揚揚之際離開英國，兩人就沒再見過面。她成了涵養深厚的女人。她的思想品質不受其生活方式影響，喜愛音樂，擅於繪畫，她的雕塑品據說非常出色。她密切留意歐洲

64 譯註：Zenobia，二四〇—二七四，帕米拉王國國王奧德那特之妻與繼承人之一，她上台後否定了親羅馬帝國的政策，並將之趕出了埃及、敘利亞及土耳其。

在智識上的演變，而且能說能讀八種語言，後來又加上阿拉伯文。

她也許覺得，唯有考古學長存，尤金妮無疑鼓勵了這種態度，寄望兩人在未來過著更平靜的生活。但事實並非此。她離開雅典不到一個月，就和一位風度翩翩的阿拉伯人發生戀情。關於薩里（Salih），我們所知不多。他年輕、瀟灑、好美色，兩人被彼此的魅力深深吸引。此處無意暗示他是那種專找寂寞女子的投機分子。他似乎是個耀眼的傢伙，占有慾極強，她一見傾心，隨他前往其在沙漠中紮營的黑色貝都因帳篷。珍心醉神迷，帕里卡男人已然淡出。當薩里的部落以傳統而動人的阿拉伯式好客款待，她迷失了……頃刻間發現了生氣盎然的東方，這沖昏了她的頭。就算尤金妮帶著沉重的行李噘起嘴等在客棧也沒用。她的女主人遠在約旦河沿岸品味沙漠生活、探究它的氣候，既慵懶又暴烈，既原始又幽微。另一次一見鍾情！這回她對阿拉伯民族與生活方式的熱愛，將在餘生持續下去。她再次找到完美的愛，她會與他長相廝守、永久幸福，彷彿時間停駐。他們會結婚！他的人民會是她的人民，他的生活方式會是她的生活方式……她突然覺得有必要和希歐托奇辦離婚，直至目前為止，這事一直懸而未決。與哈吉—佩卓司共築愛巢的事也必須喊停。薩里是一切。由此可見，珍的心始終和她的人一樣年輕。因為就一個閱歷豐富的女人來說，她確實天真得令人吃驚。

回雅典獲取自由之前，她決定先去造訪帕米拉。考古竟然比感情重要。薩里大為惱火。他沒料到無生命的古遺址會變成他的情敵。再者，他也無法與她同行，很可能是因為部落間爭戰的某個問題。沙漠的阿拉伯人長期處在交戰、劫掠和小衝突狀態。旅人往往可取得安全通行證，但該措施相當反諷，大體上惠而不實。縱使它的用意是呼籲夏瑪族（Shammar）、菲丹族（the Fedaan）、哥馬薩族（Gomassa）等任何部落要尊重旅人，只是當旅人一離開這些部落的區域，行跡隨即被其他部落或成群結夥的流浪者發現，很可能就招來攻擊。這些盜匪自有一套襲擊模式，形成表面搶救、實則分贓的伎倆。先有一幫盜匪突襲毫無戒備的旅人商隊，駭人地展現馬術，有的發射燧發槍，有的揮舞長矛，大肆洗劫。接著，另一群騎馬者出現，進行另一回戲劇性的突襲，他們會驅走先來的那一幫人，看似將之擊潰，隨後回頭以救了旅人性命為由，索求報償。實際上，兩度搜刮戰利品的，也就是所有的阿拉伯人，大夥兒雨露均霑，就是一場騙局。

沒有人是安全的；儘管這種人人皆知的把戲並不會出現在阿拉伯人之間，不過一個部落要冒險穿越異域仍攸關生死。勢不兩立的兩大宗派，是夏瑪族和安那茲族（the Anazeh）。夾在兩者間的幼發拉底族（The Euphrates），也有數百年的血恨。一如既往，如此戲劇性的氣氛，對珍來說勢不可擋。薩里說什麼也勸阻不了，她要單獨前往。她著手張羅這趟旅程。大馬士革是地方城鎮各色奇珍異品的匯集地，還有中東市集，一個謠言生起且從不止息的地方。珍總是引人注目、總是話題焦點，她美若天仙、不愁吃穿，又不在乎世俗眼光，阿拉伯人和歐洲人都對她頗為好奇。她的計畫已經傳開，有半打的盜夥匪幫已開始著手洗劫和搶救的計畫。阿拉伯人是天生掠奪的民族。珍無疑是隻大肥羊。有關她和薩里的傳聞已經傳到歐洲殖民地，歐洲僑界感到憤慨卻不訝異。英國領事得知她抵達大馬士革，深感遺憾。也許他想到了前任領事為了另一名古怪的英國貴婦海斯特・史坦霍普夫人遇上諸多麻煩。希歐托奇伯爵夫人同樣美麗動人，極有可能導致種種的紛爭與不快；從外交部的官方觀點出發，和阿拉伯人傳緋聞就是其中一項。

阿布引述了珍抵達敘利亞沒幾天的一段被加油添醋的插曲，他認為是和梅茲拉布族的梅德約有關，也就是她後來委身的阿拉伯酋長。事實上，這段插曲倘若屬實，而且很可能屬實，那麼肯定是和薩里有關，因為阿布是在一八五三至一八五四年間，二度前往雅典時知悉這件事，當時珍剛返回雅典，去了結舊情，實際上是拔營。由於她向來健談，況且既然要毫不設防、坦坦蕩蕩說出最私人的生活細節，那段插曲很可能正是她當時樂於對著目瞪口呆的雅典聽眾說的。倘若如此，這想必關係到薩里，而不是梅德約酋長，因為要等到一段時日後，她回到敘利亞，才出現與他結婚的問題。

以下是阿布對迷人的艾安希一貫的好奇。

「有一年的時間，我徒勞地到處打聽她的消息。這星期，我終於聽到她的一件事。」他描述艾安希如何建造她與哈吉—佩卓斯的愛巢，以及奔赴敘利亞去買一匹配得上她馬廄和她土匪愛人的母馬。他談到她突然動身，令朋友大為吃驚。顯然他不清楚她之所以離開的真正原因，這並非眾所周知，只在日記裡吐露真相。他繼續寫道，艾安希找到她心目中血統純正的阿拉伯母馬，那馬歸一名酋長所有。那位酋長年輕瀟灑。他跟艾安希說：「這馬呀，唉，無法被馴服，就算牠被馴服，我也難以出價，因為我愛牠甚於世上的一切，更甚於我三個老婆。」艾安希答道：「駿馬是個寶，但三個老婆也不能被藐視，如果她們很美。把你的馬帶來給我，我倒要看看我能不能馴服牠。」（果然是亞馬遜女戰神艾安希的口氣。）兩名阿拉伯人把馬帶來給珍，她征服了牠。當她騎在馬背上奔馳，在這名酋長陪伴下進入綺麗幻夢，他發現她比他的三名妻子加起來還要美。他說：「女人做得到男人做不到的事，因為女人知道何時讓步。這馬兒無價，既然妳馴服了牠，若想買下牠，倒也不一定要用錢來買。」據阿布說，珍聽了這話，沉吟了好半晌。我們可以想像，她斜瞟了這殷勤男人一眼，邊思忖邊挑釁。但她習慣按自己的意思行事。她說，她可不是大老遠來討價還價的，會付該付的價碼。不過，她也出了價。他必須休了他的妻妾。

年輕酋長不同意，因這違反習俗。根據傳統，他身為穆斯林，可以三妻四妾，難道她要他像窮人般只有一個老婆？他甚至援引他的宗教及當時在敘利亞盛行的土耳其法律。總之，他認為珍的出價太高。

此時我們看到一幕驚人奇觀，希歐托奇伯爵夫人，前費寧根男爵夫人，一度是艾倫博羅夫人，巴爾札克眼中的「非洲」情婦，曾經擄獲數位國王的傾城美人，和一位年輕的阿拉伯酋長爭討她退讓的條件。阿布接著說他們達成一項契約，非常怪異的約定。珍當他唯一的妻子三年，期滿後，酋長若想再娶妻妾，他有這麼做的自由，否則該契約就以同樣的條件更新。倘若阿布所說的細節屬實，那麼珍保有的天真樂觀，已經到了瘋狂的地步。縱使她這般國色天香，也難以指望一個小她十五至二十歲的阿拉伯男人，嚴守一夫一妻制。

無論如何，這成了人們閒嗑牙的好題材，雅典社會為此議論紛紛好幾個月。當阿布的書《當代希臘》（*La Grece contemporaine*）譯成英文，這段插曲被刪掉了，也許是出於對珍敏感家人的尊重，或者是順應他們的要求。希臘歷史學家及政治家斯皮里東．特里庫皮斯（Spyridon Trikoupis）曾旅居科弗島，並且三度出任希臘駐倫敦大使，想必與她熟識，很可能篩檢過內容，因此珍的希臘生活僅有較可靠的部分偶爾會傳回英國。

但回到大馬士革，薩里很不高興，珍繼續計畫沒有他陪同的帕米拉行程。我們再一次看到，探險對於珍有著無可抗拒的吸引力。縱使新歡也留不住她，當她感覺到沙漠及全新景象的刺激在等著她，那全身渴望流浪的熱血就已沸騰。

她和一支駱駝商隊洽談橫越沙漠事宜之際，在當時那是一趟長達九天的行程，她遇到了她未來的第四任也是最後一任丈夫，摯愛的梅茲拉布族梅德約酋長。他的部落是安那茲族的分支，格外可敬且斯文的一個部族，控制著帕米拉附近的沙漠。他們並不富有，人數也不多，但血統高貴。梅德約酋長在九個兄弟中排行老二，父親乃部族頭目，是個非凡人物，要求每個孩子知書達理。梅德約酋長能讀能寫，在貝都因族裡是個卓越人才，精通數種語言，博覽群書，對古敘利亞歷史多所鑽研，是少數幾個了解敘利亞沙漠及其傳說的人。偶爾他也會護衛顯赫的旅人橫越沙漠，一來增加部落的收入，二來也讓他與外界進行一些有趣的接觸。有人建議他擔任珍的嚮導。就這樣，兩人相遇了。

梅德約只比珍小幾歲。他一點也不像小說裡目光炯炯的沙漠美少年，而且不能不提的是，幾乎所有阿拉伯男人都有一雙炯炯有神又捉摸不透的黑眼睛，教歐洲女人難以抗拒。當理查．柏頓於一八六九年被派駐大馬士革出任領事，柏頓夫人和梅德約夫妻的交情頗深。伊莎貝兒．柏頓是個自負傲慢的人，她敬重艾倫博羅夫人，她向來這麼稱呼她，卻對梅德約的黝黑膚色深感遺憾。她勉強承認施瓦岑貝格行為失檢，完全略過珍的其他男人，但就如她在日記裡透露的，「與那黑皮膚的肌膚之親，我無法理解。他的膚色很黑，比波斯人還黑，比一般的阿拉伯人黑很多。不過從各方面來說，他仍是個非常聰明迷人的男人，但做為丈夫這部分除外。一想到這方面，我就不禁打顫。」

梅德約遵循族人的遊牧傳統。（直到結婚十五年後，珍才說服他使用刀叉。）他有學養又具男子氣概、有個性又幽默。他是沙漠之子，毫無道諦（Doughtly）所謂的「城裡的阿拉伯人說話的那種牽強狡猾」。與珍結婚後，他讓前去造訪他們的顯赫旅人印象深刻。拜倫的孫女安妮・布朗特夫人（Lady Anne Blunt）及夫婿詩人威爾弗瑞德・司佳文・布朗特（Wilfred Scawen Blunt）在敘利亞漫遊時遇見了梅德約，當時布朗特夫婦正在採買他們後來引進英國繁育的阿拉伯馬，並熱烈計畫著由卡迪爾擔任阿拉伯的回教王。他們並沒把梅德約看成**夫人的丈夫**，而是有獨立人格的人；而且壓根沒提到他的膚色，毫無會惹人不快的言論。

他們頭一次見面時，珍仍為薩里神魂顛倒。梅德約只是與她洽談條件的一名謙恭有禮的阿拉伯人。不過，梅德約倒是立刻被這位奇特的美麗客戶吸引。一個英國女人，一個瘋狂女子，無心搭理阿拉伯人，懶洋洋倚在門口，盯著沉重的行李箱被裝載上車。而尤金妮，這般幹練，這般刻苦耐勞，總需為路途上的每一次暫停，打開行李箱，取出銀錦緞和上等床單。橫越歐洲的一路上，她善盡職責，從巴黎到希臘到整個巴爾幹半島，這會兒來到了沙漠。如果說，到這一刻珍始終沒帶著引人側目的豪奢行李走動，那麼她也還沒學會像貝都因人那樣生活。那樣的生活即將展開。只有非常少數的富有狂熱者會四處旅行，阿拉伯人這麼認定，而且他們中有人計畫著洗劫她的商隊。

這支遠征隊浩浩蕩蕩出發。梅德約帶著一大群扈從：有騎乘侍從、載行李的駱駝、馬匹，當然還有為血統高貴的阿拉伯馬供給奶品的奶駱駝，在乾旱沙漠的不毛之地，牠們可沒有牧草吃。緩慢沉重、搖搖擺擺前進的駱駝縱隊，是這趟行程的本部，當珍和為她傾心的梅約德往黃褐的遠方馳騁，造訪遺址及路途中每一處孤寂的紮營地和綠洲。珍是個精力旺盛的女騎師，四十多歲的她和二十多歲讓巴爾札克驚異時，一樣活力充沛。說不定她開始體悟到，對女人來說，旅行就其真正的意義，唯有在愛情消逝之際才會開啟。一心不能兩用。多數女人都是透過伴侶的眼光來觀看鄉里。情感生活的前提，是把時間和精力大量灌注在一個人身上，沒有太多餘力和心思關注所在之處。眼下珍和梅約德獵羚羊和狼、射鷓鴣，她還展現正宗的維多利亞時期的旅人作風，畫了若干素描。描繪傳奇的遺址，還有那些親愛的可憐駱駝，她經常這麼稱呼牠們。她依然在「描繪東方」景致，以一個局外人，採文雅的透視畫法，讓人想起當時流行的起居室畫冊。

對梅德約來說，這很可能是一見鍾情，帶有些許迷惑和冒險感的愛情。身為一名穆斯林、一位酋長，考慮把一名天主教徒**娶**進門，是聞所未聞的事。但他很早便知道，倘若想擁有她，就必須採取這般激烈的一步。此時他已聽說薩里的存在，應該還有其他男人。他不想成為她一連串阿拉伯韻事的其中一個。他知道她是個好女人，但不渴求她允婚。他是個阿拉伯貴族，他的血統和她的一樣高貴。說起來，他還考慮過這樣門不當戶不對的婚姻[65]，是否風險太大。但他當時什麼也沒說，古蹟考察的行程也就繼續下去。入夜後，大夥兒圍坐營火旁，當他們用珍聽不懂又充滿喉音的阿拉伯語說說笑笑，火光照亮了那些黝黑的臉龐。（她和梅德約以法語夾雜土耳其語交談，法語他說得還不錯。）對珍來說，那是一連串充滿異國情調的野餐，當她坐在貝都因人中，大啖淋上酸羊奶酪和野蜂蜜的烤羔羊。在圍坐的一圈人外，駱駝淒楚地呻吟，馬匹在黑暗中哀鳴，或遠方有隻胡狼在嗥叫。珍不受干擾地睡在她黑色的貝都因帳篷裡，夢裡依然是薩里，但梅德約的夢中全是她的倩影。

如同費寧根與希歐托奇之間的決鬥，一場近乎鬧劇的荒唐戲碼再次上演。這回的決鬥是兩個部落間的事，而非個人的私事，但還是為了珍而起。駱駝商隊繼續前行，離開大馬士革約六天，突然遭到揮舞著長矛、凶神惡煞的一幫騎馬者包圍，喝斥他們留下錢財或納命來。大馬士革充滿了關於沙漠旅人遭遇的恐怖傳說。有些人從未返回，還有沙埋白骨、吃腐肉的烏鴉、贖金、被刑求的人質、渴死的人等傳聞……最近，有兩名英國人爬了回來，全身被扒得精光，僅以《泰晤士報》裹身。珍對梅德約深信不疑。

因為這是司空見慣的預謀搶劫，事實上是梅德約部族裡的人所指使的，那麼有無可能，他其實是知悉這項計畫，並任由它進行，好讓他在珍面前當護花使者，無懼無愧展現騎士精神。但同樣的，有無可能，他完全不知情，同樣大吃一驚，但這會兒已對她動了情，便決定護衛心上人。不管真相為何，族人不解，他竟然忠於客戶而非族人。他召集人馬起身迎戰，當他的長矛尖端抵住這幫搶劫者，他們不知所措地潰逃了。整件事前後不過瞬息，激烈的交鋒與反擊便告結束。珍向來喜愛戲劇性，發現這插曲驚險刺激；梅德約勇敢的像頭猛獅、一個英雄、她的救星！一些溫柔的交流讓梅德約有了期待。後來，據說是在大馬士革，他向她求婚，而她出於

65　譯註：指珍的身分比他低。

感激，便答應了。但這似乎不是事實，因為不久後，她回雅典了斷舊情，再回到敘利亞長住前，仍計畫著要與薩里結婚。不過那段插曲，無疑讓她對梅德約大為敬重和欣賞。雄糾糾的男人一直是她的罩門。

回到大馬士革，珍不情願地勉強自己揮別沙漠和薩里，但與雅典做個了斷的事更為緊急。她在一八五三年回到那裡，闊別的時間長得足以疏遠想再次展開追求的哈吉—佩卓斯。他拿她最近的探險逗友人開心。雅典沙龍圈的狹隘反應終於讓她下了決心。揮別沙龍，揮別歐洲。在那一年結束前，她再度回到敘利亞。但那位貝都因浪子並未等她。珍發現有情敵介入；不僅包括合約裡說好要休掉的妻妾，還有位名叫撒巴菈的年輕女子，非常年輕且非常放浪。面對撒巴菈的無敵青春，珍選擇撤退。

又一次的流淚與悔恨，以及強烈思慕往日時光與青春正盛的黃金歲月。顯然唯有旅行和考古長存。她大抵會有這般體悟。於是懷著陰鬱的心情向巴格達出發，再一次寄託旅行來療癒情傷，只是這回沒什麼把握。她望著眼前痛悔的駭人深淵及孤獨的老年，卻早已沒有回頭路。英國對她關上了門，巴伐利亞也是。巴黎？不，她厭倦大城市。回希臘亦是不堪設想。她已自斷退路。東方，曾誘惑她也懲罰了她，但仍舊能撫慰她。她愛上這片土地與生活，於是開始學阿拉伯文，決定在隱蔽大馬士革阿拉伯區的一間小房子終老。尤金妮仍可信賴，她們將一同老去，身邊有她深愛的貓狗陪伴。現在有更多時間可以陪陪牠們。有些人的本性是需要愛的，需要在愛人陪伴下欣賞某個風景、一首交響樂或食物。愛似乎是他們基礎代謝的一部分，歲月無法改變這種本性，他們的渴望只會隨著生命消失。珍屬於這種人。因此，在這種晦暗陰鬱的心情下，她著手充分利用僅有的塵土與灰燼。

她開始探索這國家。愛德華．李爾（Edward Lear）[66]提到他大約在此時遇到了珍，當時剛結束一趟繪畫之旅，自佩特拉（Petra）[67]返國，而他創作的許多精細迷人的水彩畫，如今卻因他馳名的無稽詩而無人聞問。「艾倫博羅夫人一身緋紅絲絨的鑲毛皮大氅和綠絲緞的騎馬裝，使得耶路撒冷的荒誕更加令人費解。」他寫道，頗吊人胃口。我們想要知道更多。他們是不是在某個骯髒的路邊客棧相遇？他們有沒有交換旅人的陳腔濫調、殺蟲藥或速寫的筆記？他們相處的時間不可能很多，因兩人沒什麼共通點，這極其害羞、神經質、「瘋瘋癲癲的」人，總是拿病痛、無稽和拘謹在自己和現實間築起藩籬，而艾倫博羅夫人則完全不拘謹，非常健康，盡情生活，毫無藩籬。

✤

此時，敘利亞在多數歐洲人的眼裡，比印度要更偏遠、更無章法。數個世紀以來，受土耳其統治。土耳其宮廷指派當地酋長管理不同地區，但其用意通常是要讓他們自相殘殺。一年一度前往麥加的盛大朝聖，全國陷入一片騷動。有多條朝聖路線，視出發地而定：有從北非出發、從阿拉伯半島出發和從開羅出發。西方的朝聖者商隊（Hadj）一向從大馬士革出發，而

66 譯註：Edward Lear，一八一二—一八八八，英國維多利亞時期無稽詩人及畫家。
67 譯註：約旦的一座古城。

大馬士革又匯聚了從君士坦丁堡來的朝聖者，人潮更是龐大。在這難以追憶的場景裡，還有為籌畫中的幼發拉底河谷鐵路進行勘查的探勘者，鐵路建好後將是通往印度的捷徑，不過該計畫最後在一八七二年喊停。希臘郵船每個月入港兩次。至於橫越沙漠的通訊聯繫，當時有騎單峰駱駝的信差。前往大馬士革的道路（Damascuc-Hit Route），是有名的死亡之路（Road of Death），因為沿路有大批土匪出沒，每座源泉間少說相隔兩百五十英里。早在一一六〇年，開羅的法蒂瑪王朝（Fatimid Caliphs）[68]便建立了一套特殊的信鴿傳書系統，而且沿用了好幾世代。飛鴿以接力的方式遞送書信：開羅、巴斯拉（Basra）、貝魯特、君士坦丁堡；在小沙漠（Little Desert）路段，牠們從大馬士革飛到帕米拉和邁席德拉巴（Meshed Rahba）[69]。每五十英里就有一座鴿塔。

出了這巖岩環繞、草木不生的蠻荒野地，矗立著芝諾比亞（Zenobia）的帝國遺址及佩特拉（Petra）的粉紅紋理崖壁，「一座如玫瑰紅豔的城市，已有時間的一半久遠」（A rose-red city, half as old as Time）[70]。在西邊，大馬士革在其園圃裡如花綻放。大馬士革，「沙姆雪利夫」（Shaum Sheref），意思是神聖或蒙福之地。據說穆罕默德曾經從遠處眺望它，感動地稱它為天堂。他沒有進城，而是轉身往回走，堅信人生只能進天堂一次，進阿拉真主的天堂。「清真寺宣禮塔從一片綠蔭中鑽出，伸向明亮天空，在陽光下閃閃生輝。」金雷克說。流淌著奶與蜜的土地。但它並不枯燥乏味。入冬後，當雪花落下，狼群在山腳嗥叫，部落展開每年的南徙，為羊群和駱駝尋找牧草地。這些部落的大小，以畜群的數量來計；若是戰士部落，則以矛的總數。

敘利亞不僅風景如詩如畫，歷史也轟轟烈烈，屢斯坦（Rustem）[71]和帖木耳大帝的大名仍回響耳際。現今人們應該記憶猶新，屠殺馬木留克（Mamelukes）[72]的穆罕默德・阿里（Mahommed Ali）覬覦敘利亞，但他的圍城和詭計全都落空，有人看見他在那不勒斯某旅館落寞地和一名年輕的美國旅人玩惠斯特紙牌（whist），回到大馬士革的人如是說著，老暴君晚景淒涼。他的兒子亞克的易卜拉辛帕夏（Ibrahim Pasha of Acre）也沒有好下場，最後一次聽到他的消息，是他現身倫敦的革新俱樂部（Reform Club）。敘利亞回歸平靜。但也不是所有人都認為是真正太平的地方或建議旅人前往遊歷的地方。在一八四〇和五〇年代，少有旅人會行經該處。一八六〇和七〇年代始出現的大量書籍，諸如《敘利亞的夏日隨筆》（*A Summer Ramble in Syria*）、《發源地》（*Cradle Lands*）、《吾友貝都因人》（*My Friend the Bedouins*）或《大馬士革歲月》（*Damascus Day*），尚未寫出，因為那片土地有大半還沒被探索過。在海斯特・史丹霍普之後，珍・狄格比是獨自到那探險的第一批歐洲女性之一。

一八五四年初春，珍朝巴格達出發。她仍為薩里鬱鬱不快、仍為老年的可怖感到畏縮。但

68 譯註：北非伊斯蘭王朝，以伊斯蘭先知穆罕默德之女法蒂瑪得名。
69 譯註：即今天的敘利亞東部城市邁亞丁（Mayadin）。
70 譯註：維多利亞時期詩人狄恩・伯貢（Dean Burgon）的詩句。
71 譯註：蘇雷曼大帝的女婿兼大臣屢斯坦帕夏。
72 譯註：西元九到十六世紀間，為阿拉伯回教王和阿尤布王朝蘇丹服務的奴隸兵。

不久後，她便與另一名阿拉伯人巴拉克酋長（Sheik El Barrak）譜出一段戀曲，重拾活力；他發現落寞悲傷、年近五十的她依舊魅力無窮，就像她風華正盛之際。她的魅力說不定和那襲緋紅絲絨的鑲毛皮大氅有關。披著那襲大氅出現在嶙峋深谷裡，在阿拉伯人眼中想必像個皇后。巴拉克酋長認定這位女士芳心寂寞。我們沒有任何記載說明尤金妮如何看待這一切，看著女主人蜷縮在營火旁，無疑懊悔著離開相對文明與克制的帕里卡人。

在沙漠裡，他們有過日夜銷魂，對於像珍這樣心情鬱悶的人來說，這是最愜意的消憂解愁方式。但這段情終究枉然，和這男人一樣不值。他們起爭執：先是因為他粗暴對待「那些親愛的可憐駱駝」，之後是他對她的素描寫生頗不以為然。當巴拉克擅自進出她的帳篷，還邀了幾個陌生人入內，兩人終告分手。場面一度火爆。珍恨自己竟然接受這樣的男人；巴拉克看著她脫離他的掌控，怒不可抑——他掌控不了這個女人，說到底是掌控不了她的錢財。

當他們抵達阿勒坡，兩人的關係已經很僵，但還是繼續走完行程。因為要在半途中解散一支商隊並不容易。珍不後悔，因為她並未放感情，也就沒有幻滅，這真是個天大的錯誤。沒有愛情但孤獨有尊嚴的活著，會好很多。只是她仍痛苦地思念薩里，有時也柔情蜜意地想到梅德約，梅德約和巴拉克南轅北轍，那麼親切討喜、溫文儒雅……

此時，珍的名聲傳遍敘利亞大部分的阿拉伯部落，最新的愛情冒險也成為營地和市集的熱門話題；她從巴格達返回的消息，很快傳到沙漠中的梅德約耳裡。當聽聞她在巴拉克酋長陪同下騎向大馬士革，便迅速採取行動。他乍然躍出地平線，向她奔馳而來，還帶著一匹漂亮的阿拉伯馬當禮物；這是左右他們一生的決定性會面。巴拉克很識相地離開了，也許是出於戒慎；

珍和梅德約並肩騎回城裡。接下來的幾天，珍在梅德約身上發現，她想像中原本會在另一個男人身上出現的所有特質與魅力。這一回她沒有被蒙蔽。梅德約品格好、頭腦好、教養好；而且他愛她這個人。（這點倒是屢屢獲得證明。在他們共同生活的三十年裡，他對她的財產毫無興趣。）梅德約是正直寬厚之人，她發現他還浪漫熱情，更是個意志堅定的人。在她遠行期間，他已和元配離婚，那元配為他生了幾個兒子，以阿拉伯標準來說，是個老女人。而且沒有人認為元配被送回娘家部落，是很殘酷無情的事。當初她帶來的嫁妝也全數送回，事實上還得到一筆體面的贍養費。

眼下梅德約已恢復自由身，可以按照珍的歐洲式協議娶她。他向她求婚，當他們再度騎向帕米拉；而珍呢，宛若少女般雀躍和迷醉，並在日記裡描述他們倆的初吻。他被毫無保留地接納。頃刻間，所有的寂寞與幻滅一掃而空。她找到了完美男人和完美人生，有如重生。「即便沒有鏡子，也不去記住年紀，我會相信我五十歲。」她在日記裡這麼寫道。不管有沒有鏡子，所有同時代的記述都同意，她看起來一點也不像她的真實年紀。六十八歲時，甚至被認為只有四十歲。「那些英國女人擁有永保青春的惡魔戲法。」一名法國旅人不情願地說。

與英國領事的會談則是衝突不斷，該領事對於這樁婚事極為惱火，質疑她的神智是否清楚，然後百般阻擋或設法拖延，直到他徵詢過英國當局的意見。但珍的心意已決。官方的阻撓她置之不理，婚禮在霍姆斯（Homs）舉行，梅德約在那裡有房產，不過他一向偏好住在沙漠的帳篷裡。珍也受到梅茲拉布部族的愛戴與接納。她被稱為梅茲拉布族的珍・狄格比，阿拉伯人稱呼她夫人（Sitt）；更生動的稱呼是Umn-el-Laban，意思是乳大娘，指她皮膚白皙。她和他們相處得非常融洽。她覺得自己找到歸宿，而她的確有了歸宿。

最開始，珍和梅德約時而待在霍姆斯、時而待在沙漠帳篷，也就是基達人（Kedar）住的那種黑山羊毛搭建的帳幕，數世紀以來始終沒變。後來，珍在大馬士革郊區蓋了一棟精美的屋宅，他們每年有六個月過著歐洲式生活，另外六個月則過著貝都因生活。彼此適應對方的生活方式，儘管梅德約和所有的貝都因人一樣，覺得城市及房屋令人發悶，經常會奔入沙漠，不僅他的本性渴望沙漠，他的興趣、族人和馬兒也需要沙漠。珍很快便適應阿拉伯生活。她抽水菸、喜歡打赤足、穿傳統的藍袍也罩面紗。她學會用阿拉伯婦女不可缺少的化妝墨（kohl），在她藍色雙眼外緣勾勒煙燻線條，全心投入這部族的生活與習俗。她是他們的一員，內在外在都是。

她卓越的馬術、對馬匹的知識，以及照料馬匹和為牠們保健醫護的方式，全是從侯克罕的馬廄學來的，讓阿拉伯人大為重視。他們打獵，那裡有獵鷹、有波斯獵犬；珍很快便掌握騎單峰駱駝的技巧，常被看到帶領一群貝都因人奔馳。單峰駱駝不是舒適的坐騎，跑得極快，卻顛簸搖晃得厲害。但對這麼一位亞馬遜女戰士來說，並不是個問題。「親愛的有用動物」，她這麼稱呼牠們。如同另一名馬兒專家安妮．布朗特夫人，她鍾愛單峰駱駝，發現牠們有耐性、既聰明又深情。養羊、養馬、種植這種田園放牧生活，喚醒了侯克罕的回憶。珍骨子裡從來不是上流社會或城市裡的貴婦。她熱愛在科弗島上杜卡德斯及阿爾巴尼亞山區的原始生活。這裡比那裡還好上千倍。愜意滿足讓她容光煥發，但也被紛亂的情緒——自尊、驚訝和悲傷——撕扯，當梅德約為了替族人賺錢，獨自深入沙漠，展開為期兩個月的牧羊行旅。她察覺到他對她財富的獨立態度：他沒想過從她的財產得利，不像施瓦岑貝格、希歐托奇、哈吉—佩卓斯等其他的許多人。

說不定藉由這類的小別，她能夠欣賞沙漠的寂靜、那遠古阿拉伯的虛無氣氛及純粹活著的至福。說不定，她也開始學習到他們看待生命的特殊觀點。有人說，阿拉伯的生活宗旨就是活著，活得自由、活得勇敢、活得有智慧或只管活著，這和其他民族以「擁有」為生活宗旨——擁有財富、擁有知識、擁有名聲——相反。說不定她也察覺到，強有力的呼呼振翅聲在沙漠邊緣外緊湊響起，十九世紀奮起的脈動，預示著新的生活方式將要出現，一切大有可為。為改變而改變，為行動而行動，像某種緊張的抽搐。和城市的倉促生活相比，貝都因牧羊人的生活顯得精采豐富。說不定她想起，在她走過無數歷練和滄桑愛情之前的前夫，那誇誇其談的艾倫博羅，竟然也來到東方，說來真是諷刺。但對她的東方來說，那是另一個東方。艾倫博羅成為印度總督。就算當初她留在他身邊，以妻子的身分來到東方，仍會覺得有串串珍珠穗的亭閣，多沉悶、多心煩啊。她梅茲拉布族的黑色貝都因帳營比它好上一千倍哪。

她開始說一口流利的阿拉伯文，儘管後來認識她的人，譬如偉大的東方學者理查・柏頓爵士，說她的阿拉伯文帶有濃厚的地方腔調，一種從她族人學來的鄉下粗喉音，對此她相當不悅。不過根據卡迪爾的說法，梅德約說的是整個敘利亞最正統的阿拉伯語。

那是忙碌的生活：有很多部落間的事務要處理，還有家族事務。她有八個內兄弟，加上他們所有的妻妾和孩子，還有兩個繼子榭畢巴和賈菲特，以及他們的妻子。她和大夥兒都相處融洽。而且他們也開始帶著愈來愈多的問題來請教他們的酋長夫人，農作、醫藥、法律、家務事、教育等。梅德約的兄長是當時的酋長，沒有子嗣，梅德約實質上是梅茲拉布族的首領，首先是因為他的語言能力，其次是憑藉他的兩個身為酋長繼承人的兒子。

切莫想像梅德約和珍一直過著平靜的牧歌生活。「激情消退了，我們多麼平靜」[73]的歲月，對他們來說，還要經過很多年的爭吵、和好、嫉妒和烈愛，才會來到。兩人偶爾會忙裡偷閒，在沙漠浪漫的蜜月旅行。偶爾也有誤會和分開。他們結婚時，珍提出一個最古怪的協定。任何時候只要梅約德對歐洲一夫一妻制感到拘束，他有再納妾的自由，但那女人必須在遠處，也絕對不要讓珍知情。對珍來說，從一開始愛得熱烈忘我，也一如既往確信愛火會持久永恆的情況下，這樣的約定似乎很合理。它也確實合理，但理性何時與愛情並存過？總有一天，梅德約偶爾的消失及市集裡不經意的流言，會苦苦折磨她。他們曾鬧得不愉快。梅德約也不總是輕易採信她的說法。她持續散發危險魅力，儘管目前她愛得深長，頂多就只是斜瞟其他男人……不過，梅齊亞德族的法雷斯酋長（the Sheik Fares El Meziad）的名字，總圍著一層迷霧與暗示，而且某些事件始終晦暗不明又蒙上激情色彩。梅德約和他所有族人一樣具占有慾。他會容忍妻子放蕩，實在是件難以想像的事。

從不沉悶。除了個人情感的糾葛，還有部落間的世仇和掠奪。一回敵對部族發動突襲，奪走最好的牛和珍最喜愛的馬。政府打馬虎眼，沒有採取任何行動。對此珍既憤慨又鄙夷。她和梅德約率領騎兵隊策馬作戰。長達三星期的沙漠戰役：大公侯婁（Holo Pasha）帶著一支九十人的兵力，夜深人靜時發動襲擊，梅德約和珍召集人馬奮起應戰，最後侯婁帕夏被徹底擊垮。她的英勇讓她在阿拉伯世界贏得更高的地位。她自成一套法則，阿拉伯人也和歐洲人一樣慢慢發覺到，珍顛覆所有先入為主的概念，無法被歸類——婦女、亞馬遜女戰士、妻子、情婦……她是梅茲拉布族的珍・狄格比，不論在東方或西方都獨一無二。她偶爾會出資購置新型裝備，提升部落防禦力。（貝都因部落大部分的武器是長矛和古老得離譜的馬槍。）在這種情況下，梅德約有時也會接受她的心意，因此更受族人敬重。她的日記有這麼一段好戰的描述，「轟隆的火砲和火槍聲在早晨響起，約有一百四十餘名阿拉伯騎兵衝進城，捎來再真實不過的消息，哈希姆貝伊（Hassim Bey）夥同伊巴馬錫德（Ebn Merschid）攻打我們的營地，對著營帳發射一連串火砲後，搶走所有駱駝。不過謝天謝地，我們無人喪命。」接著是更多扣上鎖釦的盔甲、更多裝上火藥的燧發槍、更多的報復。不，從來不沉悶。

沙漠的這些小規模戰爭，有時一打數星期，而且打得凶猛。有時則更像是行禮如儀，好比中世紀的騎馬比武競賽，換言之，比較像是進行某種儀式或傳統，而非流血殺戮。敘利亞有些部落仍維持「搶轎」（Uttfa）的古老習俗，最明顯的是婁瓦拉族（Rowala）和艾巴哈達爾族（Ibn Haddal），當雙方陷入難分難解的酣戰時，會抬來一座大型駝轎置於戰場中央。那是個巨大的竹轎，裝飾大量的鴕鳥羽毛。裡頭坐著一位姑娘，唱著緩慢而充滿鼻音的阿拉伯曲調，曲子幾乎一成不變地表達情愛與憤怒。她的任務是要激起婁瓦拉人的鬥志，讓戰士們持續戰鬥下去。戰爭輸贏取決於她防禦成功或被敵方俘虜。置身於長矛颼颼揮舞和殺紅眼的部落戰士之

73 譯註：So calm we are, when passions are no more，艾德蒙・瓦勒（Edmund Waller，一六〇六—一六八七）的詩句，摘錄自〈老年〉。

中，這絕非人人欽羨的位子。但這個傳說的奇觀，很可能是梅茲拉布族的珍．狄格比親眼目睹過的許多歷史悠久但已不復見的阿拉伯習俗之一。

她經常談起花式衝鋒（djerid），也就是貝都因騎兵衝鋒上陣的架式，一種傳統的阿拉伯式耀武揚威，從摩洛哥到阿拉伯半島都可看到。不過，她當成司空見慣的事，沒有詳細描述。但她的同胞伊莎貝兒．柏頓剛到敘利亞時，神迷於東方的一切，因而仔細描述過。「當我說一群男人花式衝鋒，我的意思是他們策馬狂奔，在全速奔騰的馬背上嘶吼射擊；身子由馬鐙支撐，馬勒咬在嘴裡，在空中把玩或抖動有羽飾的長矛，或在疾馳中拋擲長矛，繼而再接住；或將身子一翻，滾到馬腹下，自馬腹下開槍，吶喊戰嚎……狂野的景象令人精神大振，」她說，「不過你得騎術精湛才行，因為馬兒純粹是死命狂奔。」

一八五七年，珍決定回英國一趟。她想看看家人、她的律師和收入的託管人，並安排有利於梅德約的遺囑。但這趟英國行必須保持低調，因為在英國即便只是提起她的名字，便有一股惡意氣氛凝結，就算被間接提及，也都被辱罵為蕩婦。這令她的家人非常難堪，他們讀到有關她的消息時仍相當難受，「令人不快的人物……（譬如）聲名狼藉、人盡可夫的梅茲拉布族的珍．狄格比。這名女士先是艾倫博羅勳爵之妻，被丈夫訴請離婚後，改嫁施瓦岑貝格王子，後來又扯上大約六位紳士。最後把歐洲男人消耗完了，她去到敘利亞，嫁了一個矮黑齷齪的貝都因酋長。」「矮黑」、「齷齪」這些形容詞，狄格比家族的人沒有立場反駁，再者，他們的確也無話可說。

珍上次離開英國，是一八三〇年與施瓦辛貝格鬧緋聞之際。當時她離開了攝政時期歡快自由的社會。而今她發現，這社會瀰漫著維多利亞時期的假道學，讓人透不過氣來。與她同時代的婦女，不是變得頑強，就是懨懨無生氣。家庭生活是人人崇拜的聖壇，有長久的婚約與情感，卻沒有激情。離婚是絕口不能提的事，再嫁的寡婦不會被法庭認可。當傳教士頗為流行。非歐洲血統的族群一概被鄙為黑人和黃種人，這些人是需要改變信仰或被施以恩惠的可憐異教徒，毫無疑問不可與之通婚。就算有這個念頭也是有傷風化。尤其是像珍這般風情萬種的女人，又帶著無數風流韻事不知悔改地回到鄉里。五十歲的她，看起來像三十出頭。身材依然婀娜多姿，仍有巴爾札克讚美過的一頭栗褐色秀髮，夾雜的幾縷銀絲只是更添韻味。人們注意到她有將眼圈塗黑的可怕東方習慣。塗黑眼圈！她渾身的優雅、迷人和歡快討喜，全被視若無物，整體的非難氛圍無法認可這快活的罪人。要是她黯然神傷地回來，終日以悔悟的淚水洗面那該有多好！簡直大快人心……他們會向她展現他們對墮落的女人有多麼慈悲寬厚。但是恰恰相反，她的阿拉伯婚姻（外加曾有過的其他戀人）讓她明媚動人。這趟返鄉行並不圓滿，雖然某些親戚以溫暖熱情支持她。珍的出眾氣質與永駐青春，成了她與所有人間難以跨越的隔閡，僅克納姆除外，他仍是一如既往的關心她。即便是昔日忠心耿耿的家庭教師史蒂莉，聽到她暢意的敘利亞生活種種生動描述亦不為所動。珍嫁了一個黑人，史蒂莉提都不想提。對整個家族來說，梅德約是不能提及的人物，這傷了珍的自尊。溼冷的英國春天令她抑鬱，心愛的梅德約沒有捎信來。她煩惱發愁，因在英國已無歸屬感，不似年輕時在這裡如魚得水。五十歲生日後，看來得趕緊回到敘利亞、回到烈日陽光下、回到梅德約身邊才好。她在巴黎短暫停留，購買了一架鋼琴、大量的雅致服飾及大批家禽。然後她加緊趕路——馬賽，地中海地區……當船慢悠悠晃進一個又一個小停靠港，她氣壞了。終於，敘利亞杏桃色的低海岸線映入眼簾。東方！貝魯特，還有黎巴嫩起伏的山巒，終於！她飛奔上岸。行李、鋼琴、家禽和巴黎服飾，全都拋諸腦後。她策馬徹夜疾馳。「懷著怦怦劇烈心跳，我抵達大馬士革……他來了，梅德約，我心愛的人，在那快樂的一刻，我忘了其他的一切。」飄泊的人總算返鄉。

梅德約是個擁有虔誠信仰的人，他從沒錯過穆罕默德信仰日出日落的例行禱告。珍並不特別虔誠，不過出於感恩而非悔悟，經常上教堂做禮拜。她知道梅德約不可能改信天主教；而她尊重他的信仰，一如他尊重她的，只是無法把他從新月轉向十字，似乎略感遺憾。也許穆斯林的奉獻和實事求是的密契主義影響了她，也許他們天生的虔敬喚醒了她內在沉睡的宗教準則。不論如何，她加倍積極地參與教會事務。隨著時間的推移，傳教士在她屋裡受到熱情款待，他們為年少異教徒辦學的計畫受到鼓勵。

珍的身上從沒有浪子回頭的意味。她沒有試圖要贖罪，只是純粹了解到自己與梅德約相愛廝守的幸運與幸福，因而謙卑地感謝上帝，並試著與他人分享自己的快樂——與有心幫助貝都因人的傳教士分享，與她的族人分享，與可能從聖經課和幼兒園獲益（誰曉得？）的貝都因人分享。有一則關於大馬士革主日學校的記述寫道，她會神不知鬼不覺地溜進課堂，和其他阿拉伯女人一樣跪坐著上課。她與她們做同樣打扮，也戴上面紗，而栗色長髮此時已染成黑色，因為根據阿拉伯的迷信，金髮是不吉祥的。傳教士沒有認出前艾倫博羅夫人並不令人訝異。她逗留其中，禮貌交談，讚賞他們的作為。此處我彷彿看到另一個珍的閃爍身影，把她的歷任情人名單形容為《哥達年鑑》的那個淘氣女人；談笑風生逗樂了巴爾札克及所有認識她的人。

然而即便到了六十歲，她也絕不可能沉溺於宗教。在大馬士革，不管在東方，還是西方圈子，她成了大名鼎鼎又備受愛戴的人物。柏頓夫婦剛抵達大馬士革不久，而他身為頂尖的東方學者，很可能從她對阿拉伯生活的豐沛知識獲益匪淺。卡迪爾及其忠心的阿爾及利亞扈從也在這個城市落腳。不知有多少個無風沉悶的夏夜，柏頓夫婦、梅德約夫婦和卡迪爾在柏頓夫婦位於薩拉希耶的房宅屋頂，舒展身子斜躺，身旁放著水菸；他們慵懶地吞雲吐霧，交換東方的見聞與傳說。柏頓當時仍在為他的《一千零一夜》收集資料，特別是詳盡論述阿拉伯房中術與習俗的「結語」部分。

柏頓年輕時常大膽喬裝成波斯小販，早在他進入麥加之前，已成功深入其他神聖的穆斯林堡壘——後宮閨房。他描寫的一切看來都像真的；但珍·狄格比成了穆斯林的妻子，她了解他們的生活方式、他們的閨房，就連柏頓也望塵莫及。他肯定向她徵詢很多事。柏頓夫人總是被晾在一旁，就是在這種情況下（有人感覺到她熱切、恭敬卻又置身事外的超然態度），她談到在屋頂上度過的那些夜晚，此時其他訪客已經離開，譬如當時待在大馬士革的二十多歲歐洲人、在領事館層級政府單位服務的成員和路過的旅人，因為很少人會在入夜後逗留在柏頓夫婦居住的荒涼山腰。「我多麼懷念那些浪漫歲月……長臥榻的坐墊與靠枕散置在屋頂……屋頂上備妥晚餐，大馬士革兩位最有意思、最了不起的人物，兩位不知恐懼為何物的人——大名鼎鼎的卡迪爾和艾倫博羅夫人仍留在這裡……她是個絕色美人，儘管提筆之際她已六十一歲，修長高䠷，女王般威風凜凜。她是個聰慧機靈的貴婦，風姿綽約，談吐優雅，彷彿剛離開倫敦和巴黎的沙龍，沒有半句不當的言詞。我丈夫認為她是個絕頂聰明的女人，沒有什麼事是她做不到。她能流利地說九種語言，而且能讀能寫。她的信寫得極好；若是談公事，則文詞精練，沒有贅語，更不會詞不達意（不像柏頓夫人喋喋不休、沒完沒了）。她擁有最精采浪漫的冒險生活，有人說，她可謂海斯特．史丹霍普夫人的後繼者。」柏頓夫人繼而描述珍在大馬士革的房宅及貝都因帳篷的雙棲生活。「我在大馬士革第一次見到她，」她寫道，「……她過著半歐洲式的生活。她用化妝墨塗黑眼圈，過著古怪又不修邊幅的生活，不過若非如此，她就一點也不奇特。」她語氣堅決。「她被族人當成皇后敬重，經常穿著一襲藍袍，美麗的秀髮編成兩條及地長辮。她要擠駝乳，服侍丈夫，為丈夫準備食物，端水給丈夫洗手洗臉，坐在地上為他洗腳，為他遞上咖啡、冰凍果露、水菸，當他用餐時站在一旁，而且對此感到自豪。（柏頓夫人衷心認可這種態度，因為她也是樂於順從的妻子。）她穿東方服飾看起來很美，倘若你在市集見到她，會說她不超過三十四歲。」

雖然過著貝都因生活時，她大多僅穿著一般婦女穿的簡單布織品，但仍相當亮眼。她的遺囑提及一些昂貴的東方飾品。「我的阿拉伯首飾、腰帶、金銀珠寶、鍍銀頭飾、胸飾品及綴有珊瑚的纓頭……枝狀彩鑽頭飾。」這是她打扮入時年月所遺留下來的歐洲飾品，還是義大利手工藝師傅為東方市場所製，可以在突尼西亞寶石露天市場找到搖搖顫顫的晶鑽流蘇步搖？這不重要，但我總愛想像，當她全身佩戴精緻出眾的戰利品，那些不為人知的歐洲愛情信物，同時混搭著該部族充滿野性的華美飾物，然後出現在有怒馬騰躍、雷鳴般馬蹄聲及槍彈齊飛、火光迸射的某次傳統的阿拉伯花式衝鋒，一如她以同樣的雍容華貴為奧馬克舞會沙龍或巴黎、慕尼黑及雅典沙龍增添光彩……總能讓路途中的每個營地熠熠生輝。

如今她有了「可敬的梅茲拉布族的珍・狄格比」這個封號（她的兄弟姊妹在一八五九年被授予男爵子嗣的地位），見到造訪大馬士革的每一個有名望的人，雖然沒有記載顯示，她曾經和兩位最有意思的英國人見面，道諦和霍爾曼・杭特（Holman Hunt）。前拉斐爾派畫家杭特在一八五四年抵達大馬士革，據他所言是要調查基督的長相。長達兩年的時間，他四處晃蕩，描繪聖經的經典場景。道諦這位博學的旅人，腦袋裝滿化石和喬叟式（Chaucerian）[74]英文，在一八七五年隱居於大馬士革的阿拉伯區。當時他正潛心鑽研阿拉伯文，為橫越阿拉伯半島的旅行做準備。珍・狄格比及夫婿向來殷勤款待這一類的人。不過，把她當笑話看（認為她是過氣的美人，四任前夫仍健在，現在淪為黑人之妻）的人，則冷淡地回絕她。只要有介紹信，肯定會在她位於大馬士革巴布曼澤卡薩巴城門（Bob Menzel Khassab）外的迷人屋宅裡受到款待。那屋宅和她從前有過的家屋一樣漂亮有個性。花園裡有許多睡蓮池和罕見植物，還有英國果樹、英國花卉，好比碎花布般充滿農村風情的邊緣地，讓她想起少女時代住過的諾福克，種有紅瞿麥和白燭葵、須苞石竹和風鈴草。梅德約會熱切地注視著那片花草。身為遊牧民的他對園藝並不感興趣，但對他的駱駝群來說，那是多麼棒的牧場！馬廄和附屬建物圍繞著中庭，庭中央有座噴泉，還有她收留的一群動物在庭中走動，這群持續擴張的各色動物由依舊忠心的尤金妮飼養。除了馬兒、驢子、單峰駱駝、一隻鵜鶘、波斯獵犬和鸚鵡外，一度還養

74 譯註：指Geoffrey Chaucer，一三四三—一四〇〇，十四世紀英國大文豪、大詩人，享有「英國詩歌之父」的美譽。首創的英雄雙韻體為日後的英國詩人所廣泛採用，代表作《坎特伯雷故事》。

了上百隻貓。每一隻都有自己的盤子。無怪乎這項任務只能交由尤金妮負責，對貝都因人來說，這種事既不合宜又不可思議。屋宅大體布置成歐洲風格，有嵌鎏金家具、鏡子、花式羅緞（grospointu）[75]、小擺設和家人照片。內有一間壯麗的八角形起居室，寬敞而典雅，珍在那接待賓客，裡頭擺滿她周遊各地累積的迷人物品。她的服飾縱使有點過時，也依舊是錯不了的巴黎風；她常戴著一串珍珠項鍊。巴西國王有回在清晨六點這古怪的時間造訪，依然受到熱情款待。他隨即被她的風采迷住。她說他是她認識的所有友善可親的皇族當中，最討人喜歡的一位。

✤

珍接納她丈夫的族人及其生活方式是無庸置疑的。伊拉貝兒．柏頓說她「比貝都因人更像貝都因人」，不僅接納族人劫掠的習性，還參與其中，對橫越部落土地的沙漠旅人強索大筆的安全通行費。伯頓夫婦前往塔德莫（Tadmor）[76]考察期間，珍推薦了一名嚮導兼護衛（Ghafir）給他們，柏頓夫人說起他們如何制伏這名可疑人物。「在當時那樣的一趟旅行是非常艱困的事……首先，在旅行期間提供保護的梅茲拉布族索價六千法郎……沒有水源，也就是說，整趟路上僅兩處水井，而且只有他們知道在何處。困難重重且危險四伏；他們在夜裡行進、白天隱匿。你可以說，駱駝需要十天的路程、馬兒需要八天的路程……艾倫博羅夫人……」（在柏頓夫人眼裡，她始終是貴族夫人，不是酋長夫人），「協助該部族隱匿水井，對於有意造訪帕米拉的歐洲人強索保護費，為該部族帶來可觀的收入。」柏頓夫婦決意前往，但無力支付如此大筆的保護費。理查．柏頓不需要譯員，對於曾經喬裝成穆斯林深入麥加的人來說，這樣一趟考察就像外出散步。當他問妻子是否準備好要冒險，她的回答很經典，「你往哪裡去，我也往那裡去。」（Whither thou goest, I will go.）[77]伊莎貝兒說。當聽到他們的決定，艾倫博羅夫人顯得非常焦躁不安。「她知道這會重創該部族的歲入，她和我們交情很好，而且她和家族的一房遠親是姻親，若是能不破壞整套作法，她會很願意幫我們這個忙。她極力勸阻，憂心我們會有損失，告知這一去很可能回不來……確實，每個人都要我們預先立好遺囑；最後她派了一名梅茲拉布族的人護送我們，好讓我們避開貝都因人的劫掠，並盡速走向水井，**如果它存在的話**。」這是柏頓夫人的觀點，很可能專橫地曲解珍的一片善意，抑或這樣的解讀並不專橫。不管如何，對貝都因人來說，柏頓並不好惹。他經常談到阿拉伯騎士精神的迅速式微、背信棄義的事與日俱增、傳統榮譽感淪喪。從前立鹽約的神聖儀式，保證了穿越各部族旅人的安全無虞，而今飢餓與匱乏改變了一切。「用『我們一起吃過鹽』（Nahnu malihin）[78]來說情也沒用，」柏頓寫道，「他們會反駁說：『你的鹽不在我肚裡。』絕大多數的安塔爾（Antar）[79]子孫已不再有

75 譯註：表面粗糙帶有毛圈的起絨織物，用作裝飾布。

76 譯註：即帕米拉。帕米拉是希臘語，源自最初的亞拉姆語名字「塔德莫」，意為「棕櫚樹」。

77 譯註：出自聖經路得記1：16。

78 譯註：古代的東方民族常會簽訂「鹽約」，雙方會吃點鹽做為立約儀式的結束。因為鹽具有防止食物腐化的功能，「鹽約」象徵契約的不變性與永久性。

79 譯註：西元六世紀前伊斯蘭教時期的阿拉伯騎士與詩人。

紳士作風，不僅不把先祖古風放眼裡，還加以嘲笑。很多惡棍一手遞碗給你，另一手卻持刀戳你。」

柏頓夫婦依舊決定前往，他們接受了珍提供的那名梅茲拉布嚮導，但為了保險起見，帶了十七隻載水的駱駝上路。夫婦倆穿上阿拉伯裝束，而且全副武裝：帶了數名馬伕、土耳其衛士、先遣者，還有柏頓最忠心的阿富汗護衛阿迦（Mohammed Agha）。這可觀的騎兵隊浩浩蕩蕩出發，即便如此，還是做了每項預防措施。他們著裝睡覺，左輪手槍不離身，隨行的人輪班看守，駝鈴也都解下，因此入夜後營地闃靜無聲。離開大馬士革一天左右，柏頓夫人記載道，她覺得那梅茲拉布人有種「被逗樂的詭異神情」。她和丈夫談過這點，他們都認定，不久他便會帶他們走入陷阱。柏頓把忠心的阿迦叫來，用波斯語吩咐他去辦事。這名阿富汗人飛奔而出。柏頓夫人說，每當柏頓要他去把某人找來，就會立即動身，並答道：「以阿拉之名，在下遵命，假使他在地獄，我也會把他拖來……」我們取走那貝都因人的馬和武器，讓他騎在載行李的騾子上。「我們待他非常和善，他享受到我們有的舒適，但有兩名騎馬的守衛日夜看守他，因此他毫無用武之地。我們知道這位貝都因人一旦騎上他的純種馬，就會騰躍而出，四處兜圈子，假裝尋找水源，實則把他的族人引來，我們會被俘虜；上頭會下令要尊重、善待我們，但我們會被勒索贖金，因而證實若沒有交出每個人頭六千法郎的保護費給貝都因人，帕米拉根本去不成，然後外交部會乘機非難，因為他們的領事讓我們冒這種風險而被召回。我們綁架那梅茲拉布人是為了演戲，只要貝都因搶匪一靠近，就立即表明有貝都因人隨行，只是他不得移動也不能打任何暗號。」看著她摯愛的梅茲拉布族受此侮辱，珍想必相當憤怒；或者，眼見在沒有流血的情況下，該部族得到一次教訓，說不定還暗中竊喜？我們沒有任何記載顯示，她曾試圖改變貝都因人的殘暴習性：也沒有記載顯示，她曾試圖要他們改信天主教。她與他們生活在一起，成為他們的一員，但還是保有個人信念不受侵犯，不過她也從不勸誘他們改宗。那麼同樣的，若是梅德約這位受敬愛、高貴、豪膽、自主的愛人從未覬覦她的財富，他以族人的傳統方式獲取資金，也不該遭受批判。不，珍不會加以批判，她大抵同情貝都因人甚於柏頓夫婦。但她謹慎地保持沉默，在他們啟程跨入未知險境之際憂心忡忡，在他們返回時如釋重負地歡迎。這是命運！但憑天意！

✤

一八七二年發生很多驚險刺激的事，也有若干大戲上場。部落間的戰爭加劇。梅茲拉布族為了攸關生死的牧草地和貿易權問題，支持薩巴族（Saba）對抗傳統死敵婁瓦拉族。婁瓦拉與土耳其當局一連串檯面下的交涉與密謀（土耳其當局以此為樂），激怒了薩巴族，雙方交戰；梅茲拉布族也加入戰局，但情況並不順利，他們折損了大量的人馬與牛隻，營地也被攻陷。珍衝鋒上陣，與梅德約並肩作戰。薩巴族重整旗鼓，旋即再次發動攻擊，經過一場猛烈的戰鬥，這回婁瓦拉族在賈布爾（Jabul）被擊潰。這場戰役打得慘烈，戰情傳遍整個敘利亞。梅茲拉布族損失慘重，以致有謠言傳出，乳大娘戰死沙場，珍和梅德約下落不明。由於流言甚囂塵上，珍在黎凡特地區成了知名人物，就像她在歐洲名聲響亮。不管生前死後，她都是新聞頭條。報紙競相翻起陳年舊帳。訃聞寫得香豔，說得都是一樣的故事，只是準確程度不一。其中一則以無禮的語調起頭。「一位大肆利用婚姻、或者說濫用婚姻的貴婦剛過世。」……撰稿人光是列出她的義大利前夫就有六個。「她在雅典嫁給第七任丈夫，希臘上校希歐托奇伯爵，他留住她的時間也沒比其他人更久。」諸如此類。這篇訃告指出，她的第九任丈夫是個騎駱駝的人，比她先赴黃泉，其準確性不比《柏克氏貴族系譜》（*Burke's Peerage*）好多少，而某個版本的《柏克氏貴族系譜》正確描述她的第一段和第二段婚姻，其餘的則荒腔走板，「……第三段婚姻，嫁給希臘軍隊的錫克梅德約將軍；第四度婚姻嫁給梅袞爾，一位東方紳士。」這類婚姻變奏曲完全在柏克氏的經驗之外。訃聞持續湧向英國、法國和德國報紙，各報競相濃墨重彩的大肆渲染。珍在世的親戚感到顏面無光。即使她已入土，那些陳年緋聞再次揚起醜惡的臉。

不過這類譭謗也不是沒有引發異議。柏頓夫人仍對艾倫博羅夫人懷有敬意，儘管那時因政治惡鬥，丈夫遭到撤職，已離開大馬士革，依然記得在撒拉希耶屋頂上那些奇妙的夜晚。她以慣有的精力急忙為摯友的死後名聲辯護，將洋洋灑灑的長篇反駁發給《泰晤士報》和其他歐洲報紙。她是出於忠誠，但所寫的內容和其他撰寫者的一樣不準確。她大筆一揮，駁斥所有的惡意中傷。在細數艾倫博羅夫人的諸多美德後，詳述她定期上新教徒教會，「週日往往兩次。」……力陳她始終恪盡一名良好天主教徒和英國女人的本分，接著以更熱烈的口吻說道，「她只不過犯了一個錯，況且誰曉得那是不是她的錯？（她寬厚地補了這一句）十五年的善行和悔悟已洗淨她的罪孽。」因此，認定施瓦岑貝格王子是艾倫博羅夫人犯的一**個錯**，而且無視其他出軌戀情，柏頓夫人激切的失了分寸。她繼續說她有艾倫博羅夫人的自傳體筆記及其口述資料，說艾倫博羅夫人生前曾希望她為其作傳。

但是珍並未過世。當她終於伴隨梅德約凱旋返歸大馬士革，讀到自己的訃聞時，既疑惑又有趣。柏頓夫人那一篇似乎較其他的更令她惱火，隨即發表聲明，一概否認。她沒有死，也沒有九任丈夫，更沒有准許過任何人替她作傳。為此，這兩位女士有過激烈交鋒，後來珍很可能氣消了，便把這整件事拋諸腦後，投入人生更愜意的事。但遭受嚴斥的柏頓夫人則可憐的有苦難言，因其初衷是那般良善。

珍現在當了祖母。但她從不曾真正的投入母親角色，除了對李昂尼達斯，至今仍懷著喪子之慟。她對施瓦岑貝格的孩子沒什麼感情，而為了希歐托奇拋棄費寧根的兩個孩子波莎和赫利柏特，也不曾勾起她的母性。因此為人祖母亦不若部族事務那般打動她。雖然她沒再見過費寧根那兩個孩子，但他們有通信。波莎是個問題，她的心困在一片愁雲慘霧裡，最後被送往精神療養院。可憐的波莎！她母親寫道，由衷感到悲痛，自責沒盡到母親的責任。若是她陪在孩子身邊，波莎就不會出問題？實則不然，這是多愁善感的觀點，珍始終是浪漫的人，卻很少多愁善感。她離開波莎時，波莎還是個女娃，根本不認得她；波莎在男爵父親的愛與富裕中長大，但還是鬱鬱寡歡。赫利柏特則完全不同。他沒問題，儘管母子倆也從未見面，但兩人感情很好。他寄照片給她，她始終珍藏著。當他請友人路易・奧可—瓦利伯爵（Count Louis Arco-Vally）來拜訪她，她樂開懷。可以想見，赫利柏特催促同窗好友來拜訪他在異國的母親。「趕快去看望我母親，她住在那裡，你曉得的。」但這位伯爵真曉得嗎？我們看到他，一名海德堡學生，也許是去聖地旅行，抵達敘利亞時，受到一夥歡呼吶喊的梅茲拉布人熱烈歡迎，震驚得張口結舌。他們護送他越過曠野來到大馬士革，去晉見他們的酋長夫人——赫利柏特的母親。

整個部族為他們的夫人感到自豪。他們不時來請教她，並尋求幫助，不分晝夜。有時部落間的情勢緊繃之際，他們會一批批湧向她大馬士革的屋宅，散布在各個角落，讓駱駝就著噴泉飲水，在美麗的花圃裡搭帳篷，甚而蜂擁進屋裡來，睡在階梯上。他們是梅德約的人，珍一點也不在意。她泰然自若地坐在八角形起居室內，做她的針線活，要不就是和一心想開挖古蹟的人討論考古計畫。她被視為當時敘利亞遺址首屈一指的權威之一。當時髦的巴伐利亞畫家卡爾·哈格（Carl Haag）在一八五九年造訪敘利亞，他們一起去寫生，由梅德約和手下護送，到更偏遠而風景別致的地方作畫。可以想像那情景：哈格這位成功的藝術家，其緞子般的光滑版畫妝點無數倫敦家庭，經常接受維多利亞女皇及皇夫的皇家贊助，或許變得有點自負浮誇，但當那把有綠色襯裡的傘綁在旅行用的輕型畫架上，還有一把輕便摺凳及大量的顏料——當然是水彩顏料。他依然是名專業畫家。而在一旁的珍，其配備沒那麼齊全，但她已相當習慣烈日，並歡喜且熟練地塗畫著那個年代令人心曠神怡的實景。在這場景裡有些東西很感人：對冒險衝勁十足的阿拉伯酋長夫人、梅茲拉布族可敬的珍·狄格比，安靜地坐在沙漠裡，畫著精美的水彩畫，按照以前在侯克罕時史蒂莉教她的方法作畫。這些是當今少有家庭會重視的那種畫，除非從歷史的角度來看。它們不會被當成藝術品認真看待，但具有懷舊的力量，令人遙想某個地方、某個時刻、某個事件，這是智性活動所不能及的。這類精美的小幅水彩畫，現在還是找得到，也許是堆在閣樓裡或舊貨店。在那裡若瞥見什麼微微閃著黯淡金光，大抵是畫框不會錯。然後這些畫被帶到陽光下，有拿坡里灣的黃昏、瑞士湖、黎巴嫩香柏樹、駛向華美莊園前的一輛四輪小馬車……全都楚楚可憐，代表著某個人對於美的事物、對於另一個年代獻上的永恆敬意。

珍畫著她周遭的浪漫東方，聊起他們在倫敦和慕尼黑的共同友人。在幾棵矮小的橄欖樹樹蔭下，或傾頹的清真寺內，梅德約與族人裹著有包頭巾的呢斗篷坐著，動也不動，不發一語，以有點古怪的阿拉伯式向內凝視的目光注視著，彷彿他們透過凝視吸納所看之物，然後由內仔細思量。當珍得知哈格畫過皇夫的肖像，隨即委託他替梅德約畫像。與其說她把梅德約視為王夫，不如說他是她傾慕的夫君，為了他，沒什麼是好的——就算是維多利亞女皇的御用宮廷畫家。

「在六十二歲的年紀，我依然滿腔熾熱激情，即便是浪漫莽撞的十七歲女孩也無法超過。」她在生日時這麼寫道。這浪漫的傾向在她人生的第六個十年仍持續著。她顯然屬於罕見的那類青春永駐、風韻不減的女人。不可能無視她的駐顏有方，而說她蠻纏胡攪、來者不拒，或說她的財富和出身讓她在別的女人早已嫁不出去的年紀仍有許多情人。就像珍從未想過成為阿拉伯人之妻，可能失去天生的英國權利或主體性，她似乎也從沒想過自己會變老。

雷德斯代爾勳爵（Lord Redesdale）在他的回憶錄裡寫道，她談起少女時代攝政時期倫敦的許多友人時，彷彿時間也停止了。她問起一位老朋友克朗威廉勳爵（Lord Clanwilliam）。米特福德先生（Mr. Mitford），當時的雷德斯代爾勳爵答道，他過得可好了，「兩、三個月前，還撇下我們去海克利爾（Highclere）溜冰呢。」

聽完後，她一臉不解。「為什麼他不能去溜冰呢？」她問。

「這個嘛，」他說，「妳可要記得，他已經七十好幾了。」

「天哪！」她驚呼，「這怎麼可能！那俊俏的少年郎！」

珍還覺得年輕；事實是，她不僅看起來年輕，也保有年輕心態。傾慕與愛情是美麗的萬靈丹。她的生活從未演變成終日窩在扶手椅中，而且不是在寢間，就是在馬鞍上。直到過世的前幾年，她的步調從未鬆懈過，生活模式也不曾改變過。雷德斯代爾勳爵也提及，她描述過幾次帶兵突圍，反擊某部族進犯的經過。「事實上，」她說，「我們現在可是一隻腳套在馬鐙裡，明天一早就要往沙漠出發。」當時是一八七一年，她已經六十好幾。

她一直熱烈愛著梅德約，除了一段什麼都無法確定的神祕插曲，關乎死敵法雷斯酋長的猛獻殷勤，她對梅德約一直忠貞不渝。只不過，他對她是否也忠實？他肯定深愛著她，從未有招搖的情婦薩巴菈，也從未承認另有妻妾，如同他們最初的婚約允諾的。基本上，他是個令人滿意的忠實丈夫，就像她的日記顯示。然而他和媳婦瓦吉德有私情的謠言始終存在，這位榭畢巴的遺孀，據說對梅德約而言不僅僅只是媳婦而已；珍被妒火深深折磨。

話說回來，當時兩人關係也因為一八五九年大屠殺期間，珍護衛基督徒的態度而有所疏遠。這段敘利亞歷史的醜陋篇章，起於一場空前的雪冬，作物壞死，遍地饑荒，再加上異族居民日益高升的騷亂不安。不久，穆斯林和基督徒相互攻擊。該年五月在貝魯特，德魯茲族（the Druzes）幾乎滅了馬龍派（Maronites），一個基督教宗派，這場大屠殺造成一波波的恐怖行動蔓延全國。七月時，擴及大馬士革，情況慘烈直比印度反英暴動（Indian Mutiny）[80]。庫德族（Kurds）和德魯茲族火燒整座城，企圖用煙把基督徒熏出來，被逼現身的基督徒不是被殺死、被強姦，就是身首異處。成堆的屍體在溝渠裡腐爛，任野狗亂咬，景況駭人聽聞。逃得了的都逃了。但卡迪爾和珍・狄格比留了下來，做他們能做的事。卡迪爾衝入屠殺現場，試著和暴民講道理。當他發現怎麼做都枉然，索性開放屋宅當庇護所，收容設法前來他屋子的所有基督徒。珍從她靠近穆斯林區的屋宅，聽到這場仗打得如火如荼。身為信仰天主教的穆斯林妻子，又是眾所矚目的人，她的處境危險。梅德約及其手下把屋宅變堡壘。火焰繼續肆虐，連外國領事館也慘遭焚燒。有些國家的領事和職員逃離，有些則受傷或當場被殺。鮮少有人想到一起行動，他們聯合起來也許還能抵擋。不過，還是有人展現了對抗的鬥志。希臘領事退守屋頂，帶著一把槍和一瓶獅子奶。從這個制高點，可擊斃每個進逼的穆斯林。不久，門前便歪斜橫陳好幾具屍身，暴民見狀掉頭就走。但即使足智多謀，也無力抵擋四處延燒的火勢。

敘利亞七月的熱浪，加上猖狂火勢，整座城猶如一座火爐。空氣中充斥著腐屍的臭味和慘遭凌虐的尖叫呻吟。大馬士革，黃金之城，人間天堂，成了一座煉獄，一如波希（Hieronymus Bosch）[81]筆下的世界。

雖然她更不具成功的條件，但她還是這麼做，毫不畏縮。珍走出梅茲拉布人的保護，隻身進到城裡，試著像卡迪爾般盡一己之力扭轉局勢。她本人或房子都沒遭受攻擊，因穆斯林相當敬重其在阿拉伯人中的地位。但她公開積極表明自己的基督徒信仰，並持續強調其信仰。她的

---

80 譯註：指一八五七—一八五八年不列顛東印度公司服役的印度土兵（Sepoy）譁變。

81 譯註：Hieronymus Bosch，一四五〇—一五一六，荷蘭畫家，常以愚人和半人半獸來表現人類道德沉淪的一面。

個性裡沒有迂迴或妥協這回事。即便她對梅德約和阿拉伯人的愛也必須退居第二。活到中年，珍已形成一股強烈信念，再不會像多年前否定她對施瓦岑貝格的愛那樣，否定她所深信的事。

這般的率直，不管是現在或過去都不太得體，但事實如此。她從沒想過暗中去愛或暗中禱告。而且梅德約似乎也立場堅定。兩人因此失和，他回到沙漠，留下珍獨自傷悲。

但她並不孤單。即便在大屠殺後，背負上失職的穆斯林妻子、一名邪教徒的罵名，還發生了被大肆渲染、真實性不高的一場鬧劇。法雷斯酋長見有隙可乘，強行求婚，令珍非常不快。她被遺棄在大馬士革，沒有梅茲拉布人的支援，也沒有當她具英國身分時英國官方能給予的協助。因為婚嫁且定居敘利亞，她如今是土耳其公民，這個事實比她的年紀更令她難以接受。法雷斯是有權勢的王公，擁有龐大的領土；但他垂涎梅德約的妻子無庸置疑。她的財產，就如柏頓曾嘲諷地斷言，很可能讓她在沙漠暢行無阻，但不影響梅德約的態度。梅德約一貧如洗卻不慕榮利，她的財產也不影響法雷斯，因他富有到對她的錢財無動於衷。即便邁入中年，即便在另一個東方世界，珍的魅力依舊所向披靡。這證明了「阿拉伯人（和中國人不一樣）只迷戀少女」的說法有誤。也許就這一點，珍也是自成一套法則。

✤

她情愛生活的軌跡，想必是從少女的天真爛漫到少婦的貪慕調情，繼而演變成第一次火熱的婚外情。就此回不了頭。當今有女人主張婦女有參政權（suffragette）[82]，有女人爭取男女平等，終生抗議身為「第二性」，試圖在人類活動的各個範疇造反，發出異議，挺身對抗男人。

但珍不是這種女人。她從未爭取平等，平等自然而然落到她身上。兩性不平等的問題從未在她腦中出現，因為她是個天生的亞馬遜女戰士，生與眾人平等。以今天的話來說，她狂放不羈。她女人味十足，外表美麗纖弱，但她馳騁跨越生命的每一道藩籬，不管是社會或道德的。倘若她與男人間有不平等的地方，那就是男人給的愛比較少，而且更容易厭倦。即便二十出頭，她的熱情便讓巴爾札克印象深刻。在《幽谷百合》裡有關她的那些有所歪曲的描繪（書裡只會更誇張，因為巴爾札克刻意用杜德利夫人的熱情來凸顯楚楚可憐、蒼白消瘦的莫爾索夫人百合般純潔），是我們對這個令各種男人為之傾倒的女人僅有的第一手描述。巴爾札克這麼描述這位情婦，「杜德利夫人就像魔鬼站在寺院屋頂上一樣，快意地指給我看，她那熱情王國中最富饒的地方……她是肉體的情婦。」莫爾索夫人無疑則是**靈魂的妻子**……整體來說或許不是令人滿意的角色。

也許有人會說，她遇到梅德約時已年近五十，胃口變小了，她的魅力也是。然而，她從沒像愛梅德約那樣愛過其他男人。與他的結合，似乎較其他段婚姻更令她感到滿足。也許這和阿拉伯情人傳說中的性能力有關係。也許經過半輩子的恣意妄為，蒼白的西方男人再也填補不了她的飢渴。而她與梅德約二十五年的婚姻始終保有激情、始終沒變成老夫老妻的平靜無波。當我們想到她嫁給梅德約時將近五十歲，不得不承認她在各方面都出類拔萃。她長久以來馳名歐洲的姿色，在看慣自家女眷單一褐色調的阿拉伯人眼裡，肯定明麗動人。她的白皙肌膚、金碧

82 譯註：英國於十九世紀末到二十世紀初，主張婦女普遍投票權的女人。

秀髮和藍眼珠，豔光四射，就如她輕柔嗓音、明亮的青春、源源不絕活力和獨立自主，魅惑地與眾不同。從當地的傳教士到巴西國王佩德羅（Dom Pedro），敘利亞每個認識她的人，無不著迷於這位真女人的永恆魅力與單純率真。歷經一切風暴和緋聞，這股魅力依然散發璀璨光芒直到最後，久久不散。東方果真沒有暮光。

✤

終於，「宛若大黑牛」（like great black oxen）[83]的歲月毫不寬待地靠近了。歐洲各地的領事館傳來珍過世的消息。現今與珍同時代仍在世的人已為數不多。在七十四歲的年紀，她開始覺得住在貝都因帳篷裡身體吃不消，就像她發覺長時間的沙漠騎乘太過疲累。過世前幾個月，不得不留在大馬士革，而她的馬兒在馬廄裡愈來愈躁動不安。梅德約孤身進出沙漠，讓她感到悲傷難過。

稍早前，她終於變得務實，在新教徒墓園為自己買了塊墓地。大抵是她深知，對梅茲拉布族來說，就像所有阿拉伯人認為的，死後人的身體不過是個皮囊，無關緊要，會被迅速處理掉，接著被遺忘。或許她想到沙漠裡的淺墓塚、充當棺木的裹屍布及四處覓食的豺狼。因此選擇在死後與基督徒一起長眠地底。

一八八一年夏天，霍亂肆虐全城。歐洲人大部分前往山區躲避疫情。珍和梅德約留在美麗的屋子裡，與噴泉、花圃和滿園動物在一起。尤金妮已不在那兒為上百隻寵物分發上百個食盤。她是過世了，還是受不了維持這一大家子的家務，惱火回到歐洲，不得而知。不論如何，這個忠實的老朋友不在了。隨著痢疾發作，人生的盡頭很快來到，在八月十一日那天。她彌留之際，梅德約陪伺在側。梅德約具現了她這輩子最意想不到近三十年在東方的種種冒險、浪漫與美麗。有了梅德約，套用理查・柏頓的出色詩句，「生活的詩意從不淪為平凡」。

她過世後，一如其生前，梅德約送上她最愛的戲劇性。當送葬隊伍莊嚴地蜿蜒前進，宛若黑甲蟲般緩緩爬向新教徒墓園，他內心深處的狂野沙漠貝都因人造反了，從帶頭的馬車裡衝了出來，像瘋子般拔腿狂奔，驚動了寥寥幾個送葬者。送葬隊伍雖受到驚擾，仍繼續前行。儀式進行至尾聲，牧師念出喪禮上最後一句莊嚴的詞句，此時一陣雷鳴般的馬蹄聲由遠而近。梅德約回來了。騎在珍最愛的黑馬上，快奔至挖開的墓地。塵歸塵，土歸土……她的貝都因丈夫和她的愛馬在那裡陪著她，在最後一刻。對珍・狄格比來說，生活的詩意從不淪為平凡。

83 譯註：濟慈〈William Butler Yeats〉的詩，源自葉慈的劇本《凱薩琳女伯爵》。

3.

艾梅・杜布克・德希薇莉

Aimée Dubucq De Rivery

一縷幽魂捎來的訊息

當北非海盜「Corsairs」船[1]領著艾梅．杜布克．德希薇莉穿越君士坦丁堡熙熙攘攘的巷道，前往土耳其皇宮，幾個揮著河馬皮鞭的蘇丹宦官在前頭為她開路。她是阿爾及爾首領（Dey）[2]進獻給回教統治者——土耳其蘇丹、阿拉真主的影子——之貢品。原本她在歸鄉途中，從南特（Nantes）的女修道院要返回馬丁尼克島（Martinique）。她是個漂亮、聰明、虔誠又迷人的小姑娘，特別受到修女們疼愛。在不捨的淚水與禱告中揚帆啟航，連女修院院長也來到碼頭送別。若是她們能夠預見她的命運，不知眼淚和禱告會多上多少。

此時身穿奢華錦緞、罩著面紗的艾梅，肯定想起了馬丁尼克島的女黑人尤菲米亞．大衛的預言，當她和表姊，一個又黑又瘦的小女孩，約瑟芬．塔契．德．拉．帕熱利（Josephine Tascher de la Pagerie）[3]，也就是後來世人所知的約瑟芬．波拿巴（Josephine Bonaparte），黃昏時分悄悄穿越甘蔗園，在老邁的女算命師掌心放了幾枚銀幣。算命師拉拉雜雜咕噥著晦澀詞句，似乎提到了皇冠、王位和海盜船。孩子們屏息聽著，她們並不信，但是記住了……眼下，恐懼沉甸甸地壓在心頭，艾梅看見一抹龐大身形搖搖擺擺朝她走來，貂皮襯裡的皮草大氅在他身後擺動，高聳的纏頭巾隨著火鶴羽扇搖曳。他是黑人大宦官，宦官總管，一位貴氣的努比亞人，所謂的黑大人，來到幸福門（Gate of Felicity）[4]查看阿爾及爾首領獻給他至尊主人的貢品。艾梅看見他的一側有堆頭顱，堆得像大金字塔，有些剛被斬下，滲著血水發出腥臭味。未來似乎將她包圍。這不是夢魘！這是她的命運，而且她逃不了！她的藍色大眼睛隔著面紗狂亂地瞪視外頭，隨即闔上。她昏了過去。

✤

對於艾梅・杜布克・德希薇莉，「法裔蘇丹皇太后」，有改革者之稱的馬哈茂德二世（Sultan Mahmoud II）的母親，世人所知不多，記載也很少，但馬哈茂德二世採行大刀闊斧的變革，則為新的土耳其打下根基。一旦我們知道她的存在，她的影響力可從很多方面來追溯，從廣泛的外交策略到宮中的革新，譬如把一名法國舞蹈師引介到後宮，或是蘇丹馬哈茂德對香檳的喜愛。土耳其人生性隱密內斂，尤其是關係到他們的家室或女眷。土耳其的重大陰謀叛變，特別是以宮廷為核心策動的，就如無數例子顯示，數百年來始終讓人看不透。由於艾梅・杜布克是以異教徒身分——一名邪教徒（Giaour）[5]居住於後宮，她更是外邦人中的外邦人，比所有的奴妾，那些喬治亞人（Georgians）和索卡西亞人（Circassians）[6]更可疑。身為法國女人，她有必要隱藏自己；不僅她的性命受威脅，她兒子的性命也是，倘若他要繼承王位（而

1 譯註：埃及以西的北非地區的私人武裝船，在統治當局正式准許下，掠奪基督教國家船隻。
2 譯註：一八三〇年之前阿爾及爾統治者稱謂。
3 譯註：Josephine Tascher de la Pagerie，一七六三——一八一四，拿破崙・波拿巴的第一任妻子，法蘭西第一帝國的皇后。
4 譯註：土耳其皇宮——今天的托卡匹亞皇宮——進入第三庭院——內宮——的入口。
5 譯註：穆斯林對非伊斯蘭教徒、基督教徒的蔑稱。
6 譯註：俄羅斯原住民族。

且預言也這麼說），那麼他必須表現出絲毫不受歐洲的有害影響污染。

因此她始終是個浪漫的謎團，像一縷幽魂、一抹飄忽的魅影，穿梭在後宮涼亭樓閣之間，感覺得到卻看不到。她的美全宮廷無人不知，不過在政要和朝臣等核心的一小群人眼裡，對鄂圖曼政權的閉塞世界而言，她象徵了嶄新的、令人屏息的視野；一個公正、自由而溫和的化身，和從深宮內院統治土耳其帝國的腐化寡頭政團完全不同。

從艾梅．杜布克身上，我們看到「性格加上際遇等於命運」這句俗話的最佳寫照。這位法裔的蘇丹王妃為人所知的唯一一幅肖像，是她約十六歲時畫的，畫中的少女神采奕奕，看不出絲毫的溫馴或認命。當她看清命運無可違抗，大抵也就只能善用資源、見機行事、隨遇而安。那往上翹的精巧鼻子看來機靈，眉毛彎彎，小巧而噘起的嘴唇是完美的邱比特弓唇，在當時肯定人人羨慕。有雙水汪汪大眼睛，據說有著清澈的藍眼珠，脈脈含情又促狹嘲弄。面容堅毅矜持，然而諾曼人的白皙膚色無疑添了幾分柔和。在後宮閨房，她被稱為「美麗者」（Naksh），在奴妾和宮女無不花容月貌的世界裡，肯定是極高的讚美。

她在一七六三年出生於馬丁尼克島的皇家角（Pointe Royale）。家族有著諾曼貴族血統。先祖皮耶．杜布克先生（the Sieur Pierre Dubucq）在黎希留大主教在位期間曾是年輕軍官，因決鬥殺死了敵手而流亡。決鬥在當時是被嚴格禁止的，會被判處死罪。這名年輕人於是逃離法國，登上一艘航向西印度群島的船，後來在聖基茨總督（Governor of Sant Kitts）麾下任職。他表現良好，不久便被派為馬丁尼克島新科總督的副官，就此安頓下來。他鎮壓當地土著，建造一座製糖廠，乃該島的第一座，也在拉特里尼泰（La Trinite）經營一座廣大繁茂的種植園。然而「安頓下來」是個相對的說法；他持續尋求上場作戰的機會，在一次又一次恃強凌弱的戰役裡殺進殺出，數度受傷，但總能凱旋歸來。一七○一年，他被授予貴族身分，以表彰他對法國及其殖民擴張的貢獻。他的兒子一直留在馬丁尼克島，持續經營家族產業，娶了其他開拓者的女兒為妻。皮耶杜布克的後代之一法蘭索瓦・亨利・杜布克（Francois Henri Dubucq de Rivery），就是後來的法裔蘇丹皇太后的父親。他在女兒出生那年過世，遺孀瑪麗—薇克托希・米南特（Marie-Victoire Menant）也在六年後辭世，他們的女兒小瑪莉—瑪瑟—艾梅（Marie-Marthe Aimee）由監護人——名為杜布克・德・聖普勒沃（Monsieur Dubucq de Sainte Preuve）的親戚領養。

小女孩身邊圍繞著許多親人，叔叔、伯伯、姑姑、姑婆及一等、二等、三等表親，備受疼愛呵護，從小把她帶大的黑白混血奶媽，更是寵愛有加。她最要好的玩伴是表姊瑪麗亞—約瑟芬・荷賽・塔契・德・拉・帕熱利。馬丁尼克島似乎地靈人傑，專出皇后。約瑟芬後來成了法國皇后；當上荷蘭皇后的女兒奧斯坦（Hortense）、路易十四的庶民妻子曼特農夫人（Madame de Maintenon）及蘇丹皇太后艾梅，這些美豔的女子都是馬丁尼克島的克里奧人（Creoles）[7]。

那是法國大家庭常見的一種愉快愜意的生活。光陰似水，不起驚濤，不生暗流。唯有颶風，以及培雷火山（Mount Pelee）在罕見情況下嘟嘟噥噥發出威脅，會撼動這靜好的歲月。放眼四處，熱帶植被鋪天蓋地糾結絞繞，有火豔豔的樹、紫色九重葛、棕櫚樹、麵包樹、葫蘆

7 譯註：法國與黑人的混血兒。

和木瓜樹。峭谷和山坡林木蓊鬱。一年四季在信風吹拂下，有芬芳的微風從一側海灣飄向另一側海灣。島上星布著種植園主人寬敞而簡樸的白屋，譬如艾梅的監護人在拉特里尼泰的那一幢。奴隸整體來說都獲得良善對待；他們快樂又純真，熱愛馬丁尼克島特有的俗麗穿著，像是馬德拉斯棉布、他們當披巾用的格子或條紋軟薄綢圍巾，還有賣弄風情地綁在藍黑色頭上變化萬千的漿挺纏頭巾（tete calendee）。然而在這一切底下，埋著道迷信的伏流，充斥著預言、巫術、鬼魂、咒語和殭屍等各種傳說，彷彿緬梔花背後吐出一股邪惡毒息。

少女約瑟芬聽到的奇怪預言，事後證明神準無比，不能斥為無稽傳說。雷諾曼（Mlle Lenormand）留有詳細的記述，她本身是法國占卜師裡名氣最響亮的一個，也是約瑟芬皇后的閨中密友。雷諾曼宣稱，她是從約瑟芬本人獲知細節。幫塔列朗（Charles Maurice de Talleyrand-Périgord）[8]、拿破崙、讓—保爾．馬拉（Jean-Paul Marat）[9]和俄羅斯亞歷山大一世（Alexander of Russia）之流占卜算命過的雷諾曼，在一八二〇年約瑟芬過世六年後，出版了《約瑟芬密史》一書，因此人們很容易就把她撰述的預言當成投機分子的杜撰。然而，很多人證實這些預言的存在；皇后本人確實也在她最風光的歲月裡提過尤菲米亞．大衛預言她晚景淒涼。華特．史卡特爵士（Sir Walter Scott）[10]也宣稱，這些預言和拿破崙出征義大利期間[11]的一名友人有關，當時離約瑟芬的大起大落尚有段很長時間。

距離杜布克家族位於皇家角的房產約十五英里處，有個名為特魯瓦伊萊（Trois Islets）的小村，屬於塔契．德．拉．帕熱利家族。艾梅和約瑟芬經常在一起玩。約莫十二歲那年，某天兩個小女孩決定要去找特魯瓦伊萊附近的一位有名的老算命師。她住在破爛的棚屋裡，通往棚屋的小徑兩側，長滿了巨型百合花，即大孤挺花，愛好園藝的約瑟芬一眼便愛上。晚年時，她在馬勒梅嵩城堡（Malmasion）種了許多這種花，據說她經常看著花嘆息，想起馬丁尼克島的女算命師。

約瑟芬和艾梅進到棚屋時，見她蹲伏在一張蓆子上，口中念念有詞。全是莫名其妙、不知所云的咒語，但在雷諾曼筆下無疑變得清晰，她就是靠這類咒語謀生。兩個小女孩把銀幣放在女算命師暗粉紅色的掌心，看著她專注地盯著她們倆的手。於是，法國如日中天之際的未來皇后，以及未來的法裔蘇丹皇太后、阿拉真主的影子土耳其君王的母親，張口結舌杵在那兒，凝視著歷史。

仔細描述了約瑟芬的愛情、與博阿爾內（Beauharnais）的不幸婚姻、法國大革命、她的寡居和她的兩個孩子後，尤菲米亞預言約瑟芬的第二任丈夫，是個黝黑、長相不起眼的人，但他的功蹟將光耀全世界，許多國家都將臣服在這位偉大的征服者。約瑟芬會成為尊貴的夫人、一位皇后，但繁華終會落盡，她將被離棄，淒然遙想著馬丁尼克島自由平靜的歲月，最後鬱鬱

8 譯註：Charles Maurice de Talleyrand-Périgord，一七五四——一八三八，拿破崙時代的首席外交官，頗受拿破崙倚重。

9 譯註：Jean-Paul Marat，一七四三——一七九三，法國大革命時期的革命家、政論家。

10 譯註：Sir Walter Scott，一七七一——一八三二，蘇格蘭的歷史小說家、詩人。

11 譯註：拿破崙出征義大利期間為一七九六——一七九七年。

而終。她提及約瑟芬離開馬丁尼克島之際，會有一顆奇特的流星或一道光出現在天空。眾所周知，約瑟芬啟航那天，有道亮光出現在她頭頂上；那是磷火，也被稱為聖艾爾摩之火（St. Elmo's fire）[12]，而且據雷諾曼的描述，「似乎觸及船身，形成某種光圈圍繞著船。」航向未知世界和未知丈夫的少女約瑟芬，並沒有從這奇怪的占卜中得到安慰。她寧可去玩洋娃娃。

艾梅拿著些許咖啡粉走向這位老女巫，那是她採用的占卜法之一，而再次的預言似乎同樣神準。「妳將被送到歐洲完成教育，」她對艾梅說，「妳的船會被北非海盜攔截，妳會變成俘虜，被送進土耳其後宮。妳會在那裡生下一個兒子，這個兒子會坐上王位統治天下，但他的王位之路將染著前任的鮮血。至於妳，妳不會享受到那王宮外顯的榮耀，但妳會住在宏偉華麗的宮殿裡，享有至高無上的權力。當妳感受到幸福，那幸福就會像夢一般消逝。步入墳墓前，妳會長期受病痛折磨。」

可以想見，這對表姊妹全神貫注聽著她說話。這般的未來叫人又怕又愛。倘若不浪漫也就不值得。她們信不信呢？不論如何，目前最好別說出去，免得惹來家人訕笑。但是，這般的預言不太可能遺忘，尤其是幾年後，當艾梅將被送往法國完成學業一事成定局，她肯定想起了關於阿爾及利亞海盜的警言，而嚇得發抖。抑或興奮到顫抖？對於一個十三歲的美人來說，在聖羅撒（Sainte Rose）的生活很快就感到膩煩。若她對這趟旅程有任何疑慮，卻也什麼都沒說，一七七六年她啟程前往南特，慈愛的奶媽陪在身邊。在法蘭西堡（Fort de France）——當時的皇家堡（Fort Royale）——穿著鮮豔的一群奴僕聚集在港灣揮手道別。永別了頭巾，永別了方巾，這首馬丁尼克島少女唱給水手愛人的傳統歌謠，隨著船距離岸邊愈來愈遠，歌聲愈來愈縹緲。船已設定航向，朝東方而去。

✤

艾梅所前往的南特女修道院（Dames de la Visitation），在當時被視為貴族女兒的精修學校。儘管與世隔絕，不過女學生無需受制於女修院的嚴苛紀律。這倒不是說她們享有十八世紀某些女修院的自由，譬如威尼斯的女修院，若是我們認為卡薩諾瓦（Giacomo Girolamo Casanova）[13]所言屬實，那裡不過是男女情侶私會的場所罷了；也不是貝雅（Beja）女修院那種修道院，有永垂不朽的葡萄牙修女寫下那些熾烈文字呼喚她的愛人前來相會。在南特女修道院裡，寄宿生把時間花在輕閱讀、做針線活和文雅的造詣。一般認為，這種旅居可讓艾梅更勝任未來的生活。也許這是事實，也許這在艾梅身上成效最好。過慣這種簡樸的起居，土耳其後宮那種紙醉金迷的生活或許格外愜意。當她坐在修道院食堂吃著養生膳食，溫順地垂下目光禱告之際，或躺在硬幫幫的窄床上，可曾想起那些預言？刺繡時，或幫忙天使的姊妹做蜜餞時，她肯定想起了如童話般迷人也像《睡美人》般遙遠的情節。但說不定身為克里奧混血兒，習於

12 譯註：自古以來就常在航海時被海員觀察到的自然現象，多發生於雷雨中，在船隻桅杆頂端之類的尖狀物上，產生火燄般的藍白色閃光。是雷雨中強大的電場造成場內空氣離子化所致。

13 譯註：Giacomo Girolamo Casanova，一七二五—一七九八，義大利冒險家、作家，十八世紀享譽歐洲的風流才子。

馬丁尼克島的迷信，也接受那則預言，並在暗地裡珍惜著既可怕又奇妙的命運。記載指出她天資聰慧、興趣廣泛。孩提時，她和約瑟芬都會彈吉他；在這裡，她學聲樂、學彈大鍵琴，說不定刻意挑選庫普蘭（Francois Couperin）[14]的《蘇丹皇太后》這首半東方風格的曲子並竊笑；說不定她讀地理讀得特別起勁，「善用地球儀」的東半球。拉辛（Jean Racine）[15]的作品經過百餘年歲月淘洗終於成為經典，在修道院裡很可能被納入輕閱讀的內容。倘若如此，她肯定細細沉吟《巴雅澤》（*Bajazet*）[16]的悲傷。

艾梅在女修道院待了近八年，比原本預期的要長很多，這是因為法國和英國為了爭奪美洲殖民地，於一七七八年開戰，歸航要穿越砲火肆虐的公海，相當不安全。艾梅什麼也沒說：該來的就會來。若是天意，她會安全返家，嫁做人婦，與她的同類一樣安安穩穩過一生。一七八四年，二十一歲那年。戰爭結束，艾梅自南特航向馬丁尼克島，帶著女修院所有人的祝福。她在修院裡備受疼愛，同時也帶了若干書籍，以便在兩個月的漫長旅程中排遣無聊，隨行的還有她的監護人老奶媽。

出航幾天後，在比斯開灣遇上猛烈風暴。她搭乘的小型船禁不起猛烈大浪，開始滲水。很快的裂縫愈來愈大。入夜後，船開始傾斜下沉，所有人都不抱希望。但奇蹟似的，一艘船出現在眼前。那是艘大型的西班牙商船，正急速駛近前來救援。一片漆黑中，在陣陣浪濤撲打下，渾身溼透的乘客與船員轉往預定航向巴利亞利群島（Balearic Isles）的那艘西班牙船。翌日，烈日高掛，大自然已息怒。獲救的乘客開始整理儀容，把自己晾乾，享受船隻的微微晃盪，當船慢慢航向陸地。可惜好景不常。大自然發威後，接下來是人禍。當他們慶幸逃過一劫，目的地馬略卡島帕爾瑪港（Palma de Majorca）的粉紅色尖塔已清晰在望，卻發現阿爾及利亞海盜在後追捕。才看見海盜，海盜便追了上來；逃不了，也擋不了。海盜！張滿的帆似乎也鬆垮下來。不久，海盜的槳帆船已靠攏，艾梅生平第一次看見凶猛的北非海盜，只能聽天由命，說不定還因想到尤菲米亞預言的光輝榮景而振奮。海盜們皮膚黝黑，戴著紅帽，咧著嘴嘲笑著，連短彎刀都懶得拔。要壓制這些西班牙商人易如反掌，他們得意揚揚地連船帶人押往阿爾及爾。

十八世紀海盜正沒落，但突尼斯和阿爾及爾仍是北非海盜的巢穴。特別是阿爾及爾，憑藉天然地形成為一座高聳的要塞，掌控舒適的港灣，為子民與船隻提供藏身處。阿爾及爾受土耳其管轄，但巴巴利海岸（Barbary Coast）沿岸各個種族的海盜都知道，土耳其總督會保護他們，也鼓勵他們掠劫。城砦（Kasbah）耀眼的白色方塊堆砌於山腰，土耳其大砲威嚇所有不受歡迎的外來者。在迷宮也似的山坡上，懸挑在外的屋簷僅留一線天光穿透罪惡淵藪，各色種族聚集於此，有西班牙人、義大利人、柏柏人、努比亞人、希臘人和阿拉伯人，一起吃喝、偷搶、相愛和爭吵。鋪著大卵石的崎嶇不平巷道，汙穢而黏滑；以渣滓為食的老鼠隻隻肥大；肉販鋪上的內臟泛著紅光，鋪子周圍點綴著阿拉伯人喜愛的康乃馨花束或茉莉花花束。在破爛的印花棉

14 譯註：Francois Couperin，一六六八—一七三三，法國作曲家暨大鍵琴及管風琴演奏家。

15 譯註：Jean Racine，一六三九—一六九九，法國劇作家，也是法國古典悲劇大師，與高乃依（Pierre Corneille）和莫里哀（Molière）合稱十七世紀最偉大的三位法國劇作家。

16 譯註：拉辛的作品，寫於一六七二年，取材於土耳其的故事。

布簾背後，時而可瞥見砌著藍磁的中庭裡，有棵無花果樹或一座噴泉，還有一群黑奴搧著一只燒炭的火盆。老鴇蹲在門口吆喝攬客，偶爾有橫笛聲或突如其來的尖叫，迴盪在日落時婦女們喜歡聚集的平坦屋頂。城砦的昭彰惡名持續了好幾世紀，就連海盜踏足其間也要小心防範。

我們沒有任何記載可透露艾梅的心情如何，當她被當成俘虜，穿越這迷津似的迂曲山徑，走上統治者的宮殿，那是蓋在城砦深處的隱密堡壘，比位於下城區最初的傑尼那總督宅（Djanina Governor's palace）更受到保護。在那當時，阿爾及爾由巴巴·穆罕默德·班·奥斯曼（Baba Mohammed Ben Osman）統治，這位七十多歲的狡猾之人，身為巴巴羅薩紅鬍子（Barbarossa the Terrible）的後繼者可謂當之無愧，而替突厥人最先攻下阿爾及爾的巴巴羅薩紅鬍子已過世超過兩百年，長眠於博斯普魯斯海峽旁一處宏偉陵墓。巴巴·穆罕默德·班·奧斯曼亦威震地中海地區。做為巴巴利海盜的主子，他放任手下四處突襲洗劫，為海盜船提供庇護，抵禦外來者，儘管歐洲各國無不重金懸賞他的頭顱。不過，他尚未遭報復，仍繼續在他的阿爾及利亞大本營嘲弄這個世界。光是那年，他就以寥寥幾艘船擊敗了擁有三百名西班牙戰士的一支武力。這隻年紀一大把的猛虎深受手下景仰，最好的掠劫品總會最先呈給他。

因此，當北非海盜登上西班牙船，艾梅和奶媽在甲板上，海盜頭子一看到這位絕色美人，便把她和其他人隔離開來，當作邀功求賞的戰利品，要獻給巴巴·穆罕默德·班·奧斯曼。整個非洲海岸盛行奴隸買賣，光是輸往土耳其，就有一條烏黑人龍長流不息。那些打算當宦官衛士的不幸男孩，是一樁樁自願的交易。很少人能捱過整個路程，經常身陷深及腰部的灼熱沙子裡，若沒被發現，就只能等死。白宦官也有穩定的需求，他們大多是從東歐找來的。白女奴可售高價，尤其是索卡西亞族或西班牙美女。海盜若是弄到相對稀有的歐洲金髮少女，肯定贏得頭目的大力讚賞。艾梅是上乘貨色。任她發狂的奶媽怎麼哀求詛咒都沒用。海盜頭子只是把艾梅關在他的艙房裡，並下令手下對她要尊重。船上的其他女人下場如何，我們不得而知。也不知奶媽的下落。她被准許陪在小姐身邊，還是被遣回（她可能把綁架的經過透露出去，所以不大可能回得了歐洲），或是純粹消失在城砦的暗影裡，沒有記載可得知。不過當巴巴・穆罕默德・班・奧斯曼看到艾梅，他馬上意識到她是個罕見珍品，值得獻給蘇丹本人；這可是一份豪華大禮，會讓送禮者臉上有光。他下令將她隔離，不得侵犯，而且嚴加護衛。艾梅當然沒被問過意見，不過眼下她對於命運的安排也許已不再懷疑。海盜準備了一艘壯麗的船，一艘威嚴體面、配得上蘇丹未來新歡的船艦，不久便裝飾著最奢華的東方風格，並垂掛重重帷幕。艾梅向君士坦丁堡啟航。

此時她已把自己交給命運，無可回頭。另一段航程開始了，駛離她所知的一切，駛離法國或馬丁尼克島的最後回音。這回沒有手帕揮舞的溫馨告別、沒有虔誠的禱告、沒有輕柔的嗓音唱著……永別了頭巾，永別了方巾……此後她將非常孤單……將像一縷幽魂，孑然獨立。不過，這縷幽魂有時彷彿自歷史的晦澀朦朧處呼喚我們，或是向我們發出訊號。那些訊號以多種奇異形式呈現：飄浮在聖索菲亞大教堂（Santa Sophia）宣禮塔上方的奇妙熱氣球；王儲塞利姆（Price Selim）致函給路易十六表示友好；檢疫系統的引入；甚至是她兒子改革者馬哈茂德接見西方歐洲人的眼神……有朝一日在他臉上閃現的一抹神情，當他屠殺兩萬六千名土耳其禁衛軍——阻撓他一心想向西方取經、致力於革新的大敵；他們也是暴虐體制的化身，而她這個被俘虜、被囚禁的法國女孩曾深受其害。長久以來被外界所忽略的訊號當中，最明確無誤的一個，是馬哈茂德二世無法解釋卻突如其來地與拿破崙為敵，因而扭轉歷史局勢，導致拿破崙垮台。此舉或許純屬個人動機，是為親人的復仇：一個從馬丁尼克島來的法國小女孩，忠心地護衛另一個馬丁尼克島來的法國小女孩——她的表姊約瑟芬，只因拿破崙藉離婚，狠心與她斷絕關係。

✤

海盜船繞過非洲末端。在突尼斯的長條紅土地上，迦太基遺址和西迪布賽（Sidi Bou Said）白色的一團雜亂清晰可見，遠方的內陸聳立著布孔內山（Bou Kornein）迷人的藍色剪影，其後是另一座山峰賈貝雷薩斯（Djebel Ressas）的朦朧幻影……非洲漸漸淡出。

這趟航程很長；彷彿在過去與未來之間停留，一個永恆的瞬間。西西里，希臘和愛琴海諸島，敘利亞海岸，然後有天淒涼荒蕪的達達尼爾海峽映入眼簾，最後總算進入馬爾馬拉海（Marmora）寬闊的乳白藍色，歡躍的海豚和小島點綴其間。當他們靠近君士坦丁堡，那裡航道繁忙，單層甲板大帆船和精美的輕舟，全都匯聚於港口。船繞過海岬，伊斯坦堡（Stamboul）[17]在他們眼前升起，上千座圓頂和宣禮塔被西沉的日落照亮。這裡是鄂圖曼帝國的首都、忠貞的回教王（Caliph of the Faithful）、巴巴利邦國的統治者（Padishar of the Barbary States）、先知的影子（Shadow of the Prophet upon Earth）、阿卜杜勒哈米德一世（Abd ul Hamid I）蘇丹——艾梅命運——的大本營。

當他們下錨泊船，港灣的喧嘩騷亂從下方浮現，艾梅可以看見占地遼闊的土耳其皇宮，坐落在亞洲與歐洲間的海岬上，被博斯普魯斯海峽和金角灣的水域圍繞。那一大片驚人區域，聚合了宮殿和涼亭、馬廄、御膳房、兵營、犯人、刑求室、遊樂園和清真寺，少說住有兩千人。參天的絲柏聳立在築有城垛的牆邊，陰森寒涼，既恫嚇又美妙，無以倫比。就這樣，艾梅終於來到幸福門，看見大宦官前來迎接，然後昏了過去。

當艾梅·布杜克·德希薇莉醒來，她已在禁宮閨房內，成為數百名奴妾之一，就像剛進女修院的修女一樣，有了新名字、新身分，而且根據規定，餘生都得住在裡面，禁閉其中。對艾梅來說，彷彿重新過一遍在南特的學校生活。同樣嚴格的監督，同樣是一群女孩，咯咯笑鬧，稚氣又傻氣，不時有小家子的爭吵、祕密和過分熱烈的友誼。她們的年紀在十二歲以上，沒有人說法語，她們說的話，艾梅一個字也聽不懂。她們也許捉弄她、欺負她，給出友誼或批評她。她只聽得懂她們說話的口氣，嫉妒是錯不了的。美得如此驚人的新來者，肯定會覺得這所學校很難待。

如果說那些女孩子和南特的差不多，那麼其餘的一切則是有著天壤之別。食物既不素樸也不養生。至於懶洋洋泡在土耳其浴池，裸露一身光滑肌膚，舀起有香味的水澆在彼此身上，搓著她們長髮上的珍珠和孔雀羽飾把玩，小口咬著甜滋滋的蜜餞，說長道短、無所事事好幾個鐘頭，停歇在迷夢般水氣氤氳的幽域，沒什麼會比這樣的反差更劇烈了。艾梅想起女修院對沐浴

17 譯註：意為「滿布伊斯蘭」之地。

的看法；肉體可能招來危險，因而入浴一定要圍著寬鬆棉袍的叮嚀。沒錯，在後宮一切都大為不同，她開始適應新生活，適應奢華中帶有約束、講究規矩禮儀卻又透著放縱的奇異混合。

後宮始終象徵著最絕對的一種神祕，數百年來總令人捉摸不透。外人很少能夠越過它的門檻，甚或有幸穿越第二中庭，進一步深入其中。在罕見的情況下，特派公使會獲准覲見國王，留下所見所聞的紀錄；但大體上，直到奧斯曼王朝於一九〇九年殞落之前，後宮內府的生活幾乎不為人所知。很少人進去之後能逃出來，或能活下來述說經歷。土耳其人講究隱密的程度，簡直到了迷戀的地步——他們的家室、他們的女眷、他們的君主，一概要隱蔽，不僅對外國人隱蔽，對彼此也一樣。當蘇丹在都城出巡，會有大批衛士包圍，這些衛士舉著大幅旗幟、鑲珠串的傘，甚至戴著飾有一叢叢波浪般鴕鳥長羽的頭盔，盡可能為他們的主公遮擋外界好奇的目光。那些獲准謁見的人發現，謁見過程是個折磨（儘管苛刻程度比不上為了避免覲見的密使窺視，經常把他們雙眼弄瞎的某位拜占庭帝王）。外國訪客首先要屈從於儀式性的沐浴，接著穿上華麗的袍子，然後被人架到阿拉真主的代理人面前，兩側還有朝臣、顯貴近身站著，據說是惟恐他們被聖威嚇得癱軟。接著是開場的華麗詞藻，他們很少得到回應，頂多是從垂簾後方的王座伸出一根戴珠寶的手指，寒暄似地比了比。那王座好似撐起四根帷柱的巨床，鍍銀的骨架嵌鑲著大量耀眼的貴寶石，有大片祖母綠和宛若農家雞蛋一般大的紅寶石，浮花錦緞的壁掛鑲繡珍珠和金銀絲纓穗顯得硬挺。

蘇丹皇宮（Seraglio）有各種名稱，包括the Sarali、Le Grand Serai、the Serayi或the Harem，不過最後一個是不正確的，Harem指的並非整個宮殿，它僅指女人起居的區域，可以說是宮中宮。Harem一字源於阿拉伯字haram，意為禁止、不合法。在麥加和麥地那兩座聖城周圍，就有特定範圍的地域，被視為特殊而未受褻瀆的，因此被稱為禁區（haram）。這個字在世俗的用法裡，指的是穆斯林家庭裡女眷活動的區域，亦即她們的閨房或隱蔽處，是特別隔開的區域，除了男主人，其他人都不能擅入侵犯的地方。公共廳堂（The Selamlik）屬男人活動的區域，源於selam一字，招呼之意，所以公共廳堂是家庭裡用來接待訪客的地方。

儘管後宮總是籠罩著神祕氛圍，數世紀來仍有少數的目擊者加以描述過。在十五、十六世紀，獲准進入的異國人大半是醫師或藝匠。義大利醫生多曼尼可・海洛索利米塔諾（Domenico Hierosolimitano）便留下了他在穆拉德三世（Murad III）在位時[18]造訪後宮的詳細記錄；英國人湯瑪斯・達拉姆（Thomas Dallam）則在一五九九年進到後宮，去安裝蘇丹特別指定的管風琴，他看到的並不多。「後宮的每一道門，總有魁梧結實的土耳其人看守……門很快關上，沒人能擅自進出……」他提到自己被要求架設管風琴的那座亭閣，「不是住所，而是娛樂的樓宇，也是屠殺的場所；在位君王先前在那裡殺害了他的十九位手足，那屋樓就是蓋來絞死歷任君王的諸兄弟，別無其他用途。」也許他看得夠多了。

十八世紀末，一位大膽的法國旅人奧布里・德・拉蒙特拉耶（Aubry de La Motraye），成功地說服加拉塔（Galata）[19]的一位瑞士鐘表匠，讓他充當助理，在鐘表匠進後宮維修擺錘

18　譯註：穆拉德三世在位期間為一五七四至一五九五年。

19　譯註：伊斯坦堡位於歐洲部分的地區之一，坐落於金角灣北岸。

時，帶他同行。拉蒙特拉耶慎重地穿上土耳其服裝，努力記住所見的一切。他們在一位黑人宦官的帶領下，從一座鐘匆匆趕到下一座，穿越華麗懾人的許多廳堂。他們造訪了部分的禁宮閨房，不過女人都不在，拉蒙特拉耶最後用吹毛求疵的口吻總結他的觀察。「若拿嬪妃的閨房和修女的單人房相比較，姑且不看豪華的家具擺設及它們被賦予的用途；兩者的差別很容易想像，無須贅言。」

皇宮（Seraglio）的核心是禁宮（Harem）和主宮（Selamlik）。統管兩者的是太后宮（Sultan Valideh apartments），也是整個後宮內府的中樞；蘇丹的母親又稱「罩紗之冠」（the Veiled Crown），具有至高的地位，僅次於蘇丹。重重圍牆與庭院圍繞這中樞，有迷宮般混亂糾結的隱蔽通道，通往牢房或寶藏庫；或是層層階梯通往鬱金香花園內意想不到的露台和亭閣，可以遠眺博斯普魯斯海峽，或遠方的亞洲海岸上斯庫台地區（Scutari）的清真寺。有迴廊通往土耳其浴池或澡堂，那裡是日常生活的軸心；有一條「黃金之路」（the Golden Path），雀屏中選的奴妾會走上這條長廊，帶往蘇丹床上；有鳥舍和藏書閣、有浣衣房和太醫堂及幾乎占滿整個東南角的御膳房。還有大型冰窖，用法蘭絨包裹起來放在騾背上，從七十英里遠的奧林匹斯山馱來的雪，就貯藏在這些窖內，以製成雪酪或其他冰品。

還有一座甜點師傅的清真寺、黑人宦官及白人宦官的居所、奴隸的宿舍和六百名禁衛軍的住所，以及禁衛軍擺放的一整排低聲發出恐嚇的「壺形鼓」（Kettle drums）。有議事堂（the Divan）、聖斗篷御閣（the Pavilion of the Holy Mantle），有侏儒、啞巴和小丑的宿舍，以及處決的地方和大宦官寢間。也有與穆斯林生活息息相關的附屬建築，譬如割禮廳、神示廳（the

Place of Consultation of the Djinns）及太子牢（the Kefess）（就是湯瑪斯．達拉姆描述的地方），王儲會被禁閉在此，直到他登上大位或被死敵弒殺。此外，宮裡還有形形色色的人物，譬如先知後嗣系譜保管人、纏頭巾官、夜鶯飼養人、搭營者和無數花匠、聽差、侍女、馬伕、抄寫員、藥劑師、天文學者、信使。

統理一切的是地位與大宰相（Grand Vizier）不相上下的黑人大宦官，宦官總管。他的權力很大。艾梅很快發現，黑人大宦官是她周遭這個全新世界裡最重要的一個人物，他本身就有權力直達天聽，既是內務府的審計長、禮儀官，也是蘇丹的親信，更是禁宮閨房和奴妾的最高統管，因此地位比掌管主宮的白人大宦官來得高。這兩大統領間存在著數百年的世仇：白宦官因為腐敗，威權逐漸淪喪，權力集中到黑宦官手中。就像後宮裡大部分的人事，黑人宦官和白人宦官都來自遠方。據信，宦官們自幼便進宮，除了土耳其帝國外，不識其他國家，也不認其他主子，比較可能忠心不二，也比較不受深宮內的權謀詭計擺布，不像懶散的土耳其人，會被嚇得魂飛魄散。

艾梅抵達當時，黑人大宦官代表後宮內的一股適度又有人情味的勢力。他不會被收買，蘇丹也欣賞尊重他，這眾所周知。因此，當她想起他來到幸福門迎接，明白這是自己做為阿爾及爾首領的貢品享有某種禮遇的證明。也許從其他奴妾的態度及宦官衛士的畢恭畢敬，已經意識到自己的地位特殊。很可能就在這時候，她首度慢慢重拾勇氣，以法國女人的精明試著盤算，她可以在多大程度上仰賴黑人宦官的支援，於孤獨之中開出一條路。她也許狂亂又天真地期盼，他會同情她的悲慘命運。我們想像她這麼一個沉靜矜持的法國女孩，在憤怒之餘悲從中來，身子一倒，撲向軟褥墊，金色長髮凌亂散落在滿是淚痕的臉龐……然後她抬起藍色大眼，這會兒果真是閃閃動人，懷著心機注視著黑人大宦官這威嚴人物，當他每天前來探望他的被保護人，阿爾及爾首領的貢品。也許她以為，可以拜託他寄信給在南特的叔父；然後叔父會奔赴凡爾賽宮求見全能的路易國王，透過私人關係請蘇丹王釋放她……不過說不定她也估量了周遭富麗堂皇的擺設幾眼。對她簡樸的法國心靈來說，尤其是經過了八年的女修院生活，後宮想必迷人炫目，讓她再次鮮明憶起尤菲米亞．大衛含糊咕噥的預言。**妳將會住在宏偉華麗的宮殿裡，握有至高無上的權力……**

黑人大宦官無疑也盯著她思量忖度。就像巴巴．穆罕默德．班．奧斯曼，他也看出她的優異特質；眼前是個在外面世界長大的少女，她能提供他們聞所未聞的觀點；她呼吸過自由的空氣，而那自由的空氣，不僅是後宮裡一道清新醉人的香氣，對整個土耳其也是。可見大宦官也本性開明。

在以王位為核心的宮內派系傾軋，有如棋局般悠緩的爾虞我詐和生死攻防中，黑人大宦官與一小群思想開化、以伊斯蘭法學家維利—扎德（Mufti Vely-Zade）[20]為首的議員與朝臣結盟，同盟也包括一位漂亮的索卡西亞王妃，她是已故蘇丹穆斯塔法三世（Mustapha III）的寵姬，她兒子塞利姆當時是王儲。土耳其王位的繼承不是直接由父傳子，而是依照年紀，向來是倖存的奧斯曼利王朝子嗣當中最年長的一位繼承。這一點說明了兒子年幼但野心勃勃的母親，會謀害橫阻兒子登大位的年長王儲這種大屠殺。由於另一位妃子——在位蘇丹阿卜杜拉．哈米德愛妃的嫉妒，塞利姆命在旦夕。她是個凶殘奸詐的女人，在勾心鬥角的後宮裡，暴力和美色一樣常見。只要塞利姆被剷除，她的兒子穆斯塔法（Mustapha），阿卜杜拉·哈米德唯一存活的孩子，就可繼承王位。穆斯塔法的母親不僅替兒子貪求王位，更垂涎她本身可享有的地位，即蘇丹皇太后——整個帝國之內所有穆斯林的母親——所具有的至高權力。

鄂圖曼帝國的悠久歷史，可說是女人——禁宮閨房——掌權的漫長證明。在這東方國家，女人大體上是沒有地位的順從玩物，可被隨意寵愛或拋棄，但實際上數百年來有一度是禁宮閨房的祕密勢力，在內院亭閣和後宮壁龕密謀詭計、掌控大局。征服夫君且實際上握有大權的后妃，很多都任性善變、凶殘狡詐又野心勃勃……像羅莎蘭（Roxelana）這樣，在土耳其有「歡喜者」（Khurrem）封號的心狠手辣俄國女人，其影響力之大，甚至說動了蘇萊曼大帝（Suleiman the Magnificent）謀殺他的長子，為她兒子清出一條登基的路。大體上，這些勾心鬥角、醉心權力者，滿足於干預內政、物質享受及她們的黨羽晉升高位；最重要的是她們的兒子登上大位。外交政策在她們眼裡無足輕重。

但自從十八世紀中起，後宮內有一群思想更進步的人，開始意識到城牆外的世界，具有想必是來自西方的進步思潮和新視野，並認為無視這些存在是很愚蠢的。以黑人大宦官和索卡西亞王妃為首的宮內自由派，所持的就是這個進步觀點，因此受到憂心權力旁落的蘇丹禁衛軍團強烈抵制。禁衛軍團圍繞著王儲穆斯塔法，倘若他取代塞利姆登基，很可能也是淪為禁衛軍團的傀儡。禁衛軍和穆斯塔法的母親沆瀣一氣，阻擋穆斯塔法登大位的所有障礙都必須清除。

---

20 譯註：Mufti用於稱呼伊斯蘭權威法學家。

禁衛軍是由來已久的建制，猶如某種羅馬禁衛軍（Praetorian guard）的恐怖組織，代表了最反動腐敗的一切。在鄉下地區強徵大量基督教男童，強制他們皈依伊斯蘭信仰，接受嚴苛的軍事訓練，享有某些特權。其中有些成為蘇丹精銳部隊，但大部分是傭兵，從一個戰場移向另一個戰場。被要求過著清苦的生活，以磨鍊心志。獨身禁慾是軍規之一。他們也被禁止像一般的土耳其人那樣留鬍鬚，但他們蓄著長長八字鬍，垂至腰際，據信是為了增加臉部的殺氣。

他們的穿著也很奇特；靴子的顏色分紅、黃或黑，視軍階而定，從纏頭巾像一道弧形垂下，幾乎及膝的巨型天堂鳥長羽飾也是。他們的頭銜均以廚房語彙來命名，主帥叫做主發湯者（Chorbaji-Bashi），次一級是大廚，諸如此類。軍旗以大鍋為標誌。久而久之，這些鍋子有了特殊意義，打翻大鍋成了禁衛軍叛變的信號。禁衛兵歸營後，會把鍋子堆放在帳門前，就像堆放戰鼓一樣。而且也用擊戰鼓的方式猛烈擊鍋，號召同袍上戰場或造反。口糧就是裝在這些鍋子裡，每星期從後宮御膳房送過來。倘若他們吃得不滿意，就會倒扣鍋子，拿插在帽子上勺子似的長柄湯匙開始不祥地猛敲鍋子。這類的暴動有時鬧得激烈，整個後宮都聽得見這駭人聲響，甚至驚動蘇丹。有些蘇丹會和他們說理，有些則迅速採取行動。為首的人會被逮捕，就地處決，砍下來的頭顱就堆疊在一只大銀盤上，以儆效尤。但隨著時間過去，禁衛軍團變得益發跋扈，蘇丹卻更加優柔寡斷：至少有六位蘇丹被叛變的禁衛軍團廢黜或屠殺。忠誠度的下降，理當是因為繼任蘇丹缺乏軍事才幹。當他們是一支精銳部隊，和君王一起出征，軍隊士氣必然高昂；然而當蘇丹臃腫肥胖，足不出後宮閨房，禁衛軍團就開始濫權，散漫放蕩，藉腐敗行徑和陰謀詭計壯大。他們在城裡到處洗劫、恐嚇百姓、敲詐斂財，出售官位給他們的心腹，原則上反對所有革新措施。十九世紀之初，禁衛軍團約有十萬人。他們經常成群結隊湧入市集，突襲劫掠，對路過的異教徒試用新買的短彎刀，完全不當一回事，完全不受紀律約束，也不甩大宰相或蘇丹本人的告誡。

當禁衛軍團表示不滿，擊鍋鼓譟聲聽起來陰森不祥，但在黑人大宦官看來，他們只是等待時機，一旦成熟就會造反，推翻阿卜杜拉・哈米德，立穆斯塔法為王。到了那一天，他的項上人頭將不保，恐怖反動勢力將抬頭。不過他也不是毫無希望，自認發現了制敵的新計；於是趕忙前往友人索卡西亞王妃的寢宮，詳述他對新進法國女奴的印象，發表如何利用她增加他們優勢的理論。索卡西亞王妃是喬治亞的基督徒牧師之女，幼時被綁架入宮，是個絕頂聰明的女人，而且心地善良。她傾一切力量避免兒子塞利姆遭敵人毒手，擋掉後宮眾多人母會採取的凶殘手段之餘，也要看著兒子坐上奧斯曼利王位。她仔細聆聽黑人大宦官的意見。沒錯，她同意。這位新來的法國奴妾，不管是不是邪教徒，可用來增加他們的優勢。她若討得蘇丹歡心，極可能是這場競局的決定性因素。她果真如此迷人……是嗎？效果可能不錯，那麼……我們可以想像他們倆滿意地抽著鑲珠寶的長菸管，籌畫著生與死的永恆棋局的下一步，而黑人大宦官，黑大人，頭上有如棒棒糖般的巨大纏頭巾搖晃著，頂上吊燈在他們同席而坐的厚榻壁龕投射一抹搖曳的影子。

✤

艾梅被拖入這險惡競局，人質將成為王妃之際，當時沒有皇太后，因為蘇丹阿卜杜拉・哈米德的母親過世已久。穆斯塔法的母親，這位最得寵的妃子，能保有她的地位和勢力，與其說是她的魅力，不如說是蘇丹的怠政。這一切，艾梅只能逐漸得知；靠某個略通一點法文的人解答她的疑問，或者說不定她自己也開始聽懂一些土耳其語。蘇丹的四個王妃，通常以個別頭銜稱呼，按地位先後。第一王妃（Bach-kadine），第二王妃（Shindji-kadine），中王妃（Artanie-kadine），小王妃（kutchuk-kadine）。小王妃就是艾梅生下皇子時獲得的頭銜。不過最初她被挑中入宮，身分也只是新人。首先她必須進入奴妾學苑，去精通各種魅惑技藝，以滿足她的王室夫君吃膩了的胃口。有很多東西要學、要接受；當她開始用她機靈的法國眸子觀察四周，在這恬靜的藍色深處可是務實得很，她想必看得很清楚，那王儲，也就是年少的太子塞利姆，很值得栽培。蘇丹阿卜杜拉．哈米德目前是她的主公，但塞利姆是未來。據說他為人溫和良善，說不定會心軟幫她把信偷帶出去？這想法肯定在她獨自奮戰的過程裡，給了她新生的勇氣和希望。

在禁宮閨房的頭幾個月，艾梅想必在震撼中度過：她整個生活方式產生巨大變化，甚至連名字都改了。宮裡的女人都以描述性的封號來稱呼——百合、月容、夜鶯等，在這滿是天仙的樂園裡，她被稱為「美麗者」，顯然是稱頌她的迷人美貌。

土耳其王宮常被描述為某種的大修道院，其信仰是享樂，神明是蘇丹。儘管這個描述對王宮整體來說還算貼切，但一點也不適用於禁宮閨房，那裡可是講求紀律。總有人把閨房想像成肉慾橫流的殿堂，就像舍赫拉查德（Scheherazade）[21]描述的無止境的放浪形骸；就如俄羅斯芭蕾舞團的劇碼呈現的，放蕩不羈的奴隸流連在誘人女人堆裡。且不管君主有多放縱淫蕩，實際上閨房生活是由最嚴格古板的成規所維繫。它有嚴明的科層、有它的一套規範和禮數，一切都得循規蹈矩。住在裡頭的人，有些從沒見過蘇丹，終其一生想方設法排遣時光……從有用的活兒、簿記、做果醬、大吃大喝、別人的寶寶或黎凡特人樂天散漫的天性找到安慰。一旦進宮，就不可能出得去；少數那些被發現有不忠情事的，不是被處決，就是綁上重沙袋丟進博斯普魯斯海峽。蘇丹易卜拉（Ibrahim）本性格外放縱，曾把整個禁宮閨房足有三百名女人處死，就為了重新召納新人入宮。有名潛水伕潛入皇宮角（Seraglio Point）[22]，上岸後便有流言傳出，說死者一概直立，雙腳綁著重物，軀體在水下變得腫脹，隨水流搖擺鞠躬，散發某種恐怖的優雅。

在誘人的宮中傳說之外，嚴格的生活讓奴妾感到沉悶，說不定亦感到幻滅。人人無不為了吸引君王瞧上一眼的那刻活著，然後……有些人會設法與宦官建立某種交情，因為眾所周知，割腕不一定有效，儘管後宮的太醫都相當留意這類傷痕。大體上，可想而知，宦官有的總是充滿怨恨，嫉妒地惡意拿著他們的河馬皮鞭亂揮。女人從折磨他們找樂子。他們被反諷地稱為「玫瑰的守護者」或「歡愉的衛士」。偶爾也有宦官和奴妾相愛的事發生。據說後宮有回承認某宦官「成婚」；實則那宦官被寬容地派往另一個宮殿，往博斯普魯斯海峽更遠處，或布羅薩

21　譯註：《天方夜譚》裡擅長說故事的蘇丹妃子，對多疑的蘇丹說了一千零一夜的故事。

22　譯註：分隔金角灣和馬爾馬拉海的海岬，托卡比皇宮（Topkapi Palace）的所在地。在一四六五年至一八五三年，托卡比皇宮是鄂圖曼帝國蘇丹在君士坦丁堡的宮廷及主要居所，皇宮建築群可俯瞰金角灣及馬爾馬拉海，地處山崗，為近海的最高點。

（Broussa），或亞德里亞堡（Adrianople）。

這一大群不知好歹的傢伙，只為了土耳其大君的享樂而存在。大君手握生殺大權。蘇丹偏好男孩的情況也時有所聞；很多白人宦官年少時長得俊俏，據說纖瘦而沒有鬍鬚，他們會化濃妝，穿上以玫瑰精油薰香過的華麗服飾。蘇丹有時會把他的一個奴妾送給寵信的大臣，也許是他有意誅殺的大臣。沒有人能拒絕，縱使懷疑皇上下死詔。這公認是宮廷消滅敵人的一個伎倆。寵奴被安插在下嫁者的屋子裡，監視外面的世界，並向宮內回報。抑或她會按自己的方式下毒手謀殺親夫。任務完成後，她可重回王室家庭，因功獲賞。在後宮的暗語裡，這種情況被稱為「賺到通行證」。

後宮閨房的層層階級建立在一個法則上，那就是蘇丹和他臨幸對象不能有血緣關係。因此後宮閨房總是從外界召納新人——索卡西亞人、喬治亞人、敘利亞人、羅馬尼亞人，偶爾也有義大利人或西班牙人，以變換菜色。因此繼任蘇丹的母親總是奴隸，而他本身也只是半個土耳其人。土耳其宮廷的選秀官，走遍東歐和黎凡特地區搜尋新人，索卡西亞女人是首選，因為她們以美麗出名。綁架女童的誇張故事不能盡信，因為很多女孩從小的心願就是進土耳其後宮閨房——如果不甘於只是進宮而已，就好比五十年前鄉下女孩一心想進大城市做幫傭一樣。（而且，說也奇怪，也有大量的宦官是自願的，不論白人或黑人。）奴妾通常受到良好對待，被當成家人一樣；倘若她們被選入後宮，就有可能成為皇上寵妃。縱使沒得寵，也會一輩子榮華富貴，很多女孩子寧可如此，也不想留在鄉下當村姑，辛勤勞累。從沒有不名譽的問題。有人可能會說，有一條道德的梅森—狄克森線（Mason-Dixon Line）[23]，因白人奴隸的問題將歐洲一分為二。蘇丹的妻妾，在西方看來如此震驚、如此可鄙，就東方而言卻是可喜可賀又被羨慕。為得蘇丹青睞而裝扮受調教的艾梅發現，她必須大幅改變自己的觀點。眼下，想念馬丁尼克島或南特的歲月，以歐洲人或女修道院的眼光來看待後宮生活的錯綜複雜更是無濟於事。然後老想著自己是被祭獻的羔羊任人宰殺，同樣無濟於事。當她周遭的人，從管理服裝的女官到大宦官，顯然都感覺到她被欽點而前途無量。

和其他所有奴隸一樣，艾梅也必須進入性愛學苑，也就是奴妾學苑，學習取悅夫君的細膩技巧。即將進入帝王寢宮的年輕候選人，必須通過審查考核，通常由蘇丹皇太后主持（身為母親，她若是不夠全面周延則無足輕重）。完全不能憑運氣。這確實是非常明智的安排，替蘇丹省去許多的掃興不快。當新人被宣告表現完美，她便升上侍寢淑女的身分……在她周遭，至少有兩、三百名以上佳麗，個個美豔迷人，無不妖嬈、善嫉又百般無聊；她們全都身懷房事絕技卻少有實作，全都等待著大顯身手的機會。

這樣的機會大致要等到蘇丹大駕光臨禁宮才會出現。此時宦官會敲響一口大金鐘，宣告皇上即將駕到。接下來是奴妾在倉促中熱烈張羅最華麗的服飾、畫上最動人的妝容。後宮的司庫長陪同蘇丹皇太后，一起在禁宮入口莊重迎接蘇丹，繼而在大宦官陪同下，引導蘇丹前往在皇

23 譯註：為美國賓州與馬里蘭州之間的分界線，於一七六三年至一七六七年由英國測量家查理斯・梅森（Charles Mason）和英國測量家、天文學家傑里邁・狄克森（Jeremiah Dixon）共同勘測後確定。美國內戰期間成為自由州（北）與蓄奴州（南）的界線。

太后寢宮或寵妃寢宮舉辦的接待會。一名宦官走在最前頭，穿戴華麗，邊走邊用帶鼻音的聲音反覆呼頌，「看吾國君主，信真神者的帝王，阿拉真主的影子，先知的繼承者，大公之首，選中之選，吾人的統治者，吾人的蘇丹！蘇丹萬歲！讓吾人讚美他，奧斯曼利皇族的榮光！」

接著，蘇丹會走過令人屏息的美人行列，奴妾個個擺出宮中規定的姿勢，頭後仰，雙手交叉於胸前。接待廳擠滿了更受寵的人、過氣的寵妾、家人、女兒或蘇丹王妃，或生下蘇丹子嗣的妻妾、蒙皇上寵幸過的貴嬪（the Ikbals）及「被看上」但尚未臨幸的選侍（the Guzdehs）。隨後蘇丹在太后面前跪安，太后扶起他，表示新人向蘇丹行禮的漫長儀式開始了。於是蘇丹在長臥榻就坐，大宦官和司庫長分別站在兩側。蘇丹皇太后坐在對面的長臥榻。接著年輕奴妾開始進入這嚴苛的場景。蘇丹會仔細打量她們。這般儀式，這般繁文縟節，尤其又是在母親的監督下，不把性致給澆熄也難。但說不定這正是此一機巧攔阻的妙處所在，能夠刺激吃膩了的胃口。當最年輕的奴妾，約八或十歲大，端著擺放咖啡或蜜餞的銀盤，蹦蹦跳跳，轉來轉去，年齡稍長些的奴妾則圍聚在蘇丹旁；也許不是丁尼生（Alfred Tennyson）[24]腦裡想的「如玫瑰花蕾的妙齡少女」（the rosebud garden of girls）[25]，但也堪稱個個如花似玉，一張張迷人臉蛋無不迎向他，彷彿迎向太陽。數百個美豔佳麗，個個渴望有機會施展媚功！她們說說笑笑，使出渾身解數吸引皇上目光。喔！世上最快樂的男人！沒有對手！不會遭拒！所有女人聚精會神聽他說話，為他的每一句妙語喝采……然而在背景裡，職業發笑者發出謹慎但歡快的清脆笑聲，籠中的夜鶯爭相婉轉鳴叫，滲著香氣的微風（因焚香的香爐而更濃郁）飄盪在亭閣樓宇間，而宮廷墮胎婆令人安心的存在籠罩這一切，它肉眼看不見，但威力強大。

有時候，蘇丹會不悅地大步離開，驟然結束這場歡宴，惡毒地以此為樂。若是如此，跟著就會有哀怨指責和精神風暴：眼淚、戲劇化情節及劑量加倍的鴉片氾濫（要記得，鴉片在東方等於是阿斯匹靈）。但倘若土耳其大君看中了某個美人兒，他會問太后她的名號，這位奴妾隨後會被授權趨近王座，親吻陛下的長臥榻軟墊。這是正式加封，就此成為選侍，從那一刻起，她要與其餘者隔開，被安頓在一間特殊的寢宮，裡面極盡奢華完善，等候皇上召喚侍寢，而此時她周遭的敵手，正絞盡腦汁想出詭計來破壞她的大好機會。

切莫以為禮法與規矩會在帝王寢宮門前止步。當帝王要臨幸選侍，日期和行房的時間都得仔細登錄在一本特殊的簿子裡，九個月後，孩子出生，就歸為蘇丹子嗣，然後這位幸運的貴嬪就晉升為王妃，享有應得的一切特權：更寬敞的居所，更多的奴隸、珠寶和錢財。生兒子的妃子更是晉身最高階，每個都企盼著兒子當上蘇丹，自己當上皇太后的那一天。生女兒的也會被冊封為妃，但沒有特權。整個穆斯林世界裡，女兒的地位大打折扣。

後宮裡不見小孩氾濫的情況，不只是因為可能繼承王位的人會被狠毒地清除，也因為老奴隸（calfas）的嚴密監視，他們密切觀察這些奴妾，一發現懷孕的跡象就會告知宮廷墮胎婆，她有權可以立刻執行職責。奴妾若想生下孩子成為母親，必須要蘇丹願意冊封她為妃，顯示她真的得寵才行。偶爾，某個心意已決的貴嬪，在同伴的協助下成功掩飾懷孕，並生下孩子，結

24 譯註：Alfred Tennyson，一八〇九—一八九二，英國桂冠詩人。

25 譯註：丁尼生的詩〈莫德〉（Maude）裡的一句。

果有可能是孩子深得其他失意奴妾疼愛，但也有可能事跡敗露，終究被絞死、溺死或以其他方式剷除。

有時蘇丹本身厭膩環肥燕瘦、千嬌百媚，也厭倦選侍的繁文縟節，偏好過得清心寡慾；或者擔心性命安危，不想再冒險寵幸一無所悉的新人，因她有可能是復仇工具，會獻上含劇毒的親吻。蘇丹塞利姆三世（在艾梅入宮當時，他是個溫和的年輕太子）深怕自己的下場會和很多嬰孩或王儲一樣，我們從克拉文男爵夫人（Lady Craven）[26]（她當時正造訪該首都）得知，「當他知悉在位蘇丹不承認的每個在後宮出生的嬰孩都會被絞死這恐怖慣例，便聲明不希望有人因他而死，經常迴避可能成為父親的任何機會。」這種態度肯定會破壞後宮閨房的根基。

✤

就像前往君士坦丁堡的所有遊客，克拉文夫人也熱切留意關於後宮的每一絲訊息。一七八五年她借住法國大使住處，經常透過他的望遠鏡，從卡拉塔的一扇窗戶，追蹤從皇宮角越過金角灣所有隆重的進出儀式。「昨天我看見蘇丹（阿卜杜拉·哈米德）坐在銀色厚榻上，他的船隻和隨行人員排列在港岸邊。我們有一個巨大的望遠鏡，可以清楚看見鄂圖曼帝國的豪華排場。蘇丹把他的鬍子染黑，好讓他看起來年輕，也因此隔了這麼遠的距離，還是可以一眼認出他，那染黑的鬍子反襯出他的臉色極其青白。」

克拉文夫人是個永不知饜足的旅人，也愛說長道短。她走南闖北，從歐洲到莫斯科，再經由克里米亞半島（Crimea）[27]轉往土耳其，一路上借住每個地區的總督或親王宅邸。從她寫給布蘭登堡—安斯巴赫的邊疆伯爵（the Margrave of Brandenburg and Anspach）一連串書信，可看出她興致高昂地注意一切，而她後來嫁給這位邊疆伯爵。這些書信在一七八七年出版成書，由此我們對於君士坦丁堡最後的鼎盛歲月有了生動圖像。她描繪了一個散漫凌亂的城市，大理石與木材的奇異混合，奢華與荒蕪之地。吉普賽人和乞丐露宿壯麗的蘇萊曼清真寺（Suleimanye Mosque）的陰影，至今依然如此。她也道出了它的罪惡之處：切莫想像君士坦丁堡沐浴在燦爛陽光和歡快歌聲裡，這城市沒有一絲地中海氣息，殘暴驕奢又淫穢；戲劇性的氛圍古怪地自成一格、舉世無雙。

有人說君士坦丁堡的歷史是一齣古裝劇，可以肯定的是，隨著各階層、各場合專屬的特殊禮服式微，這城市的輝煌與獨特趣韻大半也消逝了。唉！有人說艾梅對兒子的西化影響，導致這些較次要的服飾改革。今天的布帽是舊日土耳其氈帽（fez）的拙劣替代品，而土耳其氈帽，比起往昔的高聳纏頭巾帽（turban）（土耳其文的纏頭巾dulbend一字，是鬱金香tulip這英文字的字源，把纏頭巾帽美妙地比喻成鬱金香），也是粗劣之物。纏頭巾的各種纏綁形式、高度和顏色，就如皮草滾邊的寬度或裙裾的長度，一概得依照勒令——律法規定。艦隊司令穿緋紅與金，鬈髮戟兵因有兩綹假髮自頭盔垂落至臉孔兩側（最初目的是要防止戟兵在後宮堆柴火執勤務時瞥見奴妾）而得其名。皮草也帶有階級意涵。當蘇丹禁衛軍穿著山貓毛皮滾邊的華美

---

26 譯註：Elizabeth Craven，一七五〇—一八二八，英國貴族、作家、旅行家，著有許多遊記。

27 譯註：位於烏克蘭之南和俄羅斯之西，黑海北岸一個幾乎全被水包圍的半島。

大鼇，紫貂則保留給腳套馬鐙的將領。很多服飾完全抄襲被攻陷的拜占庭宮廷。後宮內盛行華麗奢糜風格。縱使晚至一九〇九年蘇丹的末日歲月，據傳禁宮閨房仍可見純銀打造的畚箕，和縫上真鑽鈕釦的巴黎進口摩登童靴，對西方時尚的渴望絲毫不減。

艾梅·杜布克·德希薇莉進宮時，其華麗風格仍不受緊縮措施影響；確實，後續的許多改革大抵源自她講求儉約的法國腦袋，如我們將會看到的。一七八四年，我們仍讀到純金骨架、鑲藍寶石的雨傘、鑲嵌珍珠的澡間木拖鞋及有金刺繡的手巾。寵妃覲見蘇丹時，同一襲華服不會穿第二次。頭一次覲見更是要穿戴得華美絕倫，艾梅想必覺得離女修道院的生活很遙遠，他們為她穿上數不清的薄紗襯衣、皮草滾邊的天鵝絨束腰寬袍（caftan）、寬管褲（chalvari）及傳統上要求的三層裙裾罩衫。我們沒有她盛裝打扮的肖像，但有位目擊者的描述被保存下來：她的粉嫩氣色、白皙皮膚和淡金色頭髮，讓她比其他三位黑髮妃子更為突出。她似乎總是穿戴得燦麗奪目，十足的土耳其風格。她把珠光璀璨的一頂小巧扁平圓盒帽斜戴在頭上，飄逸的長髮流洩至腰際，撲灑在髮間的碎鑽在金色中顫動閃爍，看似隨意散落，實則用了巧思以金色細鍊固定。她的手和腳彩繪著花紋圖騰，儘管她不太需要大多數女人不可少、也是土耳其傳統要求的彩妝。

但在艾梅完全接受與融入之前，還是發生了後宮歷史上從未有過的場景。因為在後宮裡，女人從未質疑過自己的命運，拒絕蘇丹寵幸的則更少。當黑人大宦官向艾梅宣布，她被欽點侍寢，而他會親自領著她走上黃金之道，她強烈抵抗。以她的精明、野心及縝密規畫的一系列作為，不太可能沒想過這關鍵的一刻及所有的含意。她肯定明白要掌握權力別無他法；她的抗拒只不過是在女修道院長大，對自己命運感到驚懼的少女的自發性反應。以她在馬丁尼克島的家世和榮寵，仍一身傲骨，仍不願屈服。杜布克家的人不受突厥人脅迫。不過這是險峻的一刻：無法回頭的地步。她爆發的情緒也許是奴隸主之女的反射動作，當發現自己將被帶到在其眼裡想必是野蠻人的床舖上。在思忖過所有謀略對策後，這情緒的爆發是失控、是女孩子氣，卻是稚氣小姑娘最後僅存的，因她依舊清晰記得她的家鄉、家人和老奶媽。

黑人大宦官從沒見過有奴妾這般抵抗的。他一定要不計代價避免閨房起騷動：王上的胃口已經被巴巴·穆罕默德口中描述的法國尤物給挑起，絕不可能掃了王上興致。艾梅的發怒和自主表現，讓黑人大宦官擔心她可能不僅不配合，還十足危險。她愈是激動，其他的奴妾愈會對她感到驚奇……瘋狂的小妮子……真希望她們能取代她，被蘇丹傳喚侍寢！……大宦官想起某個茨岡人把蘇丹咬到見骨的老故事……那麼他很可能嚇得直發抖，想像著光滑的絞索纏上頸項的那種酷刑，將是他的命運，若是他縱容出另一隻這樣的野貓。他留下激動的艾梅，快步去找他的老朋友索卡西亞王妃，鎮定心神並尋求建議。她同情地聆聽，不愧是圓滑老練的女人，形勢愈危急，她愈機智，眼下這形勢會讓她兒子陷入險境，她自認有法子幫大宦官一把，讓艾梅鎮定下來，並且把她的計畫往前推一步。她親自去見艾梅，通情達理地把話說得坦白。我們不禁再次尋思，這兩個女人用哪種語言交談？這時期的艾梅不可能學到很多土耳其話，八歲進宮的索卡西亞王妃似乎也不太可能會說法語或義大利語，但也許她會。有些女人就是學養深厚，研究天文，精通多種語言，甚至鑽研醫學；不過也必須承認，她們通常是後宮裡較不得志的女人，從未被蘇丹看上眼，只好轉而從學習得到慰藉，排遣從入宮到退休進舊宮，也就是進入皇宮角海底下的某種安養院或老嫗之家前的這段漫長期間。

這位索卡西亞女人訴諸這法國姑娘的理智、情感和自負。她讓她明白，逃跑的念頭是行不通的。眼前有一條生路，何不接受被賞賜的這份榮耀？她可以先——得寵，然後說不定生個兒子，而他也許有天會坐上大位。（薩拉丁〔Saladin〕[28]的母親貝倫婕莉亞〔Berengeria〕就是個鮮明的先例，儘管這兩人很可能毫無所悉。）接著，為了讓艾梅安心，她談到現任蘇丹的個性，提及艾梅可以發揮影響力，促使蘇丹王進行土耳其迫切需要的改革。最後，她談到自己、兒子塞利姆和她的擁護者，即開明的進步派，如何受到當時最得寵的王妃，穆斯塔法的反動派母親的仇視而身處險境。他們寄望艾梅能保護他們，步上黃金之道。

艾梅本性務實，內心的理性告訴她，索卡西亞王妃說的是事實。於是她停止反抗，把自己交給命運，而艾梅遲早會成為命運的主人。大宦官，黑大人，得意地把艾梅帶給蘇丹阿卜杜拉．哈米德一世。

蘇丹不是「可怕的突厥佬」，而是文雅的縱情之人，一個厭惡禁宮閨房勾心鬥角的父權人物。艾梅似乎是個與眾不同的姑娘；她的金髮碧眼，她的西方智識，法蘭克人血統……深得他的歡心。很快地，就如索卡西亞王妃所預見，艾梅把穆斯塔法的母親從蘇丹心中攆走了。「美麗者」正式成為新寵兒。

一年後，一七八五年七月二十日，她的兒子瑪哈茂德誕生。於是艾梅．杜布克發現自己成了鄂圖曼王權傳承的關鍵人物，尤菲米亞．大衛的話想必又在她耳邊響起……妳會變成俘虜，被送進土耳其後宮。妳會在那裡生下一個兒子，這個兒子會坐上王位統治天下……

整座王宮張燈結綵慶祝蘇丹之子誕生。上了年紀的阿卜杜拉·哈米德宛若重生。其他的寵妃沒人像她這般醉人；而且除了穆斯塔法母親這樣潑辣的女人，也沒有另一個妃子替他生下兒子。據說穆斯塔法和馬哈茂德是他後宮五百佳麗僅有的子嗣。看來蘇丹毫無疑問地喜歡艾梅的孩子，就像他喜歡艾梅一樣。沒聽說要絞死這名新生兒的傳聞（除了穆斯塔法的母親私底下這麼盼著）。蘇丹指示要盛大慶祝。施放煙火，舉行摔角比賽，還有個全部用棉花糖做的亭閣，裝飾著棕櫚樹，象徵圓滿和多子多孫。關在籠裡的夜鶯（東方文學的鳴鳥〔bulbul〕）掛在黃楊木叢。重頭戲是鬱金香慶典，精心鋪陳的花朵由彩光照亮，裝有染色水的玻璃球錯落其間，與燈籠、噴泉相互輝映。土耳其人格外喜愛這樣的陳列；他們喜歡把鬱金香或玫瑰擺在打光的攤子上，以鳥鳴和三弦樂的輕柔曲調做為背景，彷彿打造某種的花朵劇院，烘托出深具美感的奇觀。

當夜鶯鳴唱、噴泉飛濺出水花，在夜空閃耀的煙火如陣陣星雨，穆斯法塔的母親很可能隱身在她的寢宮裡。新生兒的繼承順位僅次於塞利姆，在她兒子穆斯法塔之後。她必須把塞利姆和這名嬰兒解決掉，讓事情變得單純。然而在鑲紅寶石搖籃前俯身的艾梅，肯定對兒子的未來有十足信心。尤菲米亞·大衛預言他前程光明。到目前為止，她的預言都成真。

28 譯註：阿尤布王朝（Ayyub）的第一位蘇丹，一一三八—一一九三，聲望達到頂峰時，統治埃及、敘利亞等，是當時回教世界的領袖。

艾梅進入蘇丹阿卜杜拉．哈米德後宮那時，他的姪兒塞利姆年紀和艾梅差不多。蘇丹視如己出，他本身在太子牢關了四十五年之久，並不希望他的繼承人也遭遇這種殘酷的監禁。阿卜杜拉．哈米德對塞利姆極盡寵愛，塞利姆此時已是個學問精深、脾氣和藹的年輕人，而且熱烈擁抱母親的自由派觀念。但是他隨時有性命之虞，因穆斯法塔的母親正伺機下毒手，而且她已經毒殺他一次，並未成功，正在等待下一次機會。足智多謀的母親把塞利姆救了回來，她早料到會有這類的襲擊，把一位老練的毒物學家日夜留在身邊。儘管她這般機敏地救了兒子一命，他仍是勢單力薄、處境堪憂。

他屬於波斯人物袖珍畫裡蒼白纖弱的那一型、嘆息王子那一類，羊皮紙色調的五官散發著陰柔氣質，修剪得像紫杉籬笆的茂密藍黑鬍鬚反倒顯得突兀。長長的杏眼，幽幽戚戚斜瞟著，在塗黑且通常是相連的彎曲濃眉下更顯突出。東方手稿裡描繪這些詩情而無精打采的王子，騎著駿馬橫越荒漠，牽強地和豹或亞洲遊牧民族英勇交手纏鬥；或是在有噴泉的庭院或鬱金香花園裡，朝臣圍繞下彈魯特琴。拉馬丁（Lamartine）[29]告訴我們，塞利姆長相俊美、個性溫和、熱情洋溢；他的母親堅持他所受的教育應該有益於他履行蘇丹職責。倘若他能執政，那將是他的長處；倘若他注定要困在後宮茫茫然度日，那會是他的慰藉。土耳其詩人和哲學家圍繞著這個年輕人，隨著他慢慢長大，而且益發膽大，他偶爾會和被派來後宮的義大利醫生羅倫佐聊天，而且經常問起在土耳其邊疆之外遙遠奇異的西方生活。他敏感、靦腆，時常出神發怔，似乎在清真寺要比在宮廷更如魚得水。據說他得過天花，臉上有一點麻子，身材高眺，但因為長年讀書的緣故，些微駝背。八卦流言也證實了克拉文夫人的說法，說他對後宮絞死新生兒的作法深惡痛絕，因而忽視閨房，甚而婉拒生育的責任。然而這位寂寞、愛做夢的年輕太子，卻為艾梅．杜布克深深著迷，當她在後宮現身，美得令人炫目，又那麼的與眾不同。

這時的艾梅風華正茂，她的北方之美，絲毫不帶其表姊約瑟芬．波拿巴身上鮮明的克里奧混血兒的異國風情。她是有著諾曼血統、清新脫俗的銀美人，在妖嬈撩人的後宮嬪妃中顯得極為搶眼。（但別忘了，她也上過聞名的奴妾學苑，學過各種東方調情術。）因此，當艾梅受蘇丹寵愛而得勢，穆斯塔法母親的失寵失勢也就不令人訝異，這一派頓失依靠的惡勢力，只能等待時機來臨——她軟弱的兒子繼承大位，她翻身成為皇太后。禁衛軍確信她將來會支持他們，持續圍繞在她身側，成了一個反動團體。不過目前是艾梅和她近身的圈子深得蘇丹好感。艾梅已融入後宮，雖然始終保留某種西方氣息，即便她接受了宮中禮俗、服飾和語言。不論她的粉嫩、白皙和金髮有多麼動人，剛烈的性子依舊。大約此時，她開始著手進行一件事，可視為她對其出身的外在世界發出最驚人也最強大的訊息——她兒子的教育。馬哈茂德小王子是個壯小子，異常獨立，但也教養良好，比起那些在過度溺愛縱容下或設法逃過死劫、只是掙扎著能夠長大成人的煩躁小王子。艾梅成功的把後宮聞所未聞的西方育兒規範，連同衛生及飲食措施用到兒子身上。在圍繞花園的高聳絲柏樹下，一整個夏天陪著孩子玩耍……那摯愛卻遺失的法國

29 譯註：Alphonse Marie Louise Prat de Lamartine，一七九〇——一八六九，法國著名浪漫主義詩人，也是政治家。

回音再度圍繞她身邊。

> 在亞維儂橋上[30]，大家在那兒跳舞，在那兒跳舞……
> 英俊的男士像這樣做……

這小男孩肯定聽得很開心，看著母親行屈膝禮和宮廷式鞠躬，手放在心口，腳尖以經典的曼妙動作觸地。她可能再也回不去法國，但她在鄂圖曼帝國內慢慢設法促成一道裂口，好讓西風有一天能夠灌進來。

她私底下和馬哈茂德說法語。隨著他慢慢長大，她讓他熟知法國的傳奇故事：查理曼大帝（Charlemagne）及老風流（le Vert Galant）[31]的豐功偉業，這毫無疑問，但她很可能也尊重土耳其傳統，不能提及鄂圖曼帝國曾敗在十字軍手下，所以獅心王查理一世（Richard Coeur de Lion）也就不可能成為這幼兒心目中的英雄。小王子口齒不清跟著母親說《拉封丹預言》（*La Fontaine*）[32]，進入佩羅（Charles Perrault）[33]迷人的王國；但從後宮其他人那裡，他也愛聽納斯爾丁（Nas-reddin）[34]、提爾．尤連斯皮格（Moslym Tyl Eulenspiegel）[35]及所有露骨放肆的皮影戲（Karageuz）——土耳其小丑——的滑稽故事。他對所有法國或西方事物的熱愛，一種反祖力量，貫穿他的一生。他性格的養成是西式的：西式規範、西式目標與西式活力都凌駕東方式的。在他最果斷的一切行動背後，我們感覺到馬丁尼克島來的法國女子的存在。她在後宮的影響力也不可小覷。有人甚至說，她成功讓蘇丹阿卜杜拉．哈米德改信天主教，不過在筆者看來並不可信。就這一點，如同關於艾梅・杜布克的其他很多事，全都是臆測和再造。不過可以肯定的是，她備受愛戴和尊敬，即便禁宮裡的對手（穆斯塔法的母親除外）也是，而土耳其宮廷裡的高官顯要、熟悉後宮的少數特權分子，也相當敬重她，縱使她隱身幕後。

在寵妃的表象背後，我們看到艾梅實際上激發、指導著各種——遠遠越過宮牆——甚而越過土耳其邊境的重大政治謀略。在塞利姆以王儲身分，於一七八六年寫給路易十六一封史無前例的信背後，感覺到艾梅・杜布克・德希薇莉的存在。這是她即將要促成的一長串親法表示的頭一個動作。要了解這封信的整個意義，有一點必須記得，在那之前土耳其和西方間沒有固定的外交往來：有位法國大使留駐君士坦丁堡吃苦受罪，但沒有土耳其大使被派駐巴黎。任何的交涉談判全是迂迴進行，由暫時的代理人處理，任務甫完成就會被召回土耳其宮廷。蘇丹和他的大宰相仍屬傳奇，而且遙不可及。因此當法國外交部長收到一封寫給路易十六的信，信裡表

30 譯註：「在亞維農橋上」（Sur le pont d'Avignon），法國著名的一首童謠。
31 譯註：亨利四世的外號，他是有名的調情聖手。
32 譯註：尚・德・拉封丹（Jean de la Fontaine）編著，一六六八年問世。《拉封丹寓言》裡的故事並非拉封丹自編，主要來自古希臘的伊索、古羅馬的寓言家費德魯斯及古印度的故事集等的靈感而作。
33 譯註：Charles Perrault，一六二八—一七〇三，十七世紀法國詩人、作家，以作品《鵝媽媽的故事》聞名。
34 譯註：活躍在西起摩洛哥、東到新疆突厥諸民族中的傳說人物，大智若愚，才辯超群，在回教世界被視為智者、導師。
35 譯註：搗蛋鬼，惡作劇的人物。

達了友善與景仰，署名者是土耳其帝國的王儲塞利姆，他竟有些不知所措。這既不合乎外交禮節，也不合乎程序；非常怪異，非常可疑。

這位外交部長無法料到，在這笨拙的友好姿態背後，有位女修道院的姑娘。在此之前，法國沒有人知道艾梅的命運。她的家人認定她遇難。沒有人想像得到，她此時不僅是後宮當紅的寵妃，而且對國際事務具有潛在影響力，就連肯定還記得預言的表姊約瑟芬也想像不到。在當時，土耳其王儲發函本身就很古怪，因為根據傳統，太子們從七歲起便被禁閉在太子牢。就算塞利姆不怎麼受禁閉，仍過著與世隔絕的生活，不可能參與國事。依慣例，太子們見不到外界的人。大部分的母親都會事先過濾訪客，好讓兒子更為依賴，讓她們本身更有權力。只有最親近的家人和私人教師才能見到，雖然他們十四歲時便有權納妾。除了這類消遣，那些不幸的太子們過著沉滯的生活，等待著被宣告登基，或赴死。

那麼，塞利姆就算不受禁閉，仍不具公認的權力，何以突然決定要寫這樣的一封信？動機為何？誰是這不尋常舉動背後的驅動力？答案很明顯。這笨拙、天真的友好表示，對象不是法國路易十六，而是美麗的法國奴妾，艾梅．杜布克．德希薇莉。這證明了艾梅已經巧妙發揮了作用，不僅達成黑人大宦官及圍在君側派系交付給她的任務，還有她決意要為自己做的事。

這明白顯示了這位二十三歲法國姑娘，在年輕王儲身上所施展的威力。不管艾梅對蘇丹阿卜杜拉．哈米德一世有多大的影響力，因她絲毫不期待去說服這位疲憊保守的老君王，踏出如此激烈的一步。但塞利姆年輕又充滿理想。他為艾梅神魂顛倒，深信她的判斷。他們倆年紀相仿，在他眼裡，她是他在周遭徒勞追求的自由與文明的化身。當艾梅造訪他母親的寢宮，兩人有機會相處時，度過了些許快樂時光。他們無疑是在暗中相處，因為艾梅身為蘇丹的新歡、最年輕的寵妃，正式說來，是連王儲都不能見的。不過有黑人大宦官的串通與掩護，肯定讓這偷來的多次聚會變得容易。畢竟，年輕人喜歡聊聊，這是再好不過的；艾梅竟然征服了王儲，這對黑人大宦官有利，對整個自由派也是。塞利姆肯定也抓住機會與西方來的艾梅談天，而她的想法和期待竟和他的如此雷同；他熱切地取悅她，他不須她費唇舌，便提筆寫信給法國國王。那些簡單的措辭毫無疑問都是艾梅口授——太過自然樸實，以致收到信的那一幫矯揉造作外交官看來，絕對是瘋狂錯亂，抑或是東方式的極端狡猾。

這一縷幽魂發出的這則訊息，在一七八六年十月抵達凡爾賽宮。卻是不了了之。國王根本懶得回信，拖到隔年五月才回覆了一些空洞的辭令。不過，艾梅沒未因為這挫敗而失去信賴。她的擁護者認命地接受這冷漠的回絕，著手重組一支以法國體系為師的軍隊，講求紀律與忠誠，不會被禁衛軍腐化。

即使艾梅對土耳其外交政策的影響力從未被確認，而且無疑永遠是一種揣測，不過還是有強烈證據顯示，塞利姆信函背後有她的身影，因為遞送這封信的同一名信差，也把艾梅的另一封信帶給她的叔父阿佛爾的杜布克先生（Monsieur Dubucq of Havre）。她心心念念的那封信總算寄出去了。但如今要逃跑，為時已晚，人事已非。現在有了小馬哈茂德，他是不可能離開這裡。他必須待在這裡，完成他的天命，而她必須留下來陪他，幫助他圓滿達成。那封信是她離開女修道院後頭一次與家人聯繫。他們很可能以為她遭遇不測死了心。她捎來的消息想必令家人既放心又不安。我們沒有記載顯示，杜布克家如何看待失去艾梅這件事：他們是漠不關心、感到驕傲，還是為她在異國的命運擔驚受怕。他們是避免讓事情傳出去，並且從不在僕人或小孩面前提起，只在暗地裡低聲談論？比死亡還悽慘的命運……不過這大抵是維多利亞時期的態度，他們的態度應該帶有濃厚的十八世紀色彩；再者因為他們是法國人，帶有一點追名逐利的讚許。從這一面來看，艾梅可厲害了，她釣到的可是土耳其國君呢。雖然從另一方面來說，奧斯曼利也許不是杜布克家族會挑上的聯姻對象。我們不知道他們有沒有回信給艾梅，但可以想像，這一縷幽魂有多麼熱切地等待著她曾經所屬的那個活生生世界，捎來一聲答覆。

✤

一七八九年四月，蘇丹阿卜杜拉・哈米德駕崩，姪兒塞利姆繼位，成為蘇丹王塞利姆三世，阿拉真主的代理人。他時年二十七，受舉國上下擁戴，人民相信他的年輕有為能夠掃除政府弊病，解決令他們苦不堪言的稅徵。然而儘管他勵精圖治，還有艾梅在幕後支持，仍不足以擔起這重責大任。他處處被掣肘，國內有禁衛軍，國外則有強敵俄羅斯。當務之急就是培養一支新軍隊，仿效法國的軍事體制，組成紀律嚴明且只對蘇丹效忠的軍隊。他著手建置這樣的軍團，取名為Nizam-Djedid，即新軍。這是直接對禁衛軍揮出一記重拳，接著又補上一腳，下令最年輕的禁衛軍精銳要編入他的新軍。禁衛軍大為驚愕。這位弱不禁風的人顯然不是在開玩笑。禁衛軍總司令（The Agha）召集他的將領開始密謀對策。但事情並不容易。塞利姆證明了自己比他們料想得要堅定，況且人民站在他這一邊。情況僵持不下。雙方各自撤退，等待時機……

當一七九三年革命浪潮席捲法國，艾梅盡可能從雉堞高築的宮牆內，追蹤事態的演變。要承認她的祖國這樣偉大的國家，如今被展現東方蠻悍的暴民所掌控，實在很令人沮喪。不過塞利姆不受撼動，他同意她的看法，那是少數人受蠱惑的恐怖暴動。法國整體上仍屬穩固。她很可能不時會收到家人捎來的消息，還有表姊約瑟芬的消息，約瑟芬已是兩個孩子的媽、博阿爾內的遺孀，而且是科西嘉島來的一位短小精幹的將軍妻子。當時消息傳遞緩慢。也許巴黎沙龍的流言蜚語傳到了位於佩拉區（Pera）的法國大使館，但沒能傳得更遠。那最後一哩路，得乘輕舟越過金角灣，穿過埃及市集裡堆疊的香料、蛇皮和香薰根類，因而歐洲來的消息微弱、散佚了。據說每天有一萬人越過金角灣，但沒有一個觀念過得去，這就是東方，封閉，遙遠。而時間就如西方思維，掠過穹頂大市集，掠過蘇萊曼清真寺的宣禮塔，繼而掠過後宮大門。東方有它自己的謠言、自己的戲碼。巴黎的回音不會傳這麼遠。在後宮的重重院落內，總瀰漫著壓抑的怪異沉默，這種閒言閒語不會傳到艾梅耳中。多年來，她僅知悉表姊人生最清晰的輪廓，恐怖統治時期的約瑟芬人生較活躍階段；但後來，人們口中的放浪女子、巴拉斯（Paul Barras）[36]、在驤德亨街（Rue Chantereine）的鏡面臥房……這些艾梅都未有所聞，直到尤非米亞・大衛最驚人的預言被神奇地證明為真——約瑟芬受冕為法國皇后。

沒有記載顯示這對表姊妹有通信；儘管在塞利姆執政期間，艾梅享有幾乎等同皇太后的權勢，得以贈送華貴的禮物給法國皇帝及其家人；鑽石羽飾、珍珠和數以百計精緻的喀什米爾羊

36 譯註：Paul Barras，一七九五至一七九九年法國督政府最有權勢之人，與約瑟芬有過一段情。

毛織品，穿在約瑟芬身上顯得無比出色。不過除了這些正式的友好表示，雙方沒有任何私下的往來紀錄。她們倆個性完全不同，一個輕挑、多疑、好算計又放蕩迷人。另一個莊重、滿懷理想、務實也多愁善感。這兩位美麗的克里奧混血兒的共同點，似乎只有野心和冒險心。

但艾梅格外珍惜和表姊的兒時回憶。她與法國斷了聯繫太久；馬丁尼克島的童年及家鄉記憶，如今在約瑟芬身上具現出來。後宮的生活寂寥，能見到的外來者少之又少。要到她過世三十或四十年後，才開始有一連串知名的法國旅人紛紛前來。我們可以想像，艾梅會多麼開心地歡迎歐吉妮女皇（Empress Eugenie）[37]，當她前往蘇伊士運河途中前來土耳其的官方拜會，而艾梅的孫子阿卜杜拉．邁德吉（Abd ul Medjuel）為了迎接她，在博斯普魯斯海峽上造了一座糖製的小宮殿。

縱使是南丁格爾這麼一個簡樸奉獻的女人也會受到熱情款待，她將發現，蘇丹皇太后務實又積極的個性，會大力支持她在斯庫台設立醫院，就在與艾梅的涼亭僅有一水之隔的對岸。為了《東方之旅》（*Voyage en Orient*）收集資料，在黎凡特地區（Levant）[38]遊蕩的熱拉爾．德．內瓦爾（Gerard de Nerval）[39]，會受到多麼熱烈的歡迎！而且他會發現她的遭遇多麼有意思，而他的書裡充滿了這類絢麗的小花絮。不過在這些人當中，最該在艾梅的年代而不是六十年後才去的是皮耶．羅堤（Pierre Loti）[40]。要是他知曉法裔蘇丹皇太后離奇哀婉的遭遇，還會寫下《阿姬亞黛》（*Azіyade*）[41]嗎？羅堤會陶醉在這一切的迷人哀愁裡……而且會把故事背景設定在深宮高牆內！可憐的小魅影……親愛的小王妃……我們想像他們一同坐在某個陰涼的亭閣裡；艾梅這一縷幽魂會試著藉由他回到西方；而羅堤這位作家，親土耳其分子，會試著透過她進入東方；各自為滿懷的鄉愁所苦……各談各的，但仍以法語——艾梅心裡的語言——交談。

✤

塞利姆對法國的一切有著極為稚氣的熱情。他肯定對艾梅出身的那塊土地有無窮的信心，不論那裡是否發生革命。一七九二年，他執政早期簽署雅西和約（Jassy）[42]後，俄羅斯併吞了克里米亞，土耳其休兵重整旗鼓，塞利姆全力組織一個以法國為師的強大新軍團。他聘僱法國和瑞典工程師。位於塔布罕（Top Hane）的火砲鑄造廠也由法國人統籌指揮。法國砲兵軍官被聘來施行一連串嚴厲的軍政改革。和數學及軍事戰術有關的法文指導手冊相繼被翻譯出來。法國海軍軍官訓練海軍；法國造船專家籌畫造船廠。一七九五年，塞利姆批准法國週刊《東方箴

---

37 譯註：拿破崙三世之妻，最後一位法國皇后。

38 譯註：地中海東部及愛琴海沿岸的國家與島嶼。

39 譯註：Gerard de Nerval，一八〇八——一八五五，法國詩人、散文家，浪漫主義文學代表人物之一。

40 譯註：Pierre Loti，一八五〇——一九二三，原名朱利安·韋奧（Julien Viaud），一名法國海軍軍官，走遍大西洋、太平洋、印度洋的沿海地帶，到過土耳其、塞內加爾、大洋洲、巴基斯坦、波斯、埃及、印度、中國、日本等許多國家和地區。一八七九年他以《阿姬亞黛》這部充滿異國情調的處女作，一鳴驚人。

41 譯註：Aziyade，一名受派到君士坦丁堡的軍官，邂逅了名為阿姬亞黛的姑娘的淒美故事。

42 譯註：俄羅斯帝國和鄂圖曼帝國之間為結束第六次俄土戰爭（一七八七——一七九二），在摩爾達維亞的雅西簽訂的停戰和約。

言報》(Le Moniteur de l'Orient)在君士坦丁堡發行。該週刊何以被批准，或為了誰批准，我們毫無疑問。塞利姆本身對法文只是略知皮毛，他肯定很享受艾梅念給他聽的摘選文章。最重大的舉措是，首位常駐法國大使在一七九七年派往法國，該大使在督政府時期的巴黎掀起轟動，颳起數星期的土耳其風。拿破崙熱情款待他。拿破崙覬覦君士坦丁堡已久，視為歐洲最具戰略價值的地方。他應該還記得，一七九三年土耳其宮廷首度徵召法國軍事專家時，他便是自願報名的軍官之一；但是他的申請遭拒，只好留在原地，結果成了第一執政(First Cousul)[43]，繼而征服歐洲，寄望能稱霸世界，將土耳其納入其帝國版圖。

當第一執政波拿巴將軍娶的不是別人，而是艾梅表姊博阿爾內子爵夫人的消息傳到後宮，塞利姆肯定信心滿滿的以為，法國關心且支持他的改革理想。其實拿破崙對於自己的雄心大略更感興趣。當蘇丹於一七九八年七月得知，在拿破崙一再表明友好之後，一支足有三萬名士兵的法國軍隊入侵埃及，企圖奪取土耳其轄下的這片領土，大為震驚。然而拿破崙征服東方的美夢[44](入侵埃及是第一步)終究破滅。一八〇一年，若干條約匆匆成立，建立了一個普遍卻短暫的和平年代。拿破崙承認土耳其宮廷在埃及的統治權，反之蘇丹也給予法國在土耳其的一些利益。艾梅無疑是相當高興這痛苦的裂痕得以弭平。她肯定費盡心思說服塞利姆這位自負、公正的君王，原諒拿破崙無數的挑釁進犯之舉。於是，一個接一個信號從深宮高牆後發出，一次比一次更加鮮明清晰，頻頻向世界證實，在議事堂的細格子窗後面，存在一個神祕的法國心靈，而按慣例，蘇丹可以從窗後的祕密看台觀察大臣們討論國事的過程。

在這些年間，有個人在巴黎和土耳其宮廷之間穿梭斡旋，而且成了土耳其人相當敬重的人物。很長的一段時期，皮耶・魯芬（Pierre Ruffin）這名字屢屢出現。魯芬於一七四二年出生於薩洛尼卡（Salonika）[45]，父親是一名譯員，代表了法國對黎凡特地區的關注。長大後，他成為造詣高深的東方學者，六度擔任法國駐君士坦丁堡的代理大使，對土耳其人相當有影響力，深受後繼的幾位蘇丹敬愛，並稱他為大老（Pere）。退休後，他只要在城裡現身，便削弱了繼任大使的威信，大使總是請求他移駕別處。魯芬想必和艾梅相當熟絡，說不定還協助她形塑塞利姆和馬哈茂德的親法傾向。以他的學術興趣，他對歐洲和東方文學的知識，很可能就是他指導艾梅做出一項大膽創舉，將無數的法文書籍和經典著作納入藏書閣，還請了百科全書編纂人，並將許多經典翻譯成土耳其文。當我們考量到頭一份土耳其報的成立不過是一七八四年，也就是艾梅抵達的那一年，那麼她的影響力很可能已經在此起作用，因為這需要蘇丹、伊斯蘭神學士（the ulemas）的直接獎勵與庇護才成，而他們向來反對知識的傳播。可蘭經也是遲至一八五〇年才被批准印製發行和公開販售。塞利姆、魯芬和艾梅合力打開了看向世界的一扇窗。

此時，塞利姆的改革尚未惹惱人民，不管禁衛軍做何感受，按兵不動才是上策。蘇丹派既

43　譯註：拿破崙於一七九九年十一月間發動政變，逼迫國會選他為「第一執政」，這是他取得政權之始。
44　譯註：拿破崙大舉入侵埃及，原本是要以埃及為基地，而進一步藉由這一個歐亞陸橋進軍至兩河流域，再到印度，就像當年的亞歷山大大帝般，建立一個橫跨歐亞非三洲的大帝國。
45　譯註：希臘北部最大城市。

果斷又強大。塞利姆有強盛的魯斯丘克的大公（Pasha of Rustchuk），保加利亞北部行省的一名忠心耿耿的總督擁護；還有黑人大宦官、蘇丹皇太后、伊斯蘭法學家維利－扎德，以及目前看來尚有法國的支持。不，還不是進攻的時候。整個宮廷裡，兩派人馬相互對峙，監視對方的一舉一動。薄暮中，偶爾會看見一名侏儒或啞巴小步快跑的身影，在穆斯塔法母親的亭閣與禁衛軍庭院間傳遞信息。到處有耳目，一切被看在眼裡。隨著氣氛益發緊繃，禁衛軍隨時會爆發蠻橫暴行，而塞利姆並沒有強大到足以鎮壓。當他們的壺鼓響起，再勇猛的人也為之膽寒，而艾梅肯定會關上窗遮板，不去聽那陰森不祥的敲打聲；與禁衛軍多年來的敵對，加上她對蘇丹深具影響力，深知自己和兒子終有一天會付出代價。清晨會有新一起暴亂事件傳出，蘇丹派的某個忠心手下會被發現吊死在住處外的大懸鈴木上；或有另一顆頭顱被加到幸福門一側的人頭金字塔上。多年下來，艾梅的憎惡已形成一股難以消解的力量，有朝一日將廢除整個禁衛軍團及其所代表的暴力。

只是，距離那一天還很遙遠；目前是黃金般的過場，艾梅和兒子在塞利姆及其母親身旁，享受著近乎平靜的家庭生活。塞利姆非常疼愛小堂弟馬哈茂德。這是艾梅的孩子，他視如已出，又或視如胞弟。索卡西亞王妃和「法裔皇太后」聯手，讓她們倆的孩子本該因繼位而敵對的，卻培養出忠誠與情誼，這違背了後宮所有慣例。塞利姆自始就非常關心馬哈茂德。隨著馬哈茂德從嬰孩長大成男孩，又從男孩長大成少年，兩人的年齡差距似乎在遞減，到了馬哈茂德二十歲，而塞利姆四十歲、艾梅四十一歲，三人有時彷彿年紀相仿。那是寧靜的黃金歲月，當他們在俯瞰金角灣的風信子花園裡野餐，或出遊前往皇家的雅驪別墅（yalis），也就是在博斯普魯斯海岸臨水而建，倒影會投映在環繞窗下藍色海面上的夏宮。有時候，蘇丹塞利姆會在城牆外舉辦射箭比賽，並為此搭建一座華麗的帳篷式涼亭，蓬亭矗立之處，即是日後人民休閒遊憩的土地——送給人民的禮物。艾梅在涼亭裡刺繡時，塞利姆往往坐在一旁。繡針在針景畫的花冠上一進一出閃著微光，先是懸在空中一會兒，隨後再俯衝而下；她的長髮像閃亮的金紗垂覆臉龐，嵌在細鍊上的碎鑽閃爍顫動。在塞利姆眼中，她是世上最美的人，他願意為她做任何事、任何事。他全神貫注傾聽她的每一句話，而她談的始終是法國……西方；宮廷外的世界……在她成為一縷幽魂之前所知的世界。

她偶爾會對記憶裡法國的奇人奇事表現出一種天真而動人的懷舊情思。後宮內，她要什麼有什麼。塞利姆滿足她的每一個奇想：而她屢屢想起青春往事。蒙戈費爾兄弟（Montgolfier）[46]及其神奇的氣球，在艾梅於南特讀書時轟動一時，所有法國人都在談論這非凡的發明；當那些條紋彩飾的氣球被人稱為蒙戈費爾氣球，到處可見相關的照片、印刷品，甚至壁紙。這些熱氣球最先載著幾頭山羊當犧牲品升空測試，就像現今的原子實驗也拿牠們來測試一樣。後來，乘坐結緞帶的簍筐騰升數百呎高蔚為流行。艾梅肯定對塞利姆和馬哈茂德仔細描述了好幾遍。於是某天，很可能是為了實現「美麗者」的心願，一具蒙戈費爾氣球自填土興建

46 譯註：蒙哥費爾兄弟（Joseph Montgolfier & Etienne Montgolfier）於一七八三年製造出一具熱氣球，並進行乘載飛行測試。

的庭園（Dolma Bagtche）[47]地面冉冉升起。不僅如此，蘇丹本人為了向法畜王妃證明他和西方男人一樣無所畏懼，還親自升上天空，於是出現了令人驚愕的奇觀：忠貞的統治者，阿拉真主的影子，升騰於他都城內五千座穹頂和宣禮塔之上，而遙遠的下方群魔亂舞似的，無數輕舟擠進亞洲甘甜水域（Sweet Waters of Asia），船上的人個個驚奇地仰著脖子朝天看，狂野歡呼。日落時，清真寺湧入大批信眾，聚集一堂聆聽神學士（ulemas）[48]感謝阿拉真主讓他們的蘇丹王平安歸來。這些鮮豔的條紋氣球，猶如無數快活優雅又輕盈的泡泡，龐大的巴黎精品升上了土耳其藍天。沒錯，從各方面來看，顯然有個法國女人垂簾聽政，她手中握有的權力，說不定比她在法國的表姊約瑟芬更為驚人。

在塞利姆保護下，艾梅找到很多樂趣。她生性樂觀、不杞人憂天。目前的生活在各方面都令她愉快。她的兒子、塞利姆的愛與仰慕、可觀的自由、日益增大的權力及最誘人的奢華享受。她有花園、對東方文化的研究、法文書、音樂及與蘇丹皇太后的友誼，且太后曾幫助她在人生道路上走得更輕鬆。然而一八〇五年十月十六日，索卡西亞女人辭世，艾梅無憂無慮的日子也隨之告終。太后葬在與其地位相符的宏偉陵墓之一，塞利姆、艾梅和馬哈茂德，以及黑人大宦官首領和她的友人，都哀慟不已。但禁衛軍知道頭號大敵之一已逝，開始估量情勢。艾梅如今沒了靠山，而兒子馬哈茂德太子和溫和的蘇丹塞利姆，力不足以與他們為敵，對於這兩人，她也許不只是愛護而已。

✤

塞利姆在位十六年，由於敵人環伺，始終沒能得到他想要的威望。他投入的戰爭削弱了國家，而他的改革則削弱了他的聲望。拿破崙入侵埃及，果然成了反法派系手中的一個武器。馬哈茂德年僅二十，只要穆斯塔法活著，就沒有任何權力主張王位，不過他自恃內斂，熱中法國一切事物，那是他與母親共享的祕密世界。他跟隨法國軍官研讀軍事戰略，學習用歐洲馬鞍騎馬，閱讀能獲得的西方一切訊息；但他無法參與國事，能做的僅是鼓舞塞利姆。

每位皇族太子都得具有某項專長，這是土耳其傳統。馬哈茂德選擇當抄寫員，而且長時間練出了一手優雅的阿拉伯花體字。他的書法精妙，經常受邀為城裡的公共紀念碑題寫禱詞或詩句；其中許多至今仍可見，金與黑的字跡揮灑自如、華麗曼妙，對於這樣一位有力量掙脫先人束縛且在史上留下「改革者」之名的蘇丹，成了頗為反諷的紀念。

一八〇五和一八〇六年間，在艾梅的激勵下，塞利姆又對法國做出兩項友好的表示。不計任何代價的友誼。他們迫切需要強力友邦。不僅混亂失序從宮中向外蔓延，在國內擴散，而且俄羅斯虎視眈眈要朝這積弱的國家猛撲而來。塞利姆的求援聽來像走投無路。魯芬的報告向拿破崙闡明了事態之緊急。穆斯塔法的支持者步步進逼，他們也一直在對外示好，對土耳其的宿敵俄羅斯示好，也對英國示好。沙皇的軍隊正在南下。英國艦隊正航向東方。塞利姆再一次更焦急的討救兵，於是拿破崙迅速採取作為。他指派一名年輕軍官賽巴斯提安尼（Sabastiani）

47　譯註：應是日後多瑪巴切宮坐落的位置。

48　譯註：穆斯林的神學或律法權威，尤指土耳其境內的該類學者。

將軍，即後來的馬歇爾將軍當特使，前往土耳其宮廷。賽巴斯提安尼和拿破崙一樣是科西嘉島人。他是個絕頂聰明的軍官，能構思和執行最大膽的計謀。他行動快速、馬不停蹄，越過中歐和南歐平原，在仲夏揚起白茫茫沙塵。一八〇六年八月十日抵達君士坦丁堡，令穆斯塔法的派系極為光火。他們失算了。

英國大使也心煩意亂。當著他的面，賽巴斯提安尼將軍蒙受蘇丹私下接見，這是他們大使不曾有過的榮譽，縱使情勢緊繃。賽巴斯提安尼將軍沒有就此止步。法國軍官指揮土耳其軍艦——天啊！連水兵的纏頭巾徽章亦是紅白藍三色加上一枚新月！賽巴斯提安尼上校每天進宮商議；他協助他們武裝，給建議，組織編整，以最不正規的方式運作。這不是外交斡旋……這前所未聞——這等同作戰！憤怒的英國大使如此稟報他的政府。

英國艦隊航至達達尼爾海峽，意在逼使賽巴斯提安尼被召回。在砲火威脅下，塞利姆動搖了，但艾梅不讓步。沒有談判的餘地，除非英國艦隊撤退至達達尼爾海峽外。值此之際，賽巴斯提安尼肯定被賦予絕對的權力。土耳其人民此時驚覺國家有難，全力投入防禦工事，把僅有的幾座加農砲拖到賽巴斯提安尼選定的地點。他們團結一致捍衛國家。塞利姆將他的營帳搭在賽巴斯提安尼的營帳旁，同時下令大臣們進駐沿城牆建置的砲台。對於宮中那些奉承諂媚的人，這是最令人不快的命令，不過他們也知曉事理，不多加質疑。有賽巴斯提安尼坐鎮，讓人既震驚又安心。在他的指揮調度下，整座城搖身一變成了軍火庫和堡壘。人民牢靠地站在他這邊，禁衛軍或穆斯塔法派都無法讓人民轉而支持英國。當鑄造廠設法利用粗礪石頭製造粗陋的霰彈（grapeshot）[49]和加農砲，英國戰士在臨近都城的王子島（Prinkipo Island）外因無風而停航。風向不利於他們，有數天的時間一籌莫展。那幾日相當關鍵，給了賽巴斯提安尼充裕時間鞏固防禦工事。他神通廣大，可以立即出現在各個地方：鑄造廠、宮府、議事堂商討、巡視城市、軍火庫、到加拉達塔（Galata Tower）[50]察看該城的外部防禦。就連外交使節團也火力全開——年輕的參事協助運槍；荷蘭的代理大使處處撒金幣，鼓舞民眾。法國大使館的書記官穿著有蕾絲邊的襯衫與衣衫襤褸的亞美尼亞軍旅或希臘軍旅一起勞動。當風向終於改變，君士坦丁堡已變身為一座堡壘，由一位大膽的將軍發號施令，還有整城人民的支持。英國海軍上將達克沃斯（Admiral Duckworth）決定三十六計走為上策，於是掉頭返鄉。艾梅贏了第一回合。

✤

王座周圍的親法分子，這會兒終於可以鬆了口氣。他們預見一段和平穩定的時期，以及與法國結盟的更多進展。不過所謂的進展，就像情人眼裡出西施，由觀者的眼光而定。「我眼中的正統，在他人眼中為異端。」單單「改革」一字，在很多人聽來就極為不祥。禁衛軍積怨已久，此時更是怒火中燒。但只要代表拿破崙勢力的賽巴斯提安尼仍掌控大局，就沒有掌權的機會。他們的傀儡穆斯塔法等著，他的母親也是……

艾梅的寢宮沒有被竊聽之虞，很多商議在此進行。這裡的氣氛在塞利姆看來，肯定充滿歐

49 譯註：由許多鐵丸組成的鐵球，通常裝填於加農砲內。

50 譯註：位於伊斯坦堡的加拉達區，恰在金角灣以北。

洲風情，令人目眩。幾年前，艾梅把數個廳房重新裝潢成法式風格，擺上精緻的路易十六座椅，椴木衣櫃和約依印花布製的簾幔。督政式或帝政式家具的鮮明輪廓，她一無所知，只是把年輕時少數幾次造訪朋友家看過的沙龍重現出來。幾面鍍金框的鏡子飾著垂掛物，盛滿百花香（potpourri）[51]的瓷碗放在桌腳細長的小椴木桌上。加了淡色條紋絲緞軟墊的鴛鴦椅和高背椅看來鼓膨豐滿，但外形硬挺；這些椅子是用來坐的，呈現拘謹的歐洲風格；而非用來懶洋洋斜倚的，不像土耳其躺椅。一把豎琴佇立在某個角落，雖然艾梅偏好彈吉他。偶爾塞利姆說動她開口唱歌，盧利（Lully）[52]或庫普蘭的樂曲錚錚鏦鏦回響在後宮重重院落，幽魂的歌聲空靈縹緲，一有巡邏的禁衛軍守衛鏗鏗鏘鏘走過格子窗下方，便幾乎聽不到。

在這歡快的場景裡，塞利姆喜歡盡情品味西方（看不到任何長臥榻）。他喜歡艾梅清澈的嗓音。

我不再去森林

月桂樹被砍掉了……

與東方小調相比，即使是她最悲傷的歌曲也顯得快活。賽巴斯提安尼偶爾會加入他們，那麼就會開香檳。艾梅在少年馬哈茂德身上培養出來的這個愛好，讓她飽受批評，而馬哈茂德就像所有的穆斯林，一口口啜飲著，無視可蘭經的禁令。塞利姆靜默地坐著，聆聽著諸多計畫，從賽巴斯提安尼的經驗和艾梅的熱忱看來似乎很可行。有時會有更熱絡的交談；賽巴斯提安尼會說起他在杜勒麗宮（Tuileries）的生活，他迷人的妻子法妮・德・關妮（Fanny de Coigny），則向艾梅細說表姊約瑟芬的日常活動和優雅的巴黎。在此之前只有魯芬先生，而他呈現的是法國枯燥乏味的一面，再者他不愧是個東方學者，就愛說土耳其語。艾梅儘管已經習於接受土耳其的生活方式與衣著，骨子裡仍是十足法國；馬哈茂德的教養和出身，無疑也激起他的共鳴。對子民該負的職責，他有強烈的信念。他們**必須**西化。那麼，軍政高官必須再度屏除貪腐怠惰的惡習，改革必須全面，像持連枷四下揮打。穆斯塔法的母親把後宮內的一切看在眼裡，蘇丹王造訪「美麗者」異教徒，賽巴斯提安尼進進出出……什麼都逃不過她的眼睛，任何動靜都被注意到，而且向她的主子——禁衛軍團——稟報。不過，當他們的壺鼓響起，縱使有塞利姆的衷心護衛，縱使有錦緞軟墊的高背椅和豎琴，都無法讓艾梅安心。在她聽來，壺鼓聲猶如俘虜她的可恨東方脈搏；在她聽來，這鼓聲象徵了東方的野蠻殘暴；象徵了北非海盜的火砲，押著她這個俘虜穿越城砦巷道的那些海盜。

賽巴斯提安尼的聲望極高，不僅蘇丹近身的人敬重他，全體城民也愛戴他。他是君士坦丁堡的救星、一時的英雄。他當時已是縱橫沙場的常勝英雄，早年即屢建戰功。他漫長而精采的一生，榮耀滿身。此外，他天生就是個受人矚目、魅力四射的人物。他有著令人稱羨的健壯體

51　譯註：乾燥花瓣混香料，薰房間用。

52　譯註：Jean-Baptiste Lully，一六三二—一六八七，義大利出生的法國巴洛克作曲家，一生大部分時間都在法國國王路易十四的宮廷裡作曲。

格和俊美臉龐，「在上流社會引起暴動的傢伙」。普拉特神父（Abbe de Pradt）[53]形容他是「法蘭西帝國的邱比特」。他想必是拿破崙一世麾下元帥（Napoleonic Marshal）的完美典型。這一群叱吒風雲的大將，如今僅剩一排石雕像，放在里沃利街（Rue de Rivoli）那一側的羅浮宮外牆上各自的髒汙壁龕裡。法蘭西的石雕元帥佇立在那裡，看著公車轟隆駛過，任憑鴿子棲在三角帽和華美軍刀上。

賽巴斯蒂亞尼是個格外精采的人物。我們想像他馳騁歐洲，彷彿格羅（Gros）[54]畫筆下的騎馬者肖像，戰馬立了起來，一整張豹皮的鞍褥披覆有斑點的馬臀，有羽飾的軍帽瀟灑戴在頭上，軍服上鑲滿飾帶，輕騎外套從一肩落下，拔出的軍刀閃著光，策馬奔向戰場的煙硝。進攻！向東！前進維也納！前進貝爾格勒！朝向君士坦丁堡城牆！朝向榮耀！

他於一七七二年生於科西嘉島。父親是製鞋匠，生活富裕優渥，據說和波拿巴家族有親戚關係。年輕的霍勒斯．法蘭索．巴斯蒂安．賽巴斯蒂亞尼（Horace Francois Bastien Sebastiani）原本在父母的期待下要進教會工作，但他別有想法，於是離開科西嘉島前往法國從軍。他迅速逐級晉升，見識過大小戰役，在霧月政變（Coup d'Etat of 18 Brumaire）[55]中擔任要角，之後受拿破崙賞識，在其麾下效命。征戰馬倫哥（Marengo）和奧斯特里茨（Austerlitz）後，他被任命為上校，後來又受封為帝國伯爵；不久，波拿巴派他前往東方進行一項棘手任務。他前去埃及，探查土耳其和馬木留克王朝間的關係：要試探阿拉伯首領，再次確保基督教敘利亞人支持法國，然後取道君士坦丁堡返國，代表波拿巴安撫土耳其君王消除疑慮。賽巴斯蒂亞尼以其一貫的靈巧手腕，一一達成任務；因此當塞利姆二度發出的緊急求救，傳到波拿巴耳中，賽巴斯蒂亞尼無疑是特使的不二人選。身為外交官和軍官，他對黎凡特地區瞭若指掌，足以應付土耳其宮廷的任何緊急情況。

我們知道他打了漂亮的一仗；要不是妻子猝死，他很可能會無限期待在塞利姆身邊，而艾梅力圖革新的夙願很可能圓滿實現。只是法妮因產女過世，賽巴斯蒂亞尼請求召回。他心碎的回到法國，再度埋首於軍旅生活。他遠征俄羅斯，在百日王朝（the Hundred Days）[56]與皇帝同在，滑鐵盧之役後退役，旅居英國。一八一六年他回到法國進入政壇，先後擔任海軍部長、外交部長、駐拿坡里大使、駐倫敦大使，後來由基佐（Guizot）繼任倫敦大使。他在晚年經歷喪女之慟，女兒芬妮，即普拉斯蘭公爵夫人，在聖多諾黑街普拉斯蘭宅邸有頂篷的床上被殺害碎屍。據說她是個熱情嘮叨的女人，而她丈夫，即公爵本人，無疑該為她的死負責。他被狡猾的年輕英國女教師擺弄，公爵夫人先前曾指控她不僅離間夫妻的感情，也挑撥和孩子間的感情。這起謀殺案撼動法國，幾乎摧毀已經搖搖欲墜的路易腓力（Louis Philippe）政府。賽巴斯蒂亞

---

53 譯註：Abbe de Pradt，一七五九—一八三八，拿破崙的司祭神父。

54 譯註：Gros，Antoine-Jean Gros，一七七一—一八三五，法國新古典主義畫家，被拿破崙任命為隨軍督察，描繪戰爭場面，「拿破倫視察賈法的黑死病人」、「阿布克戰役」、「埃勞戰役」這三幅作品奠定了他首席畫家的地位。

55 譯註：霧月政變，是法國歷史上的一場重大變革。政變的領導人就是拿破崙，目的是把督政府的權力劃歸自己手中，實現他的獨裁統治。

56 譯註：拿破崙一世第二次稱帝期間，從一八一五年三月二十日至六月二十八日。

尼急奔巴黎，控告女婿謀殺。但公爵否認所有指控，最後服毒自盡，逃避審判。

七十多歲的賽巴斯蒂亞尼依然熱血激昂，常有人看見他在科西嘉島的自家橄欖園裡踱來踱去。一名美國外交官憶起，即便一大把年紀，他仍生氣勃勃，撐著一把黃傘抵擋日曬，邊走邊喃喃自語……訴說他綿長的往事。大軍團（La Grande Armee）[57]、馬木留克、約瑟芬在驪德亭街的晚宴，身為帝國的邱比特，他在宴會上大受歡迎。奧斯特里茨、滑鐵盧、君士坦丁堡，他是少數能深入後宮祕密生活的人之一……還有艾梅，他和法妮在久遠前一位交情頗深的隱密人物……有天他突然中風，隨即撒手人寰。那是個明媚春日，當時他坐在午餐桌前，一生就此戛然而止。多完美的死法。他希望葬在巴黎傷病院，與他的同袍——法國其他元帥——一起長眠。次年八月，他的靈柩被移往那裡，場面備極哀榮。在抵達那一刻，一把無名火突地燒起，火舌吞噬了他在戰場上從敗軍奪取的橫幅和軍旗，彷彿特意在最後為他營造英雄詩劇的氛圍。

✤

當賽巴斯蒂亞尼和法蘭皇太后相遇那一刻，在他們合力致勝那一刻（但切莫忘了，兩人目的不同，他是為了他的帝王，她是為了她兒子），一切都將灰飛煙滅。就像曾有一度，命運女神插手，讓風向轉變，使得英國艦隊失利，這會兒，她再度出手干預。這回是死神出擊，一切為之改觀。法妮猝然生病不治。她的丈夫黯然神傷。他怪自己帶她來到這充滿塵土與疾病、烈日與凜風的亞洲荒地。艾梅也感到悲痛寂寞。她把法妮當姊妹款待，而法妮把她帶回在法國的少女時光，法妮代表了法國甜蜜的一切。除了艾梅，法妮是塞利姆和馬哈茂德認識的第一個、也是唯一一個法國女人。她的迷人風采，還有塞巴斯蒂亞尼的才幹，證實了艾梅口中有關法國人的一切。如今法妮過世了，在賽巴斯蒂亞尼眼裡，君士坦丁堡是個可恨的傷心地。於是，他逃離了傷心地。

就在此時，禁衛軍的時機終於到來，他們以恐怖統治宣洩鬱積已久的憤怒。以民族主義為名的一波反動開始了。拿蘇丹受邪惡法國勢力擺布為由，他們鎮壓了新軍，奪取王位，罷黜塞利姆，宣告穆斯塔法為蘇丹，其母為皇太后。這一切都發生在賽巴斯蒂亞尼離開的一個月內。艾梅、馬哈茂德和塞利姆遭囚禁，時時刻刻驚恐性命不保。他們的隨從很多被當場殺害，其餘的不是消失，就是入獄。他們任命的國務大臣、將軍和行省總督遭撤職，被絞索絞死。禁衛軍斬盡殺絕、不留活口。殘暴與反動再度抬頭。

當消息傳到巴黎，波拿巴不顧賽巴斯蒂亞尼的忠告，清楚跨出他併吞土耳其的第一步。他始終不看好他給予的庇護，從不相信親法派的力道會持久。派賽巴斯蒂亞尼出使土耳其是他打的如意算盤，因他不能讓英國勢力在那裡坐大。眼下，每個信使回報的全是土耳其陷入無政府的恐怖狀態，以及塞利姆的不祥沉默，他認為揭露計畫的時候到了。賽巴蒂亞尼的懇求，他置若罔聞，我們不得不猜想，他也對約瑟芬憂心表妹命運的任何求情充耳不聞。（當家人的考量和他的謀略不一致，波拿巴總是絕情絕義。）六月，他迅雷似地前往提爾西特（Tilsit）與沙皇亞歷山大一世見面，兩個神人般的英雄在繫泊於尼曼河中央的一艘搭了篷亭的木筏上招搖地擁

57 譯註：拿破崙的一支主力部隊。

擁抱，誓言友誼長存，並達成鄂圖曼帝國應當歸屬俄羅斯的協議。這是他們私底下的議定，但對外公開的協定內容卻完全相反；此舉是為了讓俄羅斯從多瑙河省分流域撤退。從波拿巴的角度，如此可為他最終攻取土耳其清出一條路，同時消解土耳其宮廷對他的疑慮。從亞歷山大一世的角度，如此可取得法國的配合，完成他占領從多瑙河流域到薩洛尼卡整個土耳其的春秋大夢。兩個帝王都為自己的精明樂開懷、都認為對方是笨蛋。他們的旗幟飄揚在竹筏的篷亭上方，他們的副官手持刀劍、腳套著靴刺，在棧橋噹噹啷啷來回巡邏；入夜後，河岸邊用尖樁圍起的好幾排戰馬旁，哥薩克人（Cossacks）[58]縱情跳舞。施放煙火和軍樂隊演奏，通宵達旦，狂歡作樂。

✤

當穆斯塔法和禁衛軍在清算異己，卻忽略了一位即將毀滅他們的人。貝拉克達爾（Baraiktar），魯斯丘克大公，魯斯丘克是多瑙河畔的保加利亞行省。貝拉克達爾本身也是保加利亞人，但效忠土耳其帝國，而且讚同師法法國的改革。他屬於三尾帕夏（Three-Tailed Bashaw）職等，是蘇丹塞利姆的忠實支持者。一得知塞利姆下台的消息，他隨即召集部隊，帶領一支怒氣沖沖的阿爾巴尼亞軍隊，朝君士坦丁堡出發。從灰褐色的多瑙河平坦河岸，橫越保加利亞到土耳其的行軍過程非常艱鉅，尤其在仲夏酷熱氣候下，但貝拉克達爾持續挺進，穿越巴爾幹山區的荒野隘道，沿著揚特拉河（Yantra Rive）[59]迂迴蜿蜒的河岸前行，而該河在過了特爾諾沃（Tirnovo）這座保加利亞古城後，轉呈黃色急流。接著借道卡讚勒克（Kazanluk），始終沿南麓東行，那裡的玫瑰谷地（Valley of the Roses）逐漸隱沒在群山中，繼而穿越那些奇特隱密的斯拉夫村落，那裡的人對於土耳其的統治積怨已深，保加利亞愛國主義悶燒了將近五世紀。這支復仇的軍隊繼續前進，終於來到土耳其邊界地帶，阿德里安堡（Adrianople）[60]的許多壯觀的清真寺突然聳現眼前。總算抵達土耳其土地！貝拉克達爾發現客棧裡謠言滿天。蘇丹被弒！他的法國派系人馬被釘在後宮大門的尖樁上，禁衛軍控制議事堂……貝拉克達爾繼續挺進，抵達王宮外牆時，讓守衛大吃一驚，接著直抵第一庭園，未驚動穆斯塔法及其大臣，便已抵達幸福門。警報一響起，穆斯塔法的母親便出手，毒蛇般的敏捷。唯有她兒子是奧斯曼利王朝的唯一法定繼承人，他始能保住性命。宮內迷信王朝與帝王共生共滅的古老傳說。只要穆斯塔法是皇室唯一存活者，就沒有人敢動他一根寒毛。塞利姆和馬哈茂德必須死。她派侍衛刺殺被幽禁在太子牢的這兩人。

塞利姆這位溫文儒雅的學者，像一頭猛獅奮戰至死。當士兵攻入他的房間，身旁只有一名護衛泰荷（Taiher Effendi）[61]，泰荷一個箭步擋在蘇丹和一群襲擊者之間。但塞利姆知道自己

58 譯註：生活在東歐烏克蘭及俄羅斯南部大草原的遊牧民族，以精湛騎術著稱，十七世紀支撐俄羅斯帝國往東擴張的主要力量。

59 譯註：保加利亞中部的一條河流，是多瑙河的右支。

60 譯註：現在的埃迪爾內（Edirne），位於巴爾幹半島最東邊的特雷斯（Thrace）省分，非常靠近希臘邊界與保加利亞邊界，鄂圖曼帝國尚未攻入君士坦丁堡之前，一三六三—一四五三年曾是鄂圖曼帝國的第三個首都。

61 譯註：Effendi是尊稱。

大限已至，該保住性命的是馬哈茂德，以實現他未竟的改革事業。塞利姆深愛馬哈茂德，不僅因為他們親如手足，而且他是艾梅的孩子，美麗者，他心中的美麗者……塞利姆吩咐泰荷前去保護馬哈茂德，接著拔出匕首，衝向刺客，進行延遲的抵抗，最後身中百刀而亡。但馬哈茂德逃過一劫。泰荷及時找到他，協助他從煙囪逃到屋頂。坊間傳說，艾梅成功將兒子藏匿在某個澡堂的廢棄窯裡。不論如何，襲擊者發現他已逃逸，急起直追之際，又被艾梅的一名忠心奴僕擋住去路，這位身形魁梧的喬治亞女子，在閨房裡有個名號叫強壯者，她同樣不惜以性命護衛艾梅的兒子。生死攸關一刻，她把一盆燒得火燙的木炭扔向追殺者，讓其中幾個跌倒後退。此時貝拉克達爾已經攻入幸福門，於後宮內院張狂地呼喚他的主子蘇丹塞利姆。但所到之處僅有沉默。庭院荒蕪，涼亭空蕩蕩，閨房靜闃無聲；宦官、廚子、園丁和內閣大臣全都逃走了。就在這一刻，穆斯塔法的聲音響起。「把蘇丹塞利姆交給魯斯丘克大公，如果他想要那頭豬的屍首。」接著他踢了踢橫陳在門檻上的堂哥屍身，在刺目的正午陽光下，那屍身殘破得不成人形。

貝拉克達爾撲向屍身，痛哭失聲，誓言要報仇。「魯斯丘克大公哭得像娘兒像話嗎？」他的將領說。「我們要為蘇丹復仇！」、「我們要解救蘇丹馬哈茂德！」貝拉克達爾答道。就在這一刻，馬哈茂德現身，因沾染煤煙而渾身烏黑，但絲毫沒被這場劫難嚇到。憑著他特有的一股威嚴，即便那麼年輕就有的威嚴，他開始發號施令。他對貝拉克達爾說，他會親手替塞利姆報仇，在他認為的適當時機，以他的方式。這聽來像是馬哈茂德首度顯露多年來醞釀已久、除了母親外無人知曉的堅定決心；他不慌不忙、精心盤算過的復仇，最終會以最大力道宣洩出來，壓垮禁衛軍及其暴虐。從馬哈茂德個性的這一面，我們看到受西方教養所約束的東方機巧；復仇的樂趣被昇華為長遠的謀略。他會鑽研法國軍事戰略不是沒有理由；他全神貫注聆聽賽巴斯蒂亞尼的言談不是沒有理由；從魯芬、從母親、從法國砲術軍官盡可能吸收西方的一切，自有他的道理。

他冷靜地下達命令。不得再有血腥屠殺，不得再有激烈表態，不管是貝拉克達爾或任何人，除非他，馬哈茂德，下令。他精悍的性格掌控全局，他強有力的嗓音響徹重重院落。這顯然不是一個無能的小太子，而是強人。他前往聖斗篷御閣，保存先知法典、先知旗幟和其他聖地遺物的地方。新上任的蘇丹總是在那裡禱告，而馬哈茂德在此單獨禱告數鐘頭。當他現身，光是露臉，從隱匿處悄悄走出來的人群便安靜下來，屈服於驚駭與順從。馬哈茂德下令，將穆斯塔法及其母親帶往牢房。貝拉克達爾被任命為大宰相。當晚，塔卡卜（Top Kapou）的加農砲施放禮砲向蘇丹致敬。馬哈茂德登基為忠貞的統治者，真主的代理人。

在充滿人影的清真寺裡，人們禱告，前後搖晃，朝東俯伏膜拜；斯庫台的旋轉苦修僧在神祕的狂熱裡旋轉喊叫。新蘇丹和新時代來臨。這是真主的旨意！他們為馬哈茂德禱告。艾梅獨自在壯麗的皇家涼亭內，也在禱告。她從未放棄天主教信仰；信仰支撐著她度過許多試煉。如今她成了蘇丹皇太后；她兒子成為蘇丹；她的敵人潰敗；未來在她眼前伸展。我們看見這法國女修道院姑娘、戰慄的奴隸，多少年前被北非海盜三桅船載到幸福門，而今成了那些自認可以奴役她的人的女當家。尤菲米亞·大衛的話肯定再次在她耳邊響起……妳兒子會登上王位統治天下，但登上大位的路將染上前任的鮮血……這一切當然是上帝的旨意，她會被帶往土耳其，馬哈茂德會保住性命、登基、改革。說不定那晚，她是唯一一個為塞利姆禱告的人。

✤

此刻且讓我們來檢視這位年輕蘇丹留給周遭的人的印象。他的幹勁和威風凜凜先前已提過，據說他一看到外國人，總是目不轉睛好奇端詳，像是無言的發問。甚至在朝他歡呼的民眾中看見某個異教徒，也會定睛凝視久久。彷彿他在搜尋文明、搜尋夢寐以求的奇幻西方神話。他散發一種陰鬱氣息，比中等個子高出很多，身材魁梧，具有他父親的青白膚色和烏黑鬍子。他登基前一直不為人所知、不被人看見，受到層層庇護，但沒被囚禁在太子牢或母親的寢宮裡，只有塞利姆最親近的擁護者或親法派才認識他。而今，憂心忡忡的目光環繞著他，因為他身上有太多異教徒的特點。他偏愛坐椅子，勝於斜靠著軟墊或長臥榻。他不屑用手指進食，而是使用優雅的金製刀叉。更糟糕的是，不管任何場合，他都喝香檳。（確實，他過世後，敵手硬說他是酗酒致死，他的遺孀把他整個酒窖裡的藏酒扔進博斯普魯斯海峽，表達哀慟與守戒。數千瓶法國好酒沉入不忠奴妾葬身的皇宮角的奇觀，對於看不慣異教徒這類嗜好的老派來說，肯定很有教化意味。）他騎馬時用的是歐洲馬鞍，舉止作風就像法國騎兵軍官。後來更是大膽無忌，在服飾上明顯表現傳統與創新的怪異混合。年少時，他常穿的貂皮滾邊錦緞和閃亮纏頭巾，換成了打褶長褲、剪裁像短軍袍的輕大衣，而且戴上氈帽。纏頭巾被廢棄。用一枚新月形巨鑽把鷺羽或冠毛嵌在氈帽上，是他獨有的標記。不過，他仍穿寬大綠斗篷，馬飾仍鑲著璀璨珠寶，後宮仍舊豪奢華麗，即使漸漸帶有艾梅儉約版法式陳設的氣息。他在位期間，奴妾的人數減少，儘管絲毫沒有禁慾，但他的縱情享樂較不具東方色彩，獨鍾亞美尼亞寵妃貝絲瑪，樂於與她享受天倫。貝絲瑪是個單純女子，曾在澡堂擔任女侍，他和她生下六名子女，對她始終深愛不渝。

和之前的塞利姆一樣，凡是法國事物在他眼裡總是無比美好；他進行的改革相當驚人，也令人不安。人民再度不滿地竊竊議論。沒有比土耳其人更保守的民族，而馬哈茂德憑著年輕氣盛，試圖要將所有的沉苛弊病，連同許多歷史悠久的習俗，掃除殆盡。一切都得新穎閃亮、都得師法西方，從刀叉到氈帽到徵稅體系或行政變革。他的敵人倍增。即使新任宮廷樂師董尼才第先生（Signor Donizetti）[62]，也就是知名作曲家的胞弟，稱讚蘇丹的音樂天分，譜出《蘇丹進行曲》，教導蘇丹對位法，鎮日玩味歌曲裡的特殊優雅與憂傷，也是徒勞無益。土耳其人偏愛他們自己的調子，那些迷人的小調有如繁複的阿拉伯式蔓藤花紋，慵懶飄懸在空中。內瓦爾在埃及聽到這樣的一首歌，「有點像牧歌，有點迷夢，像戀人傾吐著飽含豐富母音的字眼和鳥兒嗚囀的韻律。我想，這也許是特拉比松帝國（Trebizond）[63]或馬莫拉（the Marmora）[64]的牧羊人唱的歌。我彷彿聽到鴿子在紫杉樹梢咕咕叫，那是在藍色山谷會聽到的曲子……。」

62 譯註：指義大利著名歌劇作曲家葛塔諾・董尼才第（Domenico Gaetano Maria Donizetti，一七九七—一八四八）的胞弟朱塞佩・董尼才第，一八二八年成為鄂圖曼帝國的宮廷音樂總監。

63 譯註：創立於一二〇四年，是從拜占庭帝國分裂出的三個帝國之一，一四六一年帝國被奧斯曼帝國所滅。

64 譯註：義大利北部小鎮。

馬哈茂德主要著重於內政改革，他要整頓國內，完成塞利姆未竟的事業。多年來這類驚人的革新之舉都得歸功於他，譬如檢疫隔離的系統，讓該城在一八三八年免於瘟疫的恐怖爆發。（長久以來，在君士坦丁堡，瘟疫被認為是地方病而非偶發病，這很可能是屍體僅置於淺穴中、幾乎不掩埋的習性使然。）他成立一所醫藥學校，甚至核准有關解剖學的專著，保守派視之為公然違背可蘭經，而對於解剖，可蘭經說得很明白。縱使死者吞下最貴重的珍珠，而那珍珠非他所有，亦不得將之開膛剖屍。當馬哈茂德著手改善敘利亞天主教徒、東正教希臘人或保加利亞少數民族等天主教臣民的生活狀況，他大失民心；當他打算禁止買賣宦官，儘管沒成功，還是有人覺得他真的做過頭了。接下來，他可能會關閉宦官的住所。他也在佩拉蓋一座劇院，經常見他在帝王包廂內看戲。西方的所有事物，他一概接納。當法國女修道院來函，請求他更新被法國大革命暴民洗劫的小禮拜堂地毯，而修女們會以禱告祈福做為報償，他和艾梅都很高興。天主教徒向穆斯林君王求援！法國的女修道院會想到寫信給土耳其蘇丹似乎是很古怪的事，不過，想想看，倘若是艾梅從前在南特（一直是恐怖分子活動的中心）待過的女修道院，得知從前的名門學子的消息，這會兒迂迴地向她求助，也許不會太離譜。這一縷幽魂肯定欣喜若狂，一席奢華地毯旋即以蘇丹的名義送出。

更久之後，馬哈茂德會宣布，土耳其境內有信仰自由的權利，並且成立第一份土耳其公報（Turkish gazette），不過這是老式君王的作為。目前，他滿足於規模小但重大的建樹。他一度邀請達官顯要來參加後宮舉辦的舞會，結果弄巧成拙。很少有土耳其顯貴會同意妻妾走出閨房，與蘇丹其他賓客見面交談，更別說共舞。他們寧願不顧君王不悅而不出席；結果董尼才第先生的小提琴手演奏時，僅有塞利姆之前聘來的（無疑在艾梅建議下）法國舞蹈師，在打過蠟的地板上一一向後宮佳麗鞠躬邀舞。這場舞會沒有變成杜樂麗宮舉辦過、賽巴斯蒂亞尼和法妮描繪過的那種舞會……那不是個順利圓滿的夜晚。保守的土耳其人可以不計較戴氈帽、可以忽略諸如學校或醫院這類可疑的實驗，但是舞會……！舞伴！華爾滋！他們鎖上閨房房門，要宦官看緊，然後加入低聲密謀的禁衛軍。

假使艾梅和她兒子以為他們的敵人已消滅，那可就錯了。很快地，馬哈茂德的政策證實令全國上下憤慨，他不得不更審慎行事。但節制的頭幾個徵象卻被看成疲弱。禁衛軍的壺鼓再次響起，他們再次在集結叛變的大蓧懸木下吊死敵人，艾梅感到戰慄。穆斯塔法及其母親是密謀叛變的源頭。馬哈茂德再也無法寬容。他目睹了塞利姆遭殺戮的慘狀；他在太子牢的陰影裡長大。殘暴是他族人的傳統。唯有暴力能壓制暴力，唯有恐怖手段具嚇阻力。他下令賜死穆斯塔法及其母親，穆斯塔法的奴妾當中有身孕的全被推入博斯普魯斯海峽。這是宮中慣例，也是馬哈茂德首度的殘暴之舉。唉！這不會是最後一次。民間有句傳說如此形容馬哈茂德父子，「**馬哈茂德，嗜血；阿齊茲**（Abd ul Aziz），**好財；邁吉德，好色**。」

然而當我們考慮到之前發生的事，以及年輕的馬哈茂德所處的情勢，這樣的舉動本質上是出於自衛。在宮廷，若不殺人，就是被殺。他的先人不論來自父系母系，都是熱血民族。在中世紀土耳其的輝煌盛世，其先祖們南征北討、開疆闢土。存活的年少太子往往十四歲便要統理江山社稷；「只要打勝仗，就有年輕貌美的女奴為報償。他們十六歲就為人父，六十歲又再一次。太子們在閨房很溫柔、在戰場很勇猛、在清真寺很謙卑、在王座上則威震天下。」那麼怎能期待馬哈茂德對不擇手段的敵人表現仁慈？況且，在艾梅教養下，他深信自己肩負神聖使命，要達成國家西化改革的終極目標。母子倆無疑都相信，目的足以證成手段。

儘管個性獨斷，和塞利姆完全不同，但馬哈茂德的立意良善。然而即使是力求適度的文明與人道，譬如禁止奴隸和宦官買賣的未遂改革，他也不得不採取就算稱不上暴虐也是專斷的方式。話說回來，有時他亦顯現無比的耐心。曾有位艦隊司令對一名罪犯施以重毆肚腹五百下的刑罰，結果罪犯挨了一百下便死了。馬哈茂德聽聞後勃然大怒，但是他邀請艦隊司令到宮中來，只命令其將香濃的蛋糕盡量往肚裡塞，吃下七十塊蛋糕後快要昏倒的司令求饒，馬哈茂德答道，區區七十塊蛋糕都受不了，有誰挨得起五百下重毆？

艾梅．杜布克．德希薇利很有可能常在馬哈茂德背後支持他那最殘忍的行動。因她在後宮的二十年歲月可沒白活。可蘭經有言，「若有兩位回教主，殺死其中一個。」這句話可以安心地詮釋為支持消滅仇敵。她若非對殘殺麻木，至少也慢慢認可了先下手為強的道理。就像她的克里奧血統及眾多海島民族所具有的慵懶魅力，很可能有助於她適應禁宮閨房的生活，同樣的，馬丁尼克島背景裡的暴烈、熱帶明媚底下所潛藏的威脅，很可能也賦予她順應土耳其人陰險詭詐的能耐。這對她來說或許並不陌生，不像女修道院的一般法國姑娘或英國學堂的女學生會感到陌生。馬丁尼克島在她血液裡，連同它數世紀的黑法術、火山爆發及從一片蒼翠蓊鬱中冷不防突襲人的毒蛇。還有另一名同類存在：當艾梅在險象環生的後宮裡一步步往上爬，表姊約瑟芬也展現同樣的本領，從法國革命、法國宮廷和波拿巴家族的叢林裡走出一條路，只不過方式不同。這兩個都是柔順又足智多謀的女人。

克里奧人生性喜好炫耀，約瑟芬的鋪張奢侈證明了這一點。在土耳其後宮，艾梅也盡情滿足了這類愛好。當代的記載描述了她的優雅、璀璨華貴的珠寶及熱愛貴重寶石，乃全國一大特色。很多貴婦穿金戴銀、珠光寶氣，還把自身佩戴不下的多餘珠寶拿去裝飾奴僕，自娛娛人。有時出席重大場合，譬如婚禮，炫富手法較含蓄，她們佩戴的珠寶相對少，但身後跟著一名捧金托盤的奴僕，托盤上擺著琳瑯滿目的貴珠寶。目光敏銳的克拉文夫人談到阿卜杜拉．哈米德在位期間（大約艾梅抵達土耳其之際），國家軍力衰落，「土耳其宮廷遲遲不在兵防重地建造砲台，藉口說是財力不足……寶石匠找不到足夠的鑽石供應閨房的需求，但他們從閨房收取的可都是白花花銀子。」這是連馬哈茂德也不想改革的事。

蒙塔辜夫人（Lady Mary Wortley Montagu）[65]描述她於一七一七年造訪後宮時寫道，招待她的女主人繫著「和英國最寬的綬帶同寬的腰帶，上面鑲滿了鑽石。她頸上戴著長及膝的三串項鍊；一條是大顆珍珠串成，底端懸著一枚大如火雞蛋、色澤飽滿的祖母綠；另一條由兩百顆祖母綠緊密串成……每一顆都有半克朗銀幣大……但她的耳環卻讓其他一切相形失色；那是兩顆梨形巨鑽，如榛果核那般大……她有四串世上最白淨無瑕的珍珠，至少足以製成四條項鍊，顆顆都和馬爾博羅公爵夫人（Duchess of Marlboroush's）[66]的那顆一樣大。」她繼續談到由二十

65 譯註：Lady Mary Wortley Montagu，一六八九—一七六二，英國作家，一七一六年隨丈夫英國駐土耳其大使前往土耳其，著有《土耳其使節書簡》，記錄了旅居鄂圖曼帝國的見聞。

66 譯註：Duchess of Marlboroush's，一六六〇—一七四四，英國軍事家及政治家第一代馬爾博羅公爵約翰．邱吉爾之妻。

顆水滴形鑽石環繞的巨大紅寶石、一副「鑲祖母綠和鑽石的長束髮針」頭飾、巨鑽手鍊「和她手指上的五只戒指，除了匹茲先生（Mr. Pitts）的，那是我生平看過最大的。這要寶石匠才估得出它們的價值……但我敢直言，沒有哪個歐洲皇后擁有這些的一半」。

還有形形色色沒那麼華貴的物品。蘇丹的鴉片丸包有一層、兩層或三層的金箔，如此可以延緩它起作用的速度；這大概是「把苦事變有趣」（gilding the pill）[67]這個片語的由來。奢華本身人人嚮往。當華麗的彩舟划入博斯普魯斯海峽，在亞洲甘甜水域和沿岸的雅驪間慢悠悠地晃呀晃，船後跟隨由細鍊繫綁的一群鑲有寶石、閃閃發亮的魚，在尾波裡擺動著，彷彿護送著船隻。這些輕舟美輪美奐，不像威尼斯有船篷的精美貢多拉那般遮遮掩掩，與其說是為了幽會而造，不如說是為了官方拜會。船上堆疊著錦緞軟墊，船尾鋪著波斯地毯或刺繡繁複的絲絨地毯，呈緋紅或紫色，船尾拖曳的扁口魚浮盪在海面上，一片晶光燦爛。

有些蘇丹給予禁宮閨房可觀的自由，嬪妃們可以在宦官嚴密護衛下到亞洲甘甜水域野餐，或穿越市區來到市集，雖說這是十九世紀中葉和後期才有的特許。在艾梅的年代，後宮仍與世隔絕。不論如何，塞利姆在位時，如我們所知，相當縱容艾梅的創新，等到艾梅當上皇太后，她所享受的自由很可能是歷來所有後宮女人比不上的。她對兒子的帝國的每一面向都深感興趣，不僅關心後宮其他母親所熱中的政治算計，也關心文化歷史遺產。大家都知道，馬哈茂德與哈倫．拉希德（Haroun al Raschid）[68]一樣會微服出巡，視察都城，而且也有個民間好友是理髮師，會隨時向他稟報人民日常生活概況與市井輿論。艾梅很可能也祕密出宮。即便二十年過去了，她仍舊帶著旅人的好奇，驚嘆這城市的夢幻質感、傾頹的拜占庭風華、靜靜躺在這城市喧騰表面下的陰冷地下大水池，以及此地所有的歷史與傳說；在這裡，新月凌駕了十字，大市集（Bazaar）一度是查士丁尼大帝（Justinian）[69]兩千匹馬的馬廄，城內還有無數和蒙古聖馬利亞教堂（St. Mary of the Mongols）一樣名稱古怪、被遺忘的教堂，該教堂是巴列奧略公主（Paleologue Princess）[70]所修建，為慶祝她闊別家鄉多年平安歸來，而她先前被送往蒙古與年邁的大汗成親，但大汗在完婚前便已駕崩。

母子倆都有先人皮耶·杜布克的冒險精神，都不甘於被身分地位的規約所束縛。對他們來說，有三尾帕夏和其他官吏護駕隨行，堂皇隆重地穿越街道能有什麼趣味？艾梅很可能披上所有土耳其女人冒險外出時會穿的厚重黑罩袍出宮，這類外出偶爾會有兒子陪伴，在碼頭邊路面溼滑的漁市裡與群眾攀談，或過橋走到卡拉達區，隱身於戴黑色羔羊皮尖頂帽的波斯人、戴白骨帽的阿爾巴尼亞人和綁纏頭巾的土庫曼人等推推搡搡的混雜人群中，全是東方族裔，「帶著東方人常見的陰鬱威嚴」，一如某位著迷的女性旅人所說的。

所到之處，都可看到禁衛軍，頭顱被斬下，屍身橫陳街上，首級被不齒地棄於兩腿間，或

---

67 譯註：直譯是把藥丸包上金箔，延伸為苦藥包上糖衣，把苦事變有趣。

68 譯註：Haroun al Raschid，七六三—八〇九，伊斯蘭教第二十三代回教王，阿拔斯王朝第五代回教王，也是《一千零一夜》裡的阿拉伯國王。

69 譯註：東羅馬帝國皇帝，統治時間是從五二七年到五六五年。

70 譯註：拜占庭巴列奧略王朝的公主。

屍首的一耳被釘在自家門上，或滿載囚犯的船駛入博斯普魯斯海峽，一找到合適的地點就盡數處決。（土耳其人會挑選合意的地點行刑，就像其他人會挑個宜人的環境野餐一樣。受刑人會帶著聽天由命的心情，議論行刑者相中的處決地點風景如何。）當時，禁衛軍的禍害已達到頂點；馬哈茂德常出入大街小巷和咖啡屋，眼觀四面，耳聽八方，查明暗中謀亂的一幫人，等待著一舉消滅他們的時機。

這類的暗訪考察其實冒有可怕風險，母子感情因而更為緊密。對於宮中同樣身分地位的穆斯林婦女來說，在沒有護衛的情況下出宮或出入這些可疑區域，是難以想像的事。馬哈茂德肯定更加了解母親這位開明獨立的法國女子的非凡本性。我們可以想像，這對母子身穿微服，蹣跚走過有紅衣衛兵（這些是禁衛軍，城內的大部分官兵也是）站崗的法國大使館或當時人稱的法國宮的雄偉立面，行經堆滿蜜餞的小攤，然後走上陡坡，一步步登上向高處延伸的那些聲名狼藉巷弄，「卡拉達那條享樂墮落之路，向上蜿蜒至腐敗深淵」，就像一名美國社工在半世紀後描述的，相當誇張，當他／她為拯救淪落風塵的婦女，也就是被後宮炫麗吸引來到君士坦丁堡誤入歧途的少女，成立救援之家，而四處奔走。傳教士甚至派社工查訪每班火車和輪船，這些社工戴著繡有口號的帽子，還特別針對語言能力進行篩選……不過，唉！得到的回應令人失望。無數女孩操著另一種更普世的語言，根本不在乎是否得救。

✤

在後宮內，艾梅身為蘇丹皇太后握有至高權力。她有自己的寢宮、隨從和歲入。兒子凡事都會徵詢她的意見，而且只徵詢她的意見。除了國事外，還要管理充斥各種規矩和繁文縟節的後宮閨房；接見宮中求見的女士；督察太醫院、藏書閣；規畫新花園，譬如來到土耳其的法國風景畫家梅林（Antoine-Ignace Melling）[71]在博斯普魯斯海峽沿岸設計的那座花園。於是首席園藝師博斯坦吉·巴齊（Bostanji Bachi）的花卉奇想，融入了美泉宮（Schonbrunn）[72]的首席園藝師胞弟的點子。艾梅的涼亭俯瞰博斯普魯斯海峽，一側有座隱蔽的小花園，園內有絲柏樹遮蔭，種有風信子，她喜歡在涼爽的夜晚到那裡散步，看著隔海的斯庫台的幽黯樹叢裡墓塚間忽隱忽現的金光。迷信認為那是亡靈現身，較乏味的解釋是磷光，常見於屍骨聚集處。另一個迷信是，在博斯普魯斯海峽盤旋俯衝的，既不是海鷗也不是椋鳥，而且從不停歇的黑鳥，是注定流浪的受詛咒亡靈，就像保羅（Paolo）和法蘭西絲卡（Francesca）[73]，永遠「被狂飆刮來刮去……」（forever together on the unresting air...）[74]

---

71 譯註：Antoine-Ignace Melling，一七六三—一八三一，法國畫家和旅行家，精通建築與繪畫。一七九五年被蘇丹塞利姆任命為帝國建築師，隨後在君士坦丁堡住了十八年。

72 譯註：位於奧地利首都維也納西南部，曾是神聖羅馬帝國、奧地利帝國、奧匈帝國和哈布斯堡王朝家族的皇宮。

73 譯註：保羅（Paolo）和法蘭西絲卡（Francesca）是但丁神曲裡的悲劇戀人，身為叔嫂的兩人相戀，被法蘭西絲卡的丈夫發現並殺死，死後被懲罰在地獄中遊蕩。

74 譯註：《神曲·地獄篇》第五章：「……那些罪惡的亡魂被狂飆刮來刮去、忽上忽下，永遠沒有什麼希望安慰他們，不要說休息的希望，就連減輕痛苦的希望也沒有。」

不過，艾梅沒有太多時間懷愁思憂。這位蘇丹皇太后顯然統理宮廷內府，從外交政策到內務帳目。還有很多古怪的習俗要遵守。當齋戒月進入尾聲，擊鼓聲震響全城，宣告尊貴之夜（the Night of Power）來臨，穆斯林曆一年中七大神聖之夜之一，屆時蘇丹王會出宮，隆重地前往清真寺禱告，此時皇太后按習俗規定，要從新入宮的奴妾裡為蘇丹挑選一位新娘，也許是剛從喬治亞山谷來的小姑娘，或是某個豐腴少女，看能否不負眾望生下皇子。

有時會有較歐式的消遣：巴黎來的最新書籍，或是朱塞佩．董尼才第的聰明胞兄葛塔諾．董尼才第舉薦路過此地的音樂家來造訪，而葛塔諾．董尼才第譜寫的歌劇開始在西方受到矚目。或是有關拜倫勳爵在佩拉區（Pera）的行徑傳言（二手的、曲解的卻娛樂性十足），當拜倫勳爵與英國代理大使同樂，一如既往成為茶餘飯後的話題。一回，穆罕默德．阿里為了對蘇丹表達和解之意，自開羅送來一隻優雅高貴的長頸鹿。這奇妙的動物令蘇丹大樂，由他的母后召開接見會，外交使節團全數受邀出席，觀賞努比亞馬伕試試長頸鹿的本領。只是多數的情況下，艾梅的消遣都比較家常；一名新來的索卡西亞舞蹈女郎，或巴巴露地區（Babaluk）[75]風行的驚人奇觀：禁宮的巴巴露女黑人藉一種僵直的恍神狀態預卜未來，這個程序肯定讓她想到了西印度群島的巫毒法術。

最受土耳其人歡迎的是皮影戲，一種代代流傳、粗鄙下流的滑稽表演。就如內瓦爾所言，「東方的教育及道德觀念和我們的不同，它追求感官的發展，而我們卻力圖壓抑。」不管艾梅如何看待皮影戲內容，從殉道到守貞，她不能顯露批判，甚或不欣賞。

某天，幾個雲遊藝人前來拜會，艾梅的東方宮廷因此和巴黎的大道搭上了線。出乎大家意料，她接見了偉大的德布侯，早在他成為巴黎偶像，他在聖殿大道（Boulevard du Temple）的劇院成為巴爾札克、喬治桑及浪漫主義者經常出沒的場所之前。即使於一八四六年過世後，依舊光芒不減。他始終是默劇傳統裡最閃亮的明星。他是波西米亞人，一七九六年出生於紐柯林（Neu Kolin），來自一個四處流浪、騙吃騙喝討生活的家庭，總是不得溫飽。一家人從一個小城流浪到另一個小城，翻山越嶺，走過平原，只要能掙得幾枚銅幣，不管是翻觔斗、走鋼索、雜耍樣樣來，經常與搖鈴鼓的吉普賽人及跳舞的熊搶生意。史上最偉大的悲劇小丑，事業的起點非常坎坷。

一八一〇年左右，德布侯一家抵達君士坦丁堡，當然受命為蘇丹表演。啊，多麼走運！脫落的亮片重新縫上，緊身衣被洗乾淨，每一幕彩排到筋疲力盡。但卻是空歡喜一場。他們穿越奢華的廳堂，被帶到裝上鏡子的亭閣。四下無人，鴉雀無聲。套賈寧（Janin）的話說，「就像他們在法蘭西劇院演出《早安先生》（Monsieur Bonjour）其中一幕時的靜默寂寥。」這一班人非常困惑。他們怎料得到錦緞簾子的隙縫背後，有禁宮的顯貴在觀看？當他們正猶豫時，一名纏頭巾的黑人示意他們開始表演。靜默中，他們攤開磨損露線的一條粗毛氈，可憐兮兮地鋪在宮廷的波斯地毯上。在靜默中，他們一幕幕表演。在靜默中，他們進行到高潮，人肉金字塔。父親站在叔父肩上，堂兄支撐著堂弟。非常大膽，年輕的德布侯立在整個搖搖晃晃的結構體最頂端，在一具梯子上穩住重心。……「就這樣！」賈寧（Janin）說，「瞧！表演進入最高潮，

75 譯註：位於亞瑟拜然西部的一個村莊。

多麼令人驚嘆！演出者就要獲得酬賞……」從最高點，德布侯得以俯瞰簾子背後，看到了下方的禁忌樂園。在那兒，蘇丹的女眷們聚在一起，「後宮美豔的奴妾，神聖蘇丹陛下那些馳名的天仙美人，被她們瞧上一眼，可能會賠上性命。」他的目光對上了一位未蒙面的奴妾的目光。他暗吃一驚，跌到地面，不光彩的結束了整場演出。

✤

切莫以為馬哈茂德事母至孝，便唯母命是從。關於他的種種均指出，她把他教養成實幹的人，很少花時間在令人萎靡不振的後宮閨房。英國大使也許認為，馬哈茂德是名極專制的東方君主，不過若從他有法國血統的角度來看，或者從他母親刻意以西方教養方式栽培他的角度來看，我們可以發現，正是這點賦予他性格上的這股魄力，而非東方的專制統治。我們也切莫忽視英國大使史崔特福．坎寧（ Stratford Canning ）本身的影響力，也就是後來的瑞克里夫的史崔特福勳爵（Lord Stratford de Redcliffe）和土耳其人心目中的偉大大使（the Great Elchi）。馬哈茂德在位初期，他不過是初出茅廬的二十四歲公使（馬哈茂德不過二十五歲），然而兩人可謂是聯手使出最後一擊，粉碎了拿破崙的春秋大夢。

馬哈茂德自始便沿襲前例，不斷向法國示好，但都沒有得到回應；拿破崙視土耳其為附庸而非盟友，自信可以在時機成熟時輕取之。此時，拿破崙有其他的問題要處理；他要和約瑟芬離婚，與俄羅斯結盟。一八〇九年十二月十六日，拿破崙與約瑟芬離婚，再娶瑪麗．露易莎。當消息傳到君士坦丁堡，艾梅和馬哈茂德震驚不已。他們視之為對個人及家族的羞辱。儘管和表姐年少時在馬丁尼克島分別後，未再見過面，但她教導馬哈茂德要敬重這位聰明迷人的皇后，他的二等表親。因此馬哈茂德心生一股騎士氣概，決意要護衛她；此外，這也是拿破崙本性上會背信棄義的確證。不可能再漠視過去許多背叛變節之舉，其中特別是入侵埃及及提爾西特和約背後的祕密協定。對於後者，馬哈茂德有好長一段時間都不願承認。從得知約瑟芬離婚那刻起，馬哈茂德倒過來堅決反對拿破崙及其政府。

一夕間，法國公使拉圖—蒙伯格（Latour-Maubourg）發現土耳其外長的態度帶有明顯敵意。外長是依照蘇丹指示行事，這指示儘管明確卻沒有多加說明；馬哈茂德一向剛愎自用，就像英國大使懷著疑慮看在眼裡的，他從不徵詢群臣意見。一夜間，法國大使發現周遭盡是冷眼敵意，英國大使則發現周遭盡是殷勤善意，他（坎寧的前任羅伯艾德爾〔Robert Adair〕）突然蒙受蘇丹召見，明顯受到禮遇，叫他摸不著頭緒。馬哈茂德一向寡言，當他得知法國公使焦急地火速遞出一封又一封急件，稟告拿破崙政府，蘇丹改變心意，他僅是高深莫測地微笑，沒有透露這轉向的背後原因。「土耳其宮廷變得比英國還英國」，他——法國代理大使——很可能也會求去，因為他傾全力也無法挽回情勢。他苦澀地這麼寫道。

一八一一年十一月，一封給外交部的急件裡，劈頭便簡明寫道：法國代理大使在與蘇丹一次照會中出言不遜……蒙伯格企圖與蘇丹陛下展開直接交流的努力失敗。在七月的一封急件裡，則嚴正強調，法國的信用在君士坦丁堡已蕩然無存。

後續的兩年，馬哈茂德持續對法國明顯表現冷淡：他再度看向西方，尋求盟友——始終帶著古老的返祖渴望看向西方，但這一回，他轉向了英國，拿破崙的死敵。英國也許能提供同樣文明的影響力，並證明是更值得信賴的盟友，馬哈茂德這麼想；而為約瑟芬離婚感到痛心的艾梅，也沒有反對反法行動。此外，史崔特福．坎寧是馬哈茂德直覺可以尊重的人。他們多年的相互尊重，後來發展成一種類似親情的情誼：雖然坎寧在土耳其事務上發揮最大影響力的期間，是在很多年之後，屆時他將以偉大大使的身分在土耳其宮廷掌權，輔佐馬哈茂德的兒子阿卜杜拉．邁德吉。

當拿破崙視馬哈茂德的態度無足輕重而不加理會，史崔特福．坎寧眼見英國有利可圖，為達目的，他成功說服蘇丹與俄羅斯講和。當時土耳其為了比薩拉比亞（Bessarabia）[76]、摩達維亞（Moldavia）[77]的土地及多瑙河的黑海港口，長年與俄羅斯交戰，付出昂貴代價。綿延的戰事不僅造成巨大傷亡，也大大折損土耳其的威信。眼下馬哈茂德決定與敵人議和。他選在法國把刀子架在俄羅斯脖子上的這個時機，與俄羅斯談和似乎很瘋狂。他若和俄羅斯全力一搏，最終顯然會贏得勝利。但馬哈茂德從不衝動行事。他有他的理由。他的國家沒有強大到能獲勝，也沒有孱弱到會輸。議和可以拯救生靈百姓，也保住了顏面，縱使簽下屈辱的條約（其中有很多一開始並沒有納入，甚或連提都沒提）。但在這一切推理背後，我們可以得出一個結論，馬哈茂德骨子裡一心想報私仇。他要清算舊帳，為了他自己，也為他母親。倘若我們能讀出歷史的弦外之音，便可解讀他之所以如此作為，不僅是被史崔特福．坎寧的三寸不爛之舌所說動，也是出於東方式的復仇、東方的奸巧，好讓某個背叛他、對他及塞利姆的諸般示好冷淡怠慢又羞辱了母親表姊約瑟芬的人垮台，不管多麼迂迴曲折。最後，他，馬哈茂德——被忽視的東方——可以氣定神閒地與這個法國偉人對決，成為這偉人殞落的關鍵因素。復仇是甜美的。就這一面來說，馬哈茂德十足的東方，他充分嘗到復仇的甜蜜。

約莫此時，一封送到外交部的急件，提及雙方已準備好要正式簽訂和約。土耳其宮廷裡的坎寧先生的疑慮完全消除了。

相互尊重又目標一致，蘇丹和英國大使沆瀣一氣。一八一二年五月二十八日，拿破崙入侵俄羅斯一個月後，馬哈茂德簽訂了布加勒斯特條約（Treaty of Bucharest）。如此一來，多瑙河地區的俄羅斯軍隊得以北上，對抗此時兵臨莫斯科城下的拿破崙。這是攸關生死的一擊，出手的是一縷幽魂；幽魂似的馬丁尼克島克里奧女孩發出另一則訊息，而這回是死訊。尤菲米亞．大衛預見了很多奇異的事；但生命出現的轉折，比她對兩個小女孩所預言的要更奇幻詭異，當她們來找她算命，身上的白棉布裙裝在夏日薄暮裡的藤叢間透著微光。就連塔列朗也難以預見的是，當土耳其大君如此難以解釋地又如此毫不留情地對上拿破崙，其實不過是一個法國小女孩在替另一個法國小女孩復仇。

與此同時，法軍征戰俄羅斯進行得不如預期；仍舊有一連串常見的勝仗，不過拿破崙習慣的那種大獲全勝，尚未出現。當他體悟到有蘇丹在南方支持有多麼關鍵時，已經太遲，為了重拾蘇丹的支援，他做出一連串迎合討好的表示，但始終沒有下文。長期的沉默令人不安。接他開始命令公使派信差「前往君士坦丁堡，一週一到兩次，取得公報和所有可能的消息」。接

76 譯註：指聶斯特河、普魯特河——多瑙河和黑海形成的三角地帶。
77 譯註：位於東歐的一個地區，喀爾巴阡山和普魯特河之間。

著又下令，「僅派信差去效果不佳，不如派官員去。因此，派幾個波蘭官員去，請波蘭同盟（Polish Confederation）派三人使節團去土耳其，代表該同盟要求土耳其做出保證。你會了解這一步的重要性。」這會兒，他終於明白土耳其配合的重要，土耳其船艦封鎖克里米亞、土耳其軍隊占領摩達維亞和瓦拉幾亞（Wallachia）的必要；總之，把俄羅斯的龐大軍力留在南方忙著打仗的必要。這一切發生在七月，馬哈茂德在極度隱密之下簽訂布加勒斯特條約的兩個月後。那個決定性夏天的其餘日子，馬哈茂德只是等著，就那麼一次表現出不折不扣的阿拉伯宿命觀。他已經盡人事，其他的就看阿拉的旨意。

八月，俄羅斯在斯摩棱斯克（Smolensk）戰敗；九月，在博羅季諾（Borodino）戰敗；法軍似乎所向無敵。十月，喪權辱國的布加勒斯特條約內容在土耳其宮廷曝光，當人民得知比薩拉比亞已經割讓給俄羅斯，他們開始反對蘇丹。禁衛軍在城裡到處放火，馬哈茂德該被推翻。在莫斯科，拿破崙也得知該條約的消息，意會到它帶來的恐怖暗示。他曾說「利劍總是敗給心思」，最後卻應驗在自己身上。正是馬哈茂德，以他本性裡屬於法國那一面的敏銳，看見了如何使出致命一擊，藉著大筆一揮，讓多瑙河地區軍隊轉向，與法國大軍團對決。十二月，法軍在比列濟納河域（Beresina）潰敗，拿破崙倉皇逃回巴黎，他的人馬在撤退時全軍覆沒。一切都結束了。當艾梅眺望著金角灣時肯定在想，約瑟芬是否明白她的心意。

當法軍潰敗的消息傳到倫敦，正在那裡享受長假的史崔特福·坎寧肯定在微笑，以他慣常的冷冷一笑。這是一長串外交捷報的頭一則。不妨回顧一下，當坎寧在自傳裡聲稱這是他的一大謀略，威靈頓公爵在他針對拿破崙俄羅斯戰役的外交備忘錄裡也宣稱，這致命一擊乃他兄弟衛斯理侯爵（the Marquis of Wellesley）的功勞，衛斯理侯爵是當時的外交部首長（但相當遲鈍，坎寧從未得到有用的指示）。鐵公爵將布加勒斯特條約描述成一個計謀，給了他兄弟「機會，為這世界做出任何人有機會都會去做的事」。為反駁這一點，坎寧在土耳其宮廷的一名下屬大衛・摩瑞（David Morier）表示，外交部「當時在衛斯理侯爵治下睡著了」，而且史崔特福・坎寧「沒得到任何指示……也沒被慫恿，他自作主張進行這項任務……及時促成土耳其宮廷和俄羅斯政府議和，釋出奇恰戈夫（Pavel Chichagov）的軍隊……本人為證」。

當偉大的政治家和外交家一個個跳出來，宣稱這記高招是自己想出來的，他們都忽略了一名始終忠於童年回憶的法國女人所扮演的角色。

那遠古一刻的歷史，就這樣點點滴滴、片片斷斷地重構出來，其中大部分是矇矓的推測，確實也幾乎都圍繞著艾梅・杜布克・德希薇莉。宮廷內高牆深院、門闕重重，而外交急件內容簡練，不會述及私人面向或蘇丹周遭的各種勢力。即便如此，從塞在外交部檔案庫某個角落的小牛皮裝訂大部頭報告，或公家檔案處堆積如峭壁的羊皮紙文稿裡，仍有一絲線索可循。那是尚未有印製的報告或藍皮書的年代，國王陛下的駐外代表關心的每個問題的所有細節，僅僅簡單帶過，因而散發著造假的氣氛。一頁頁優美詞藻但褪了色的速記……每一封外交急件的破題全都戲劇性十足，不管條目多麼簡明。馬哈茂德與禁衛軍的恐怖纏鬥被如此總結：

一八一五年二月十九日。一項改革禁衛軍的作為，以混亂收場。

二月二十五日。衝突爆發，肇因於蘇丹堅持改革禁衛軍。

三月十日，筆調看來更加不祥。禁衛軍為最近一起反蘇丹的殘暴作為贖罪。

馬哈茂德似乎也做了許多純屬家務性的禮貌回應，這些也被審慎地記錄在檔案裡。我們讀到：蘇丹向產子的坎伯蘭公爵夫人（Duchess of Cumberland）致意。或者，蘇丹答覆昭告夏洛特公主（Princess of Charlotte）過世的皇家信函。偶爾會出現一些條目，挑起最狂野的揣測，引人進一步朝那羊皮紙峭壁埋首翻找。

來自維也納的一位機密人物抵達，揭露波拿巴婚姻的內情。或者夾在處理埃爾金大理石雕（Elgin marbles）（指的是埃爾金勳爵搬走的古蹟）[78]段落間的這一則。

事關一把為君士坦丁堡特製的匕首，出自倫敦朗德爾銀器公司（Rundell and Co.）的諸位師傅。目的為何？我們不禁猜想，難不成在土耳其弄不到一把好刀嗎？還是暴力事件頻傳，英國大使館裡沒人敢冒險，公然到市集裡買武器？抑或它本來是一份禮物，上等的榭菲爾德鋼（Sheffield Steel）製的，為了向某位三尾帕夏表達敬意？

✤

一八一二至一八一三年間，不僅法國，連英國也完全猜不透蘇丹的真正意圖，他們只能透過大使館通譯員獲得訊息，這些譯員都是土耳其人，是蘇丹一手挑選的，也怪異地所知不多。馬哈茂德肯定表面上好似聽從坎寧的計策，實際上卻是按自己的心意行事，從中獲得某種譏誚的滿足。只要他沒有參事，也就不需尋求信任。除了與母親在一起，他總是踽踽獨行。有件事很清楚：在他默許布加勒斯特條款背後，在他甘冒國內陷入混亂風險的背後，似乎存在著某個純屬個人的動機。為何不呢？歷史是男人造出來的，而男人骨子裡充滿了這類衝動。

縱觀馬哈茂德的一生，說來古怪的某種噩運似乎糾纏著他。他在內部進行的改革往往受外在因素阻撓；他的軍隊在極端不利的情況下受重挫；他的國家在國際強權的政治角力下被肆無忌憚地當成棋子。一等俄羅斯的威脅解除，一等拿破崙潰敗，遙遠行省的大公便聯合藐視他的權威。在埃及，穆罕默德·阿里殲滅馬木留克後穩如泰山，更是不把蘇丹放在眼裡。在阿爾巴尼亞，亞尼納的大公阿里（Ali Pasha of Janina）控制了東南的幾個行省，直到一八二〇年，馬哈茂德才有足夠強大的軍力鎮壓。馬哈茂德深知，除非有強勁的軍隊效忠他，否則他朝思暮想的諸多改革不可能實現。他花了二十年的時間組成了這樣的軍隊，這期間他步步為營，對付禁衛軍的每一次反彈。但馬哈茂德有堅不可摧的意志、與日俱增的睿智，以及最重要的，沉穩的耐性。高處不勝寒，他感到孤涼，當坎寧於一八二六年再度被派往土耳其宮廷時，雖然伸出了友誼之手，但這主要是為了增進英國的利益。偉大大使對土耳其人民的真正關切，是在他與他們共處了半個世紀才慢慢滋生的，而且在一八五三年的克里米亞戰爭展現得淋漓盡致。馬哈茂德執政中期，雙方仍有些不信任、仍有很多誤解，但那些都已慢慢淡去，最後在相互尊重和友情的光輝中消融不見。

好不快樂的馬哈茂德！他生不逢時；他和墨守傳統的無知與偏見擦撞得渾身是傷；他的敵人迅速從他的挫敗中獲利；就連他的進步措施也被視為離經叛道——一個異教徒。孤單的一對

78 譯註：英國外交官埃爾金勳爵在一八〇一年從希臘帕特農神廟搬走了部分大理石浮雕，並於一八一六年賣給大英博物館，這一批大理石雕於是得名埃爾金大理石雕。

母子，細加反思圍剿他的諸多問題，最終歸結出一個重點：只要禁衛軍持續從中阻撓，改革便無法持久；只要馬哈茂德的軍隊武力不精、裝備不良，或禁衛軍滲透窩藏其中，真正的革新就不可能實現。而這一切都取決於培養一支新軍，如同前任塞利姆，馬哈茂德艱困地著手進行。母子倆持續在暗中一步步策畫讓馬哈茂德贏得其封號的各項革新，終於在很久之後，洗脫了他背負的異端蘇丹或異教徒君王的罵名。母子倆齊心合力打開了窗，令人心曠神怡的北風從歐洲吹了進來，捲起了深宮內院的落葉，颳得窗扉咯咯作響。在這北風吹拂下，魅影消散，最後連禮法道統也瓦解。

不過，遠在那天來臨之前，馬哈茂德失去了他這一生的心靈指引。一八一七年，馬丁尼克島來的法國姑娘，美麗者，預備要改變土耳其面貌，卻在她住了三十三年的後宮辭世。就如老算命師預見的，偉大的勝利與榮耀屬於她，當馬哈茂德的革新看似將告捷、她的幸福看似要來臨，卻隨著她的生命遠颺。

✤

一八一七年的某個冬夜，在這對母子得知拿破崙潰敗的那個下雪夜晚的五年後，一艘船駛過金角灣，兩個行色匆匆的人影前往位於佩拉區的聖安東尼修院（Convent of Saint Antoine）。當時下著暴風雪；勁風呼嘯颳向搖搖欲墜的木屋，窗遮板嘎嘎作響。沒有人外出，只見五名巡夜者持續繞行打更，手拿鐵棍邊走邊往石頭上敲，防範著長久肆虐這都城的暴動。修道院院長克里索斯通（Chrysostome）神父正跪在他的小室禱告，突然被猛烈的敲門聲驚擾。兩名守衛站在他面前，恭敬地鞠躬，隨即呈給他一封蓋有蘇丹印璽的信函。在守衛護送下，克里索斯通神父走下陡坡，來到卡拉達，一艘載有十二對槳手的壯麗輕舟等在那裡。輕舟疾速駛離海岸，消失在夜的深黑中。抵達對岸後，神父穿越空無一人的庭院，被帶往有絲綢壁掛、精美地毯及枝狀大燭台的房間。那房間奢華歸奢華，卻瀰漫著一股哀戚。床上躺著垂死的女人，一名希臘醫生在旁照料著。門邊有兩名黑奴並排站立。幾步之遙，站著一個男人，器宇不凡，看似悲不自抑。「這男人看上去大約四十歲，身高高出一般，天庭飽滿，容顏尊貴，威嚴凜凜。他的鬍鬚烏黑，賦予他臉孔莊嚴肅穆之美。他的服飾簡單，但格外優雅。他無可遏抑地啜泣慟哭，透露他的萬分悲慟。」當克里索斯通神父進到房裡，這無人不從的男人，示意黑奴退下，連醫生也被遣走。接著他走近床榻，向垂死的女人俯身。「我的母親，」他說，「孩子遵從您的心願，願您在您先祖的信仰裡安息。」語畢，他示意神父上前，並後退到陰影裡。

神父聆聽女人告解，她的祈禱和悔罪；他與她一同禱告了一小時有餘。當她身子一沉，他赦免了她的罪。神父宣告行敷油禮時，這蓄鬍的男人，這一幕的唯一見證人，趨近床榻，伏倒在床側。忠貞的統治者，「異端蘇丹」，在哀慟中呼喚真主。

克里索斯通神父由接他來的同一組守衛護送回修道院。自始至終不發一語。當他回到修道院時，發現弟兄們焦急地等著他。他默默走過他們，那晚其餘的時間都在聖壇前，為土耳其太后艾梅・杜布克・德希薇莉的靈魂禱告。

艾梅一如生前信仰，在天主教儀式中辭世。然而她以蘇丹母后之尊，長眠於最壯麗的君王陵寢之一，距聖索菲亞大教堂不遠。陽光穿透格子窗，灑落在絲絨的靈柩台，外面小花園裡的樹木在亮晃晃的牆上投下斑駁的陰影。她的碑文充滿華美詞藻，其中一句迂迴提及她的法國血統。她是具有高貴外國血統的「美麗者，母后」。

她乃蘇丹王馬哈茂德之母
她讓至尊帝王的光明之魂降生……
而他開啟東方之門迎向曙光。

真正說來，是她開啟了東方之門迎向曙光，卻始終蒙著紗；她的成就全歸兒子所有，然而話說回來，在當時能造就出這樣一位君王，也足以是她一生的成就。馬哈茂德窮盡一位鄂圖曼蘇丹的想像，把母親的墓打造得美輪美奐。但改革者馬哈茂德還要再獻給她另一份大禮。一八二六年的頭一個恰當時機，也就是艾梅過世的九年後，在她教導下學會唱法國兒歌及其他無數事物的蘇丹，徹底殲滅了禁衛軍──她的宿敵，殺害塞利姆的劊子手，她熱切渴望的諸多革新的敵人。

母子畢生的努力為得就是這一刻，當這一刻終於來到，母親已逝，但兒子準備就緒。多年來，他們列出了禁衛軍首腦的一串清單。他的新軍沿襲西方軍隊建置，在暗中受訓。數千支火槍也在暗中購置。因此當六月的那個早晨，一縷縷濃煙從伊斯坦堡冒出，昭告佩拉區的居民，禁衛軍再次叛變，在城裡燒殺擄掠，馬哈茂德起身迎戰。

他首先前往蘇丹艾哈邁德清真寺（Sultan Achmet Mosque），在那裡舉起穆罕默德的神聖綠旗，先知的旗幟佇立在飄揚的綢布下，他譴責禁衛軍，號召他的子民消滅他們。好幾把手槍和匕首插在腰帶，帶領他的軍隊發動攻擊。禁衛軍知道大勢已去，拚死抵抗。屠殺進行了一整天。他們的營房遭放火焚燒。他們被趕盡殺絕，首腦被吊在後宮兵營外的大蔭懸木下，長久以來吊死犧牲品的地方。史崔特福·坎寧剛回到土耳其宮廷，從位於佩拉區的房宅看到濃煙不祥的升起，他邊觀望邊思索，最早是羅馬禁衛軍（Pratorian Guard），繼而是俄羅斯衛兵（the Streltzi）[79]，如今是土耳其禁衛軍駭人聽聞的濫權，全是因為自身的腐敗而走向滅亡。他在日記裡繼續寫道，馬爾馬拉海布滿死屍，斑駁陸離。「後宮入口、蘇丹窗下的海岸……塞擠著死屍——很多殘缺不全，部分被狗吞食。」沒有哪個軍營被放過。到了傍晚，有五千人被殺。翌日，禁衛軍團正式廢除的聲明，在清真寺公布。六月二十二日，坎寧寫道，「四下安靜無聲，靜到只有使用絞索勒死和用馬刀砍死才辦得到……處決和流放持續在進行……一切似乎都變了，或在改變中……」坎寧詫異地發現，蘇丹的威權一天天趨於穩固，不再有反革命的竊竊私語。馬哈茂德證明他是號令天下的君王。他的人民準備好要追隨他的新政。馬哈茂德改革者送給母親艾梅·杜布克·德希薇莉的，是個恐怖禮物；而這份禮，也是這一縷幽魂向她一度所屬的西方世界，最後送出的歡勝訊息。

79 譯註：十六世紀至十八世紀初的俄羅斯衛兵，擁有火器，又稱為射手兵團。

4.

伊莎貝爾・埃柏哈德

Isabelle Eberhardt

一則傳奇

關於她的一切都非凡絕倫。她是個女人，卻做男性打扮。一個歐洲人，後來變成阿拉伯人。一個俄羅斯人，從凡事「無所謂」（nitchevo）變成「天注定」（mektoub），其混亂又神祕的痛苦根源——斯拉夫心靈——在伊斯蘭信仰及肉體找到平靜。她出生在日內瓦某個整潔灰白的湖畔，卻死在灼熱的沙漠裡。她是個飄蕩的浪人，斯拉夫人浪跡四海的背景，使得她闖蕩沙漠永不饜足，但她夢想著小布爾喬亞式的避風港、期望在阿爾及利亞某個無名小鎮開一間雜貨店，好讓她和她的阿拉伯丈夫及他的親戚可以做點小生意。她愛她那平凡的丈夫，但她的風流韻事數不勝數。她的行徑無法無天；她喝酒、抽大麻精（hashish）[1]，落魄潦倒，卻始終為人高尚。她是個被放逐的人，遭法國殖民政府及整個僑界鄙視排斥，但她是利奧泰將軍（General Lyautey）[2]最信賴的朋友。她是個作家，卻幾乎被埋沒。她生前身無分文，死後出版的書，說來反諷，替別人賺了一小筆財富。她的死亡更是離奇，她在沙漠溺斃。

在她短暫的一生裡，激起人們強烈的好惡。她不是被厭惡，就是被熱愛；不是受尊重，就是被鄙視。沒有人對她無動於衷，引起的共鳴不會消失。認識她的人未曾遺忘她。不認識她的人感受到她性格裡那股奇異動人的力量。在世時，她是一則傳奇；過世後，這則傳奇變得荒誕扭曲。飄浪俠女、沙漠女戰士、沙漠的雙性人、沙漠的哥薩克人……這些稱號很浪漫，但也合理。不過，一九二四年在巴黎劇院上演的荒唐低俗鬧劇裡，她被庸俗地化為「流浪之奴」。一九三九年在另一齣可悲的戲劇裡，她成了「非洲的伊莎貝爾」，肯定會讓生性挑剔的她作嘔。因為她天生挑剔，天真又自尊自重，也很虔誠。她始終保有這些特質，縱使一生歷盡叫法國外籍兵團也膽怯的殘酷磨難。

她的作品沒有被翻譯成英文，即使是原稿，在她過世後，大部分也在已故的維克多・巴呂康（Victor Barrucand）形同改寫的「編輯」下失真，他擅自添加了紛亂的冗長內容，扭曲了她這個人。既然英國讀者對伊莎貝爾・埃柏哈德身為作家的這一面認識不多，在此多談一些她的生平、少談一些她的作品；多談這名女子或她化名西馬穆德（Si Mahmoud）的這名男子，少談這位作家會比較好。現在知道她的人很少了。她於一九〇四年過世，享年二十七。當我在一九五一年和卡特魯將軍（General Catroux）[3]談到她時，他告訴我，儘管他本人不認識她，但他駐守印度支那之際，她與駐守南—歐杭（Sud-Oranais）[4]的法國軍隊同行，當他後來抵達該地，她已成阿爾及利亞南部的傳奇人物。與她熟識的是卡特魯將軍的胞兄，當時在利奧泰麾下任職。

她是利奧泰會喜歡的那種非常罕見女人，事實上，她的怪異性情、她對沙漠的知識與她對阿拉伯人的深刻了解，令利奧泰著迷。利奧泰既有詩情又務實，他和她「談撒哈拉沙漠」，就如卡特魯將軍說的，一談就是數小時。她和當權的阿拉伯宗教領袖們交情匪淺，這點常被法國

1　譯註：從大麻的樹脂濃縮而成。

2　譯註：Louis-Hubert-Gonzalve Lyautey，一八五四—一九三四，法國政治家、元帥，一八八〇年代被派往阿爾及爾，在南阿爾及利亞征戰；一九〇三年再度率軍駐守阿爾及利亞和摩洛哥交界地帶。一九一二—一九二五年在摩洛哥建立了法國保護國制度。

3　譯註：Georges Catroux，一八七七—一九六九，法國將軍及外交官。

4　譯註：意思是歐杭以南，歐杭（Oran）是阿爾及利亞西北的港口城，僅次於首都阿爾及爾的第二大城。

人利用。她閱歷豐富，可以天南地北、無所不談，令利奧泰開懷，就像她的知識令他印象深刻。「沒有人像她那樣了解非洲。」他說。當卡特魯將軍告訴我，他曾經前往艾因塞夫拉（Ain-Sefra）[5]的穆斯林墓園，在她的墳前瞻仰，英俊桀驁的臉變得柔和有光彩，人也熱切起來。他和很多阿拉伯人、可敬的北非回教隱士或教士、阿爾及利亞土騎兵（Spahis）和遊牧民族聊過。在他們眼裡，她始終是一則傳奇。

✤

伊莎貝爾．埃柏哈德是俄羅斯民族出身，其混雜的種族包含了俄羅斯─猶太裔，這或許可以說明她何以強烈地渴望流浪，就如同她在索然乏味的日內瓦鄉下度過的年少時光，可以解釋她何以喜愛東方的風土。她雖然有俄羅斯背景，但不是俄羅斯人，而是離鄉背井的斯拉夫人，那種充斥著不變的情感、智性及宿命論的生活背景：圍聚在俄羅斯茶炊旁，空氣中瀰漫著煙霧，嘶啞的斯拉夫嗓音談論著尼采和巴枯寧（Bakunin）[6]、四海兄弟、無政府主義、化學、音樂……雜亂而永恆的討論，直到炭爐變冷，披巾裹上衣衫襤褸的肩膀，有人咳嗽，有人打鼾，有人拉小提琴，魚肚白的晨光從窗遮板滲進來。這類的討論往往沒時間進食，但總是有茶，照例一定要有一杯杯的茶。這是離鄉背井的氛圍。世界各地的斯拉夫人都活在這種氛圍裡，不論巴黎、羅馬或倫敦。了解他們的人都很熟悉這種生活型態。

伊莎貝爾．埃柏哈德人生的前十八年，就是生活在這種斯拉夫環境裡，在日內瓦城外梅林（Meyrin）鎮的整潔郊區。她的母親娜塔莉．莫爾德夫人（Madame Nathalie de Moerder）是俄羅斯將軍的妻子，娘家姓科夫—埃柏哈德（Korff-Eberhardt）。漂亮、溫文且驕縱。從表面上看，她就像聖彼得堡富有的傳統已婚婦人，然而真是如此嗎？她在俄羅斯的生活，我們所知不多。約在一八七〇年，帶著三個孩子乍然離開俄羅斯，定居瑞士，沒再回去過。至此，沒什麼不尋常。到處都有移居國外的俄羅斯人。屠格涅夫客居巴黎，守在寶琳・維亞朵（Pauline Viardot）[7]身邊。赫爾岑（Herzen）[8]風靡整個都靈。巴枯寧在倫敦，還有無數的斯拉夫權貴家族在棕櫚樹茂密的里維耶拉漫步，徜徉在法國的溫暖與自由之中。

然而，家庭教師亞歷桑德・托洛菲茂斯基（Alexander Trophimowsky）的出現，讓我們隨即對她改觀。我們進一步細究，會發現她不是那麼符合常軌。她是某個埃柏哈德小姐和一名姓科夫的富有俄羅斯猶太人的私生女，這件事本身在聖彼得堡古板拘謹的社會裡，肯定是必須極力隱藏的醜聞。此外，她和孩子的家庭教師私奔，就這一點，也許並非表面上看來的婦道人家。將軍大約在一年後過世，這時間點頗不尋常，他把所有財產留給了她，而這又更不像被遺

5 譯註：撒哈拉沙漠的一個小鎮，有「撒哈拉沙漠的門戶」之稱。

6 譯註：Mikhail Alexandrovich Bakunin，一八一四—一八七六，俄國思想家、革命家，著名的無政府主義者，有「近代無政府主義教父」之稱。

7 譯註：Pauline Viardot-Garcia，一八二一—一九一〇，西班牙裔法國歌唱家。屠格涅夫長年愛慕已婚的她，終生未婚。

8 譯註：Alexander Herzen，左派作家，被譽為俄羅斯社會主義之父。

棄的丈夫會做的事。

亞歷桑德·托洛菲茂斯基是亞美尼亞人，相貌俊俏，當過東正教教區牧師，一八二六年生於季森（Khison）。他是個知識分子、無神論者和烏托邦論者；高䠷，蓄鬍，是托爾斯泰的信徒，也是巴枯寧的朋友。他是特意離開俄羅斯，來和莫爾德夫人相會，或者也是為了信仰或政治等更抽象的理由，不得而知。不論如何，他拋妻棄子，和莫爾德在熱帶莊園安頓下來，這地方後來重新命名為新莊園。與他們同住的還有莫爾德的孩子尼可拉斯、娜塔莉、弗拉迪米爾及奧古斯丁。奧古斯丁一八七二年出生於瑞士，但深情的將軍仍視為己出，當他追到莫爾德身邊試圖挽回婚姻。然而莫爾德選擇了家庭教師。五年後，一八七七年二月十七日，一名私生女誕生。她的名字註冊為伊莎貝爾·威荷米娜·瑪莉·埃柏哈德。

事實上，一家子的氣氛也不是很融洽。亞熱帶植被糾結纏繞的綠林——該莊園名稱的由來——占據了特洛菲茂斯基的時間和心思，他秉持科學精神而非園藝技術來栽培植物。他也著手栽培孩子們，只不過同樣雜亂無章。他不許他們接受學校教育，只能學習由他強烈個人偏見篩選的科目。伊莎貝爾學會六種語言，包括希臘文、拉丁文和阿拉伯文。哲學、形上學和化學則納為副科。

莫爾德較年長的孩子們，對母親的情人深感不滿，常有爭執和忌妒。這位好譏諷的還俗教士的許多出色特質，孩子們似乎都不欣賞。不過就一個家庭來說，也許這樣一個偶像破壞者，其實很難相處。

「暴民耶穌基督！」是他最愛的論調之一。據悉他和潛伏在瑞士的一些虛無論者社團有來往。不論如何，他遭致鄰居們的抨擊，他們同情、誇大莫爾德孩子們的可憐處境。一位認識他們的瑞士女家庭教師，也許就像任何局外人能做的，在回憶錄裡留下一連串嚴厲的批評，這倒令人想起另一名女家庭教師瑪爾維達・馮梅森堡（Malwida von Meysenburg）[9]，任教於另一個同樣混亂的斯拉夫家庭，赫爾岑家。（不過馮梅森堡小姐有著德國人的強悍，可不是只有嚴詞批評而已，還成功將赫爾岑的小女兒從他身邊永遠帶走。）不過莫爾德的孩子不需要藉助外力來反抗托洛菲茂斯基。長女娜塔莉公然開戰。她突然逃家，把自己嫁進一個非常低下的瑞士小商人家庭，丈夫在律師樓當辦事員。這徹底震撼了新莊園。托洛菲茂斯基勃然大怒。她的母親傷心哭泣。什麼都可以原諒，但自甘沉淪降格，不可原諒。可是娜塔莉心意不改。一八八八年，她永遠走出這個家，成為朱爾斯・培瑞茲—莫雷拉夫人（Madame Jules Perez-Moreyra）。事成定局。她和家裡斷絕關係。她的名字沒再被提起。娜塔莉的出走深深影響了小伊莎貝爾。她代表了某種的穩定和衛生。而今到處是灰塵，一片凌亂。沒有床單，沒有桌巾，不再有規律的餐食……多年後，當伊莎貝爾・埃柏哈德偶爾提起這件事，她總說姐姐回到俄羅斯，嫁給了帝國衛隊的軍官。即便是飄浪俠女，也有她虛榮的毛病。

莫爾德的孩子一個接一個想方設法逃離托洛菲茂斯基的掌控。繼娜塔莉之後是尼可拉斯，他回到俄羅斯。他似乎是反動派那一型，很可能與沙俄特工有關係，據說沙俄特工逼死了弗拉迪米爾。綽號「仙人掌」的弗拉迪米爾也有重重心結。他很可能和地下革命及販毒組織有關聯，

9　譯註：Malwida von Meysenburg，一八一六—一九〇三，德國女作家，也是德國女權運動的重要人物。

而奧古斯丁便隸屬於那組織。不論如何，他在一八九八年自殺，後來奧古斯丁也自殺，更後來，奧古斯丁的女兒也自殺。噩運連連的家庭。老么奧古斯丁多年來幾乎是伊莎貝爾最親的人，也是她童年的同伴。他們以一種病態的溫柔愛護彼此，當他們漸漸長大，也慢慢把感情浪漫化。就伊莎貝爾這一方來說，說不定他是她一生摯愛。從她後來的一些信件可看出，她孩子氣的感情逐漸轉變為成熟的激情，或者說少女的激情，可能獲得回報，也可能沒有。奧古斯丁在二十多歲時娶了一名平凡女子，伊莎貝爾不屑地管她叫「珍妮那女工」，毫不隱藏她對她的鄙夷。那是一樁不幸的婚姻。奧古斯丁在一九一四年自殺，或許不只是在極度苦悶之際結束他一生的失敗與悲慘，也是因為極度思念過世的妹妹。這些問題沒有人知道內情，但它們在感情上撩撥的泛音，深深震盪著伊莎貝爾．埃柏哈德不穩定的本性。一八九五年耶誕夜，伊莎貝爾寫了一封古怪的相思信，當時奧古斯丁已離開時而沉滯、時而騷亂的新莊園，投身於西迪貝勒阿巴斯（Sidi Bel Abbes）[10]的法國外籍兵團（那時代的典型作法），她道出渴望，「我們給彼此的吻，在十月十二日星期六夜裡……」她引述羅堤的文字，沉湎於《阿姬亞黛》的愛情；那唯美的偽東方憂鬱已然進到她心坎裡。當時她已經可以輕鬆讀寫阿拉伯文，但浸淫在伊斯蘭神祕主義較為表面、感官的部分。她沉溺在被遺棄的哀傷。「分開，別離，我的愛，說不定永不得相見。沒有希望，沒有信心；全然孤獨……沒有人會知道我們受苦多深……」她的狀態不佳：繼續沉浸在阿拉伯人物裡，摘錄一些希臘文，再次回味他們的愛。她談到她愛上一個土耳其人，但沒把他放心上。「**你呀你，**」她熱情寫道，「**就是要跟著你，永遠跟著你，不論遠近，永永遠遠。**」

若不是她對這個同母異父的哥哥——或者很可能是同父同母的哥哥——的這些自發情感被

抑制，或被世俗禮教轉移，我相信，就不會有她後來的憂鬱、她對深奧晦澀事物的神經質渴望。我無意暗示說，倘若可以和奧古斯丁結婚，她就會安頓下來，心滿意足地當個賢妻良母。這不可能，和奧古斯丁不可能，和其他人也是。但我相信他們間產生了某種情愫，深刻地影響了她感情的平衡，而這說明了她何以焦躁地渴望遺忘，而這個渴望比她的斯拉夫遺傳更強大。

不過這些都發生在日後，當她在沙漠淒楚飄浪時。此時她仍在梅林，周遭有離鄉背井的人來來往往，有各色種族的朋友。漸漸地，穆斯林占了大多數。莊園隨著泛伊斯蘭的狂熱震盪。大約此時，她和母親半真半假地考慮皈依伊斯蘭。無神論者托洛菲茂斯基無疑不會反對。而且不管怎麼說，有很大的差別嗎？這兩種宗教，這兩個民族，普遍都相信慰藉人心的宿命論。

伊莎貝爾・埃柏哈德日後只穿男裝、打扮成阿拉伯騎士、並自稱西馬穆德的習慣，經常被批評為故作姿態、喜歡引人注目。其實她孩提時就穿男裝，而且托洛菲茂斯基也任由她，原則上他鼓勵所有打破成規的作風。後來根據卡特魯將軍的觀察，穿男裝很務實。她四處飄盪，在各地來來去去，穿男裝出入較不引人注意，而且當時她非常窮，沒什麼衣服可穿。她沒有另一名同樣熱切但沒被過度渲染的阿拉伯權威葛楚德・貝爾（Gertrude Bell）[11]的背景。她沒有資源、沒有世俗服飾、沒有如貝爾小姐寫信回家要家人寄來的廣東縐綢襯衣、紫色雪紡紗晚禮服

10　譯註：位於阿爾及利亞北部。

11　譯註：Gertrude Bell，一八六八—一九二六，英國作家、探險家、考古學家與外交官，被認為是在第一次世界大戰的動蕩後建立現代伊拉克最重要的人物。

或陽傘。

唉！西馬穆德的賣弄風情，頂多就是穿一雙挺漂亮的紅靴。她的手，那雙纖長白皙、優雅高貴的手，常常被注意到；而她那雙手有多美，她的相貌就有多平常。

回到一八九〇年代的日內瓦。說不定是因為她成了相貌平平的姑娘，自覺更適合穿男裝，而她一輩子喜愛反串、喜做男裝打扮，多少是一種防衛，多少也是想逃離自己——她的性別——的一種內在渴望。即便在她心裡，似乎也沒決定好要當哪一性，或想當哪一性。這種猶豫不決或模稜兩可，在她的日記裡更加明顯。日記裡，她一開始總是以男性自居，寫到末段才以女性自居。就今天的標準而言，我不認為她想得明白：她可能覺得這樣很有趣，她沒有她那時代花樣少女的嬌美。她高䠷纖細，灰黃的臉上有卡爾梅克人（Kalmuck）[12]的高顴骨和黑眼珠，一雙像中國人的丹鳳眼。她的體格及拖曳的步態，和被愛慕少女的輕快步伐很不一樣，非常容易被當成男孩子。她很喜歡這類的冒險，還打扮成法國水手照相，頭髮也剪短，穿上攝影師東拼西湊張羅來的阿拉伯長袍、匕首等，想像自己做敘利亞人打扮。她即便穿著這草率拼湊的男裝前往伊斯蘭國家，也不會被錯認。

想也奇怪，她對沙漠和阿拉伯人的了解之深刻，恐怕沒有第二個歐洲女人能出其右，而且她毫無保留與他們一同生活在沙土、疾病及灰塵中（不像史坦霍普夫人擺出高傲身段），時而長時間縱情聲色，時而斂心冥思，但留給我們的卻是一個彷彿參加化妝舞會的影像：圓臉女孩身穿假貝都因服裝擺姿勢的一張照片；一個梳洗打理過的伊莎貝爾，而她應該不願意脫掉連頭巾長袍、卸下匕首，乘坐公共馬車回家喝茶。

大約此時，她開始和駐守撒哈拉的一位年輕軍官通信，這名軍官在百般無聊下登廣告徵筆友，卻發現自己躍入政治與形上學的洪流，困惑之餘，也很有收穫，雖然這與他最初的愜意念頭大相逕庭。尤金·勒拓（Eugene Letord）一直是她畢生摯友，但他們倆之間是否有超越筆友的關係，則不得而知。

✤

寫到尤金·勒拓，我想到我離開突尼斯的前一晚，有次奇特的拜會，當時我得知有個法國老婦人曾是伊莎貝爾的朋友，就住在城外的救濟院。一位與伊莎貝爾熟識的人，說不定能再次捕捉這謎樣人物的神髓。我急忙上路，在這座阿拉伯城荒郊野外的泥濘小路和廢物堆裡顛簸前進。找遍每一間救濟院、收容所和醫院，就是不見她的蹤影……最後終於找到她時，只剩一小時，飛機就要起飛。她是個狂野、孱弱又浪漫的人，仍可看出年輕時是個大美人。她也皈依穆斯林，一雙骨瘦如柴、青筋突出的手，紋著伊斯蘭符號的刺青。她喪失視力，但沒有喪失記憶。

她顯然與西馬穆德熟識。言談間沒有一絲責難。「她是個酒徒，」她說，簡明扼要。「就她在宗教上深刻認同穆斯林信仰來說，那是唯一一件荒腔走板的事。沒錯，她信仰虔誠，篤信密契主義和殉道者那些事……她活得像個男人，或男孩，因為就生理上來說，她簡直就像男孩。她有種雌雄莫辨的特質，熱情，性感，但不是女人的性感。而且她的胸部完全是平的。」她補

12　譯註：西蒙古族。

了這一句。「我們以前常常在山澗裡游泳，所以我知道。她有她的虛榮，但比較是阿拉伯紈絝子弟那種虛榮。她那雙美麗的手繪滿指甲花染的花紋，她那一身連頭巾的長袍總是潔白無垢，再者，只要她負擔得起，總是渾身塗抹所有阿拉伯人都愛、濃得叫人受不了的香精……」

「有一度，她經常整天在市集裡晃蕩；只要哪個男人她看上眼，就立刻帶回家。她會跟他招手示意，然後相偕離開。從不矯揉造作，也從不隱藏她的冒險。何必呢？這些只是她性格的一面。我相信她體驗過深刻的宗教狂喜，她倒是會隱匿這些事。她嚴格恪守宗教儀式。一天禱告膜拜五次，在清真寺，在街上，在沙漠。不管她人在哪都會禱告。而且不管她做什麼，都表現得很有教養。這聽來也許荒謬，但真是如此。……她很窮，有個名叫尤金的男人……我不曉得他是誰，她常提到他。她說過，真走到窮途末路，尤金會寄錢給她……尤金或阿拉！這都是神的旨意……」她闔上眼。「妳為何想知道這些事？我累了，妳走吧，去讀傳記裡那些關於她的謊言吧。」她尖刻地說，我沒再從她口中知道更多。

「她很虛弱，現在該睡了。」護士說，於是我離開，心裡想著伊莎貝爾的晚景，很可能也會如此淒涼，要是她沒溺死的話。不管尤金或誰，都不可能讓她免於年老。

✤

如果人生可謂天注定，伊莎貝爾．埃柏哈德的人生就是如此。千絲萬縷都把她拉往伊斯蘭。東方的牽累愈來愈多。不久，莫爾德夫人和女兒動心要搬到北非，她們聽說那裡適合居住。奧古斯丁已離開法國外籍軍團，在阿爾及利亞遊蕩，茫然地找工作。他們有很多阿拉伯朋友。還有尤金也在那裡，熱切等著迎接她們。這下更有理由搬去了。於是母女倆在一八九七年五月抵達彭城（Bone）[13]，伊莎貝爾一口流利的阿拉伯語，叫她的新朋友驚奇。她有斯拉夫人的驚人天分。後來有人問她是怎麼開始學阿拉伯話的，她答說，一點也不費事，她太懶了，就怕費事，「學阿拉伯話啊……這個嘛，我才剛開始學阿拉伯話。」

莫爾德母女快活極了。新生活在她們眼前展開。伊莎貝爾開始寫故事、筆記、那些出色的日記及小說《流浪者》（*Le Trimardeur*）的初稿；當地一份報紙刊載她迷人的短篇故事〈雅斯米娜〉（Yasmina）。她們前往灼熱的鄉間考察，伊莎貝爾開始嗅到遠方的沙漠氣息。此時她改信穆斯林，也許她母親也是。她們不認識歐洲人，為了全心融入新生活，這樣反倒更好。她們住在阿拉伯城，不過是在邊緣地帶，這具有一種象徵意味。她們的一腳還踩在西方，屋裡的一面窗可俯瞰法國城的寬闊街道。未來似乎充滿綺麗的希望。日內瓦湖畔水氣氤氳的景象，在非洲的烈日下蒸發了。

在彭城的幸福生活，很快就永遠畫下休止符。莫爾德夫人心臟病發過世。她的女兒簡直發狂。托洛菲茂斯基來晚了，沒趕上喪禮，卻發現女兒激動得要追隨母親離開人世。他冷漠地把左輪手槍遞給她。當她鬧著要自殺，他要她瞧瞧窗下遠處鋪石板的陽台。然而他譏諷的冷漠還是不敵失去妻子的傷痛，黯然回到日內瓦。伊莎貝爾以Fatma Manoubia之名，在穆斯林墓園裡母親的墳上立一面大理石碑，而且經常回到墳前盡情思念她失去的「白精靈」，她這麼稱呼過

13 譯註：阿爾及利亞東北部的主要港口之一。

世的母親，常用俄文書寫這個字。她終其一生都在回味病態的哀傷。死亡的意念盤據心頭，母親的死亡，自己的死亡，死亡的祕不可測，在在透露著強烈的神經質。

接著是一段飄盪的時期，她預先體驗了真正飄泊流浪的生活。打扮成阿拉伯人，買了一匹馬，狂馳離開彭城，奔向撒哈拉沙漠。在這短暫的縱情馳騁裡，對飄浪生活的渴望凝結成形，尤其是對沙漠的渴望。她找到了她的國度、她的人民、她生活的節奏。但旅行需要錢，她還沒學會像阿拉伯人靠一小撮穀物、隨地寢臥過生活。她終於把錢用罄，不得不回到日內瓦。在陰影幢幢的新莊園，瑞希德．貝伊（Rehid Bey）熱烈地追求她，她認識這位土耳其人已很多年。他為這位特立獨行的姑娘神魂顛倒。他向她求婚，她答應了。他是海牙的外交官，期待著被派往東方某個外館。對此伊莎貝爾欣喜萬分。愛情和神祕東方相伴而來。

但突然間，情勢完全改觀。這位外交官最後被派往斯德哥爾摩。東方的幻影消失……伊莎貝爾對北國的光與外交禮節的慘淡前景感到畏縮。訂婚告吹。奧古斯丁回到莊園，萎靡不振，鎮日和她伴著孱弱的托洛菲茂斯基，每個人都被往事回憶糾纏。花園的蓊鬱綠林也給不了恬靜安詳。幽魂在每個轉角現身。娜塔莉消失了，輕生的弗拉迪米爾躺在他的墓裡，莫爾德夫人長眠在彭城墓園，托洛菲茂斯基病入膏肓。整個莊園像座墓塚。一八九九年五月十四日，托洛菲茂斯基要求服用三氯乙醛，他罹患喉癌，極度痛苦。伊莎貝爾和奧古斯丁斷斷續續讀過藥學，於是配出了藥劑。這是致命的一劑藥。沒人知道是意外，還是蓄意；是他們家典型的散漫使然，還是大膽的決定，無論如何，這孤單古怪的老人在清晨過世。兄妹倆將他葬在弗拉迪米爾的一側，也一併埋葬了他們的青春。他們終究要分道揚鑣。

奧古斯丁去了米迪山區（Midi），很快娶了一個巴黎來的乏味女孩「珍妮那女工」，伊莎貝爾前往卡里加里（Caligari）與他們同住。但人事全非。這會兒是三人行，兩個女人互看不順眼，奧古斯丁夾在中間。伊莎貝爾決定回到北非長住。她想住在瓦德（El-Oued）[14]，有上千座圓頂的小城，那裡對她來說意義重大。為什麼選瓦德？那裡有一整座撒哈拉沙漠任她倘佯。不過，她很可能是為了實現她做為虔誠穆斯林所盲目相信的天命。

「但願我們能在每一刻預見當下看似無關緊要的某個動作或話語都無比重要，……我們的一生從沒有任何片刻不會在未來產生後果或意義……早就已經寫好了！……」她頗有伊斯蘭的慧根。

不過，在抖落她腳上的歐洲塵土之前，她得回到巴黎：有實際的問題要解決。她也許可以找到某個工作、某個在非洲實地進行的地理報導。她的朋友莉迪亞．帕希科夫夫人（Mademe Lydia Paschkoff），俄羅斯探險家兼旅行家，幫了很大的忙。這迷人的女士和西馬穆德的關係很短暫，彷彿一隻奇珍異鳥在她的日記裡輕快飛過。帕希科夫夫人在尼羅河上游地區，進行了幾趟探索航行，擔任聖彼得堡《費加洛報》的通訊記者，常在地理協會演講，也寫了幾本被遺忘已久的小說和旅行速寫。她既特別又世故，一位熱切的女性主義者，而且為人熱情。她給了伊莎貝爾很多有益的建言，在此無須贅述，而這些建言卻沒被聽進去。「要過妳我偏好的這種生活，需要五萬法郎的收入。」她也介紹很多人給她。「巴黎名流」來到她的沙龍，她精明地

14 譯註：阿爾及利亞東北，瓦德省首府。

盤算著如何善用西馬穆德具異國情調的外貌及其散發的冒險氣息，為流浪的生活籌謀實質的好處。她的建言具體而中肯。伊莎貝爾得時時穿著阿拉伯服裝，以西馬穆德的身分現身。這樣可以「嚇嚇」那些能大肆利用的布爾喬亞階級。她絕對不能冒犯猶太人，這些人有權有勢。她一定要和摩納哥親王（Prince Monaco）或奧爾良的亨利王子（Prince Henri d'Orleans）等這類的探險家來往。她務必要提防法國登徒子，他們會好心幫忙寂寞的年輕女子，尤其是本性叛逆的女人，但往往別有所圖。她帶她進入一個充滿有趣人物的世界，但依莎貝爾生性太不圓滑，或者說太直率，不會玩他們遊戲。有一回，她與莫赫斯侯爵夫人（Marquise de Mores）會面，其探險家丈夫於一八九六年在的黎波里（Tripoli）和突尼西亞一帶被莫名刺殺。據說這位遺孀委任西馬穆德回到突尼西亞南方，去尋找侯爵或刺客下落。這肯定正中西馬穆德的心懷。這樁交易很有可能談成。侯爵夫人很可能提供了資金。不論如何，這是西馬穆德動身離開的託辭，儘管詆毀她的人說，沒再聽說這項計畫或這筆資金有什麼下文。

但這趟冒險的傳說依然流傳著，在突尼西亞南方某個不知名的村落，在撒哈拉沙漠邊緣，當風沙飄到偏僻要塞的窗台，一點一滴收復微不足道的人工前哨所。我就是在這樣的一座前哨基地，聽著一名老阿拉伯僕人敘說這故事。他曾是阿爾及利亞土騎兵，會說一點法語。我向他問起一條往一座座沙丘間延伸、布有少許足跡和散亂石頭及北非茅草的小徑。

「那條路通往哪裡？」我懶洋洋地問。

他抬眼凝視著提燈的光暈外的一片闃黑。此時突然颳起一陣寒冷勁風，棕櫚樹沙沙作響，枝葉剝落下來，透著陰森不祥。

「通往南方，」他說，「那個瘋女人就是往那裡去找莫赫斯侯爵先生……但是沒找到。」他吐了一口口水，繼而沉思。當我們費了很長一段時間，好不容易讓他開口說出他所知不多的、關於西馬穆德帶著一名僕人和一把槍往那方向去的傳奇。

✤

在巴黎，她沒給人持久的印象。經過幾星期在最傲慢又封閉的「巴黎名流」圈，靦腆又侷促不安的露臉，她驟然離開法國。一般來說，浪得虛名的人在那個圈子格外討喜。這遺憾地反映出，該名古怪的女孩儘管個性十足、有貴族背景、有廣泛涵養和創意，卻沒能很快找到真正欣賞她、由特定法國菁英構成的那個環境，譬如拉百令（Lapperine）[15]、莫蒂林斯基（Motylinski）[16]、富高神父（le pere de Foucauld）[17]或利奧泰及其軍官、卡特魯和（Berriau）[18]等真正有格調、有才智的男人，而她在世的最後一年才認識這些人、才受到應有的器重。要是

15 譯註：François-Henry Laperrine，一八六〇—一九二〇，法國將軍。

16 譯註：Adolphe Calassanti-Motylinski，一八五四—一九〇七，阿爾及利亞人，擔任法國外籍兵團的翻譯官，後來也擔任富高神父和圖瓦雷克族人之間的譯員。

17 譯註：Charles de Foucauld，一八五八—一九一六，法國神父，與撒哈拉沙漠的圖瓦雷克族生活在一起，在阿爾及利亞過沙漠隱士的生活，最後被圖瓦雷克族殺害。

18 譯註：Henri Berriau，一八七一—一九一八，曾在利奧泰將軍麾下參與摩洛哥的戰役，後來擔任法國轄下摩洛哥保護區的官員。

她早點遇到他們，也許她的命運會完全不同。她肯定會找到生活重心，一種生活模式，並且將她非凡的知識與直覺用在阿拉伯事務上。也許最後會找到尋覓已久的真理，甚至在塔曼拉塞（Tamanrasset）[19]的富高神父隱居處的涼蔭中獲得平靜。

一九〇〇年七月，她再度回到阿爾及利亞，展開她飄浪生活最緊湊的階段。若沒有攤開地圖來看，不可能了解這位不得安歇的人物飄蕩的範圍有多麼遼闊；縱使看著地圖，被濃縮成一個針尖和另一個針尖之間的距離，也是龐大得可畏，光一個指甲寬的距離，便涵蓋了她經常跟隨駱駝商隊行進兩個月之久的路途。她縱橫南北，行跡遍及整個國家，深入沙漠、綠洲，橫越高原（High Plateaux）。縱情於她形容為「馳騁天涯」的一大愛好。她日日夜夜待在阿拉伯村莊，睡在古客棧或商隊客棧骯髒泥濘地板上。她跟著在南方四處劫掠的部族移動，直到在馬鞍上累得半死。她與阿爾及利亞土騎兵團同行；好幾天動也不動在大沙漠沉思冥想；和部隊一起待在汙穢的妓院內。她試圖讓柏柏人變得衛生，卻懶得照顧自己的健康。此時她融入卡德亞道團（Kadryas），夢想著入門成為蘇菲教徒，也許當個女教士，變成像拉拉冉尼（Lallah Zeyneb）的隱士。她的融入也有實際的好處：她受到庇護，而且更靠近她所選擇的人群。

她因為幸福、因為成功而散發光彩。騎著她的馬「蘇夫」，帶著她的狗「小燈」，再度出發。她的日記記錄著這些歲月的飄然陶醉，總是被吸引到比遠還要更遠、更無邊際的遠方。這是一種同質相吸。「我想占有這個國家，」她寫道，「這國家已經占有我。」她熱愛這一切：人民、他們的傳說、他們的生活。她年輕、詩意又自由。福斯特（E. M. Forster）[20]說過，「唯有在年少青春，唯有在喜悅的晨光中，才看得見東方地景輪廓，並向它致意。」我不盡然同意，但那是題外話。不過，以伊莎貝爾的情況來說，這是真話，眼下是她生命的清晨，而且她很貪婪。就如同馬維爾（Andrew Marvell）[21]，她雖無法叫太陽駐足，卻可使它向前奔跑。沒有人比她更肆意縱慾地「衝破一扇扇人生的鐵柵欄」，撕扯每一種快感[22]。這一切美妙無比。她縱身一躍。為平息追尋性靈增長的渴望，她和許多宗教領袖進行漫長恭敬的討論。耆老的智慧。還有情人，熱切的阿拉伯情人數不勝數。她懂得如何盲目地、狂烈地享受感官。還有為求遺忘的大麻精和茴香酒，以及始終朝沙漠狂奔。猛烈的歡愉。雖然記述她在南—歐杭飄蕩時——在那裡，她或者獨居、或者跟著遊牧民族流浪——，她談到空無的特性，「長時間既不悲傷也不無聊——空無——，你會受到靜默的滋養……那些失落的時光，我從不後悔……在困乏中，我感到不朽，而且無比富足。」也再度談到沙漠，「在這個沒有植被的國家、這個沙石的國家，有一樣東西存在——時間。在這裡，日昇和日落，各有各的戲碼。」

19 譯註：阿爾及利亞東南部一省首府，第一次世界大戰時，此地修建了一座野外防禦堡壘。自一九一六年起，富高神父就在那裡落腳。

20 譯註：Edward Morgan Forster，一八七九—一九七〇，英國小說家、散文家。

21 譯註：Andrew Marvell，一六二一—一六七八，融合伊莉莎白時代抒情詩的優雅及玄學詩派的嚴謹知性，被譽為矯飾詩風（Mannerist poem）的翹楚，他在〈致羞怯的情人〉（To His Coy Mistress）一詩，傳達了及時行樂的精神。

22 譯註：〈致羞怯的情人〉其中一段詩句：猛烈撕扯每一個感官，衝破那一扇扇人生的鐵柵欄，這樣，雖然無法讓太陽駐足，卻可以使他向前奔跑。

不過，對於西馬穆德來說，總有其他各種的戲碼。在瓦德，她遇見了一名阿爾及利亞土騎兵，斯萊門．埃尼（Slimene Ehnni），衛戍部隊的軍需官，說著一口流利的法文，甚至入籍法國。一個英俊而相當平凡的年輕阿拉伯人，似乎患有肺癆。但他們瘋狂相愛。他是她這個夏娃的亞當，他們活在伊甸園。他們交換熱烈的情書，隱藏甜美的邂逅——對誰隱藏？你不免納悶。此時全世界還有誰會在乎伊莎貝爾愛上誰，或怎麼愛上的？除非，說不定，奧古斯丁的陰影籠罩著他們用棕櫚葉搭的愛巢。

很快地，愛巢不再是祕密。他們談到婚姻，他們的心醉神迷會持久，在這般愛戀的滋養下，他們需要一點其他東西。開一家雜貨店或摩爾風格咖啡屋，會是個好主意：可以確保他們有個落腳處，有幾蘇錢可以買菸。斯萊門的兄弟可以幫他們經營商店，當他們渴望沙漠時。然而即便是這個最卑微的烏托邦也需要錢。斯萊門的軍餉微薄。莫赫斯夫人對伊莎貝爾的閃避和拖拉作風很不滿意，這時也收手不再資助她。伊莎貝爾輕率地把處理母親遺產的事交給奧古斯丁，而他也棄之不管，讓名聲不佳的律師占為己有。當伊莎貝爾的鐵製行軍床和墨水池遺失，她沒有任何東西可以典當。即便是一管麻醉品也要錢。無所謂！……天注定！這對戀人沉溺於更狂野的銷魂激情，從中獲取慰藉。

伊莎貝爾，或者說西馬穆德，對斯萊門而言，既是男人也是女人，或是無數的東方文學裡描寫的典型少男。阿拉伯人完全接納她，多數人都知道她是女人，但尊重她是女性，也尊重她的喬裝打扮。她和卡德亞道團的關係，以及她和大老拉什米（Si Lachmi）的友誼，確保了她在他們之中的地位，而且這段時間她沒和歐洲人有來往。一九〇一年一月，她以新入門成員的身分，參加宗教的避靜，研讀奧祕的教義。你不禁納悶，這突然的閉關修行，是否讓斯萊門感到被冷落，但也許他對他騎士情人的神魂顛倒，她怎麼做都能接受。

即使此時伊莎貝爾仍對情人斯萊門神魂顛倒，她很可能發現他只是個渺小人物，尤其和老練的拉什米相比，而他令她傾心。這個帥氣又肆無忌憚的人物，具有一種個人魅力、一種威嚴，能讓他用幾乎是掠奪的方式生活，同時保有他自封為卡德亞道團大老的地位。他踩著兄弟們的頭顱奪取權位，違抗父親的旨意，但他並非父親所立的繼承人，因此有大批的卡德亞教徒不承認他是他們的教長，更別說精神領袖。可是拉什米依舊我行我素、橫行霸道，魚與熊掌兼得：今天穿上虔誠的綠袍子，帶領民眾朝聖；明天跨上馬鞍，帶領騎兵衝鋒上陣，像發狂的人或野獸狂奔，像阿拉伯節慶那樣槍火四射、揮舞刀劍。

伊莎貝爾曾描述過這樣的場景，「他們發動突襲，火力全開，一時間沙煙滾滾，騰騰殺氣逼近我們受驚的馬兒……燒焦的火藥發出刺鼻又醉人的惡臭，比戰壕的野蠻嘶吼更叫人和馬匹發狂。」

伊莎貝爾的本性自然而然被這樣的環境激發。日內瓦的歲月彷彿前世、彷彿單調的回聲。那冷颼颼湖畔的平淡生活真的存在過嗎？現在的她才算活著，總算找回生來的權利；伊斯蘭之域（Dar El Islam）[23]——她的原鄉。

---

23 譯註：伊斯蘭教法將世界分為兩大區塊，分為伊斯蘭之域（Dar al-Islam, دار الإسلام）和戰爭之域（Dar al-Harb, دار الحرب）。一般說來，伊斯蘭之域是以穆斯林為主要居民的地區，施行伊斯蘭教法；戰爭之域，又稱為西方之域，則指稱非伊斯蘭教法施行的地區。

到目前為止，其人生僅是她選擇的東方生活之生動序幕。在一月二十九日，這齣戲正式開演。當時她隨拉什米帶領的朝聖團來到名叫畢希瑪（Behima）的村莊，靠近瓦德。敵對的一支宗教派系提賈尼道團（the Tidjanis）盯上了她。一個異教徒，一個女人，一個卡德亞教徒——敵方間諜。必須將她消滅。當時她正在替一名不識字的阿拉伯人翻譯一封信，一個揮劍的極端分子闖進來，她的頭閃過了劍，但手腕差點被砍斷。刺客是提賈尼教徒，聲稱奉阿拉之命來除掉西馬穆德。

接著是一片騷動！伊莎貝爾流血過多、奄奄一息，但仍喃喃說著要原諒襲擊她的人。這名極端分子一面禱告、一面裝瘋；卡德亞教徒則群情激憤。法國人插手介入，伊莎貝爾被送往軍醫院，逐漸康復。那名提賈尼教徒被逮捕，等候開庭審判。謠言四起，漫天指控，人心惶惶。氣氛愈來愈敵對。斯萊門被派往巴特納（Batna）[24]。此案由軍事法庭審理，開庭日訂在六月十八日。對法國殖民地來說，這是特殊情況。傳說中的沙漠女戰士、落魄的前歐洲記者、雌雄莫辨的騎士、醜聞纏身的人物……阿爾及爾的大批媒體湧入骯髒的小法庭。

是在什麼樣的古怪動機下，媒體決定將伊莎貝爾的年紀謊報為三十五歲，不得而知。難道他們擔心，給出她的實際年齡二十四歲，會太引人好奇，會危險地左右輿論？他們是沒誠意地逞英雄，對激憤的女性同胞略施小惠，還是藉由一些官方管道向她們暗示，發生在阿爾及利亞南部火藥庫的這齣戲碼，女主角像個大齡單身女子，毫無魅力，才不會激起大眾的遐想，才會快速被遺忘？

不論如何，埃柏哈德事件隱藏了很多過於政治權謀而不能公開的事。這起事件有太多的面向，還是別去追究得好：那是法國在北非地位極端脆弱之時，若是和某個宗教實體反目，會讓形勢更艱難。此外，在那時候，每個派系都樂於挑撥離間，拋出一些最務實又好戰的言論，讓其他派系與法國生隙。咸信拉什米教唆這起預謀刺殺，一來是想除掉已然變成絆腳石的情人，二來也想利用一名冒充提賈尼教徒的卡德亞教徒，與敵對的教派談和。內幕很多，透露的很少，而且無一得到證實。伊莎貝爾自始至終不失尊嚴，一個孤獨人物，單純坦率，毫無戒心。**「我一直很單純，從這種單純裡，找到劇烈的快樂……」**、**「我因為單純而快樂」**。如此的稚氣純真，是本性世故老練的法國人很難理解的，在他們眼裡，女人不是母親就是情婦，所以不會是以同等的熱切純真從男人或上帝追尋愛、敢於冒險的神祕主義者。

最後的裁決令人困惑。狂熱分子被判處二十年強制勞役，而受害者卻被逐出北非。就連最看不慣西馬穆德的人也認為不公平。但她很可能會被卡德亞教徒利用，挑起對提賈尼教徒不利的爭端。撒哈拉沙漠尚未平定，法國人惟恐有人以任何藉口引起地方騷動。她必須離開。

這樁事件純屬宗教狂熱，還是有其他動機？策動者是個人的仇敵，還是政治內奸？甚或有人說，這是法國人想出來的一招？不無可能。這個謎團始終沒有解開。某些法國官員的態度也令人匪夷所思。拉什米可能是她的情人，他是否認為把她這個棘手的拖累除掉較省事？因為她會有害地干預阿拉伯事務，尤其是插手他手足同胞的事務？就那當時的人事地物來說，沒什麼

24 譯註：阿爾及利亞東北。

事不可能。從她的日記來看，西馬穆德本人似乎從未懷疑過有其他陰謀存在。對她而言，這種事不過是莫赫斯事件那種殘暴習俗的翻版罷了。

伊莎貝爾．埃柏哈德在絕望中前往馬賽，與她的情人和熱愛的國度斷了聯繫，她在日記裡提及曾試圖自殺。她不是那種會有效處理日常事務的人，所以她的試圖自殺並未成功。自殺意念像一股黑色伏流，貫穿她坎坷的一生，像是反覆出現的主調，表面上看似可行的解決辦法。她在母親過世後、被逐出非洲時、與奧古斯丁和他妻子同住時，以及某個特別消沉抑鬱的片刻裡，寫道：「集體自殺也不是辦法。」……抑或後來與斯萊門住在提奈斯（Tenes），被捲入選舉醜聞及其抹黑造謠，然後連租一個房間的錢也付不起的那段期間。她的悲慘達到極點，此時自殺並非輕率衝動之舉，而是預謀，一種有快感的撤退，一個自殺的協定。她曾經留給斯萊門一張便箋，便前去赴死。「我們今晚自殺吧，到城外去。帶你的左輪手槍和一些苦艾酒來。」染上肺癆而消極的斯萊門沒有抗拒。他們赴約，但沒有履行協定。喝完苦艾酒、朗讀了阿拉伯詩之後，兩人睡著了。在晨光照耀下，左輪手槍看似太戲劇化，於是他們重新又過了一天，而這一天並沒有比較好過。

但是被流放到馬賽，在黑暗的小房間裡，人生並不值得活。從俄羅斯律師找到法國律師，伊莎貝爾．埃柏哈德花光了母親遺產。坐擁從婚姻得來的俄羅斯地產的托洛菲茂斯基前妻，主張已故丈夫名下的日內瓦莊園歸她所有，無視這片象徵自由戀愛與高深思想的淒楚居所，最初是用受盡委屈的莫爾德將軍的錢所購置。當法律的奸計得逞，伊莎貝爾．埃柏哈德分得的財產是六十法郎赤字。

她陷入愁雲慘霧，沒有盡頭的悲慘，沒有希望，沒有一絲光明：她沉淪，為悲慘而悲慘。「人不該汲汲追尋快樂，快樂只能在人生的路途巧遇——但往往擦肩而過。」她從來不是把快樂本身當目標去追尋的人。相反的——「當我受苦，我才開始活著。」

「這世界最悲慘的棄兒當中最悲慘的，被流放國外無家可歸、窮困潦倒又孤苦無依的人，才寫得出這幾行字；這些是真理。」又或者，再次執迷於追尋真理。「三件事可以打開你的視野，看見晨光般耀眼的真理：痛苦、信仰和愛——各種的愛。」她連呼吸、吃飯、睡覺如此簡單的事也受苦。她最狂野的愉悅也被絕望染指。這是她心靈的氛圍。期間，她寫了一些出色的短篇故事和隨筆，後來刊載於阿爾及利亞報紙《消息報》（L'Akhbar），有更多的作品是她過世後才被集結成書，而且被過度編輯。拿她的傳記作者端庸（R. L. Doyon）收錄在《沙漠國度》（*Au Pays du Sable*）那些沒被過度修潤的幾篇故事——而她簡潔敏銳的文章很多都被過度修潤——，和巴呂康在《在伊斯蘭灼熱的陰影下》（*Dans l'ombre chaude d'Islam*）處理過的內容加以對照可見分曉。她的筆記和《我的日記》（*Mes journaliers*）也是她個人文風的進一步例證：最明顯的是，這些文章裡看不到被其他人做作地嫁接的那些偽詩意想像。她的文筆具有她那年代的書寫手法、羅堤風格的筆觸及老套的東方憂鬱，但她洞悉這國家，而且與人民同在，一如其他少數歐洲人。她從未在文章裡以羅堤式浪漫化的一廂情願呈現自己，儘管本身的姿態如此。她客觀多了。她的長處不在如何下筆，而在下筆的內容。她文如其人，生動自然，少有構思，毫無技巧，而且相當缺乏訓練。她心血來潮提筆就寫，而且寫得出色。倘若她發懶，而她經常如此，或沒心情寫，會閒散好幾星期。她其實是個業餘寫手。

在寫給穆罕默德．阿卜杜．哈瓦比（M. Abd-ul-Wahab）[25]的一封信裡，她如此描述自己的工作，「靠搖筆桿出名、求地位的野心（對此我沒什麼信心，也無意去達成）是次要的，我寫作是因為我喜歡文學創作的『過程』：寫作就像去愛一個人一樣，大概是我的天命。它是我唯一的真正慰藉。」她也談到，「那巨大的未知，是受折磨的靈魂唯一的避難所。」你不禁納悶，究竟是什麼使得西馬穆德的靈魂如此飽受折磨，而你到頭來也只能歸諸於她那斯拉夫心靈，勤於掩蓋大量而隱晦的精神衰弱症。

在馬賽憤恨又墮落的期間，她和布理厄（Brieux）[26]通信，布理厄欣賞她的文章，但無法說動任何巴黎編輯刊載它。她也寫信給任何她認為能夠幫她和斯萊門重逢廝守的人：她計畫中的婚姻，這會兒成了一種執迷，對於得不到的東西——也許是伊斯蘭，而不是斯萊門——的一種頑強渴望。但她的女性主義友人帕希科夫夫人，對於西馬穆德表面上想成家的目標，表示厭煩和灰心。這位飄浪者闖盪異地，為的是成家？這位沙漠的瑪薩帕（Mazeppa）[27]要的是搖籃？她們的友情轉冷，她沒再寫信給建言。伊莎貝爾．埃柏哈德如今身無分文，當起碼頭工謀生。她想要嘗遍人間辛酸，甚至在若里耶特碼頭（Quai Joliotte）發疝氣。她的小說《流浪者》帶有自傳色彩，描寫的就是她在馬賽的人生經歷。

但她的運勢突然逆轉。在朗柯尼上校（Colonel Rancogne）的好心協助下，斯萊門被調動單位。一九〇一年十月十七日，他們在馬賽結婚，當天西馬穆德把阿拉伯長袍擱一邊，穿著東拼西湊借來的女性服飾。出於穆斯林狂熱，她已削髮，頭上僅包著進入穆斯林天堂所需的頭巾，所以借來的歐洲婦女服飾還得要有假髮和褶裙，而伊莎貝爾選了一頂烏黑發亮的黑色假髮。

在港口後方貧民窟斗室裡的婚姻生活，不是伊莎貝爾和斯萊門要的。那裡汙穢不堪。他們渴望古驛站和城砦，儘管那裡有蒼蠅和污物。他們回到「粗鄙卻壯美的馬格里布」。身為埃尼夫人、法國公民的妻子，伊莎貝爾不再是遭流放的斯拉夫人，她不能被拒絕入境。斯萊門已退役，正在求職。近幾個月來，伊莎貝爾以不懈的熱忱加強他的教育，他的智識水平有待提升。除了較為傳統的古典學者之外，伊莎貝爾認為左拉（Zola）[28]的作品在社會問題的探討上重要無比。斯萊門盡責地埋首苦讀。

因為沒有財力，不得不和斯萊門家人暫時同住。幽閉恐懼的氛圍和待在馬賽時差不多悽慘。他們熾烈的愛在不知不覺中慢慢降溫。西馬穆德感到透不過氣。很快地她再度出發，南下前往姆札布（M'zab）[29]，尋找在切巴卡（Chebka）[30]的黑色荒地之外，那些封閉又詭祕的聖

25　譯註：M. Abd-ul-Wahab，一七〇三—一七九二，十八世紀興起的伊斯蘭極端教派哈瓦比派的創始人。

26　譯註：應指Eugène Brieux，一八五八—一九三二，法國現實主義戲劇的主要代表人物之一。

27　譯註：雨果《東方詩集》裡〈瑪薩帕〉一詩。大意是：瑪薩帕是一位來自波蘭的哥薩克貴族，因為被發現和一位伯爵夫人有「特殊關係」，因此被綁在野馬上，瘋狂的野馬奔跑著，在耗盡體力後，瑪薩帕看破自己的死亡。最後，馬被殺了，瑪薩帕被拯救，並攻打波蘭。

28　譯註：Émile François Zola，一八四〇—一九〇二，法國文學家及戲劇家，指出作家要像醫生一樣挖掘社會的陰暗面，把「瘡口深處最可怕的內容」讓眾看。

29　譯註：阿爾及利亞北部主城鎮。

30　譯註：突尼西亞的綠洲。

城。斯萊門被任命為提奈斯區（Commune Mixte of Tenes）的幹事，他在那個靠近阿爾及爾的小鎮等著她歸來。

一九〇二年七月七日，這對古怪的夫妻從奧爾良維爾（Orleansville）乘公共馬車抵達提奈斯。他們在城郊租了一間小房間。一個墨水瓶、幾張充當床的草蓆、一只砂鍋及幾個搖搖晃晃的書架，就是全部的家當。還有伊莎貝爾的書，杜斯妥也夫斯基、她少女時的詩人納德松（Nadson）、屠格涅夫、左拉、龔古爾兄弟，當然還有羅堤。相當病態的一批人。

法裔阿爾及利亞作家侯貝．杭道（Robert Randau），當時曾如此描繪她：優雅纖瘦，一身騎士打扮，身穿潔白無瑕的連頭巾長袍，腳蹬一雙阿爾及利亞土騎兵的紅色高筒靴，有一對慧黠動人的黑眼睛和一張青白的臉，顴骨高聳，頭髮泛紅。頭巾下方靠近耳朵處及褪色雙唇外緣的皮膚，帶有羊皮紙色調的微黃。杭道對這位奇特的訪客十分好奇。他接著說：她的嗓音帶有刺耳的鼻音（每個認識她的人似乎都注意到了），很會爆粗口，但散發一種古怪的莊重，而且毫無性魅力。他在別處談到她的溫婉。「她的臉非常柔和，像少女的臉龐，而且有著孩童般笑容。」

杭道是阿爾及爾的一位傑出人物，既是作家也是官員，溫文儒雅，慷慨忠誠。他和妻子都喜愛西馬穆德，也了解她，後來爆發政治風暴期間也力挺她。在提奈斯安頓下來後，伊莎貝爾．埃柏哈德開始斷斷續續為《消息報》寫文章。該報略微親阿拉伯的調性，以及贊同「人權聯盟」（La Ligue des Droits de l'Homme）的立場，與她的理念吻合，而該聯盟的理念也常被有抱負的阿拉伯人引述。在其生前對她總是冷落怠慢的女作家賽芙琳（Severine），在她過世後將其歸為巴枯寧信徒：只是她太過於宿命論，不是真正從事革命的料。她同情劣勢的人；她浪漫地相信正義與平等，並發現不少阿爾及利亞官員反閃族、反阿拉伯政策有很多可批判之處。不論如何，基本上她太懶，所以沒參與任何積極的政治活動。她的造反總是以逃避的形式表現。

童年時，圍著俄羅斯茶炊徹夜交談的舊日生活留下了印記。她把那些記憶帶到摩爾風格咖啡屋（cafes maures）[31]，在那裡，她盤腿坐在蓆子上，一旁放著呼麻醉品或大麻精的菸管，一面捲菸或喝茴香酒，一面狂熱或消沉或開懷地談話，端看她心情如何，在悶熱的非洲夜聊一整晚。此時，她已經是個傳奇人物，雖然總受到很多保守女士冷眼對待，但她們大抵是出於忌妒。西馬穆德與眾不同，所到之處總有聽眾，記者、作家、畫家、阿拉伯酋長都全神貫注聽她說話。在阿爾及爾港邊的這類咖啡屋，她有時會為了和阿拉伯人行禮致意，起身離開一群歐洲友人，站到某個德高望重的蓄鬍人物面前，恭敬地鞠躬問候，這是阿拉伯人在交談前，傳統的正式開場，然後再回到顯然因這一幕受感動的那群歐洲人之中。她不在乎輿論，也就是不在乎歐洲人的看法，她喜歡拿她的冒險經歷嚇嚇過慣平靜生活的人們，或是投一顆譬如說可以讓咖啡杯的碰撞聲立刻靜止下來的那種震撼彈。當她大談特談服從的快感，說起在南—歐杭的一次歷險，當時她住在兵營，與外籍兵團一起行軍；那是一次浪漫又殘暴的歷險，帶有施虐色彩和情色意味。事情發生在沙漠爆發小型衝突期間，她違反了不得離營的軍令，一位年輕中尉按軍

31　譯註：阿爾及利亞、摩洛哥和突尼西亞在殖民時期喝咖啡和喝茶場所，從臨時的攤子和帳篷式咖啡棚開始，轉變成法國新建的城鎮裡的現代咖啡館建物，是當時殖民官員重要社交場所，也是充滿異國神祕色彩的地方。

規處分她，在強行軍時把她鏈綁在一名衛兵的馬鐙上，於炙燙的沙地上拖行一日。毫無怨言地熬過那可怕的數小時後，她又一如既往與官兵們在篝火旁談心、喝白蘭地，樂在帶來快感的袍澤之愛中。

她和不識字的貝都因人一樣迷信；托洛菲茂斯基對她的教養都白費了，他早年教導她的理性主義、破除偶像和博學多聞全被拋到一旁。她曾在崩潰之際去找杭道夫婦。她來日不多了！她看見異象！她的祖先，亞洲某個野蠻遊牧民族現身，要奪取她的性命！在戰慄的啜泣中，她說起她在夜裡騎馬越過一座深谷，並停下來喝水，也讓馬兒飲泉水。不料她的阿拉伯同伴們嚇得逃逸，警告她那泉水受詛咒。當她騎在他們後面，馬突然驚嚇地立起後腿，把她甩落地面。伊莎貝爾描述她如何從地上起身，看見迷霧中有個身穿鎖子甲的不祥人物，陰森地朝她逼近——某個來自西伯利亞大草原的遠古祖先，也許是曾經蹂躪北非的某個遊牧民族，或斯拉夫神話的巨人之一，傳說中的魁梧騎士（Bogatyri）[32]。他用慘淡的目光盯著她、召喚她。跨越無數年代，她認出他。他是她的先祖，來索她性命……她心知肚明。她必須跟他走，她來日不多。早就已經寫好了！天注定！杭道夫婦倒給她無數杯的茶、給她再多的安慰都是徒勞。曾經疾馳過烏列奈爾（Ouled Nail）[33]的荒山野嶺、深入切巴卡岩石嶙峋的沙漠，生命裡時時刻刻有危險和染病之虞的冒險家西馬穆德，這會兒竟像個受驚嚇的孩子般顫抖。

她肯定是個棘手的訪客。有時她整晚啜泣，陷溺於苦艾酒和抑鬱之中，說不定陷溺在比什麼都深沉、苦澀的狀態，也就是對於絕對——蘇菲教派難以企及的神祕平靜——的永久渴望。遠方的地平線，無垠，絕對——都是同一件事。她有真正的密契主義者那種難以緩解的飢渴。有時是細數自身不幸、自艾自憐的冗長獨白。從提奈斯城外的月光野餐回來，騎馬跟在騎兵隊的末端，她突然調頭去找杭道。「噢！但願你了解我有多麼痛恨這國家。它逼得我放縱過度……我厭惡處處充滿農作的綠色國家。為什麼我對沙漠荒野和不毛之地有這種病態的渴望？（她稱之為『**幻化萬千的岩塊，充滿活力的礦石**』。）為何我偏愛遊牧民族勝於村民、偏愛乞丐勝於富人？哎呀呀！對我來說，不幸是一種香料。喔，沒錯！我骨子裡非常俄羅斯。我愛鞭笞！當我被鞭笞，也愛被人同情……我不恨我的敵人（此處她指的是在提奈斯所遭受的敵意）、不恨在畢希瑪殺我的瘋子，也不恨準備用繩子吊死我的劊子手。我不恨他們，因為多虧他們，我才對他人生出憐憫。我在阿爾及爾的所有友人，你也是，還有這裡的每個人，你們都鐵石心腸。你們不了解我，也永遠不會了解我，因為我和你們流著不同的血液。**無數的麥田，無數的葡萄園，隔在你我之間！**我討厭法律，沒錯，主要是因為它的冷漠。我想要去感覺，讓他人有感覺。總之，今晚我苦艾酒喝多了……我醉了，連靈魂都醉了。」這是俄羅斯靈魂、斯拉夫心靈在盡情吶喊。

可憐可悲的西馬穆德，如此狂亂，如此令人惱火。她時而稚氣、時而費解，時而莊重、時而不安，時而狂熱地樂觀、時而荒唐地悲觀。然而儘管她種種的過度行徑，卻保有格調，一種教養。她經常懶散到不想活下去。她疏忽工作，對自己也疏忽；信件、帳單和信息均不回覆。

---

32 譯註：中世紀東斯拉夫傳說的人物，源自突厥化蒙古人的草莽英雄。

33 譯註：阿爾及利亞山區。

她耽溺於貧窮和惰性。她全身是病：這般的自由有其代價。她無意治療。她的牙齒慢慢腐壞。她會帶左輪手槍（妥當藏好）上路，而不是牙刷。從她高聳飽滿的前額、卡爾梅克人的臉蛋看來，尤其是她帶鼻音的惱人嗓音，她不是迷人的人物。但她深切的情感鼓舞了某些人，這是無可撼動的。她在阿拉伯人中愈來愈受到尊重；她確實備受敬重。她出於虔誠和善意的許多作為，讓她贏得了**飄浪俠女**的美名。

但在提奈斯，她沒有立足之地。尖酸刻薄的僑界，滑頭地衝著她來。當烏煙瘴氣的地方選舉到了緊要關頭，她和斯萊門被控向阿拉伯人買票，甚至受賄，還有其他很多同樣不實的造謠譭謗。伊莎貝爾．埃柏哈德上法庭為自己辯護，她和丈夫兩人最後都洗刷嫌疑：兩人的確被利用來當替罪羊，這奸計總算被揭發；但陷入這種泥淖，她感到苦不堪言。這不是她愛的那種泥淖。這一連串卑鄙齷齪的地方政治陰謀，牽連甚廣，此處就不詳述。簡單說，它涉及參選的幾位候選人及親阿拉伯和反阿拉伯派系，還有長期大力譴責亂象的許多阿爾及爾有力人士。

有朝一日，蘇聯政府會想起，伊莎貝爾．埃柏哈德天生是俄羅斯人，可輕易把她當成烈士；就意識形態來說，她是個烈士。在連頭巾的長袍下，是個俄羅斯農民、受壓迫的小姊妹。沙漠裡的哥薩克人，肩負四海兄弟的使命，被腐化的西方迫害，不齒西方人剝削可憐的阿拉伯人。他們在那裡擁有某些東西，但還不夠；西馬穆德的作為在被納為黨的路線之前，從活得有意義的角度來看，還需要大量的說明。

她受的迫害非常真實，也非常殘酷：她確實支持阿拉伯人，但她仍深信法國統治的基本優勢。她始終是頭一個感化阿拉伯人、說服他們從法國醫藥和教育獲益的人。她屬於思想自由開明的那一代斯拉夫人，他們從西伯利亞、從世界各地看向法國，把法國視為真正自由主義的中樞。

回到提奈斯。政治醜聞掀起軒然大波，除了對阿拉伯輿論造成影響，當局也展開調查，不久新上任者澄清了視聽。然而對西馬穆德和斯萊門而言，生活變得愈來愈不愉快。顯而易見，她再次成為騷動的核心，離開才是上策：不論如何，也要等到選舉結束。當人在阿爾及爾的巴呂康提供食宿（似乎是最少的薪資），以換取她為他的報紙《消息報》寫報導，她熱切接受了。小雜貨店一如既往仍遙不可及，但新聞工作她很感興趣。它承諾了進一步在沙漠飄泊旅行的機會——也許是藉口。很快地，《阿爾及利亞電訊報》委任她到南—歐杭進行採訪報導。南—歐杭位於摩洛哥邊境，當時駐守該地的利奧泰上校鎮壓了反抗部落，正在籌畫新的法國和平政策。她欣喜若狂，這是她天生要做的工作，此生就是為了它而來。提奈斯那些齷齪詭計被拋諸腦後。在萬分欣喜中，她看見自己探索撒哈拉沙漠中部，或深入神祕的阿哈加爾高原（Hoggar）[34]，她再度放縱自己馳騁天涯。

✤

一九〇三年秋天，她來到南—歐杭，有很多人留下了關於她的記述。新聞記者羅德斯（Rodes）在貝尼烏尼夫（Beni-Ounif）遇見伊莎貝爾．埃柏哈德，當時他在報導邊境小衝突及

34 譯註：撒哈拉沙漠中北部的一個高原，位於阿爾及利亞南部。

法國外籍軍團與摩洛哥民兵（Goums）對抗反叛部落的艱苦奮戰。她搬進他可憐的小旅館房間同住，一起寫快電，交換經驗，融洽地共處一室。伊莎貝爾・埃柏哈德偏好睡地板，她早已改掉了睡床舖的習慣；她經常和年輕軍官上露天小酒館（guinguettes）[35]，拿苘蘿利口酒、蕁麻酒和君度橙酒的混合，和他們比酒力。有時這類的逞勇會以醉倒在街溝旁收場，她的友人只好把她扛回客棧，然後她會躺在草蓆上呻吟，用帶鼻音的扁平嗓音，哀嚎著她是世上最悲慘的人，悲苦悽慘的棄兒……一度從腰帶拔出左輪手槍，要轟開自己的腦袋，羅德斯奮力把槍奪走，還差點被射到。或者在慾火焚身之際，她會繞著小房間狂吼，「我要士兵（tirailleur），我一定要士兵！」倘若有法國友人獻身，她會毫不妥協地拒絕。大家都知道她只要阿拉伯情人，這一點格外激怒詆譭她的歐洲人。套某位深懂她的人說的話，「她喝的酒比外籍兵團多、抽的麻醉品比大麻上癮者多，而做愛是為了喜歡做愛。」

她的強烈渴望，她對酒和恥辱的需求，很可能是她亞洲血脈的遺產。高爾基（Maxim Gorki）[36]的《底層》（*The Lower Depths*），就充斥著這類飽受折磨的一群人。說不定，她也藉宗教信條來合理化她的需要。她很可能在非常年輕時，便受到那位土耳其追求者的影響，她在寫給托洛菲茂斯基的信裡寫道，「我時常在想，根據我們可敬的先知，唯一真正的幸福在這裡、在塵世……而不是像低劣的天主教那樣鄙視塵世和自然律，伊斯蘭教導我們去愛它、研究它，因為上帝創造萬物是為了讓我們開心，唯有無知會帶來不幸。」沒有人認為西馬穆德會克制。

她說著一口嫻熟老練的阿拉伯語，令所有認識她的人驚豔。她不僅能說市井小民的方言，也能說傳統古典的阿拉伯語，享受與學者或隱士交談的樂趣，而他們也非常樂於與她交談。

在數夜的狂熱放縱後，她還能在天亮時跨上馬鞍，竭盡氣力騎到戰區，觀察評論，或協助某一場預備性談判。或者，她會投入滿腔熱忱，與最受尊敬的道團兄弟一同生活，譬如一九〇四年在肯納扎（Kenadza）與隱士西迪・易卜拉辛・烏爾德・穆罕默德（Sidi Brahim Ould Mohmed）於齊安亞聖祠（*Zaouia Zianya*）避靜。儘管瘧疾的發作一次比一次更嚴重，她與同住者一起冥想，分享宗教上的參悟，用粉筆在房間牆上留下語氣柔和的箴言，並以優美的阿拉伯字跡寫道，「世人走向墓地，就像黑夜走向黎明。」

阿拉伯人若非接納，就是無視她性格裡狂野的一面。他們大抵是認出了這放蕩者外表背後的密契主義者。不過，歐洲人始終不察西馬穆德真實本性裡隱藏的這一面，直到她死後多年，日記被付梓出版。即便日記公開，很多人也無法理解感官與性靈可以互為表裡，或者大多數宗教都知悉的，從性愛狂喜轉入密契靈合的嬗變。

按西馬穆德自己的話來說：「**而我，我知道還有些更加奇特、強烈的樂音，那些能無聲撕裂人心的樂音。它來自曾經悄悄低語的嘴唇。它將會吸收除卻我以外的氣息、吸取除卻我以外的靈魂，因為我的靈魂無法交付自己，因為我的靈魂不在我體內，而在永恆的事物裡。在南國夜裡獻出全副肉身的深邃及神聖孤獨之中，我終於擁有了它。**」

我保留詞藻華麗優美的這一段原文，我不認為用法文表述心思的這一縷俄羅斯靈魂，禁得

---

35 譯註：十九世紀末到二十世紀中流行，在河邊或湖畔有舞池的小酒館。

36 譯註：Maxim Gorki，一八六八—一九三六，俄國大文豪，社會現實主義文學之父，活躍的政治分子。

起另一次的轉譯。

巴哈—阿迦．西穆雷（Bach-agha Si Moulai）始終不理會，針對西馬穆德性情的任何中傷誹謗。這位傑出的要人說得堅決。「我從未聽說過西馬穆德的作為有失尊嚴。」她過世後，有人向他問起時，他這麼答道，他甚至以她的名字為艾因塞夫拉的一條街命名。肯納扎的齊安亞聖祠的長老貝勒荷哲（Sheik Belaredj）於一九三四年過世，生前留下了一段關於她的迷人描述。「在這裡，西馬穆德是我們的賓客，白天他冥思、歇息或寫作，黃昏時他會在一名奴僕陪伴下到花園裡漫步。」值得注意的是，阿拉伯人提到她時總以男性稱呼她。他們接受她做男性打扮，或者某些案例根本認定她是男性。「我們聽說西馬穆德是女人，但我們不信。」其中一名隱士這麼回答。

打從西馬穆德被正式派任為通訊記者，追蹤報導在菲吉格（Figuig）[37]或科隆—貝沙爾（Colomb-Bechar）[38]一帶及深入撒哈拉沙漠的軍事操作，她的真正價值慢慢被認可。在軍方眼裡，她不再是瓦德的嫌犯，甚至成了軍事情報部的重要成員。只是還不夠受重視。她經常不得不請求軍方預付一些法郎，好讓她為馬買秣料。軍情部會給一點微薄的經費，然後伊莎貝爾一如既往，繼續過著兩袖清風的日子。馬是她唯一的奢侈、僅有的財物。

對阿爾及爾的僑界來說，她仍是個醜聞人物，但風評改善很多，因為她此時不僅是個知名的戰地女特派員，而且最重要的，她是利奧泰的友人。她在一九〇三年十月被引薦給當時的利奧泰上校。套當時在場的人說的話，他「簡直被這個怪異的傢伙迷住了」。他庇護她，給她許多特權；最重要的，他給了她一張通行證，讓她可以任意到處飄浪。據說他是西馬穆德的情人，但關於利奧泰和伊莎貝爾·埃柏哈德之間，當時什麼樣的流言都有。可以肯定的是，他們花了很多時間在一起，「談撒哈拉沙漠。」如卡特魯將軍說的。同時可以確定的是，她享受著他對她的信賴，他委派她幾項必須在阿拉伯領袖們間穿梭周旋的棘手任務。最重要的是，他的信任建立起西馬穆德的政治清廉。這一點也許也可以用來證明，不管她病得多重，腦袋完全不受影響。「上帝知曉那些隱匿的事物，以及證言的真實性。」她在日記裡寫道，也許想起了過去遭受的不公不義。

她來到她的王國，但來得太遲。她的生活總算進入她嚮往的形態，充滿危險、浪漫和自由。馳騁天涯，飄泊的權利，這兩句話一再出現在她日記裡。遠方，飄移，向來是她的麻醉品，也是興奮劑。她談到在斂心沉思的沙漠生活裡，自我消融的福樂。朝向陌生遠方的路。自由的老套，但也道出了十九世紀浪漫飄泊者的末日。生在機械的年代，她會生不如死，一如進入家庭生活。當杭道問她，如果有小孩，她會怎麼做，她答說她就和所有俄羅斯女人一樣，會是個好母親，但她不想要小孩。

她對斯萊門的愛不變，儘管她經常遠行冒險。她在日記裡寫道，她永遠感激上蒼賜給斯萊門美麗善良的靈魂。她也在日記裡記錄他是個完美的情人，稱呼他「心愛的」，談到他們在沙漠相遇，遠離一切，一同編織夢想……「時而做夢，時而享受狂放愉悅的片刻」。但現在她極

37 譯註：在摩洛哥東部，與阿爾及利亞交界處的小鎮。

38 譯註：位於阿爾及利亞西部。

少見到斯萊門。他順從她的生活方式，給她自由；也許他慢慢發現，她太令人吃不消。他們偶爾才相會，她從她前去採訪報導的任何地點，旅行至他們的會面處，他則從北方的崗位，耐心地穿越長達上千公里的距離。她的報導備受矚目，刊載在《阿爾及利亞電訊報》，雖然有時她會跟人家說她為《巴黎日報》寫報導。倘若如此，那報紙從未刊登她的文章。這很可能是她胡謅的：她的一生過得狂放浪漫，卻還是喜歡這類的小小誇耀。

縱使她有時會胡謅或扭曲關於自身的事實，但書寫的一切則真實可信。這是她最大的魅力之一。她書寫的事物對大多數人來說，充滿異國風情又遙遠不相干，而且她寫得既客觀，也很主觀。她帶著初來乍到者神迷的目光，觀看、覺察周身事物，但她了解透徹且身臨其境，這是一般神迷的觀者做不到的。舉例來說，她會如實描述某個宗教團體的生活、某次避靜參悟，生動貼切，彷彿沒有哪個歐洲人能一窺堂奧，同時又對她周遭的一切，保有超然客觀的歐洲式好奇與興致。她描寫在沙漠要塞的寂寥生活，描寫法國外籍兵團、市集、狡猾的律師、孩童、老婦及髒亂村寨裡日常生活的戲劇性。她描寫烏季達（Oudja）[39]，唯有在日落之際才變得美麗，屆時，猶如在夢中，你會聽見埃蘇亞哈斯道團（Aissouyiahas）教徒祈禱著「**讓腐敗的一切和存在的痛苦與卑賤，在靜謐貞潔的夜晚化為烏有**」。描寫在山丘之間蜿蜒行進的宗教隊伍飄揚的歌聲和旗幟；描寫蜥蜴快速爬過被烈日烤乾的噴水池；描寫星夜，流浪者的帳篷；那迷人的阿爾及利亞鄉間。她深愛這一切，這是她的，她試著分享她的寶藏。「唯有墓地能奪走我的富足……誰曉得呢？假若命運給我時間重建若干片斷，也許它會長存於人們心裡。」

有時，她會和部隊一同在食堂用膳，總被視為好伙伴，很受歡迎也很受尊重，儘管所有的流言蜚語。甚而大家都知道，為了買大麻精或一瓶茴香酒，她會當起皮條客，向烏列奈爾部落舞孃（Ouled Nails）[40]拉生意，為官兵們供應俏麗的妙齡姑娘。

她和外籍兵團交談時，用的是他們的各種母語，雖然她的俄羅斯語顯然相當生疏。根據與她熟識的路斯塔上校（Colonel de Loustal），她的抑鬱之深重，什麼都無法長久消除。她的成就來得太晚。「她沒有怨言，但你可以感覺到一種苦澀的幻滅。她對人生已無所求。她還不滿三十，但已毫無魅力可言。她被酒精蹂躪殆盡。她的嗓音沙啞、頭髮剃得精光、牙齒全掉光了。」她染上瘧疾，很可能也染上梅毒。沒有未來，她肯定心裡明白。斯萊門患有肺癆，她還能期待什麼樣的人生，變得年老體衰？她的消極，她的「天注定論」，她斂心冥思的一面，強大得足以接受這樣的晚景？她的宗教信念，深刻得足以彌補她狂烈肉體生活的失落？她是個悲劇人物。她的人生悲慘，有幾分像悲喜劇，但她的死亡，一般而言認為是悲劇，但事實並非如此。她逃離了老年的囚牢，因此她是有福的。

生前最後一年，她急遽燃燒生命。說不定她有大限將至的預感？她漫遊南─歐杭；她前往蒙加（El Moungar），再到艾因塞夫拉，然後是阿爾及爾。一九〇四年五月，她再度縱馬騁入阿爾及利亞鄉間，南下越過大高原，進入科隆─貝沙爾。她談過要繼續前行，去到因薩拉

39　譯註：位於摩洛哥東部。

40　譯註：阿爾及利亞山區部落，部落女孩為籌嫁妝會到摩爾風格咖啡館裡表演肚皮舞，十分受法國殖民者歡迎。

（In'Salah）[41]，圖瓦雷克族的地域。這遙遠的路程看來會耗盡她的力氣。她在五月與阿爾及爾的友人道別時，交給他們一捆凌亂的文件和手稿。「倘若我沒有回來，」她說，以她慣有的冷淡、反諷口吻，「幫我保管這些。」然後她又補了一句，「如果要寫我的喪禮悼詞，它們或許可以派上用場。」

那個夏天結束，在肯納扎的聖祠避靜之後，由於瘧疾嚴重發作，她決定要到艾因塞夫拉的醫院就診。艾因塞夫拉是撒哈拉沙漠邊緣的小鎮，她視之為她的南方據點，也是法國殖民時期統治和外籍軍團的最後一個前哨基地。利奧泰已在那裡建造兵營和辦公處，還有高地上的一所醫院。高地下方，在乾涸溪流旁的深谷河床地，屬於城裡較貧困的一區——有土屋、學校和妓院，以及在妓院長期搭伙的人。伊莎貝爾．埃柏哈德就是在這裡租了一間小棚屋。斯萊門就是從北方來到這裡，等著她回來。

十月二十一日早晨，西馬穆德吵著要離開醫院，她不想等醫生來，而醫生先前已建議她，多待些時日。她很早就離開，大約九點。倘若聽從醫生意見，甚或當天稍晚再離開，她很可能逃過死劫。但她會希望逃過死劫？以她的自殺傾向和益發抑鬱的狀況，就算她預見死亡，我相信她還是會選擇離開。她和斯萊門約好要見面。他們要縱情狂歡。那裡會有酒、會有麻醉品、會有愛；當這一切都獲得饜足，他們會再次縱馬馳騁，深入沙漠，奔向遠方地平線。那是個陰沉沉、雷聲大作的早晨，河床上略黃的水勢已經上漲，順著狹窄的深谷滾滾流下，每年的這個時節，河水經常暴漲。大約十一點左右，突然山洪爆發，轟隆隆的洪水奔瀉而下，淹沒了河床地，順勢沖走房屋、家畜、樹木和人。西馬穆德已經返抵小棚屋，有人看見她站在搖搖晃晃的陽台，相當平靜地看著泱泱禍水席捲而來。她失去了蹤影。滔天大水摧枯拉朽。那些小泥屋一遭沖垮隨即融化。在高地上的衛戍部隊，眼睜睜看著洪流橫溢，無能為力。數小時後，水勢減弱，一座便橋搭起。救援人馬搜尋生者，也打撈死者。很多人喪命；整家人、學童和住在妓院裡的人。斯萊門嚇壞了。謠傳伊莎貝爾被溪水沖走，但安全無恙；也有謠傳說，斯萊門故意讓她送命，其惡毒的弦外之音縈繞不去。

沒人看見她。利奧泰下令繼續搜尋。他的士兵就著提燈的光，在冰冷的水裡跋涉，徒勞地搜尋。兩天後，她的屍體被發現，壓在墜落的屋梁下。她在沙漠裡溺水身亡。利奧泰認為她沒有試圖逃脫，在某種消極的亢奮下，她讓死亡吞噬她；尋覓已久的自我了斷，終於實現。

利奧泰派遣部隊在瓦礫堆和殘墟中翻搜，找出她散落的文件和手稿，隨後差特別信使，將溼透的片斷殘篇交給在阿爾及爾的巴呂康。利奧泰下令將她葬在艾因塞夫拉的穆斯林墓園，並挑選了一面簡樸的大理石，用阿拉伯文刻上她的名字西馬穆德，其餘則刻著法文。她躺在那裡，和其他的墓稍微隔開，面向著她深愛的沙漠。斯萊門似乎沒出席葬禮；她留在提奈斯的少數財物，在斯萊門的指示下拍賣。他在報上刊登鑲黑邊的訃告，最後一次對妻子的歐洲出身表示自豪，這浮誇的喪儀，俗氣之餘，也令人哀戚動容。

向「**在艾因塞夫拉水難喪生的妻子**、**姊妹**、**妯娌**、**姑姨……**」致哀的人們、種族和階級，龐雜得出奇。各式各樣的姓名古怪地聯合出現在正式的紙卡上。低下的阿拉伯職員或譯員，華

---

41 譯註：阿爾及利亞中部的綠洲城。

沙和波塔瓦（Poltava）[42]的高階軍官，聖彼得堡外交部人員。奧古斯丁的頭銜是「馬賽的德國老師」。還有日內瓦商人，更多的阿拉伯人……

除了斯萊門，所有的親屬間，大概只有奧古斯丁真心哀悼伊莎貝爾．埃柏哈德。但她也留給她的朋友們椎心的失落。利奧泰痛失的不僅是一位摯友，也是珍貴的合作伙伴，儘管他也認為她的人生已經到達頂峰，就要開始走下坡。他寫道：「可憐的西馬穆德！我愛她真實的樣子，也愛她不真實的樣子。我愛她驚人的藝術氣質……她率性做自己；天生反骨的叛逆者。」感情洋溢的悼念頌詞大量湧來，大部分來自不認識她的人，幾位激進的女性作家逮到機會，把她的一生詮釋成女性主義者的聖戰。阿爾及爾遲來地以她為榮，用她的名字為一條市街命名，儘管就如杭道指出，這是個令人哀傷的象徵，因為這條街起於有人居住的區域，慢慢消失於一片荒地。

去世後，她的作品及寫作風格，被巴呂康和其他人蓄意扭曲、私心利用，朋友們無不忿忿不平。儘管他們公開譴責，卻也無法干預。西馬穆德成了傳奇人物，況且巴呂康持有她大部分手稿。他自認是她的編輯，可以繼續用他認為合適的方式呈現她的作品。西馬穆德在世時眼睜睜看著她才華遭埋沒的人，在她過世後又眼睜睜看著她被庸俗化，不管她的作品或她這個人都遭剝削利用。

對於住過北非的人來說，伊莎貝爾．埃柏哈德的作品趣味盎然，尤其是她的日記和遊記。這些文章沒有標明日期。對於阿拉伯生活，我幾乎摸不著邊，然而當重讀她的文章，每每被她奇妙的召喚力所震懾。非洲辛香刺鼻的味道向我襲來，眼前浮現一隻隻動作遲緩、不時呻吟的駱駝，「有著奇怪的頭，一半像鳥，一半像蛇。」我聽見遊牧民族在日出前的淡綠色天光下撤營時，充滿喉音的粗嘎喊叫。聽見無盡憂傷的吟唱，看見遠方稜線隨著朝陽上升而浮現。這些都是伊莎貝爾．埃柏哈德深知深愛的單純景象，一如她也深愛那民族戲劇性的幽黯歷史。她稱它們是「生活裡的小點綴」。她生動地勾勒許多景致：南—歐杭粗獷壯麗的美，就像在〈鄉下週日〉一文鮮活地描寫法國外籍兵團的沉悶無聊；或在〈烏列奈爾舞孃速寫〉一文裡描繪其中一名豔妓，不僅談及表面的掩飾，還有內心的本質。「一張令人魂縈夢牽的臉孔，大眾寵兒的臉孔……猛禽的臉孔。」她以一種令人讚佩的冷靜風格，描寫東方女人的激情、屈從和宿命論。

她在〈蘇丹慶典〉一文，生動地讓狂野翻滾旋轉的舞孃躍然紙上。她寫道：「這些跳躍的舞蹈總帶有黑人的色彩。摩爾人的舞蹈，又叫腹部之舞，由於身姿慵懶緩慢，反而具有東方形而上的宗教舞蹈意味。」

巴呂康經手的她的文集，甫推出便大獲成功，儘管內容多數攙假，還冠上渲染力十足的書名《在伊斯蘭灼熱的陰影中》，他甚至把自己掛名為唯一作者。直到過了一段時日，在後續的版本裡，才把伊莎貝爾．埃柏哈德的名字加進去。這本文集有很多版本。飄浪俠女成了搖錢樹，替別人賺進大把鈔票。巴呂康持續把她的原稿歪曲得俗氣拙劣，這樣的作品儘管受當時大眾青睞，卻與伊莎貝爾本人的文章大相逕庭。若把《在伊斯蘭灼熱的陰影中》拿來和《故事與

42 譯註：位於烏克蘭。

風景》（*Contes et paysages*）對照會很有意思，而《故事與風景》出版於一九二五年，集結了她後來被發現的許多原封不動的手稿。

她剛過世的那幾年，巴呂康完全不理會她友人的抗議聲浪。杭道與黑派（Noire）[43]畫家聯手，把他逼到死角。他們指出伊莎貝拉．埃柏哈德的寫作風格奇特多變：她如何寫出純然不帶感情的報導、出色的描述性文章，精準逼真，不帶個人色彩，但也常筆鋒一轉，冒出令人驚豔的段落，尤其是具有鮮明自傳性質的那些文字。對此，巴呂康回應道，伊莎貝爾．埃柏哈德是個平庸的寫手，僅會寫報導而已，那些耐人尋味的段落都是出自他筆下，他是為了客觀地呈現她，才刻意把那些段落插進她的文章裡。就是基於這個原因，他才會宣稱自己是共同作者。然而多年後他卻是下場狼狽，因為雷內—路易．端庸（Rene-Louis Doyon）[44]意外發現伊莎貝爾的筆記與日記，而且付梓出版。結果這些真實手稿，充滿了巴呂康指陳的那些她寫不出來的段落。

在真實的伊莎貝爾．埃柏哈德現身之前，除了巴呂康之外，還有其他人也可恥地剽竊她的文章。因此這位知名又個性模糊的作家，仍有待真正地評估。

《我的日記》及這女人真實形象被發現的過程，就和其他的一切一樣奇特。一九一四年，蔻洛伊．畢伊歐夫人（Mme Chloë Bulliod），蓋亞先生（M. Gaillard）的一位表親，阿爾及利亞報紙的老前輩，收到逃過艾因塞夫拉之劫的一大袋伊莎貝爾．埃柏哈德的文稿。斯萊門的家人在阿爾及爾附近兜售這袋文件，隱約知道它有價值。幾年前，這袋文稿曾被帶給巴呂康，但他拒絕出錢收購，堅稱他有權擁有，根據的是什麼權利倒是讓人難以理解。不論如何，他拒絕了這批文稿，寧願靠自己的版本獲利，也不想面對新發現的真實文稿，這或許也不算違反常情。就算他的想法是對的，但他沒有取得那些手稿，避免掉後來發生的那些尷尬窘迫的對質，仍是相當怪異的事。畢伊歐夫人似乎並未在那些文稿上動手腳；一九二一年，端庸在一趟演講旅程行經彭城時，得知那些文稿的存在。長久以來，端庸先生就對西馬穆德的傳奇有著濃厚興趣，於是這些文件便成為他的所有物。

那是雜亂的一堆信件、日記、筆記、帳單、阿拉伯文和俄羅斯文手稿、莫斯科高等法院的法律文件；還有地圖、諷刺漫畫、詩作和小幅素描，那些素描儘管薄弱，卻寫實地勾勒出她想要認識的非洲景致。其中最重要、最令人玩味的是，她的日記。她真實的形象在這些文稿裡顯現了，而這些文稿內容和執筆者同樣的狂野與扭曲。端庸出版了《我的日記》，也為她寫了一部新傳記，釐清了關於她的出身背景等，就連她的朋友們也困惑的很多疑問。他權威地樹立了真正的伊莎貝爾・埃柏哈德。

但是不管傳記多麼準確，並不影響傳奇的氛圍。伊莎貝爾・埃柏哈德已成了一則傳奇：不管多美好、多低劣，多薄弱、多強大，多簡單又多複雜……可憐的西馬穆德，飄浪俠女，遭誹謗受迫害，卻是自由自在，免於日常生活枯燥的小小羈絆，還有瑣碎的麻煩：她策馬騰躍沙

43 譯註：應指活躍於一八九〇年代的一群法國畫家，其畫作用色較當時大多數印象畫派畫家更黑、更濃郁，企圖把憂鬱的現實主義融入印象主義。

44 譯註：Rene-Louis Doyon，一八八五—一九六六，法國作家、出版商。

漠，在下馬處席地而臥，因狂熱受苦，被熱情吞噬。她渴望開一間小雜貨店；自視為隱士，虔誠可敬的女教士。她用平凡寫下非凡事物。用靈性探索的純粹性和她受苦的斯拉夫心靈書寫。她的一生是個傳奇，而且她也始終是一則傳奇。

附錄：星盤

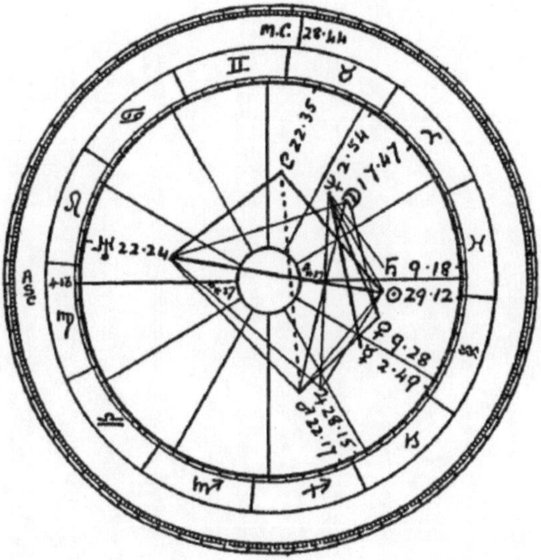

伊莎貝爾·埃柏哈德的出生圖

（根據等宮制）

生於日內瓦，一八七七年二月十七日下午六時

上昇點在處女4度，天頂在金牛28度，太陽在29度水瓶。

命主星水星在水瓶，太陽星座主星天王星在獅子當我在北非遊蕩，追蹤埃柏哈德的傳奇，曾看到算命者蹲伏在塵土中，口中念念有詞，在一盤沙子上捕捉命運。我想起伊莎貝爾．埃柏哈德也篤信伊斯蘭教玄祕的一面。她後來變得和不識字的貝都因人一樣迷信，常找這些算命師算命。她在日記裡提及拜訪「在魔鬼路上的巫師」……「對於法術這不可思議又詭祕的一門學問，得到**現實**上的某種證明……」。

我對占星術一竅不通，但出於直覺對它秉持著一份尊重。我並非相信週日報紙預測運勢的愚昧之言，而是相信這個歷史悠久的傳統。我不會因為看不懂它的術語便視為無稽之談。我相信它呈現了時間的某一剎那的星圖。榮格在談到基本原型時曾說：「在此時此刻誕生或完成的任何事物，都帶有此時此刻的特質。」

我總認為伊莎貝爾．埃柏哈德是絕佳的受試對象，於是決定找人為她占星算命，並打聽到英國占星研究學院的主任洪恩夫人（M. E. Hone）。我從瑞士寫信給她，當時我住在瑞士，詢問她願不願意進行「盲眼」占星。也就是說，在對受試者一無所知的情況下來進行，因為我認為這樣會更有趣——好譏諷者會說，這樣更像一種檢驗。在信裡，我稱呼受試者是「E小姐」，提供必要的生辰年月日時和出生地，並補充說她的一生似乎是占星的豐富資料，此外沒再多言。

洪恩夫人回信說，她不太介意做「盲眼」占星，儘管基本命盤不會變，但因為缺乏事實基礎，所進行的詮釋或解讀會不準確。不過在同一封信裡，她接著說，打從她提筆回信起，便深感好奇，於是排出了出生圖，發現它非常有意思，便繼續進行下去。她提到，她對一八七七年的日內瓦所採用的時間（目前的時區標準是在一八九四年開始採用的），這個技術性問題有些不確定。同時她也寄來她對伊莎貝爾的性格及命格的第一次「盲眼」分析，並準確列出了某些資料和顯著事件。後來我返抵倫敦時，洪恩夫人把完整的出生圖及往後逐年的「行運」（progressions）拿給我看，我們一同討論如何把她的人生與星盤接合起來。

我認為在此公開這個出生圖及第一次的「盲眼」解讀很有趣。懷疑論者會感到惱火，而且不為所動，這毫無疑問。但出生圖在這裡。對於鑽研占星學的人來說，這會是占星準確度的另一個實例。對於我們其餘的這些心胸開闊的門外漢而言，伊莎貝爾・埃柏哈德的一生及其本性的這一份解讀，則是奇異地令人印象深刻。

萊斯蕾・布蘭琪

以下的註解摘錄自第一次的「盲眼」解析，大部分的術語都刪掉了，楷體字的部分是我個人的意見。

「此人創造力豐沛，很有同情心，但始終是個叛逆者，一意孤行。極度我行我素。」

「她的外觀應該有古怪或不尋常的地方。她和他人的關係也很古怪。她帶著強烈鬥志為他們及他們的『理想』奉獻，但她似乎無法充分實現自身。她骨子裡充滿理想主義和人道主義。無法安歇的一股過剩精力，以一種不尋常的方式，把她和他人聯繫在一起。不過，她本性神祕。雖然充滿愛心，似乎也為自己的人生帶來負擔，或因為突然拋開她不想要的人或事而受苦。」

「她是異地的拓荒者。」

「她應該會獲得某種聲望。倘若兒時真正的創造力或某個理想遭否定，她會成為出色的演員。她可能會以其他方式大放異彩。」

「此人陰晴不定、自尊心強。她的一生就某方面來說，操之在他人手裡，或遭人利用。明顯過度專注於性愛、死亡與來世。」

根據洪恩夫人的看法，有三年特別突出。

「她十歲那年。發生了本質上屬於失落、悲劇或挫折的某件事。」她姊姊逃離新莊園？

「她二十歲那年。經歷熱戀或團圓的快樂。心願圓滿實現。」這年她搬到北非，皈依伊斯蘭，以及她第一次全面生活在阿拉伯人中。

「她二十四歲那年。劇變的一年，變故與危難接踵而至，也是運勢達到頂峰的一年。大多和他人有牽連；也很可能是成婚。」這一年她加入卡德亞道團，被刺殺未遂；在這一年遇見巴呂康。她被逐出北非，也在這一年結婚，回到非洲，成為阿拉伯人之妻，永遠離開歐洲。

占星的術語很準確，「太陽經由位移與至少三顆行星形成確切的相位，而這三顆行星彼此間在天宮圖上也形成明確的相位。」可見這一年是運勢達到頂峰的一年。

「二十五歲那年顯示，她內向或具藝術特質但缺乏物質面的人生，逐漸變得更加活躍，也更有出路。倘若她繼續活下去，大約六年後，她的人生會大有可為。

「她的死亡顯然很突然，似乎比較是他人的錯而非她的錯。」斯萊門拋下她，任她遭洪流滅頂？

國家圖書館出版品預行編目資料

愛情的險岸／萊斯蕾．布蘭琪（Lesley Blanch）著；
廖婉如譯. -- 初版. -- 臺北市：馬可孛羅文化出版：
家庭傳媒城邦分公司發行，2017.06
面；　公分. --（當代名家旅行文學：135）
譯自：The wilder shores of love
ISBN 978-986-94819-2-2（平裝）
1.Women-Biography.　2.女性傳記
781.052　　106007940

當代名家旅行文學

【當代名家旅行文學】135

愛情的險岸

The Wilder Shores of Love

作　　者❖萊斯蕾．布蘭琪 Lesley Blanch
譯　　者❖廖婉如
封面設計❖霧　室
總 策 畫❖詹宏志
總 編 輯❖郭寶秀
特約編輯❖林俶萍
行銷業務❖力宏勳

發 行 人❖凃玉雲
出　　版❖馬可孛羅文化
104台北市中山區民生東路二段141號5樓
電話：02-25007696
發　　行❖英屬蓋曼群島商家庭傳媒股份有限公司城邦分公司
104台北市中山區民生東路二段141號11樓
客服服務專線：(886) 2-25007718；25007719
24小時傳真專線：(886) 2-25001990；25001991
服務時間：週一至週五9:00～12:00；13:00～17:00
劃撥帳號：19863813　戶名：書虫股份有限公司
讀者服務信箱：service@readingclub.com.tw
香港發行所❖城邦（香港）出版集團有限公司
香港灣仔駱克道193號東超商業中心1樓
電話：(852) 25086231　傳真：(852) 25789337
E-mail：hkcite@biznetvigator.com
馬新發行所❖城邦（馬新）出版集團【Cite(M) Sdn. Bhd. (458372U)】
41, Jalan Radin Anum, Bandar Baru Sri Petaling,
57000 Kuala Lumpur, Malaysia.
電話：(603) 90578822　傳真：(603) 90576622
E-mail：cite@cite.com.my
輸出印刷❖中原造像股份有限公司
初版一刷❖2017年6月
定　　價❖420元

ISBN：978-986-94819-2-2（平裝）

城邦讀書花園
www.cite.com.tw